Die „Selbstreinigung" von Unternehmen nach Kartellrechtsverstößen

Europäische Hochschulschriften
European University Studies
Publications Universitaires Européennes

Reihe II   **Rechtswissenschaft**
Series II   Law
Série II   Droit

Band/Volume **5998**

Jeanie Henn

Die „Selbstreinigung" von Unternehmen nach Kartellrechtsverstößen

Die Wiederherstellung der vergaberechtlichen Zuverlässigkeit

PETER LANG

Bibliografische Information der Deutschen Nationalbibliothek
Die Deutsche Nationalbibliothek verzeichnet diese Publikation in der Deutschen Nationalbibliografie; detaillierte bibliografische Daten sind im Internet über http://dnb.d-nb.de abrufbar.

Zugl.: Heidelberg, Univ., Diss., 2017

Gedruckt auf alterungsbeständigem, säurefreiem Papier.

Druck und Bindung: CPI books GmbH, Leck

D 16
ISSN 0531-7312
ISBN 978-3-631-74607-3 (Print)
E-ISBN 978-3-631-74955-5 (E-PDF)
E-ISBN 978-3-631-74956-2 (EPUB)
E-ISBN 978-3-631-74957-9 (MOBI)
DOI 10.3726/b13551

© Peter Lang GmbH
Internationaler Verlag der Wissenschaften
Berlin 2018
Alle Rechte vorbehalten.
Peter Lang – Berlin · Bern · Bruxelles · New York · Oxford · Warszawa · Wien

Das Werk einschließlich aller seiner Teile ist urheberrechtlich geschützt.
Jede Verwertung außerhalb der engen Grenzen des Urheberrechtsgesetzes ist ohne Zustimmung des Verlages unzulässig und strafbar.
Das gilt insbesondere für Vervielfältigungen, Übersetzungen, Mikroverfilmungen und die Einspeicherung und Verarbeitung in elektronischen Systemen.

Diese Publikation wurde begutachtet.

www.peterlang.com

Vorwort

Die vorliegende Arbeit wurde Anfang des Wintersemesters 2015/2016 von der Juristischen Fakultät der Ruprecht-Karls-Universität Heidelberg als Dissertation angenommen. Rechtsprechung und Literatur konnten bis Ende September 2015 Berücksichtigung finden. Die Arbeit beruht auf der damaligen Gesetzeslage. Nach Einreichung der Arbeit wurde das Vergaberecht umfassend mit Wirkung zum 01.04.2016 reformiert durch das Vergaberechtsmodernisierungsgesetz. Die Möglichkeit der „Selbstreinigung" ist seit dem in § 125 GWB in Übereinstimmung mit der in der Arbeit behandelten Entwurfsfassung kodifiziert.

Ich möchte mich bei meinem Doktorvater Herrn Prof. Dr. Dr. h.c. mult. Peter-Christian Müller-Graff insbesondere für die Anregung der Themenstellung bedanken. Mein Dank gilt weiter Herrn Prof. Dr. Dr. h.c. mult. Peter Hommelhoff für die Erstellung des Zweitgutachtens sowie Herrn Prof. Dr. Marc-Philippe Weller für die Übernahme des Prüfungsvorsitzes bei der Disputation.

Für die Unterstützung meiner berufsbegleitenden Promotion durch die Ermöglichung der notwendigen zeitlichen Flexibilität und durch wertvolle Anregungen aus der Praxis bedanke ich mich sehr bei Herrn Hans-Joachim Hellmann, LL.M. (University of Miami) und meinen ehemaligen Kollegen bei der SZA Schilling, Zutt & Anschütz Rechtsanwaltsgesellschaft mbH.

Ganz herzlich danken möchte ich Tatjana dafür, dass wir den Weg zur Promotion, wenn auch in unterschiedlichen Fachrichtungen, durch alle Höhen und Tiefen gemeinsam gegangen sind sowie für die äußerst hilfreiche Durchsicht der Arbeit aus fachfremder Sicht. Ich danke Christian für die großartige Unterstützung, insbesondere, aber nicht nur, durch die unermüdliche Korrekturarbeit.

Mein größter Dank gilt meiner Familie, meinen Eltern Silvia und Hans-Werner und meinem Bruder Davie. Meine Eltern haben mir mein Studium ermöglicht und mich bis heute immer durch ihr Vertrauen in meine Fähigkeiten motivierend begleitet und bei meinem Promotionsvorhaben dadurch dafür gesorgt, dass ich mein Ziel nie aus den Augen verloren habe.

Heidelberg, im November 2017   Jeanie Henn

Inhaltsverzeichnis

Einleitung und Gang der Untersuchung 15

Kapitel 1: Die Strukturmerkmale des Vergaberechts 21

A. Die Grundsätze des Vergaberechts 21
    I. Geschichtliche Entwicklung und Bedeutung 21
    II. Der Wettbewerbsgrundsatz 24
    III. Der Transparenzgrundsatz 25
    IV. Der Gleichbehandlungsgrundsatz 27
    V. Der Wirtschaftlichkeitsgrundsatz 29
    VI. Der Verhältnismäßigkeitsgrundsatz 30

B. Die wesentlichen Vorschriften des Vergaberechts und ihr Anwendungsbereich 31
    I. Regelungen auf europäischer Ebene 31
    II. Die Unterscheidung zwischen ober- und unterschwelligem Bereich 32
    III. Das »Kaskadensystem« der Vorschriften für den oberschwelligen Bereich 33
    IV. Vorschriften für den unterschwelligen Bereich 34
    V. Die Voraussetzungen der Anwendbarkeit des Vergaberechts 34
        1. Öffentlicher Auftraggeber 35
        2. Öffentlicher Auftrag 36

C. Die unterschiedlichen Verfahrensarten 37
    I. Das offene Verfahren 37
    II. Das nicht offene Verfahren 37
    III. Das Verhandlungsverfahren 38
    IV. Der wettbewerbliche Dialog 38
    V. Anwendung der richtigen Verfahrensart 38
    VI. Verfahrensarten im unterschwelligen Bereich 39
    VII. Weitere Vorgaben zum Verfahren 39

D. Der Rechtsschutz im Vergaberecht 40

Kapitel 2: Die Einhaltung kartellrechtlicher Vorschriften als Anforderung an Bewerber und Bieter nach deutschem Vergaberecht 43

A. Die Einhaltung von Gesetzen als Eignungskriterium 43
    I. Die Definition der »Zuverlässigkeit« eines Auftragnehmers 44
    II. Keine Änderung der Anforderungen durch die Einfügung des Begriffs »gesetzestreu« 44
    III. Die umfassten Vorschriften 46
    IV. Verstöße gegen kartellrechtliche Vorschriften 48
        1. Submissionsabsprachen 48
        2. Kartelle ohne konkreten Bezug zu Ausschreibungsverfahren 50

B. Prüfungsstandort und Prüfungsmaßstäbe 51
    I. Die einzelnen Schritte der Angebotsprüfung 52
    II. Die Relevanz von Kartellrechtsverstößen im Rahmen der Prüfung von Ausschlussgründen 53
        1. Ein Kartellrechtsverstoß als zwingender Ausschlussgrund 53
            a) Eine wettbewerbsbeschränkende Abrede in Bezug auf die Ausschreibung 54
            b) Eine rechtskräftige Verurteilung wegen Betrugs 56
            c) Rechtsfolge: Grundsätzlich kein Ermessen der Vergabestelle 58
        2. Ein Kartellrechtsverstoß als fakultativer Ausschlussgrund 61
            a) Ein Kartellrechtsverstoß als »schwere Verfehlung« 62
            b) Infragestellung der Zuverlässigkeit 64
            c) Die Anforderungen an den Nachweis für das Vorliegen einer schweren Verfehlung 66
            (1) Nachweispflicht der Vergabestelle 66
            (2) *»Gesicherte Erkenntnis«* 67
            (3) Kein Erfordernis einer rechtskräftigen Entscheidung 69
            (4) Informationsquellen 72
            (aa) Offizielle Register 72
            (bb) Präqualifikationssysteme 74
            (cc) Eigenerklärungen 75

（dd) Auskunft durch Behörden 76
(5) Anhörung des betroffenen Unternehmens 76
d) Beurteilungsspielraum der Vergabestelle 77
e) Rechtsfolge: Ermessensentscheidung der Vergabestelle 78
III. Die Relevanz von Kartellrechtsverstößen bei der Frage der Verhängung einer Sperre für künftige Vergabeverfahren 81
1. Die Zulässigkeit längerfristiger Ausschlüsse 81
2. Die Voraussetzungen einer Auftragssperre 84
3. Die Anforderungen an den Nachweis des Fehlverhaltens 86
4. Das Erfordernis einer Anhörung 87
5. Die zulässige Dauer einer Sperre 87
IV. Die Zurechnung von Fehlverhalten 89
1. Die Zurechnung innerhalb des Unternehmens 89
a) Das Handeln von Führungspersonen 90
b) Das Handeln untergeordneter Mitarbeiter 91
c) Der Bezug zur beruflichen Tätigkeit 92
2. Die Zurechnung im Konzernverbund 93
3. Die Zurechnung der Verfehlungen von Niederlassungen 96
4. Bietergemeinschaften und Nachunternehmer 97
5. Die Zurechnung nach Unternehmenskäufen und Verschmelzungen 99
V. Der maßgebliche Beurteilungszeitpunkt und die Berücksichtigung von Veränderungen im Laufe des Vergabeverfahrens 100
VI. Der zu berücksichtigende Zeitraum 103

Kapitel 3: Die Möglichkeit der »Selbstreinigung« 107
A. Begriff und Hintergründe 107
I. Der Begriff der »Selbstreinigung« 107
II. Die Gründe für das Bestehen der Möglichkeit der Selbstreinigung 109
1. Die Zielrichtung der vergaberechtlichen Vorschriften 109
2. Die vergaberechtlichen Grundprinzipien 110

      3. Keine Zuständigkeit der Vergabestelle für Sanktionsmaßnahmen 111
      4. Rechtspolitische Erwägungen 112
      5. Besonderheiten bei einem oligopolistischen Anbietermarkt 112
B. Die Selbstreinigung als zu berücksichtigender Gesichtspunkt bei der Bewertung der Zuverlässigkeit 113
    I. Anerkannter Prüfungspunkt 113
    II. Prüfungsstandort 117
      1. Bei zwingenden Ausschlussgründen 117
      2. Bei fakultativen Ausschlussgründen 118
      3. Bei der Verhängung und Aufhebung von Auftragssperren 119
    III. Das Erfordernis einer Anhörung 120
    IV. Der maßgebliche Beurteilungszeitpunkt und die Berücksichtigung von Veränderungen im Laufe des Vergabeverfahrens 120
    V. Beurteilungsspielraum der Vergabestelle 123
    VI. Ermessensentscheidung der Vergabestelle 123
C. Die Elemente einer erfolgreichen Selbstreinigung 124
    I. Die Aufklärung des Sachverhalts 127
      1. Das erforderliche Ausmaß der Sachverhaltsaufklärung 127
      2. Kein Erfordernis eines Geständnisses 128
      3. Die Mittel der internen Sachverhaltsaufklärung 130
        a) Einzusetzende Ressourcen 130
        b) Mitarbeiterinterviews 131
        c) Screenings 132
        d) Mitbestimmungsrechte 132
      4. Grenzen der internen Ermittlungsmöglichkeiten 132
        a) Auskunftsverweigerungsrecht der Mitarbeiter 132
        b) Einschränkungen im Hinblick auf Screenings 134
        c) Freiwillige Einhaltung strafprozessualer Vorgaben 135
      5. Die Zusammenarbeit mit den Verfolgungsbehörden und der Vergabestelle 136
      6. Die Kooperation mit den Kartellbehörden im Speziellen 137

		7. Die Aufklärung in Bezug auf einen möglichen Schaden	138
		8. Die Offenlegung der Einzelheiten einer Kooperation mit den Kartellbehörden	140
II.	Personelle Maßnahmen		141
	1.	Die betroffenen Personen	142
	2.	Die erforderlichen Konsequenzen	142
		a) Grundsätzliche Anforderungen	142
		(1) Der Entzug der Möglichkeiten zur Einflussnahme	143
		(2) Angemessenheit in Bezug auf den Handlungsbeitrag	144
		(3) Angemessenheit in Bezug auf die Position der betreffenden Person	145
		(4) Kein Handlungsgebot bei bloßen Verdachtsmomenten	146
		b) Besonderheiten bei mittelständischen und Familienunternehmen	147
		c) Im Hinblick auf Gesellschafter im Speziellen	147
		d) Flankierende Maßnahmen	149
		e) Einfluss auf die Anstellungspolitik	150
	3.	Grenzen des Arbeitsrechts	150
	4.	Entgegenstehende Interessen in Zusammenhang mit der Aufklärung des Sachverhalts: Für und Wider des Einsatzes eines Amnestieprogramms	152
	5.	Entgegenstehende Interessen in Zusammenhang mit einer Kooperation mit den Kartellbehörden	155
III.	Strukturelle und organisatorische Maßnahmen		156
	1.	Die Einführung oder Anpassung eines Compliance-Systems	157
		a) Grundsätzliche Anforderungen an die Kartellrechts-Compliance	158
		b) Spezielle Anforderungen vor dem Hintergrund einer vergaberechtlichen Selbstreinigung	160
		c) Die Einführung eines Wertemanagements	161
	2.	Umstrukturierungen	161
	3.	Personalbezogene Strukturmaßnahmen	162
	4.	Die Einführung eines whistle-blower-Systems	162
IV.	Wiedergutmachung des Schadens		163

1. Bisherige Rechtsprechung und Entscheidungspraxis der Vergabekammern 164
2. Aktuelle Rechtstextlage 166
3. Gründe, die gegen das Erfordernis einer Schadenswiedergutmachung sprechen 169
   a) Komplexität der Bestimmung des Schadens 169
   b) »Erkaufen« der Zuverlässigkeit 171
   c) Wahrnehmung berechtigter Interessen 172
   d) Kein Einfluss auf künftige Zuverlässigkeit 173
   e) Entgegenstehende rechtliche Wertungen aus anderen Bereichen 174
   f) Machtposition der Vergabestelle 175
4. Gründe, die für das Erfordernis einer Schadenswiedergutmachung sprechen 176
   a) Zumeist fehlende Begründung dieser Anforderung 176
   b) Wiedergutmachung als Zeichen der Reue 178
   c) Einfluss auf die künftige Zuverlässigkeit 181
   d) Prävention von Kartellrechtsverstößen 182
   e) Heranziehung der Rechtsprechung zu anderen Rechtsgebieten 182
5. Eigene Position 184
   a) Erheblichkeit des Merkmals der Schadenswiedergutmachung 185
   b) Differenzierung nach streitigen und unstreitigen Ansprüchen 186
       (1) Die Unterscheidung von streitigen und unstreitigen Forderungen 188
       (2) Die Anforderungen bei unstreitigen Forderungen 189
       (3) Die Anforderungen bei streitigen Forderungen 190
6. Zwischenergebnis 191
V. Einzelfallprüfung 192
D. Die Anforderungen an den Nachweis entsprechender Maßnahmen 193
   I. Grundsätzliche Anforderungen 194
   II. Der Nachweis der Sachverhaltsaufklärung 194

III.	Der Nachweis personeller Maßnahmen	195
IV.	Der Nachweis struktureller und organisatorischer Maßnahmen	195
	1. Compliance-Maßnahmen	196
	2. Umstrukturierungen	197
V.	Der Nachweis der (Bereitschaft zur) Schadenswiedergutmachung	197
E.	Die Berücksichtigung von Selbstreinigungsmaßnahmen im Konzernverbund sowie bei Bietergemeinschaften und Nachunternehmern	198
F.	Die Rechtsschutzmöglichkeiten gegen Entscheidungen über die Selbstreinigung	199
G.	Beispiel aus der Praxis für die Anforderungen an eine erfolgreiche Selbstreinigung: Das Feuerwehrfahrzeugkartell	201
H.	Zusammenfassender Überblick zu den Voraussetzungen einer Selbstreinigung	204

Zusammenfassung und Thesen 205

Anlage 1: Übersicht der zitierten Landesvorschriften 209

Anlage 2: Übersicht der maßgeblichen Entscheidungen der Gerichte und Vergabekammern 221

Literaturverzeichnis 225

Einleitung und Gang der Untersuchung

Die aktuelle Entwicklung im nationalen Kartellrecht ist geprägt von der Tatsache, dass das Bundeskartellamt sich mit Hochdruck vor allem der Aufdeckung so genannter Hardcore-Kartelle, also Preis-, Quoten-, Gebiets- und Kundenabsprachen,[1] widmet. Die Ressourcen für die Bearbeitung solcher Fälle wurden in den letzten Jahren kontinuierlich ausgebaut. Zunächst wurde im März 2002 eine in personeller und sachlicher Hinsicht spezialisierte Sonderkommission Kartellbekämpfung (SKK) geschaffen, die die jeweils zuständige Beschlussabteilung in Kartellverfahren unterstützt.[2] Im Juni 2005 wurde die Organisationsstruktur des Bundeskartellamtes dahingehend geändert, dass nunmehr die 11. Beschlussabteilung branchenübergreifend und ausschließlich für die Verfolgung von Ordnungswidrigkeiten zuständig ist.[3] Im Oktober 2008 kam eine neu geschaffene 12. Beschlussabteilung hinzu, die sich ebenfalls allein der Verfolgung von Kartellen widmet.[4] Schließlich wurde Mitte 2011 mit der 10. Beschlusskammer eine weitere Kammer für ausschließlich für solche Wettbewerbsverstöße zuständig erklärt.[5] Damit sind nun drei von zwölf Beschlusskammern mit der »*Verfolgung von Ordnungswidrigkeiten in Verbindung mit Verstößen gegen § 1 GWB und Art. 101 AEUV*« befasst.[6] Eine weitere Maßnahme zur Erhöhung der Aufdeckungsquote war die Einrichtung eines anonymen Hinweisgebersystems 2012.[7] Ein eindrucksvoller Beleg für den Erfolg der Behörde bei der Aufdeckung und Sanktionierung von Kartellen war das Jahr 2014, in dem erstmals eine Rekordsumme von über 1 Mrd. EUR Bußgelder verhängt wurden.[8]

Immer häufiger kommen schwerwiegende Kartellverstöße ans Tageslicht, die Märkte betreffen, auf denen Aufträge durch öffentliche Ausschreibungen vergeben

---

1 *Krauß* in Langen/Bunte, Kommentar zum Deutschen Kartellrecht, § 1 GWB, Rn. 12; *Lober* in Schulte/Just, Kommentar Kartellrecht, § 1 GWB, Rn. 55.
2 Siehe Pressemitteilung des Bundeskartellamtes vom 5. März 2002, abrufbar unter http://bit.ly/1sIyLGJ; Tätigkeitsbericht des Bundeskartellamtes 2001/2002, BT-Drs. Nr. 15/1226 vom 27. Juni 2003, S. 9, 44/45.
3 Siehe Tätigkeitsbericht des Bundeskartellamtes 2005/2006, BT-Drs. Nr. 16/5710 vom 15. Juni 2007, S. 9.
4 Siehe Pressemitteilung des Bundeskartellamtes vom 18. Dezember 2008, abrufbar unter http://bit.ly/1vSXeew; Tätigkeitsbericht des Bundeskartellamtes 2007/2008, BT-Drs. Nr. 16/13500 vom 22. Juni 2009, S. 32.
5 Siehe Pressemitteilung des Bundeskartellamtes vom 14. Juli 2011, abrufbar unter http://bit.ly/1AXC41Q.
6 Siehe Organigramm des Bundeskartellamtes, abrufbar unter http://bit.ly/ 1tOmAtE (Stand: 1. August 2014).
7 Siehe Pressemitteilung des Bundeskartellamtes vom 1. Juni 2012, abrufbar unter http://bit.ly/1pbc1LH.
8 Siehe Jahresbericht 2014 des Bundeskartellamtes von Mai 2015, S. 2 u.a., abrufbar unter http://bit.ly/1UuWbBG.

werden. Das Bundeskartellamt hat seine Aufdeckungsbemühungen in diesen Bereichen intensiviert und vor dem Hintergrund der Strafbarkeit von Submissionsabsprachen die Zusammenarbeit mit der parallel zuständigen Staatsanwaltschaft forciert.[9] Zudem veröffentlichte die Kartellbehörde eine Informationsbroschüre für Vergabestellen, die mittels einer Checkliste mit typischen Indikatoren die Aufdeckung von Submissionsabsprachen erleichtern soll.[10] Bereits im Jahr 2000 war das Bundeskartellamt mit diesem Thema befasst, namentlich in Verfahren gegen Hersteller von Kampfschuhen für die Bundeswehr[11] und gegen Unternehmen des Rohrleitungsbaus[12]. Es folgten 2008 Bußgelder den Produktbereich Auftausalze betreffend[13] und 2010 gegen Hersteller von Dampfkesseln.[14] Mit den Verfahren gegen Hersteller von Feuerwehrlöschfahrzeugen[15] bzw. Feuerwehrdrehleiterfahrzeugen[16] sowie gegen Hersteller von Schienen, Weichen und Weichenzungen[17] liegen in jüngster Vergangenheit umfangreiche Kartellverfahren vor, die Absprachen auf Märkten zum Gegenstand hatten, die vor allem die öffentliche Hand betreffen. 2012 wurden außerdem gegen Hersteller von Leistungstransformatoren Bußgelder

---

9 Siehe Pressemitteilung des Bundeskartellamtes vom 15. April 2013, abrufbar unter http://bit.ly/VVZKnM; Pressemitteilung des Bundeskartellamtes vom 10. Februar 2012, abrufbar unter http://bit.ly/1qluedy.
10 Siehe Pressemitteilung des Bundeskartellamtes vom 19. August 2015, abrufbar unter http://bit.ly/1ipOdbV; Informationsbroschüre abrufbar unter http://bit.ly/1PxU21b.
11 Siehe Pressemitteilung des Bundeskartellamtes vom 6. Dezember 2000, abrufbar unter http://bit.ly/1lj3Y4D.
12 Siehe Pressemitteilung des Bundeskartellamtes vom 4. Dezember 2000, abrufbar unter http://bit.ly/1mZIQvH.
13 Siehe Pressemitteilung des Bundeskartellamtes vom 12. November 2008, abrufbar unter http://bit.ly/XWJ3Kk; Tätigkeitsbericht des Bundeskartellamtes 2007/2008, BT-Drs. Nr. 16/13500 vom 22. Juni 2009, S. 68.
14 Siehe Pressemitteilung des Bundeskartellamtes vom 12. August 2010, abrufbar unter http://bit.ly/1qGXAEh; Fallbericht des Bundeskartellamtes vom 1. September 2010, abrufbar unter http://bit.ly/1wKlOCJ.
15 Siehe Pressemitteilung des Bundeskartellamtes vom 7. März 2012, abrufbar unter http://bit.ly/1sL6tvh; Pressemitteilung des Bundeskartellamtes vom 10. Februar 2011, abrufbar unter http://bit.ly/1AYP6vZ; Fallbericht des Bundeskartellamtes vom 18. Februar 2011, abrufbar unter http://bit.ly/VRa28u.
16 Siehe Pressemitteilung des Bundeskartellamtes vom 27. Juli 2011, abrufbar unter http://bit.ly/1tIeGmD; Fallbericht des Bundeskartellamtes vom 29. Juli 2011, abrufbar unter http://bit.ly/1qMzcNQ.
17 Siehe Pressemitteilung des Bundeskartellamtes vom 23. Juli 2013, abrufbar unter http://bit.ly/1pbe82a; Pressemitteilung des Bundeskartellamtes vom 11. Juli 2013, abrufbar unter http://bit.ly/1tPQMok; Fallbericht des Bundeskartellamtes vom 6. September 2013, abrufbar unter http://bit.ly/1lyXKxM; Pressemitteilung des Bundeskartellamtes vom 5. Juli 2012, abrufbar unter http://bit.ly/VRaHa5; Fallbericht des Bundeskartellamtes vom 14. Dezember 2012, abrufbar unter http://bit.ly/1pnqESi.

wegen Absprachen bei Ausschreibungen verhängt.[18] Bei einem Verfahren wegen Kundenschutzabsprachen bei Serviceleistungen für Wärmetauscher in Kraftwerken und bei einem Verfahren gegen Anbieter von Bergbauspezialarbeiten, die beide 2014 abgeschlossen wurde, ermittelte die Staatsanwaltschaft parallel und in Abstimmung mit dem Bundeskartellamt gegen die betroffenen Personen wegen des Verdachts auf Submissionsbetrug.[19]

Angesichts dieser vermehrten Aufdeckung von Kartellabsprachen durch die Ermittlungsbehörden stehen öffentliche Auftraggeber verstärkt vor der Frage, wie mit der Tatsache umzugehen ist, dass Anbieter, die sich an öffentlichen Ausschreibungen beteiligen, Kartellrechtsverstöße begangen haben. Bei der Vergabe von Aufträgen ist die öffentliche Hand verpflichtet, darauf zu achten, nur solche Bieter auszuwählen, von denen zu erwarten ist, dass sie zuverlässig sein und sich an die Gesetze halten werden. Dabei spielt das bisherige Verhalten des Bieters eine entscheidende Rolle. Der Auftraggeber muss beurteilen, inwiefern eine Verfehlung in der Vergangenheit Auswirkungen auf die Prognose über das zukünftige Handeln eines Unternehmens haben kann oder sogar muss und unter welchen Voraussetzungen ein Fehlverhalten unberücksichtigt bleiben darf bzw. muss. Diese Aspekte spielen vor allem auf solchen Märkten eine große Rolle, auf denen wegen der hohen Spezialisierung des Produkts und/oder der geringen Größe des Marktes nur wenige Anbieter überhaupt zur Verfügung stehen. Es stellt sich die Frage, ob anbietende Unternehmen, die in wettbewerbswidrige Absprachen verwickelt waren, von vornherein von Ausschreibungen ausgeschlossen werden müssen oder können. Für die ehemaligen Kartellanten ist es von hoher Relevanz, inwieweit sie auf die Entscheidung der Vergabestelle Einfluss nehmen können, um weiterhin die Chance zu haben, öffentliche Aufträge zu erhalten. Andererseits muss gewährleistet sein, dass konkurrierende Bieter, die sich in der Vergangenheit korrekt verhalten haben, durch die Berücksichtigung von Unternehmen, die sich gesetzeswidrig verhalten haben, nicht benachteiligt werden. Die Vergabeentscheidung des öffentlichen Auftraggebers bewegt sich dabei im Spannungsfeld von effektiver Auftragsvergabe und den Erfordernissen eines transparenten, diskriminierungsfreien Vergabeverfahrens im freien Wettbewerb, wie § 97 Abs. 1 und 2 des Gesetzes gegen Wettbewerbsbeschränkungen[20] es vorschreiben. In einzelnen Branchen mit oligopolistischer Anbieterstruktur ist denkbar, dass sämtliche in Betracht kommenden Unternehmen sich bei früheren Auftragsvergaben abgesprochen haben und somit streng genommen keines für einen Zuschlag in Frage kommt. Dennoch muss die öffentliche Hand die Möglichkeit haben, ihre notwendigen Beschaffungsvorgänge zu organisieren und

---

18 Siehe Pressemitteilung des Bundeskartellamtes vom 20. September 2012, abrufbar unter http://bit.ly/1C7G1T3.
19 Pressemitteilung des Bundeskartellamtes vom 4. Juli 2014, abrufbar unter http://bit.ly/1qGZxAN; Pressemitteilung des Bundeskartellamts vom 28. August 2014, abrufbar unter http://bit.ly/1lj4Y8V.
20 Im Folgenden »GWB«.

zu beauftragen. Wenn es keinen alternativen Anbieter gibt, hat die Vergabestelle ein Interesse daran, das »kleinste Übel« wählen zu dürfen, also dasjenige Unternehmen, das die größten Bemühungen unternommen hat, sich wieder gesetzestreu zu verhalten und dies nachzuweisen.

So stellte sich etwa für die auftraggebenden Kommunen nach Bekanntwerden des Feuerwehrfahrzeugkartells die schwierige Frage, wie mit der Situation umzugehen ist, dass sämtliche der wenigen Hersteller in ein Kartell verwickelt waren. Da keine alternativen Anbieter vorhanden waren, erfolgten trotz Verfehlungen in der Vergangenheit Auftragsvergaben an solche Unternehmen, von denen die entsprechende Vergabestelle glaubte, dass sie »*geläutert*« seien.[21] Vor einer ähnlichen Situation stand die Deutsche Bahn AG als Hauptbetroffene des Schienenkartells, das im Mai 2012 aufgedeckt wurde. Sie vergab den hochdotierten Auftrag der Lieferung ihres Schienenbedarfs für 2012 dennoch an zwei der Beteiligten des Schienenkartells, das im Mai 2011 durch das Bundeskartellamt aufgedeckt wurde, da durch diese beiden Unternehmen ein umfassender Beitrag zur Aufklärung der Vorwürfe geleistet worden sei.[22] Eines der beiden Unternehmen, das sich trotz ungeklärter Schadensersatzansprüche um Aufträge der Deutschen Bahn AG bewarb, schloss die Deutsche Bahn AG allerdings bei der nächsten Ausschreibung zwei Jahr später vom Vergabeverfahren aus, da keine Wiedergutmachung für den durch das Kartell verursachten Schaden geleistet worden sei und das Unternehmen auch nichts dazu beitrage, sondern in dem dazu anhängigen Zivilprozess auf Zeit spiele.[23]

Anhand welcher Kriterien die Vergabestelle zu beurteilen hat, ob sie einem Unternehmen, das in der Vergangenheit einen Kartellrechtsverstoß begangen hat, einen öffentlichen Auftrag erteilen kann, ist Gegenstand der vorliegenden Untersuchung. Bereits seit einigen Jahren ist in der Rechtsprechung und in der Praxis der Vergabekammern anerkannt, dass so genannte »Selbstreinigungsmaßnahmen« von Unternehmen, die bezwecken, nach Kartellrechtsverstößen die für einen Zuschlag erforderliche Zuverlässigkeit des betreffenden Unternehmens wiederherzustellen, von der Vergabestelle zu berücksichtigen sind. Die Anforderungen an eine erfolgreiche Selbstreinigung im Einzelnen sind demgegenüber in vielen Aspekten noch nicht abschließend geklärt. Insbesondere stellt sich die Frage, ob eine Schadenswiedergutmachung für die Wiederherstellung der Zuverlässigkeit erforderlich ist. Ferner befindet sich die Thematik durch die Reform der Europäischen Richtlinien zum Vergaberecht, welche die Berücksichtigung von Selbstreinigungsmaßnahmen in einigen der neuen Vorschriften explizit vorsieht, aktuell in der Entwicklung.

---

21 Siehe Artikel »Stadt kauft Drehleiter« in der Rheinischen Post vom 25. Januar 2012, abrufbar unter http://bit.ly/1sL8uaH; Artikel »Berlin will Löschauto von Kartellsünder kaufen« in Die Welt vom 19. August 2011, abrufbar unter http://bit.ly/1qMzrsv.
22 Siehe Artikel »Bahn vergibt Großauftrag an Kartellsünder« im Handelsblatt vom 14. Dezember 2011, abrufbar unter http://bit.ly/1mZLe5G.
23 Siehe Artikel »Schienenkonzern muss für Kartell büßen« in Die Welt vom 12. Dezember 2013, abrufbar unter http://bit.ly/1AYQgHR.

Im Folgenden wird nach einer Skizzierung der Grundlagen des Vergaberechts (siehe Kapitel 1) zunächst dargestellt, in welchen Situationen sich die Vergabestelle mit der Frage der Zuverlässigkeit von Unternehmen zu beschäftigen hat (siehe Kapitel 2). In Kapitel 3 wird en détail untersucht, wie Selbstreinigungsmaßnahmen von Unternehmen nach Kartellrechtsverstößen in die Zuverlässigkeitsprüfung einzubeziehen sind, welche Elemente für eine erfolgreiche Wiederherstellung der Zuverlässigkeit erfüllt sein müssen und wie eine durchgeführte Selbstreinigung nachgewiesen werden kann. Die Frage der Selbstreinigung eines Unternehmens stellt sich auch nach anderen Verfehlungen, insbesondere nach Korruptionsdelikten. In den folgenden Ausführungen soll jedoch auf die relevanten Gesichtspunkte unter besonderer Berücksichtigung der Konstellation von Kartellrechtsverstößen eingegangen werden. Die vorliegende Darstellung fokussiert sich ferner auf die Selbstreinigungsmöglichkeiten von Unternehmen, da es nur selten vorkommt, dass natürliche Personen – unabhängig von einer Unternehmenszugehörigkeit – Kartellrechtsverstöße begehen und es auch weit überwiegend Unternehmen sind, die sich um öffentliche Aufträge bemühen.

Kapitel 1: Die Strukturmerkmale des Vergaberechts

Im Folgenden werden zunächst die grundlegenden Prinzipien des Vergaberechts erläutert und die wesentlichen Rechtsgrundlagen und Verfahren der Vergabe öffentlicher Aufträge im Überblick dargestellt.

A. Die Grundsätze des Vergaberechts

Die wesentlichen Grundprinzipien des Vergaberechts sind in § 97 Abs. 1 und 2 GWB niedergelegt: Die Vergabe öffentlicher Aufträge hat entsprechend dem Wettbewerbsprinzip und dem Transparenzprinzip[24] sowie dem Gleichbehandlungsgrundsatz[25] zu erfolgen.

I. Geschichtliche Entwicklung und Bedeutung

Ihre Grundlage haben diese Maximen im Europarecht. Die Neufassung der § 97 Abs. 1 und 2 GWB durch das Vergaberechtsänderungsgesetz vom 26. August 1998[26] erfolgte zur Umsetzung der europarechtlichen Vorgaben verschiedener Richtlinien, insbesondere der Richtlinie 89/665/EWG des Rates vom 21. Dezember 1989 zur Koordinierung der Rechts- und Verwaltungsvorschriften für die Anwendung der Nachprüfungsverfahren im Rahmen der Vergabe öffentlicher Liefer- und Bauaufträge[27].[28] Dass es auf europäischer Ebene bereits frühzeitig zu Regulierungsbemühungen in Bezug auf den Bereich der öffentlichen Auftragsvergabe kam – so stammen die ersten Richtlinien auf diesem Gebiet, die Vergabekoordinierungs-Richtlinien, für

---

24 § 97 Abs. 1 GWB: »*Öffentliche Auftraggeber beschaffen Waren-, Bau- und Dienstleistungen nach Maßgabe der folgenden Vorschriften **im Wettbewerb** und im Wege **transparenter Vergabeverfahren**.*« (Hervorhebungen nicht im Gesetzestext).
25 § 97 Abs. 2 GWB: »*Die Teilnehmer an einem Vergabeverfahren sind **gleich zu behandeln**, es sei denn, eine Benachteiligung ist auf Grund dieses Gesetzes ausdrücklich geboten oder gestattet.*« (Hervorhebungen nicht im Gesetzestext).
26 VgRÄG, verkündet im Bundesgesetzesblatt vom 2. September 1998, Teil I, Nr. 59, S. 2512ff.
27 ABl. EG Nr. L 395 vom 30. Dezember 1989, S. 33ff.
28 Siehe Begründung des Regierungsentwurfs zum Vergaberechtsänderungsgesetz, BT-Drs. Nr. 13/9340 vom 3. Dezember 1997, S. 1.

Lieferaufträge aus dem Jahr 1969[29] und für Bauaufträge aus dem Jahr 1971[30,31]–, und dieser Bereich auch heute noch im Fokus der europäischen Gesetzgebung steht[32], liegt darin begründet, dass dieser einen wesentlichen Teil des Binnenmarktes umfasst (heute ca. 18 bis 20 % des BIP der EU)[33] und die Schaffung der Möglichkeit einer grenzüberschreitenden Vergabe (»cross-border-procurement«) daher ein erhebliches Marktöffnungspotential aufweist.[34] Die Kommission bezeichnete den Markt für die öffentliche Auftragsvergabe als »*Schlüsselbereich* [...] *des Binnenmarktes*«.[35] Auch in der Binnenmarktakte der Europäischen Kommission wird das öffentliche Auftragswesen als einer von »*Zwölf Hebel[n] zur Förderung von Wachstum und Vertrauen*« verstanden.[36] Letztlich basiert das gesamte europäische Vergaberecht, das insbesondere die europäischen Vergaberichtlinien umfasst,[37] auf den europarechtlichen Grundfreiheiten.[38]

---

29 Richtlinie 70/32/EWG der Kommission vom 17. Dezember 1969 über die Lieferungen von Waren an den Staat, seine Gebietskörperschaften und die sonstigen juristischen Personen des öffentlichen Rechts, ABl. EG Nr. L 13 vom 19. Januar 1970, S. 1 ff.
30 Richtlinie 71/304/EWG des Rates vom 26. Juli 1971 zur Aufhebung der Beschränkungen des freien Dienstleistungsverkehrs auf dem Gebiet der öffentlichen Bauaufträge und bei öffentlichen Bauaufträgen, die an die Auftragnehmer über ihre Agenturen oder Zweigniederlassungen vergeben werden, ABl. EG Nr. L 185 vom 16. August 1971, S. 1ff.
31 Richtlinie 71/305/EWG des Rates vom 26. Juli 1971 über die Koordinierung der Verfahren zur Vergabe öffentlicher Bauaufträge, ABl. EG Nr. L 185 vom 16. August 1971, S. 5ff.
32 Zu der Reform der Vergaberechtsrichtlinien im Jahr 2014 siehe B.I.
33 Siehe Pressemitteilung des Europäischen Parlaments vom 15. Januar 2014, abrufbar unter http://bit.ly/1jjQbrS; Pressemitteilung der Europäischen Kommission vom 21. März 2012, abrufbar unter http://bit.ly/XWKubH; Annual Public Procurement Implementation Review 2012 der Europäischen Kommission vom 9. Oktober 2012, S. 6, abrufbar unter http://bit.ly/1C7GTah.
34 Vgl. *Noch*, Vergaberecht, Einführung, Rn. 7.
35 Mitteilung der Kommission an den Rat, das Europäische Parlament, den europäischen Wirtschafts- und Sozialausschuss und den Ausschuss der Regionen: »Binnenmarktstrategie – Vorrangige Aufgaben 2003–2006«, KOM(2003) 238 endgültig vom 7. Mai 2003, S. 18, abrufbar unter http://bit.ly/1qlx0zI.
36 »Mitteilung der Kommission an das Europäische Parlament, den Rat, den Europäischen Wirtschafts- und Sozialausschuss und den Ausschuss der Regionen vom 13. April 2011: Binnenmarktakte – Zwölf Hebel zur Förderung von Wachstum und Vertrauen – ‚Gemeinsam für neues Wachstum'« KOM(2011) 206 endgültig, S. 7, 22f., abrufbar unter http://bit.ly/1nJAloA.
37 *Frenz*, Beihilfe- und Vergaberecht, Rn. 1699.
38 EuGH, Urteil vom 10. März 1987, Rs. 199/85, *Kommission/Italien*, Tz. 12; EuGH, Urteil vom 10. Februar 1982, Rs. 76/81, *Transporoute*, Tz. 7; siehe auch Erwägungsgrund 2 der Richtlinie 2004/18/EG des Europäischen Parlaments und des Rates vom 31. März 2004 über die Koordinierung der Verfahren zur Vergabe öffentlicher Bauaufträge, Lieferaufträge und Dienstleistungsaufträge, ABl. EU Nr. L 134 vom

Es handelt sich, wie die Verankerung des subjektiven Anspruchs der (potentiell) bietenden Unternehmen auf die Einhaltung der Bestimmungen über das Vergabeverfahren in § 97 Abs. 7 GWB belegt, bei diesen Grundprinzipien nicht um bloße deklaratorische Programmsätze, sondern um einklagbare Rechte.[39] Die Ermöglichung eines solchen Rechtsschutzes war eine zentrale Neuerung, die mit der Reform des Vergaberechts 1998 Einzug in das deutsche Vergaberecht fand. Zuvor waren die Bestimmungen über das Vergaberecht in das Gesetz über die Grundsätze des Haushaltsrechts des Bundes und der Länder (§§ 57a bis c HGrG a.F.) eingebettet. Mit dieser »haushaltsrechtlichen Lösung« verbunden war der grundsätzliche Ansatz, dass es sich um objektive Regelungen handelt, die die öffentlichen Stellen insbesondere zu Wirtschaftlichkeit und Sparsamkeit verpflichten.[40] Einklagbare Rechte für Bieter sollten ausdrücklich nicht geschaffen werden.[41] Nach Kritik durch deutsche und europäische Gerichte[42] sowie politischem Druck durch die USA[43] und der Einleitung eines Vertragsverletzungsverfahrens durch die Europäische Kommission[44] wegen der mangelhaften Umsetzung der Rechtsmittelrichtlinie[45] entschied der deutsche Gesetzgeber sich dafür, die einschlägigen Vorschriften im Kartellrecht und damit im

---

30. April 2004, S. 114ff.: »*Die Vergabe von Aufträgen in den Mitgliedstaaten auf Rechnung des Staates, der Gebietskörperschaften und anderer Einrichtungen des öffentlichen Rechts* **ist an die Einhaltung der im Vertrag niedergelegten Grundsätze gebunden, insbesondere des Grundsatzes des freien Warenverkehrs, des Grundsatzes der Niederlassungsfreiheit und des Grundsatzes der Dienstleistungsfreiheit** *sowie der davon abgeleiteten Grundsätze wie z.B. des Grundsatzes der Gleichbehandlung, des Grundsatzes der Nichtdiskriminierung, des Grundsatzes der gegenseitigen Anerkennung, des Grundsatzes der Verhältnismäßigkeit und des Grundsatzes der Transparenz.*« (Hervorhebung nicht im Original).

39 *Just* in Schulte/Just, Kommentar Kartellrecht, § 97 GWB, Rn. 1.
40 *Noch*, Vergaberecht, Einführung, Rn. 30.
41 Gesetzesentwurf der Bundesregierung zum Zweiten Gesetz zur Änderung des Haushaltsgrundsätzegesetzes vom 25. März 1993, BT-Drs. Nr. 12/4636 vom 25. März 1993, S. 12.
42 LG Hannover, Urteil vom 17. April 1997, Az. 21 O 38/97 (Kart), WuW/E LG/AG 739 (740); EuGH, Urteil vom 11. August 1995, Rs. C-433/93, *Kommission/Deutschland*, Tz. 19/20, 26.
43 Die USA drohten der Bundesrepublik Deutschland unter Setzung einer Frist von 60 Tagen handelsrechtlichen Sanktionen wegen des Fehlens eines effektiven Rechtsschutzsystems an, siehe Notice des Office of the United States Trade Representative, Determination Under Section 305 of the Trade Agreements Act of 1979, abgedruckt im Federal Register Vol. 61, No. 129 vom 3. Juli 1996, abrufbar unter http://1.usa.gov/1u225sK.
44 Siehe Mahnschreiben des EG-Kommissars Mario Monti vom 31. Oktober 1995 an den deutschen Außenminister (Az. SG (95) D/13624-95/2044), abgedruckt in ZIP 1995, S. 1941ff.
45 Richtlinie 89/665/EWG des Rates vom 21. Dezember 1989 zur Koordinierung der Rechts- und Verwaltungsvorschriften für die Anwendung der Nachprüfungsverfahren im Rahmen der Vergabe öffentlicher Liefer- und Bauaufträge, ABl. EG Nr. L 395 vom 30. Dezember 1989, S. 33ff.

GWB zu verorten (so genannte »kartellrechtliche Lösung«⁴⁶) und die subjektiven Rechte explizit als solche gesetzlich zu verankern.

Den nunmehr an den Anfang des im GWB festgeschriebenen Vergaberechts gestellten drei Prinzipien ist gemein, dass sie in sämtlichen dem GWB-Vergaberecht unterfallenden Verfahrensarten und in allen Stadien des Vergabeverfahrens Geltung beanspruchen.⁴⁷ Daneben sind sie als Auslegungsdirektiven heranzuziehen, wenn ein Auslegungsspielraum auf Tatbestandsebene (bei unbestimmten Rechtsbegriffen) oder auf Rechtsfolgenseite (in Form von Ermessen) gegeben ist.⁴⁸

II. Der Wettbewerbsgrundsatz

Zentrales und tragendes Prinzip der Beschaffung durch die öffentliche Hand ist die Vergabe der Aufträge im freien Wettbewerb.⁴⁹ Dadurch werden die Auftraggeber geschützt, da nur im freien Wettbewerb das wirtschaftlichste Angebot ermittelt werden kann.⁵⁰ Aber auch die bietenden Unternehmen profitieren davon, da durch das Wettbewerbsprinzip dafür Sorge getragen wird, dass sie den Zuschlag erhalten, wenn sie tatsächlich das beste Angebot unterbreiten. Denn maßgebliches Entscheidungskriterium ist die Leistungsfähigkeit eines Unternehmens, auf die jedes Unternehmen selbst Einfluss nehmen kann, so dass die Chancengleichheit unter den Bietern sichergestellt ist.⁵¹ Entsprechend geht die Begründung des Regierungsentwurfs zum Vergaberechtsänderungsgesetz von 1997 davon aus, dass eine Vergabe im freien Wettbewerb »*sowohl für Auftraggeber als auch für Auftragnehmer vorteilhaft ist*«.⁵²

Der Auftraggeber muss für den konkreten Auftrag die Auswahl der Verfahrensart (in der Regel ist gem. § 101 Abs. 7 Satz 1 GWB das den breitesten Wettbewerb ermöglichende offene Verfahren anzuwenden), die Aufstellung der Eignungs- und Zuschlagskriterien sowie die Leistungsbeschreibung so anpassen, dass der größtmögliche Grad an Wettbewerb erreicht wird.⁵³

---

46 BVerfG, Beschluss vom 13. Juni 2006, Az. 1 BvR 1160/03, Tz. 9; *Knauff* in VergabeR 2008, S. 312 (318); *Dietlein/Fandrey* in Byok/Jaeger, Kommentar Vergaberecht, Einleitung A., Rn. 36.

47 *Müller-Wrede* in Müller-Wrede, Kommentar GWB-Kartellrecht, § 97 GWB, Rn. 5, 10, 15; *Just* in Schulte/Just, Kommentar Kartellrecht, § 97 GWB, Rn. 4, 13, 16.

48 *Burgi* in NZBau 2008, S. 29 (32); *Diehr* in Reidt/Stickler/Glahs, Kommentar Vergaberecht, § 97, Rn. 9 und 29; OLG Düsseldorf, Urteil vom 27. Juli 2006, VII-Verg 23/06, Tz. 45 (zur Auslegung des Begriffs der »*wettbewerbsbeschränkenden Abrede*« in § 25 Abs. 1 Nr. 1f) VOL/A a.F., heute § 16 Abs. 3f) VOL/A im Hinblick auf das Wettbewerbsprinzip).

49 *Kullack* in Heiermann/Riedl/Rusam, Kommentar VOB, § 97 GWB, Rn. 6; *Wagner* in Heuvels/Höß/Kuß/Wagner, Gesamtkommentar Vergaberecht, § 97 GWB, Rn. 7; *Weyand*, Praxiskommentar Vergaberecht, § 97 GWB, Rn. 10.

50 *Just* in Schulte/Just, Kommentar Kartellrecht, § 97 GWB, Rn. 4; *Niebuhr* in Niebuhr/Kulartz/Kus/Portz, Kommentar zum Vergaberecht, § 97 GWB, Rn. 8.

51 *Frenz*, Beihilfe- und Vergaberecht, Rn. 1701.

52 BT-Drs. Nr. 13/9340 vom 3. Dezember 1997, S. 14.

53 *Müller-Wrede* in Müller-Wrede, Kommentar GWB-Kartellrecht, § 97 GWB, Rn. 6.

Das Wettbewerbsprinzip beinhaltet darüber hinaus die Verpflichtung des Auftraggebers, sich selbst wettbewerbskonform zu verhalten und wettbewerbswidrige Handlungen der Bieter zu unterbinden.[54] Zu schützen ist insbesondere der Geheimwettbewerb, da Angebote, die abgesprochen oder in Kenntnis der Angebote anderer Bieter abgegeben werden, nicht dem in freiem Wettbewerb ermittelten wirtschaftlichsten Angebot entsprechen.[55]

Die Bedeutung des Wettbewerbsprinzips wurde durch die Eingliederung des Vergaberechts in das GWB deutlich hervorgehoben und gestärkt, auch im Hinblick auf die haushaltsrechtlich vorgegebene Maxime der sparsamen Verwendung öffentlicher Mittel. Während letztere ursprünglich die Hauptzielsetzung des Vergaberechts war, wird sie nun überwiegend mittelbar über die Ermöglichung und Sicherstellung eines breiten Wettbewerbs angestrebt.[56]

III. Der Transparenzgrundsatz

Der Transparenzgrundsatz soll »*die Gefahr einer Günstlingswirtschaft oder willkürlicher Entscheidungen des öffentlichen Auftraggebers ausschließen*«.[57] Die Bevorzugung bestimmter Unternehmen, die einen echten Wettbewerb ausschließen würde, soll verhindert werden.[58]

Dies erfordert zum einen, dass der öffentliche Auftraggeber im Vorfeld einer Auftragsvergabe einen hinreichenden Grad an Öffentlichkeit schafft, um Wettbewerb um den betreffenden Auftrag zu ermöglichen (»ex-ante-Transparenz«).[59] Einen schwerwiegenden Verstoß insbesondere auch gegen das Transparenzgebot stellt es daher dar, wenn – obwohl gesetzlich vorgeschrieben – überhaupt kein Vergabeverfahren durchgeführt wird.[60] Die Vergabestelle muss bereits zu Beginn des Vergabeverfahrens sämtliche Kriterien/Unterkriterien der Zuschlagserteilung[61] sowie

---

54 *Just* in Schulte/Just, Kommentar Kartellrecht, § 97 GWB, Rn. 5; *Müller-Wrede* in Müller-Wrede, Kommentar GWB-Kartellrecht, § 97 GWB, Rn. 7; siehe § 2 Abs. 1 Nr. 2 Satz 2 VOB/A EG, § 2 Abs. 1 Nr. 2 Satz 2 VOB/A.
55 OLG München, Beschluss vom 11. August 2008, Az. Verg 16/08, Tz. 31/32; OLG Düsseldorf, Beschluss vom 16. September 2003, Az. VII-Verg 52/03, Tz. 11; *Just* in Schulte/Just, Kommentar Kartellrecht, § 97 GWB, Rn. 7.
56 *Müller-Wrede* in Müller-Wrede, Kommentar GWB-Kartellrecht, § 97 GWB, Rn. 5; *Otting* in Bechtold, Kommentar GWB, 6. Auflage 2010, § 97 GWB, Rn. 5.
57 EuGH, Urteil vom 29. März 2012, Rs. C-599/10, *SAG ELV Slovensko u.a.*, Tz. 25.
58 *Leinemann*, Vergabe öffentlicher Aufträge, Rn. 13.
59 EuGH, Urteil vom 6. April 2006, Rs. C-410/04, *ANAV*, Tz. 21.
60 EuGH, Urteil vom 13. Oktober 2005, Rs. C-458/03, *Parking Brixen*, Tz. 50, 52, siehe auch § 101b Abs. 1 Nr. 2 GWB.
61 EuGH, Urteil vom 24. Januar 2008,.Rs. C-532/06, *Lianakis u.a.*, Tz. 38; dem folgend KG Berlin, Urteil vom 13. März 2008, 2 Verg 18/07, Tz. 91; OLG München, Beschluss vom 19. März 2003, Az. Verg 2/09, Tz. 38/39.

gegebenenfalls deren beabsichtigte Gewichtung[62] mitteilen, damit die Unternehmen dies in ihre Überlegungen, ob sie durch ein Angebot an dem Wettbewerb um den Auftrag teilnehmen wollen, miteinbeziehen können.[63] An einmal bekannt gemachte Kriterien für die Prüfung der Eignung und für die Erteilung des Zuschlags ist der Auftraggeber gebunden.[64] Die Zuschlagskriterien müssen außerdem über eine gewisse Bestimmtheit verfügen und hinreichend klar formuliert sein.[65]

Zum anderen stellt das Transparenzgebot sicher, dass eine getroffene Vergabeentscheidung im Nachhinein überprüft werden kann (»ex-post-Transparenz«).[66] Dementsprechend sehen die Verdingungsordnungen vor, dass unter anderem die Gründe für die Auswahl und die Ablehnung von Bietern festgehalten werden.[67]

Durch das Prinzip der Transparenz der öffentlichen Auftragsvergabe wird gewährleistet, dass alle Unternehmen im Sinne des Gleichbehandlungsgrundsatzes diskriminierungsfrei behandelt werden und dass die Chancengleichheit für die bietenden Unternehmen ermöglicht bzw. gewahrt wird.[68] Im Hinblick auf den Wettbewerbs- und den Gleichbehandlungsgrundsatz hat das Transparenzgebot somit eine *»dienende Funktion«*.[69]

Der Transparenzgrundsatz verpflichtet auch die Bieter. Eine Änderung der Verdingungsunterlagen, etwa durch Vorlage eigener AGB,[70] und auch wenn sie nur geringfügig ist,[71] ist unzulässig, andernfalls wäre die Vergleichbarkeit der eingereichten

---

62 EuGH, Urteil vom 12. Dezember 2002, Rs. C-470/99, *Universale-Bau u.a.*, Tz. 97–99; siehe Art. 67 Abs. 5 Satz 1 der Richtlinie 2014/24/EU des Europäischen Parlaments und des Rates vom 26. Februar 2014 über die öffentliche Auftragsvergabe und zur Aufhebung der Richtlinie 2004/18/EG, ABl. EU Nr. L 94 vom 28. März 2014, S. 65ff., siehe auch § 127 Abs. 5 des Gesetzesentwurfs der Bundesregierung für ein Gesetz zur Modernisierung des Vergaberechts (Vergaberechtsmodernisierungsgesetz – VergRModG) vom 8. Juli 2015, im Folgenden »**Entwurf-Vergaberechtsmodernisierungsgesetz**«, abrufbar unter http://bit.ly/ 1IeSPef.
63 EuGH, Urteil vom 20. September 1988, Rs. 31/87, *Beentjes/Niederländischer Staat*, Tz. 21.
64 BGH, Urteil vom 17. Februar 1999, Az. X ZR 101/97, Tz. 21, 22; BGH, Urteil vom 8. September 1998, Az. X ZR 109/96, Tz. 25.
65 EuGH, Urteil vom 18. Oktober 2001, Rs. C-19/00, *SIAC Construction*, Tz. 42; *Müller-Wrede* in Müller-Wrede, Kommentar GWB-Kartellrecht, § 97 GWB, Rn. 11; *Just* in Schulte/Just, Kommentar Kartellrecht, § 97 GWB, Rn. 13.
66 *Höfler* in NZBau 2010, S. 73 (76); *Just* in Schulte/Just, Kommentar Kartellrecht, § 97 GWB, Rn. 10.
67 Siehe die entsprechenden Vorgaben in § 20 VOB/A, § 20 VOB/A EG, § 20 VOL/A, § 24 VOL/A EG, § 12 VOF, § 32 SektVO, § 43 VSVgV, § 20 VOB/A-VS; zu den vergaberechtlichen Vorschriften im Allgemeinen siehe B.II.
68 *Höfler* in NZBau 2010, S. 73 (78); *Just* in Schulte/Just, Kommentar Kartellrecht, § 97 GWB, Rn. 8.
69 *Fehling* in Pünder/Schellenberg, Handkommentar Vergaberecht, § 97 GWB, Rn. 65.
70 OLG Naumburg, Urteil vom 26. Oktober 2004, Az. 1 U 30/04, Tz. 34.
71 OLG Düsseldorf, Beschluss vom 29. November 2000, Az. Verg 21/00, Tz. 3.

Angebote nicht mehr gegeben.[72] Ebenso wenig ist ein Bieterwechsel in der Angebotsphase möglich, auch dann nicht, wenn er auf einem gesellschaftsrechtlichen Umwandlungsvorgang beruht.[73]

Einschränkungen erfährt die Transparenz des Vergabeprozesses durch den Wettbewerbsgrundsatz, der den Geheimwettbewerb zwischen den Bietern vorschreibt.[74] Angebote von Bietern, die eine unzulässige, wettbewerbsbeschränkende Absprache getroffen haben und damit Kenntnisse über Angebote von Mitbewerbern hatten, werden vom Verfahren ausgeschlossen.[75] Um zu verhindern, dass der Geheimwettbewerb durch ein Verhalten der Vergabestelle beeinträchtigt wird, sehen die Vergabevorschriften zudem vor, dass der öffentliche Auftraggeber mit Angebotsunterlagen von Bietern vertrauensvoll umzugehen hat.[76] Auch seine Informationspflichten werden durch die Geheimhaltungsinteressen der Unternehmen beschränkt.[77]

IV. Der Gleichbehandlungsgrundsatz

Der in Art. 18 AEUV und Art. 3 Grundgesetz[78] sowie darüber hinaus zugeschnitten auf das Vergaberecht in § 97 Abs. 2 GWB niedergelegte Gleichbehandlungsgrundsatz erfordert, dass »*die Teilnehmer an einem Vergabeverfahren*« die gleiche Chance erhalten müssen, den Auftrag zu erhalten.[79]

Einen Anspruch auf Gleichbehandlung haben – auch wenn der Wortlaut des § 97 Abs. 2 GWB Anderes vermuten lässt – nicht nur die Teilnehmer eines förmlichen Ausschreibungsverfahrens, sondern gerade auch diejenigen Unternehmen, die auf Grund von Verstößen gegen Vergabevorschriften kein Angebot abgeben konnten

---

72 BGH, Urteil vom 8. September 1998, Az. X ZR 85/97, Tz. 31, 32; VK Bund, Beschluss vom 21. Juni 2004, Az. VK 3-83/04, S. 22; siehe § 13 Abs. 1 Nr. 5 Satz 1 VOB/A, § 13 Abs. 1 Nr. 5 Satz 1 VOB/A EG, § 13 Abs. 4 Satz 1 VOL/A, § 16 Abs. 4 Satz 1 VOL/A EG.
73 OLG Düsseldorf, Beschluss vom 18. Oktober 2006, Az. VII-Verg 30/06, Tz. 17ff.; entsprechend geänderte Angebote sind gemäß § 16 Abs. 1 Nr. 1 lit. b) VOB/A, § 16 Abs. 1 Nr. 1 lit. b) VOB/A EG, § 16 Abs. 3 lit. d) VOL/A, § 19 Abs. 3 lit. d) VOL/A EG, § 31 Abs. 2 Nr. 3, 4 VSVgV, § 16 Abs. 1 Nr. 1 lit. b) VOB/A-VS zwingend auszuschließen.
74 OLG Düsseldorf, Beschluss vom 16. September 2003, Az. VII-Verg 52/03, Tz. 11; siehe auch unter II.
75 Siehe § 16 Abs. 1 Nr. 1 lit. d) VOB/A, § 16 Abs. 1 Nr. 1 lit. d) VOB/A EG, § 16 Abs. 3 lit. f) VOL/A, § 19 Abs. 3 lit. f) VOL/A EG; § 31 Abs. 2 Nr. 6 VSVgV, § 16 Abs. 1 Nr. 1 lit. d) VOB/A-VS.
76 Siehe § 13 Abs. 1 Nr. 2 Satz 1 VOB/A, § 13 Abs. 1 Nr. 2 Satz 1 VOB/A EG, § 13 Abs. 2 Satz 1 VOL/A, § 14 Abs. 1 VOL/A EG, § 8 Abs. 3 Satz 1 VOF, § 5 Abs. 3 SektVO, § 6 Abs. 1 Satz 1 VSVgV, § 13 Abs. 1 Nr. 2 Satz 1 VOB/A-VS.
77 *Wagner* in Heuvels/Höß/Kuß/Wagner, Gesamtkommentar Vergaberecht, § 97 GWB, Rn. 19.
78 Im Folgenden »**GG**«.
79 KG Berlin, Urteil vom 13. März 2008, Az. 2 Verg 18/07, Tz. 64; *Diehr* in Reidt/Stickler/Glahs, Kommentar Vergaberecht, § 97 GWB, Rn. 37.

oder durch unzulässige Vorgaben abgeschreckt wurden, also auch potentielle Bieter.[80] Ihnen muss ermöglicht werden, an der Ausschreibung teilzunehmen.[81]

Der Gleichbehandlungsgrundsatz beinhaltet vor allem ein Verbot der Diskriminierung auswärtiger oder ausländischer Bieter.[82] Auch die Bevorzugung bestimmter Erzeugnisse oder Verfahren verbietet sich, wenn dadurch bestimmte Unternehmen begünstigt oder ausgeschlossen werden. Die Leistungsbeschreibungen müssen produktneutral sein, außer der Auftragsgegenstand lässt sich nur durch eine konkrete Nennung hinreichend genau und allgemein verständlich beschreiben. In einem solchen Fall ist jedoch der Zusatz »*oder gleichwertig*« erforderlich.[83] Ausnahmen davon sind nur gerechtfertigt, wenn ein berechtigtes Interesse daran besteht, dass nur ein bestimmtes Produkt oder Verfahren eingesetzt wird, etwa auf Grund technischer Zwänge, aus gestalterischen Gründen, um eine einheitliche Wartung zu ermöglichen oder aus Kostengründen.[84]

Sämtliche Bieter bzw. deren Angebote müssen unterschiedslos an denselben Vorgaben gemessen werden.[85] Die Berücksichtigung eines Angebots, das von den aufgestellten Kriterien abweicht, ist daher nicht möglich.[86] Aus dem Gleichbehandlungsgebot folgt außerdem das Verbot der Berücksichtigung vergabefremder Kriterien wie etwa einer Förderung des Umweltschutzes oder der Einhaltung von Tarifstandards ohne hinreichenden Bezug zum jeweiligen Gegenstand der Ausschreibung, da durch ihre willkürliche Einbeziehung die Chancengleichheit gefährdet

---

80 EuGH, Urteil vom 5. Oktober 2000, Rs. C-16/98, *Kommission/Frankreich*, Tz. 107–109; *Ziekow* in Ziekow/Völlink, Kommentar Vergaberecht, § 97 GWB, Rn. 20, 21; *Just* in Schulte/Just, Kommentar Kartellrecht, § 97 GWB, Rn. 18; *Diehr* in Reidt/Stickler/Glahs, Kommentar Vergaberecht, § 97 GWB, Rn. 36; *Kus* in Kulartz/Kus/Portz, Kommentar GWB-Vergaberecht, § 97 GWB, Rn. 33; a.A. OLG Jena, Urteil vom 20. Juni 2005, 9 Verg 3/05, Tz. 49, 50.
81 *Bungenberg* in Loewenheim/Meessen/Riesenkampff, Kommentar Kartellrecht, § 97 GWB, Rn. 24.
82 VK Bund, Beschluss vom 12. November 2009, Az. VK 3 - 208/09, S. 6; EuGH, Urteil vom 20. Oktober 2005, Rs. C-264/03, *Kommission/Frankreich*, Tz. 60/61; *Weyand*, Praxiskommentar Vergaberecht, § 97 GWB, Rn. 385.
83 VK Thüringen, Beschluss vom 7. Februar 2006, Az. 360-4002.20-063/05-EF-S, S. 10; VK Köln, Beschluss vom 3. Juli 2002, Az. VK VOL 4/2002, S. 11; siehe § 7 Abs. 8 VOB/A, § 7 Abs. 8 VOB/A EG, § 7 Abs. 4 VOL/A, § 8 Abs. 7 VOL/A EG, § 6 Abs. 7 VOF, § 7 Abs. 9 SektVO, § 15 Abs. 3 Nr. 1 VSVgV, § 7 Abs. 8 VOB/A-VS.
84 OLG Frankfurt/M., Beschluss vom 28. Oktober 2003, 11 Verg 9/03, Tz. 17/18; OLG Saarbrücken, Beschluss vom 29. Oktober 2003, 1 Verg 2/03, S. 15/16.
85 VK Bund, Beschluss vom 27. November 2009, VK 1 - 200/09, S. 13/14; *Frenz*, Beihilfe- und Vergaberecht, Rn. 1802; *Weyand*, Praxiskommentar Vergaberecht, § 97 GWB, Rn. 382.
86 EuGH, Urteil vom 15. April 1996, Rs. C-87/94, *Kommission/Belgien (Wallonische Busse)*, Tz. 70, 74, 88f.; EuGH, Urteil vom 22. Juni 1993, Rs. C-243/89, *Kommission/Dänemark (Storebaelt)*, Tz. 40.

wäre.[87] Ausnahmen davon sind gem. § 97 Abs. 4 Satz 3 GWB möglich, wenn ein Bundes- oder Landesgesetz es vorsieht, solche Aspekte zu beachten.

Der Gleichbehandlungsgrundsatz beinhaltet auch ein Recht auf gleiche Information. Sämtliche Bieter sind in gleichem Umfang über den Verlauf des Verfahrens und Spezifizierungen der Anforderungen (auch wenn diese auf Anfrage nur eines bestimmten Bieters geschehen[88]) zu informieren und jedem Bieter muss dieselbe Bearbeitungszeit eingeräumt werden.[89]

V. Der Wirtschaftlichkeitsgrundsatz

Zusätzlich zu den drei Grundprinzipien ist in § 97 Abs. 5 GWB der Grundsatz der Wirtschaftlichkeit niedergelegt. Durch diese zentrale Vorschrift wird der Wettbewerbsgrundsatz dahingehend konkretisiert, dass das wirtschaftlichste Angebot den Zuschlag erhalten muss.[90] Während die Vorgängerfassungen der europäischen Richtlinien dem nationalen Gesetzgeber noch die Wahl ließen, ob bei der Entscheidung über den Zuschlag maßgeblich auf den niedrigsten Preis oder auf das wirtschaftlich günstigste Angebot abzustellen ist,[91] sehen die neuen Richtlinien ebenfalls die Zuschlagserteilung auf Grundlage des wirtschaftlich günstigsten Angebots vor[92]. Durch die entsprechende Vorgabe im deutschen Recht wird verdeutlicht, dass für die Entscheidung über den Zuschlag nicht allein der niedrigste Preis entscheidend sein soll, sondern ein möglichst günstiges Verhältnis zwischen den einzusetzenden Finanzmitteln und der konkreten zu erbringenden Leistung.[93] Daher können abgestimmt auf den jeweiligen Einzelfall neben dem wichtigen Aspekt des Preises weitere Kriterien eine Rolle spielen, die auftragsbezogen und bereits in der Auftragsbeschreibung enthalten sein müssen.[94] Letztere Anforderung ergibt sich aus dem

---

87 *Frenz*, Beihilfe- und Vergaberecht, Rn. 1805; *Leinemann*, Vergabe öffentlicher Aufträge, Rn. 16; *Otting* in Bechtold, Kommentar GWB, 6. Auflage 2010, § 97 GWB, Rn. 37ff.
88 VK Thüringen, Beschluss vom 15. Juli 2010, Az. 250-4003.20-2273/2010-008-SLF, S. 11.
89 *Müller-Wrede* in Müller-Wrede, Kommentar GWB-Kartellrecht, § 97 GWB, Rn. 18; *Just* in Schulte/Just, Kommentar Kartellrecht, § 97 GWB, Rn. 20.
90 *Hölzl* in Münchener Kommentar zum Beihilfen- und Vergaberecht, § 97 GWB, Rn. 270.
91 Art. 53 Abs. 1 RL 2004/18/EG; Art. 55 Abs. 1 RL 2004/17/EG; siehe zu den europäischen Richtlinien sogleich unter B.I.
92 Art. 82 Abs. 1 RL 2014/25/EU; Art. 67 Abs. 1 RL 2014/24/EU; siehe zu den europäischen Richtlinien sogleich unter B.I.; siehe § 127 Abs. 1 Satz 1 Entwurf-Vergaberechtsmodernisierungsgesetz.
93 *Hailbronner* in Byok/Jaeger, Kommentar Vergaberecht, § 97 GWB, Rn. 134; *Otting* in Bechtold, Kommentar GWB, 6. Auflage 2010, § 97, Rn. 54; *Dreher* in Immenga/Mestmäcker, Kommentar GWB, § 97 GWB, Rn. 315.
94 *Hailbronner* in Byok/Jaeger, Kommentar Vergaberecht, § 97 GWB, Rn. 134; *Bungenberg* in Loewenheim/Meessen/Riesenkampff, Kommentar Kartellrecht, § 97 GWB, Rn. 65.

Transparenzgebot.[95] Wenn die Angebote im Übrigen übereinstimmen, ist jedoch der Preis ausschlaggebend.[96] Grundsätzlich soll die Prüfung der Wirtschaftlichkeit der Angebote zu einer objektiven, willkürfreien Auswahl des Vertragspartners durch die Vergabestelle führen[97] und damit auch dem Gleichbehandlungsgrundsatz Genüge tun.[98]

VI. Der Verhältnismäßigkeitsgrundsatz

Nicht in § 97 GWB erwähnt wird der Verhältnismäßigkeitsgrundsatz.[99] Er ist jedoch als allgemeiner unionsrechtlicher Grundsatz auch im Vergaberecht stets zu beachten.[100] Die europäischen Richtlinien enthalten einen ausdrücklichen Verweis auf den Verhältnismäßigkeitsgrundsatz.[101] Zudem handelt es sich dabei um einen elementaren Rechtsgrundsatz des deutschen Verfassungsrechts, der die Vergabestellen dazu verpflichtet, jederzeit die Geeignetheit, Erforderlichkeit und Angemessenheit ihres Handelns zu beleuchten.[102] Der öffentliche Auftraggeber darf somit keine Anforderungen fachlicher, finanzieller oder technischer Art stellen, die zu dem Gegenstand der Vergabe nicht in einem angemessenen Verhältnis stehen oder sachfremde Koppelungen darstellen würden.[103] Auch für die zulässige Dauer einer Vertragslaufzeit ist das Verhältnismäßigkeitsprinzip maßgeblich, da die damit verbundene Einschränkung des Wettbewerbs nur so lange gerechtfertigt ist, wie sie zur Erreichung des mit einer gewissen Vertragsdauer verbundenen Ziels (etwa finanzielle Vorteile) geeignet und erforderlich ist.[104] Das Verhältnismäßigkeitsprinzip sorgt neben diesen Einschränkungen für den öffentlichen Auftraggeber umgekehrt dafür, dass dieser keinen unnötig hohen Aufwand hat, da die Anforderungen an das einzuhaltende Verfahren stets der wirtschaftlichen Bedeutung des zu vergebenden Auftrags entsprechen müssen.[105]

---

95 *Hölzl* in Münchener Kommentar zum Beihilfen- und Vergaberecht, § 97 GWB, Rn. 270.
96 BGH, Urteil vom 26. Oktober 1999, Az. X ZR 30/98, Tz. 17.
97 OLG Naumburg, Beschluss vom 5. Dezember 2008, Az. 1 Verg 9/08, S. 14.
98 *Hölzl* in Münchener Kommentar zum Beihilfen- und Vergaberecht, § 97 GWB, Rn. 270.
99 In § 97 Abs. 1 Satz 2 Entwurf-Vergaberechtsmodernisierungsgesetz ist er jedoch ausdrücklich in Bezug genommen.
100 EuGH, Urteil vom 16. Dezember 2008, Rs. C-213/07, *Michaniki*, Tz. 48; *Ziekow* in Ziekow/Völlink, Kommentar Vergaberecht, § 97 GWB, Rn. 47.
101 Erwägungsgrund 1 der RL 2014/25/EU; Erwägungsgrund 1 der RL 2014/24/EU; näher zu den europäischen Richtlinien unter B.I.
102 *Freund/Kallmayer/Kraft*, Korruption und Kartelle bei Auftragsvergaben, S. 175.
103 *Frenz* in Willenbruch/Wieddekind, Kommentar Vergaberecht, § 97 GWB, Rn. 26.
104 *Ziekow* in Ziekow/Völlink, Kommentar Vergaberecht, § 99 GWB, Rn. 25.
105 *Frenz* in Willenbruch/Wieddekind, Kommentar Vergaberecht, § 97 GWB, Rn. 28.

B. Die wesentlichen Vorschriften des Vergaberechts und ihr Anwendungsbereich

»Vergaberecht« bezeichnet die Gesamtheit der Regelungen, die sich mit der Beschaffung von Waren und Dienstleistungen durch öffentliche Stellen zur Erfüllung der ihnen zugewiesenen Aufgaben befassen.[106] Diese so genannte »fiskalische Tätigkeit« der Verwaltung mündet zwar in den Abschluss eines privatrechtlichen Vertrages, das Verfahren der Auftragsvergabe jedoch unterliegt öffentlich-rechtlichen Vorschriften.[107]

I. Regelungen auf europäischer Ebene

Da das Rechtsgebiet des Vergaberechts stark europarechtlich geprägt ist (siehe oben unter A.I.), sind die entsprechenden europäischen Richtlinien maßgebliche Rechtsquellen. Dies sind vor allem die Richtlinie für »klassische« Vergabeverfahren vom 26. Februar 2014[108], deren Vorgängerfassung[109] die vorherigen gesonderten Richtlinien für Bau-, Liefer- und Dienstleistungsaufträge[110] ersetzte, und die Richtlinie für Vergabeverfahren im Bereich der Wasser-, Energie- und Verkehrsversorgung sowie der Postdienste, ebenfalls vom 26. Februar 2014[111]. Mit dem Reformpaket 2014 wurde außerdem erstmals eine Richtlinie über die Vergabe

---

106 Vgl. BVerfG, Urteil vom 13. Juni 2006, Az. 1 BvR 1160/03, Tz. 2; *Schwab* in Heuvels/Höß/Kuß/Wagner, Gesamtkommentar Vergaberecht, Einleitung, Rn. 1.
107 Vgl. *Noch*, Vergaberecht, Einführung, Rn. 1.
108 Richtlinie 2014/24/EU des Europäischen Parlaments und des Rates vom 26. Februar 2014 über die öffentliche Auftragsvergabe und zur Aufhebung der Richtlinie 2004/18/EG, ABl. EU Nr. L 94 vom 28. März 2014, S. 65ff., im Folgenden »**EU-Vergaberichtlinie**«.
109 Richtlinie 2004/18/EG des Europäischen Parlaments und des Rates vom 31. März 2004 über die Koordinierung der Verfahren zur Vergabe öffentlicher Bauaufträge, Lieferaufträge und Dienstleistungsaufträge, ABl. EU Nr. L 134 vom 30. April 2004, S. 114ff, im Folgenden »**EG-Vergaberechtskoordinierungsrichtlinie**«.
110 Richtlinie 93/37/EWG des Rates vom 14. Juni 1993 zur Koordinierung der Verfahren zur Vergabe öffentlicher Bauaufträge, ABl. EG Nr. L 199 vom 9. August 1993, S. 54ff.; Richtlinie 93/36/EWG des Rates vom 14. Juni 1993 zur Koordinierung der Verfahren zur Vergabe öffentlicher Lieferaufträge, ABl. EG Nr. L 199 vom 9. August 1993, S. 1ff.; Richtlinie 92/50/EWG des Rates vom 18. Juni 1992 zur Koordinierung der Verfahren zur Vergabe öffentlicher Dienstleistungsaufträge, ABl. EG Nr. L 209 vom 24. Juli 1992, S. 1ff.
111 Richtlinie 2014/25/EU des Europäischen Parlaments und des Rates vom 26. Februar 2014 über die Vergabe von Aufträgen durch Auftraggeber im Bereich der Wasser-, Energie- und Verkehrsversorgung sowie der Postdienste und zur Aufhebung der Richtlinie 2004/17/EG, ABl. EU Nr. L 94 vom 28. März 2014, S. 243ff., im Folgenden »**EU-Sektorenvergaberichtlinie**«.

von Bau- und Dienstleistungskonzessionen erlassen.[112] Für die Beschaffung von Verteidigungsgütern besteht ebenfalls eine gesonderte Richtlinie.[113]

Die EU-Richtlinien auf dem Gebiet der öffentlichen Auftragsvergabe gelten nur dann, wenn der Wert der ausgeschriebenen Leistung bestimmte Schwellenwerte überschreitet. Diese liegen gem. Art. 4 lit. a) und c) EU-Vergaberichtlinie bei Bauaufträgen bei 5,186 Mio. EUR und bei Liefer- und Dienstleistungsverträgen regelmäßig bei 207.000 EUR. Berechnungsgrundlage ist der geschätzte Betrag, den der öffentliche Auftraggeber für den Auftrag aufwenden muss, abzüglich der Mehrwertsteuer, siehe Art. 5 Abs. 1 Satz 1 EU-Vergaberichtlinie.

Die Vorgaben durch die europäischen Richtlinien sind auch im Rahmen der Anwendung der nationalen Vorschriften im Sinne einer »europafreundlichen Auslegung« zu beachten.[114]

II. Die Unterscheidung zwischen ober- und unterschwelligem Bereich

Im deutschen Recht besteht ebenfalls eine Zweiteilung des Vergaberechts in einen so genannten »oberschwelligen« und einen so genannten »unterschwelligen« Bereich. Gem. § 100 Abs. 1 GWB sind die Vorschriften der §§ 97ff. GWB nur bei Erreichen bestimmter Schwellenwerte anwendbar, die in der Vergabeverordnung (VgV) festgelegt sind. § 2 Abs. 1 Satz 1 VgV verweist dafür auf die in der EU-Vergaberichtlinie in ihrer jeweils geltenden Fassung festgelegten Schwellenwerte.

---

112 Richtlinie 2014/23/EU des Europäischen Parlaments und des Rates vom 26. Februar 2014 über die Konzessionsvergabe, ABl. EU Nr. L 94 vom 28. März 2014, S. 1ff., im Folgenden »**EU-Konzessionsvergaberichtlinie**«; zuvor galten die Richtlinien auf dem Gebiet des Vergaberechts nur für Baukonzessionen, während für Dienstleistungskonzessionen allein das Primärrecht zur Einhaltung der vergaberechtlichen Grundprinzipien verpflichtete, siehe *Knauff/Badenhausen* in NZBau 2014, S. 395; *Prieß/Stein* in VergabeR 2014, S. 499 (500).
113 Richtlinie 2009/81/EG des Europäischen Parlaments und des Rates vom 13. Juli 2009 über die Koordinierung der Verfahren zur Vergabe bestimmter Bau-, Liefer- und Dienstleistungsaufträge in den Bereichen Verteidigung und Sicherheit und zur Änderung der Richtlinien 2004/17/EG und 2004/18/EG, ABl. EU Nr. L 216 vom 20. August 2009, S. 76ff.
114 EuGH, Urteil vom 24. September 1998, Rs. C-76/97, *Tögel*, Tz. 25; EuGH, Urteil vom 17. September 1997, Rs. C-54/96, *Dorsch Consult*, Tz. 43; *Otting* in Bechtold, Kommentar GWB, 6. Auflage 2010, Vor § 97, Rn. 16.

III. Das »Kaskadensystem« der Vorschriften für den oberschwelligen Bereich

Die maßgeblichen Vorschriften für den oberschwelligen Bereich bilden das so genannte »Kaskadensystem«.[115] Die ranghöchsten Vorschriften des GWB-Vergaberechts regeln die allgemeinen, im gesamten Vergabeverfahren zu berücksichtigenden Grundsätze, die Verfahrensarten sowie den Rechtsschutz. Gestützt auf §§ 97 Abs. 6, 127 GWB wurde die rangniedrigere Vergabeverordnung[116] erlassen. Darin sind die Schwellenwerte für die Anwendung der §§ 97ff. GWB geregelt sowie welche Regelungen ein öffentlicher Auftraggeber jeweils bei der Vergabe von Liefer- und Dienstleistungsaufträgen, freiberuflichen Leistungen und Bauleistungen zu berücksichtigen hat. Dies sind gem. §§ 4 Abs. 1, 5 Abs. 1 Satz 1, 6 Abs. 1 VgV die in der Normenhierarchie an unterster Stelle stehenden Verdingungsordnungen, namentlich die Vergabe- und Vertragsordnung für Leistungen[117] die Vergabeordnung für freiberufliche Leistungen[118] und die Vergabe- und Vertragsordnung für Bauleistungen[119]. Diese Regelwerke werden in privater Rechtssetzung von den so genannten Verdingungsausschüssen erarbeitet, die sich paritätisch aus Vertretern der öffentlichen Auftraggeber (Bund, Länder, Gemeinden) und der Auftragnehmerseite (Spitzenverbände der deutschen Wirtschaft) zusammensetzen.[120] Wegen der statischen Verweisung in §§ 4 Abs. 1, 5 Abs. 1 Satz 1, 6 Abs. 1 VgV haben die Verdingungsordnungen betreffend Aufträge oberhalb der Schwellenwerte Verordnungsrang.[121]

Die VOB/A und die VOL/A enthalten jeweils in ihrem ersten Abschnitt Basisvorschriften für Aufträge im unterschwelligen Bereich und in ihrem zweiten Abschnitt diejenigen Bestimmungen, die für Auftragsvergaben oberhalb der Schwellenwerte gelten (VOB/A-EG bzw. VOL/A-EG). Die VOF ist insgesamt nur bei Überschreitung der Schwellenwerte anzuwenden, siehe § 1 Abs. 2 VOF. Für die Vergabe von Aufträgen auf dem Gebiet bestimmter Sektoren (Trinkwasser- und Energieversorgung sowie Verkehrswesen) oberhalb bestimmter Schwellenwerte gilt allein die Sektorenverordnung, siehe § 1 SektVO. Handelt es sich um einen verteidigungs- und

---

115 Vgl. *Fehling* in Pünder/Schellenberg, Handkommentar Vergaberecht, § 97 GWB, Rn. 29; *Ziekow* in Ziekow/Völlink, Kommentar Vergaberecht, Einl. GWB, Rn. 18.
116 Im Folgenden »VgV«.
117 Im Folgenden »VOL/A«.
118 Im Folgenden »VOF«.
119 Im Folgenden »VOB/A«.
120 *Bungenberg* in Loewenheim/Meessen/Riesenkampff, Kommentar Kartellrecht, Vor §§ 97ff. - Einführung, Rn. 24; *Fehling* in Pünder/Schellenberg, Handkommentar Vergaberecht, § 97 GWB, Rn. 29.
121 *Dreher* in Immenga/Mestmäcker, Kommentar GWB, Vorbemerkung Vor §§ 97ff. GWB, Rn. 73; siehe die Begründung des Gesetzesentwurfs zur Änderung des Haushaltsgrundlagengesetzes vom 25. März 1993, BT-Drs. Nr. 12/4636 vom 25. März 1993, S. 13.

sicherheitsrelevanten Auftrag oberhalb der Schwellenwerte sind die Vorschriften der Vergabeverordnung Verteidigung und Sicherheit anzuwenden.[122] Bei der Ausschreibung von Bauleistungen in diesem Bereich gilt daneben Abschnitt 3 der VOB/A[123].

Ergänzend bestehen vergaberechtliche Bestimmungen auf Landesebene, zum Teil lediglich in Form von Vorgaben zu Tariftreue und Mindestlöhnen.[124] Ihr Anwendungsbereich beschränkt sich auf in dem jeweiligen Bundesland zu vergebende Aufträge, gegebenenfalls unter der Voraussetzung der Überschreitung bestimmter Schwellenwerte.

IV. Vorschriften für den unterschwelligen Bereich

Im unterschwelligen Bereich sind die Abschnitte 1 der VOB/A und VOL/A durch den Staat mit seinen Gebietskörperschaften und sonstigen Körperschaften und Einrichtungen des öffentlichen Rechts auf Grund haushaltsrechtlicher Bestimmungen als Verwaltungsvorschriften anzuwenden, siehe § 55 Bundeshaushaltsordnung[125] bzw. die entsprechende Landeshaushaltsordnung und die diesbezüglichen Vorschriften der Gemeindehaushaltsordnungen der Länder.[126] Vor dem Hintergrund der Selbstbindung der Verwaltung können die Verdingungsordnungen, die hier »verwaltungsinterne Regelungen über Verfahren und Kriterien der Vergabe« darstellen, mittelbare Außenwirkung entfalten, denn staatliches Handeln ist stets an den Grundsatz der Gleichbehandlung gem. Art. 3 Abs. 1 GG gebunden.[127]

V. Die Voraussetzungen der Anwendbarkeit des Vergaberechts

Neben dem Erreichen der Schwellenwerte ist für die Anwendbarkeit der entsprechenden Regelungen des GWB erforderlich, dass es sich bei der ausschreibenden

---

122 Im Folgenden »**VSVgV**«; in Kraft seit dem 13. Juli 2012; zur Umsetzung der entsprechenden EU-Richtlinie, siehe Fn. 113.
123 Im Folgenden »**VOB/A-VS**«.
124 Landestariftreue- und Mindestlohngesetz Baden-Württemberg; Ausschreibungs- und Vergabegesetz Berlin; Vergabegesetz Brandenburg; Tariftreue- und Vergabegesetz Bremen; Vergabegesetz Hamburg; Vergabe- und Tariftreuegesetz Hessen; Vergabegesetz Mecklenburg-Vorpommern; Tariftreue- und Vergabegesetz Niedersachsen; Tariftreue- und Vergabegesetz Nordrhein-Westfalen; Landestariftreuegesetz Rheinland-Pfalz; Tariftreuegesetz Saarland; Vergabegesetz Sachsen; Landesvergabegesetz Sachsen-Anhalt; Tariftreue- und Vergabegesetz Schleswig-Holstein; Vergabegesetz Thüringen; Fundstellen und detaillierte Angaben siehe **Anlage 1**: »Übersicht der zitierten Landesvorschriften«.
125 Im Folgenden »**BHO**«.
126 BVerfG, Beschluss vom 13. Juni 2006, Az. 1 BvR 1160/03, Tz. 15; *Hausmann/von Hoff* in Kulartz/Marx/Portz/Prieß, Kommentar VOB/A, § 3 VOB/A, Rn. 12; *Wieddekind* in Willenbruch/Wieddekind, Kommentar Vergaberecht, § 1 VOL/A, Rn. 3.
127 BVerfG, Beschluss vom 13. Juni 2006, Az. 1 BvR 1160/03, Tz. 64f.; *Knauff* in VergabeR 2008, S. 312 (319).

Stelle um einen »öffentlichen Auftraggeber« im Sinne des § 98 GWB (dazu 1.) und bei dem Gegenstand der Ausschreibung um einen öffentlichen Auftrag (§ 99 GWB, dazu 2.) handelt.

1. Öffentlicher Auftraggeber

Zuvörderst sind dies Gebietskörperschaften, also Bund, Länder und Gemeinden,[128] sowie deren Sondervermögen (§ 98 Nr. 1 GWB). Um eine »Flucht vor dem Vergaberecht« zu vermeiden, wird jedoch nicht lediglich auf institutionelle Merkmale abgestellt, sondern auch auf Aspekte wie die Finanzierung und Kontrolle der auftraggebenden Stelle (»funktioneller Auftraggeberbegriff«), siehe § 98 Nr. 2 GWB.[129] Durch § 98 Nr. 4 GWB werden – in Umsetzung der Sektorenkoordinierungsrichtlinie[130] – unter gewissen Voraussetzungen private Unternehmen erfasst, die im Bereich bestimmter Sektoren tätig sind, wobei einige ihrer Tätigkeiten gemäß der Anlage zu § 98 Nr. 4 GWB vom Anwendungsbereich ausgenommen sind. Auch auf Bauvorhaben staatlich subventionierter Auftraggeber und von Baukonzessionären sind die Vorschriften des Kartellvergaberechts anzuwenden (§ 98 Nr. 5 und 6 GWB).

Für Ausschreibungen privater Auftraggeber sind die Vergaberechtsvorschriften anzuwenden, wenn öffentliche Zuwendungen für die Durchführung des Auftrags gewährt werden und der Auftraggeber zur Beachtung der Verdingungsordnungen verpflichtet wurde.[131] Diese Verpflichtung gilt allerdings nicht im Verhältnis zu den (potentiellen) Bietern, sondern nur gegenüber der Förderstelle[132], es sei denn, der Private hat sich auch nach außen ausdrücklich den Vergabevorschriften unterworfen.[133] Im Falle der Zuwiderhandlung kann die Zuwendung wegen des Verstoßes gegen eine Nebenbestimmung zurückgefordert werden.[134]

---

128 *Werner* in Byok/Jaeger, Kommentar Vergaberecht, § 98 GWB, Rn. 17.
129 Grundlegend Urteil des EuGH vom 20. September 1988, Rs. 31/87, *Beentjes/Niederländischer Staat*, Tz. 11; *Pünder* in Pünder/Schellenberg, Handkommentar Vergaberecht, § 98 GWB. Rn. 18.
130 Richtlinie 2004/17/EG des Europäischen Parlaments und des Rates vom 31. März 2004 zur Koordinierung der Zuschlagserteilung durch Auftraggeber im Bereich der Wasser-, Energie- und Verkehrsversorgung sowie der Postdienste, ABl. EU Nr. L 134 vom 30. April 2004, S. 1ff.; inzwischen ersetzt durch die EU-Sektorenvergaberichtlinie.
131 Für Zuwendungen gem. §§ 23, 44 BHO ist die Verpflichtung zur Anwendung der VOB/A bzw. der VOL/A, jeweils Abschnitt 1, gem. VV Nr. 5.1 zu § 44 BHO i.V.m. Ziff. 3.1 der Allgemeinen Nebenbestimmungen für Zuwendungen zur Projektförderung bei Zuwendungen von mehr als 100.000 EUR als Nebenbestimmung i.S.d. § 36 VwVfG Teil des Zuwendungsbescheides aufzunehmen.
132 *Hausmann/von Hoff* in Kulartz/Marx/Portz/Prieß, Kommentar VOB/A, § 3 VOB/A, Rn. 14; *Stickler* in Kapellmann/Messerschmidt, Kommentar VOB/A, § 3 VOB/A, Rn. 2; *Völlink* in Ziekow/Völlink, Kommentar Vergaberecht, § 3 VOB/A, Rn. 6.
133 OLG Düsseldorf, Urteil vom 19. Oktober 2011, Az. I-27 W 1/11, Tz. 18.
134 BVerwG, Beschluss vom 13. Februar 2013, Az. 3 B 58.12, Tz. 6ff.

Ausschreibungen sind auch für Private eine Möglichkeit, in einem geordneten Verfahren einen Wettbewerb unter verschiedenen Anbietern zu erreichen. Grundsätzlich finden die Vergaberechtsvorschriften auf solche Ausschreibungen keine Anwendung, da die Zwecke dieser Vorschriften, einerseits eine sparsame Haushaltsführung und andererseits eine Chancengleichheit für die Bieter zu gewährleisten, nur für öffentliche Auftraggeber anzustreben sind.[135] Private Auftraggeber können sich jedoch freiwillig dafür entscheiden, bei der Durchführung ihrer Ausschreibung die Vorschriften des Vergaberechts einzuhalten. Die Konsequenzen daraus sind jedoch weitreichend: Der private Auftraggeber wird zur Einhaltung umfangreicher Förmlichkeiten gezwungen und in seinem Entscheidungsspielraum eingeschränkt, so dass von einer solchen freiwilligen Selbstverpflichtung nur bei ausdrücklicher Bezugnahme auf die Vergabevorschriften ausgegangen werden kann.[136] Folge einer solchen Bezugnahme ist, dass bei den (potentiellen) Auftragnehmern ein berechtigtes Vertrauen dahingehend entsteht, dass in dem Verfahren die einschlägigen Vergaberechtsvorschriften (ggf. entsprechend einer verlautbarten Einschränkung) eingehalten werden.[137] Wird diese Erwartung enttäuscht, können den Teilnehmern der Ausschreibung Schadensersatzansprüche aus dem vorvertraglichen schutzwürdigen Vertrauensverhältnis, das durch die Ausschreibung begründet wurde, zustehen,[138] wie es in gleicher Weise gegenüber öffentlichen Auftraggebern der Fall ist.[139]

2. Öffentlicher Auftrag

Nach der Legaldefinition in § 99 Abs. 1 GWB ist ein öffentlicher Auftrag jeder entgeltliche Vertrag zwischen einem öffentlichen Auftraggeber und einem Unternehmen, der Liefer-, Bau- oder Dienstleistungen zum Gegenstand hat, sowie Baukonzessionen und Auslobungsverfahren, die zu Dienstleistungsaufträgen führen können. Die einzelnen Auftragsarten sind in § 99 Abs. 2 bis 6 GWB im Einzelnen definiert, wobei der Dienstleistungsauftrag als Auffangtatbestand dient für Verträge über Leistungen, die keine Liefer- oder Bauleistung zum Inhalt haben (§ 99 Abs. 4 GWB). Ausgenommen vom Anwendungsbereich des GWB-Vergaberechts sind neben Arbeitsaufträgen (siehe § 100 Abs. 3 GWB) insbesondere solche Aufträge, bei denen schwerwiegende gegenläufige Interessen gegen eine Ausschreibung sprechen,

---

135 OLG Köln, Urteil vom 13. Juli 1993, Az. 22 U 48/93, Tz. 9.
136 OLG Köln, Urteil vom 13. Juli 1993, Az. 22 U 48/93, Tz. 13.
137 BGH, Urteil vom 21. Februar 2006, Az. X ZR 39/03, Tz. 11.
138 BGH, Urteil vom 21. Februar 2006, Az. X ZR 39/03, Tz. 10, 11; OLG Düsseldorf, Urteil vom 12. Juni 2006, Az. I-5 U 109/02, Tz. 41.
139 BGH, Urteil vom 7. Juni 2005, Az. X ZR 19/02, S. 6 mit weiteren Nachweisen zur ständigen Rechtsprechung; nach neuerer Rechtsprechung ist dafür zumindest gegenüber öffentlichen Auftraggebern kein entsprechendes Vertrauen mehr nötig, es genügt die Verletzung von Rücksichtnahmepflichten aus § 241 Abs. 2 BGB, siehe BGH, Urteil vom 9. Juni 2011, Az. X ZR 143/10, Tz. 14f.

sowie solche, bei denen eine europaweite Vergabe angesichts des Fehlens eines grenzüberschreitenden Bezuges nicht angezeigt ist,[140] wie etwa bei dem Einsatz von Streitkräften (§ 100 Abs. 8 Nr. 3 GWB) oder bei Dienstleistungen der Zentralbanken (§ 100a Abs. 2 Nr. 2 GWB).

C. Die unterschiedlichen Verfahrensarten

Für das Verfahren einer öffentlichen Auftragsvergabe gibt es einen Numerus Clausus an Verfahrensarten, die für den oberschwelligen Bereich – in Umsetzung von Art. 26 bis 30 EU-Vergaberichtlinie und Art. 45 bis 48 EU-Sektorenvergaberichtlinie – in § 101 GWB normiert sind, (dazu im Folgenden I. bis IV.). Vorgegeben ist auch, in welchen Konstellationen welche Verfahrensart anzuwenden ist (siehe V.). Abweichendes gilt für Ausschreibungen unterhalb der Schwellenwerte, dazu VI.

I. Das offene Verfahren

Das »offene Verfahren« nach § 101 Abs. 2 GWB sieht eine Aufforderung zur Abgabe eines Angebots an eine unbeschränkte Anzahl von Unternehmen vor. Dieses Verfahren ist deswegen vorzugswürdig gegenüber anderen Verfahrensarten, weil hier ein maximaler Wettbewerb unter potentiellen Bietern ermöglicht und damit dem »*wettbewerbsorientierten Ansatz des Vergaberechts*« am umfangreichsten zur Wirkung verholfen wird.[141]

II. Das nicht offene Verfahren

Beim »nicht offenen Verfahren« wird zunächst öffentlich zur Teilnahme an der Ausschreibung aufgerufen, zur Abgabe eines Angebots wird anschließend nur eine Auswahl an Unternehmen aus dem Bewerberkreis aufgefordert (§ 101 Abs. 3 GWB). Die Höchstzahl der Unternehmen, die zur Angebotsabgabe aufgefordert werden, kann im Vorhinein festgelegt werden, wobei sie gem. § 6 Abs. 2 Nr. 2 Satz 1 VOB/A EG, § 3 Abs. 5 Satz 3 VOL/A EG nicht auf unter fünf Unternehmen und gem. § 21 Abs. 3 Satz 3 VSVgV, § 6 Abs. 2 Nr. 1 Satz 1 VOB/A-VS nicht auf unter drei Unternehmen begrenzt werden darf. Der zweite Abschnitt dieses zweistufigen Verfahrens entspricht im Wesentlichen der Angebotsphase des offenen Verfahrens.[142]

---

140 Entsprechend Art. 8ff. EU-Vergaberichtlinie.
141 OLG Schleswig, Beschluss vom 4. Mai 2001, Az. 6 Verg 2/01, S. 4.
142 *Reider* in Münchener Kommentar zum Beihilfen- und Vergaberecht, § 101 GWB, Rn. 5; *Bungenberg* in Loewenheim/Meessen/Riesenkampff, Kommentar Kartellrecht, § 101 GWB, Rn. 20.

III. Das Verhandlungsverfahren

Der öffentliche Auftraggeber kann in einem »Verhandlungsverfahren« nach § 101 Abs. 5 GWB mit einem oder mehreren ausgewählten Unternehmen über die Auftragsbedingungen verhandeln, mit oder ohne vorheriger öffentlicher Aufforderung zur Teilnahme an der Ausschreibung. Im Falle eines vorherigen Teilnahmewettbewerbs darf die Höchstzahl der Unternehmen, die laut Bekanntmachung zu Verhandlungen und zu einer Angebotsabgabe aufgefordert werden sollen, nicht unter drei liegen, siehe § 6 Abs. 2 Nr. 3 VOB/A EG, § 3 Abs. 5 Satz 3 VOL/A EG, § 21 Abs. 3 Satz 3 VSVgV, § 6 Abs. 2 Nr. 2 VOB/A-VS. Die Möglichkeit, die einzelnen Auftragsbedingungen inklusive des Preises nach Angebotsabgabe zu verhandeln, stellt die Besonderheit dieser Verfahrensart dar, die beim offenen und nicht offenen Verfahren gerade ausgeschlossen ist, siehe § 15 Abs. 3 VOB/A, § 15 Abs. 3 VOB/A EG, § 15 Satz 2 VOL/A, § 18 Satz 2 VOL/A EG, § 11 Abs. 2 VSVgV, § 15 Abs. 3 VOB/A-VS. Bei der Gestaltung der Verhandlungen unterliegt die Vergabestelle keinen Vorgaben, sie kann eine oder mehrere Runden durchführen oder in dem Extremfall, dass ein Angebot mit weitem Abstand vor den anderen liegt, nach Angebotsabgabe auch davon absehen[143] bzw. mit nur einem Bieter verhandeln[144].[145]

IV. Der wettbewerbliche Dialog

Die Vergabe mittels eines »wettbewerblichen Dialogs« ist für besonders komplexe Aufträge konzipiert. Nach Durchführung eines Teilnahmewettbewerbs werden gem. § 101 Abs. 4 GWB die Einzelheiten des Auftrags mit ausgewählten Unternehmen gemeinsam verhandelt. Mindestens drei Unternehmen müssen zum Dialog aufgefordert werden, siehe § 6 Abs. 2 Nr. 3 VOB/A EG, § 21 Abs. 3 Satz 3 VSVgV, § 6 Abs. 2 Nr. 2 VOB/A-VS. Das Verfahren ähnelt dem Verhandlungsverfahren, bietet jedoch in der Phase des Dialogs mehr Freiheiten, da gemeinsam mit den Unternehmen Lösungen erst erarbeitet werden, in der Phase der Angebotswertung allerdings weniger Freiheiten, da Nachverhandlungen nur so eingeschränkt möglich sind, wie es beim offenen und nicht offenen Verfahren der Fall ist.[146]

V. Anwendung der richtigen Verfahrensart

Grundsätzlich haben öffentliche Auftraggeber gem. § 101 Abs. 7 Satz 1 GWB das »offene Verfahren« anzuwenden. Sektorenauftraggeber haben gem. § 101 Abs. 7

---

143 VK Bund, Beschluss vom 12. Dezember 2002, Az. VK 2 – 92/02, S. 15; str., siehe *Pünder* in Pünder/Schellenberg, Handkommentar Vergaberecht, § 101 GWB, Rn. 83 mit weiteren Nachweisen.
144 *Reider* in Münchener Kommentar zum Beihilfen- und Vergaberecht, § 101 GWB, Rn. 19.
145 *Noch*, Vergaberecht, Kapitel A, Rn. 379.
146 *Antweiler* in Ziekow/Völlink, Kommentar Vergaberecht, § 101 GWB, Rn. 22; *Noch*, Vergaberecht, Kapitel A, Rn. 385.

Satz 2 GWB die freie Wahl zwischen dem offenen Verfahren, dem nicht offenen Verfahren und dem Verhandlungsverfahren. Abweichungen davon sind nur unter den strengen Voraussetzungen der § 3 Abs. 2 bis 5 und 7 VOB/A EG und § 3 Abs. 2 bis 4, 7 und 8 VOL/A EG, § 6 Abs. 2 SektVO möglich, wenn ein offenes Verfahren etwa wegen des Erfordernisses einer besonderen Eignung, dem nur ein beschränkter Kreis an Unternehmen entsprechen kann, bei Dringlichkeit oder aus anderen Gründen unzweckmäßig ist. Die Vergabe freiberuflicher Dienstleistungen erfolgt gem. § 3 Abs. 1 VOF stets im Verhandlungsverfahren mit vorgeschaltetem Teilnahmewettbewerb. Liefer-, Dienstleistungs- und Bauaufträge im sicherheits- und verteidigungsrelevanten Bereich erfolgen grundsätzlich im nicht offenen Verfahren oder im Verhandlungsverfahren mit Teilnahmewettbewerb, §§ 11 Abs. 1 Satz 1 VSVgV, 3 Abs. 2 Satz 1 VOB/A-VS.

Allein die Tatsache, dass die Vergabestelle eine falsche Verfahrensart gewählt hat, die sie für die betreffende Ausschreibung nicht hätte anwenden dürfen, begründet einen selbstständigen Vergaberechtsverstoß, der erfolgreich im Nachprüfungsverfahren (dazu siehe D.) geltend gemacht werden kann.[147]

VI. Verfahrensarten im unterschwelligen Bereich

Für Vergaben unterhalb der Schwellenwerte stehen die öffentliche Ausschreibung (entspricht dem offenen Verfahren), die beschränkte Ausschreibung (entspricht dem nicht offenen Verfahren) und die freihändige Vergabe (vergleichbar mit dem Verhandlungsverfahren) zur Verfügung, siehe § 3 VOB/A, § 3 VOL/A. Gem. § 3 Abs. 1 Satz 2 VOB/A ist die Veranstaltung eines Teilnahmewettbewerbs bei der beschränkten Ausschreibung für die Vergabe von Bauleistungen freigestellt. Für die Vergabe von sonstigen Leistungen kann der Teilnahmewettbewerb unter bestimmten Voraussetzungen entfallen, § 3 Abs. 4 VOL/A. Die freihändige Vergabe ermöglicht es dem öffentlichen Auftraggeber, mit oder ohne vorgeschaltetem Teilnahmewettbewerb an mehrere Unternehmen heranzutreten und mit einem oder mehreren über die Auftragsbedingungen zu verhandeln (§ 3 Abs. 1 Satz 3 VOL/A), bzw. eine Vergabe »*ohne ein förmliches Verfahren*« durchzuführen (§ 3 Abs. 1 Satz 3 VOB/A). Bei der beschränkten Ausschreibung und der freihändigen Vergabe sind gem. § 3 Abs. 1 Satz 4 VOL/A sowie nur bei der beschränkten Ausschreibung gem. § 6 Abs. 2 Nr. 2 VOB/A grundsätzlich mindestens drei Bewerber zur Angebotsabgabe aufzufordern.

VII. Weitere Vorgaben zum Verfahren

Die Ausschreibung ist auf geeignetem Wege bekannt zu machen, etwa in Tageszeitungen, in amtlichen Veröffentlichungsblättern oder auf Internetportalen, siehe § 12 Abs. 1 Nr. 1 VOB/A, § 12 Abs. 1 Satz 1 VOL/A. Bei europaweiten Ausschreibungen hat die Veröffentlichung anhand von Standardformularen zu erfolgen, siehe § 12

---

147 BGH, Beschluss vom 10. November 2009, Az. X ZB 8/09, Tz. 40.

Abs. 2 Nr. 2 Satz 1 VOB/A EG, § 15 Abs. 1 VOL/A EG, § 9 Abs. 1 VOF, § 16 Abs. 1 Nr. 1 SektVO, § 18 Abs. 2 Satz 2 VSVgV, § 12 Abs. 1 Nr. 3 VOB/A-VS. Interessierte Unternehmen (je nach Art des einschlägigen Vergabeverfahrens gegebenenfalls nur ausgewählte Unternehmen) erhalten auf Anforderung die entsprechenden Angebotsunterlagen, § 12 Abs. 4 Nr. 1 VOB/A, § 12 Abs. 4 Nr. 1 VOB/A EG, § 12 Abs. 3 lit. a) VOL/A, § 15 Abs. 11 VOL/A/EG.

Die an dem Teilnahmewettbewerb beteiligten Unternehmen werden als »Bewerber«, diejenigen, die später ein Angebot abgeben, als »Bieter« bezeichnet, siehe Art. 2 Abs. 1 Nr. 11 und 12 EU-Vergaberichtlinie, Art. 2 Abs. 1 Nr. 7 und 8 EU-Sektorenvergaberichtlinie. Im Folgenden werden diese Begriffe synonym verwendet, wenn es nicht auf die Unterschiede der Verfahrensarten ankommt.

Gem. § 101a Abs. 1 Satz 1 GWB sind diejenigen Bieter, deren Angebote nicht berücksichtigt werden sollen, darüber vorab in Textform zu informieren. Diese Information erfolgt unter Angabe des Namens des Unternehmens, dessen Angebot angenommen werden soll, der Gründe für die Nichtberücksichtigung des Angebots des betreffenden Unternehmens sowie des frühestmöglichen Zeitpunkts des Vertragsschlusses. Nach Absendung dieser Informationen besteht ein Zuschlagsverbot von fünfzehn bzw. zehn Tagen, falls sie per Fax oder elektronisch übermittelt wurden (§ 101a Abs. 1 Satz 3, 4 GWB).

D. Der Rechtsschutz im Vergaberecht

Auch für die Frage des Rechtsschutzes gegen vergaberechtliche Entscheidungen ist es entscheidend, ob es sich um eine Auftragsvergabe im ober- oder unterschwelligen Bereich handelt. Denn auch die Vorschriften über den Primärrechtsschutz durch ein Nachprüfungsverfahren nach §§ 102ff. GWB, mit dem ein Verstoß gegen Vergabevorschriften gerügt werden kann (§ 107 Abs. 2 Satz 1 GWB) und Maßnahmen der Vergabekammer erreicht werden können, die die vergaberechtswidrige Zuschlagserteilung im laufenden Vergabeverfahren verhindern, etwa die Verpflichtung des Auftraggebers zur erneuten Festlegung der Eignungskriterien,[148] zur erneuten Prüfung und Wertung der Angebote[149] und als ultima ratio sogar zur Aufhebung der Ausschreibung,[150] sind gem. § 100 Abs. 1 GWB nur bei Erreichen der Schwellenwerte anwendbar. Für den unterschwelligen Bereich ist allein der Sekundärrechtsschutz vor den Zivilgerichten eröffnet, mit dem der öffentliche Auftraggeber auf Schadensersatz wegen der Verletzung von Sorgfalts-, Rücksichtnahme und Schutzpflichten aus dem mit der Ausschreibung und der Beteiligung des betreffenden Bieters entstehenden vorvertraglichen Schuldverhältnis in Anspruch genommen werden

---

148 VK Bund, Beschluss vom 25. Januar 2012, Az. VK 1 - 174/11, S. 14.
149 VK Bund, Beschluss vom 15. März 2012, Az. VK 1 - 10/12, S. 22.
150 *Weyand*, Praxiskommentar Vergaberecht, § 114 GWB, Rn. 53.

kann.[151] Insbesondere kann dabei ein Verstoß gegen das Gleichbehandlungsgebot gerügt werden.[152] Für Vergaben oberhalb der Schwellenwerte gibt es zusätzlich einen Anspruch auf den Ersatz des negativen Interesses aus § 126 Satz 1 GWB, wenn das Unternehmen eine »echte Chance« hatte, den Zuschlag zu erhalten, wenn der Zuschlag an dieses Unternehmen also im Rahmen des Wertungsspielraums der Vergabestelle gelegen hätte.[153]

Ein Nachprüfungsverfahren nach §§ 102ff. GWB wird auf Antrag eines Unternehmens eingeleitet, das ein Interesse an dem betreffenden Auftrag hat und eine Verletzung seiner subjektiven Rechte aus § 97 Abs. 7 GWB geltend macht, die zu einem Schaden geführt hat oder zu führen droht, siehe § 107 Abs. 2 GWB. An die Antragsbefugnis als Voraussetzung für den Zugang zum vergaberechtlichen Primärrechtsschutz dürfen aus Gründen des effektiven Rechtsschutzes keine zu strengen Anforderungen gestellt werden. Es genügt, dass das antragstellende Unternehmen an dem Vergabeverfahren teilgenommen hat, einen Vergaberechtsverstoß ordnungsgemäß gerügt hat und eine Verschlechterung seiner Chancen auf den Zuschlag durch den Verstoß zumindest nicht offensichtlich ausgeschlossen ist.[154]

Zuständig für die Nachprüfung ist gem. § 104 Abs. 1 GWB die Vergabekammer des Bundes oder die Vergabekammer des betreffenden Landes, je nach dem, welcher Gebietskörperschaft der zu vergebende Auftrag zuzurechnen ist. Eine Entscheidung über den Nachprüfungsantrag muss gem. § 113 Abs. 1 Satz 1 GWB innerhalb von fünf Wochen ab Eingang des Antrags ergehen. Eine Verlängerung ist nur in Ausnahmefällen und in der Regel nur um zwei Wochen möglich (§ 113 Abs. 1 Satz 2 bis 4 GWB). Die Vergabekammer trifft gem. § 114 Abs. 1 Satz 1 und 2 GWB unabhängig von den gestellten Anträgen diejenigen Maßnahmen, die geeignet sind, die Verletzung der Rechte des Antragstellers zu beseitigen und die Rechtmäßigkeit des Vergabeverfahrens zu bewirken. Ein wirksam erteilter Zuschlag kann allerdings gem. § 114 Abs. 2 Satz 1 GWB nicht wieder aufgehoben werden. Ist der Zuschlag jedoch noch nicht erteilt, so bewirkt die Information des öffentlichen Auftraggebers durch die Vergabekammer über den Antrag auf Nachprüfung gem. § 115 Abs. 1 GWB eine Zuschlagssperre bis zum Ablauf der Beschwerdefrist, also zwei Wochen nach Zustellung der Entscheidung der Vergabekammer (§ 117 Abs. 1 GWB). Über die sofortige Beschwerde gegen die Entscheidung der Vergabekammer entscheidet

---

151 *Heuvels* in NZBau 2005, S. 570 (572); Rn. 17; *Dittmann* in Ziekow/Völlink, Kommentar Vergaberecht, Vor § 102 GWB, Rn. 17; zu der strukturellen Defiziten unterliegenden, umstrittenen Möglichkeit, im Wege einer einstweiligen Verfügung die Unterlassung der Zuschlagserteilung zu begehren siehe *Horn/Hoffmann* in Dreher/Motzke, Beck'scher Vergaberechtskommentar, Vorbemerkung vor § 102 GWB, Rn. 34ff. und *Losch* in Ziekow/Völlink, Kommentar Vergaberecht, § 126 GWB, Rn. 47.
152 BVerfG, Beschluss vom 13. Juni 2006, Az. 1 BvR 1160/03, Tz. 65.
153 BGH, Urteil vom 27. November 2007, Az. X ZR 18/07, Tz. 27.
154 Grundlegend BVerfG, Beschluss vom 29. Juli 2004, Az. 2 BvR 2248/03; Tz. 23ff.

das für den Sitz der Vergabekammer zuständige Oberlandesgericht, § 116 Abs. 1 Satz 1, Abs. 3 Satz 1 GWB.

Das Nachprüfungsverfahren ist auch einschlägig, wenn ein Unternehmen sich gegen seinen Ausschluss von dem konkreten Vergabeverfahren (siehe dazu im Einzelnen Kapitel 2 B.II.) wendet,[155] und zwar auch, wenn der Ausschluss auf einer Vergabesperre (siehe dazu Kapitel 2 B.III.) beruht[156]. Die Antragsbefugnis nach § 107 Abs. 2 GWB darf nicht verneint werden mit der Begründung, dass die Voraussetzungen eines Ausschlusses vorliegen und das Unternehmen deswegen ohnehin den Auftrag nicht hätte erhalten können und daher keinen Schaden erleiden konnte. Die Frage der Rechtmäßigkeit eines Ausschlusses ist vielmehr im Rahmen der Begründetheit des Nachprüfungsantrags zu prüfen.[157] Rechtsschutz gegen eine Vergabesperre unabhängig von einer konkreten Ausschreibung ist dagegen vor den Zivilgerichten unter dem Gesichtspunkt eines betriebsbezogenen Eingriffs in den eingerichteten und ausgeübten Gewerbebetrieb nach §§ 823 Abs. 1, 1004 Bürgerliches Gesetzbuch[158] oder bei entsprechender Marktmacht des Auftraggebers wegen eines Verstoßes gegen das Diskriminierungs- bzw. Behinderungsverbot nach §§ 19, 20 GWB zu suchen, da der Auftraggeber mit der Auftragssperre eine privatrechtlich einzuordnende Erklärung abgibt, für eine gewisse Dauer mit einem bestimmten Unternehmen keine Verträge abschließen zu wollen.[159]

---

155 *Dicks* in Ziekow/Völlink, Kommentar Vergaberecht, § 107 GWB, Rn. 30; *Freund/Kallmayer/Kraft*, Korruption und Kartelle bei Auftragsvergaben, S. 169.
156 *Sterner* in NZBau 2001, S. 423 (425); *Freund/Kallmayer/Kraft*, Korruption und Kartelle bei Auftragsvergaben, S. 183; *Opitz* in Dreher/Motzke, Beck'scher Vergaberechtskommentar, § 97 Abs. 4 GWB, Rn. 67; *Voppel/Osenbrück/Bubert*, Kommentar VOF, § 4 VOF, Rn. 189.
157 EuGH, Urteil vom 19. Juni 2003, Rs. C-249/01, *Hackermüller*, Tz. 24ff.; im Anschluss daran BGH, Beschluss vom 18. Mai 2004, Az. X ZB 7/04, S. 9; VK Sachsen, Beschluss vom 28. Januar 2004, Az. 1/SVK/158-03, S. 7; *W. Jaeger* in Münchener Kommentar zum Beihilfen- und Vergaberecht, § 107 GWB, Rn. 26; *Heuvels* in Loewenheim/Meessen/Riesenkampff, Kommentar Kartellrecht, § 107 GWB, Rn. 18.
158 Im Folgenden »**BGB**«.
159 KG Berlin, Urteil vom 17. Januar 2011, Az. 2 U 4/06, NZBau 2012, S. 56 (57f.); LG Berlin, Urteil vom 22. März 2006, Az. 23 O 118/04, S. 1f.; OVG Niedersachsen, Beschluss vom 19. Januar 2006, Az. 7 OA 168/05, S. 1; LG Frankfurt, Urteil vom 26. November 2003, Az. 2-06 O 345/03, NZBau 2004, S. 630; OLG Frankfurt, Urteil vom 3. Dezember 1996, Az. 11 U (Kart) 64/95, WuW/E OLG 5767 (5771); *Ohrtmann* in NZBau 2007, S. 278 (278f.); *Sterner* in NZBau 2001, S. 423 (426); *Reimann/Schliepkorte* in ZfBR 1992, S. 251 (252); *Noch*, Vergaberecht, Kapitel B, Rn. 1428ff.; *Freund/Kallmayer/Kraft*, Korruption und Kartelle bei Auftragsvergaben, S. 184; *Kreßner*, Auftragssperre, S. 43.

Kapitel 2: Die Einhaltung kartellrechtlicher Vorschriften als Anforderung an Bewerber und Bieter nach deutschem Vergaberecht

Der Wettbewerbsgrundsatz verpflichtet den öffentlichen Auftraggeber dazu, wettbewerbsbeschränkende Verhaltensweisen zu bekämpfen.[160] Ein Zuschlag an ein Unternehmen, das die Vorschriften des Kartellrechts nicht einhält, würde mithin ersichtlich gegen dieses fundamentale Prinzip des Vergaberechts verstoßen. Entsprechend ist die Einhaltung auch der kartellrechtlichen Vorschriften Voraussetzung für die Bewertung eines Unternehmens als geeignet, um einen Auftrag auszuführen (dazu A.). Die Eignungsprüfung, ihr Zeitpunkt und Ablauf sowie die Relevanz von Kartellrechtsverstößen in diesem Zusammenhang wird unter B. dargestellt.

A. Die Einhaltung von Gesetzen als Eignungskriterium

§ 97 Abs. 4 Satz 1 GWB stellt die so genannten »Eignungskriterien« auf, die ein Unternehmen erfüllen muss, um einen öffentlichen Auftrag erhalten zu können.[161] Für den unterschwelligen Bereich sind die Eignungskriterien vorgegeben in § 2 Abs. 1 Nr. 1 VOB/A und § 2 Abs. 1 Satz 1 VOL/A. Die Unternehmen müssen demnach nicht nur fachkundig sein, d.h. über die zur Vorbereitung und Erbringung der ausgeschriebenen Leistung erforderlichen Kenntnisse, Erfahrungen und Fertigkeiten verfügen,[162] und leistungsfähig sein, also in technischer Hinsicht das notwendige Personal und Gerät zur fach- und fristgerechten Ausführung vorhalten und in wirtschaftlicher Hinsicht die Erfüllung ihrer Verbindlichkeiten erwarten lassen,[163] sondern auch zuverlässig (dazu I.) und gesetzestreu (dazu II.) sein. Dies erfordert die Einhaltung zahlreicher Vorschriften, die unter III. aufgeführt werden. Die einschlägigen kartellrechtlichen Vorschriften erfahren in Abschnitt IV. eine besondere Berücksichtigung.

---

160   *Just* in Schulte/Just, Kommentar Kartellrecht, § 97 GWB, Rn. 5.
161   *Hailbronner* in Byok/Jaeger, Kommentar Vergaberecht, § 97 GWB, Rn. 79.
162   *Fehling* in Pünder/Schellenberg, Handkommentar Vergaberecht, § 97 GWB, Rn. 113; *Opitz* in Dreher/Motzke, Beck'scher Vergaberechtskommentar, § 97 Abs. 4 GWB, Rn. 28.
163   *Weyand*, Praxiskommentar Vergaberecht, § 97 GWB, Rn. 725; *Hailbronner* in Byok/Jaeger, Kommentar Vergaberecht, § 97 GWB, Rn. 94; *Otting* in Bechtold, Kommentar GWB, 6. Auflage 2010, § 97, Rn. 32.

I. Die Definition der »Zuverlässigkeit« eines Auftragnehmers

Nach ständiger Rechtsprechung und allgemeiner Auffassung in der Literatur ist ein Auftragnehmer zuverlässig im Sinne des § 97 Abs. 4 GWB, wenn er in der Vergangenheit seinen gesetzlichen Verpflichtungen, auch zur Entrichtung von Steuern und sonstigen Abgaben, nachgekommen ist und eine Prognose auf Grundlage aller in Betracht kommenden Umstände des vergangenen und aktuellen Verhaltens ergibt, dass von ihm eine einwandfreie, ordnungsgemäße und vertragsgerechte Ausführung der konkret ausgeschriebenen Leistung, inklusive Gewährleistung, zu erwarten ist.[164] Die Zuverlässigkeit ist »leistungsbezogen« zu beurteilen, also auf den jeweiligen Auftrag bezogen zu prognostizieren.[165] Das kann je nach Art der nachgefragten Leistung im Einzelfall einen besonders strengen Maßstab nach sich ziehen.[166]

Im Hinblick auf die an die Zuverlässigkeit zu stellenden Anforderungen ist das Verhältnismäßigkeitsprinzip zu berücksichtigen und zu beachten, dass die Vergabestelle nicht im Sinne einer Ordnungsbehörde dafür zu sorgen hat, dass die bietenden Unternehmen sich generell pflichtbewusst verhalten, sondern die reibungslose Ausführung des konkreten ausgeschriebenen Auftrags gesichert werden soll.[167]

II. Keine Änderung der Anforderungen durch die Einfügung des Begriffs »gesetzestreu«

Mit dem Gesetz zur Modernisierung des Vergaberechts[168] wurde zum 24. April 2009 der Begriff »gesetzestreu« als viertes Eignungskriterium in § 97 Abs. 4 Satz 1 GWB

---

164 OLG Brandenburg, Beschluss vom 14. September 2010, Az. Verg W 8/10, S. 8; OLG Celle, Beschluss vom 13. Dezember 2007, Az. 13 Verg 10/07, S. 11; OLG München, Beschluss vom 21. April 2006, Az. Verg 8/06, S. 9/10; OLG Düsseldorf, Beschluss vom 15. Dezember 2004, Az. VII-Verg 48/04, Tz. 28; OLG Saarbrücken, Beschluss vom 12. Mai 2004, Az. 1 Verg 4/04, S. 14; VK Niedersachsen, Beschluss vom 12. Dezember 2011, Az. VgK-53/2011, S. 11; VK Saarland, Beschluss vom 20. August 2007, Az. 1 VK 01/2007, S. 10; *Otting* in Bechtold, Kommentar GWB, 6. Auflage 2010, § 97 GWB, Rn. 34; *Hailbronner* in Byok/Jaeger, Kommentar Vergaberecht, § 97 GWB, Rn. 98; *Noch*, Vergaberecht, Kapitel B, Rn. 1468; *Fehling* in Pünder/Schellenberg, Handkommentar Vergaberecht, § 97 GWB, Rn. 120; *Hölzl* in Münchener Kommentar zum Beihilfen- und Vergaberecht, § 97 GWB, Rn. 149; *Dreher* in Immenga/Mestmäcker, Kommentar GWB, § 97 GWB, Rn. 204.
165 OLG München, Beschluss vom 22. November 2012, Az. Verg 22/12, Tz. 42; KG Berlin, Beschluss vom 13. März 2008, Az. 2 Verg 18/07, Tz. 76; *Wagner* in Langen/Bunte, Kommentar zum Deutschen Kartellrecht, § 97 GWB, Rn. 88; *Dreher* in FS Franke, S. 31 (32); *Ziekow* in Ziekow/Völlink, Kommentar Vergaberecht, § 97 GWB, Rn. 99.
166 OLG München, Beschluss vom 21. April 2006, Az. Verg 8/06, S. 10 (betreffend die Durchführung von BSE-Tests); *Ohrtmann* in NZBau 2007, S. 201 (204).
167 *Opitz* in Dreher/Motzke, Beck'scher Vergaberechtskommentar, § 97 Abs. 4 GWB, Rn. 42, 55.
168 Bundesgesetzesblatt vom 23. April 2009, Teil I Nr. 20, S. 790ff.

eingefügt. Dem Wortlaut nach ließe sich vermuten, dass bereits die Tatsache, dass ein Unternehmen einen Rechtsverstoß gleich welcher Art begangen hat, dazu führen muss, dass es als ungeeignet anzusehen ist, ohne dass eine einzelfallbezogene Prüfung dieser Frage vorzunehmen wäre.[169] Dagegen spricht jedoch, dass die Eignungskriterien grundsätzlich bezogen auf den konkreten Auftrag auszulegen sind.[170] Auch der Verhältnismäßigkeitsgrundsatz gebietet es, trotz der Einführung des Begriffs der Gesetzestreue nur solche Gesetzesverstöße im Rahmen der Eignungsprüfung zu berücksichtigen, die überhaupt Anlass geben, Zweifel an der Zuverlässigkeit des Bieters in Bezug auf die Ausführung der im Einzelfall zu vergebenden Leistung zu begründen.[171]

Im Gesetzesentwurf der Bundesregierung war die Einfügung des Merkmals der Gesetzestreue nicht vorgesehen, vielmehr wurde ausdrücklich definiert, dass das Kriterium der Zuverlässigkeit fordert, »*dass alle Unternehmen die deutschen Gesetze einhalten*«.[172] Erst der Ausschuss für Wirtschaft und Technologie schlug diesen Zusatz in seiner Beschlussempfehlung vor, betonte aber, dass dies lediglich der Klarstellung des Gesetzesinhalts diene: »*Die Aufnahme des Begriffs »gesetzestreu« macht klarer, was im Gesetz gemeint ist.*«[173] Bereits vor der Einfügung des vierten Eignungskriteriums spielte die Frage, ob sich ein Unternehmen in der Vergangenheit gesetzestreu oder gesetzeswidrig verhalten hat, eine entscheidende Rolle bei der Beurteilung der Eignung eines Unternehmens unter dem Gesichtspunkt der Zuverlässigkeit.[174] Die Hinzufügung des Kriteriums der Gesetzestreue hatte somit allein deklaratorische Wirkung und erweiterte die Anforderungen an Bieter und Bewerber nicht.[175] Es wurde lediglich ein Aspekt, der schon immer Bestandteil der Zuverlässigkeit war, besonders hervorgehoben.[176] Dies wird auch durch den Wortlaut der Norm bestätigt: Die Formulierung »*Aufträge werden an fachkundige, leistungsfähige* **sowie gesetzestreue und zuverlässige** *Unternehmen vergeben.*«

---

169 *Dreher/Hoffmann* in NZBau 2012, S. 265 (266); *Opitz* in Dreher/Motzke, Beck'scher Vergaberechtskommentar, § 97 Abs. 4 GWB, Rn. 56.
170 *Dreher/Hoffmann* in NZBau 2012, S. 265 (266).
171 *Wimmer*, Zuverlässigkeit, S. 42; *Otting* in Bechtold, Kommentar GWB, 6. Auflage 2010, § 97 GWB, Rn. 33.
172 BT-Drs. Nr. 16/10117 vom 13. August 2008, S. 5, 16.
173 BT-Drs. Nr. 16/11428 vom 17. Dezember 2008, S. 6, 33.
174 *Dreher/Hoffmann* in NZBau 2012, S. 265 (266); siehe aus der Rechtsprechung zu § 97 Abs. 4 GWB a.F. OLG München, Beschluss vom 21. April 2006, Az. Verg 8/06, S. 10; OLG Celle, Urteil vom 26. November 1998, Az. 14 U 283/97, NZBau 2000, S. 106.
175 *Dreher/Hoffmann* in NZBau 2012, S. 265 (266); *Fehling* in Pünder/Schellenberg, Handkommentar Vergaberecht, § 97 GWB, Rn. 123; *Otting* in Bechtold, Kommentar GWB, 6. Auflage 2010, § 97 GWB, Rn. 33.
176 *Kus* in VergabeR 2010, S. 321 (327); *Weyand*, Praxiskommentar Vergaberecht, § 97 GWB, Rn. 778; *Otting* in Bechtold, Kommentar GWB, 6. Auflage 2010, § 97 GWB, Rn. 33.

(Hervorhebungen nicht im Original) verdeutlicht, dass die beiden letzten Begriffe als Einheit zu verstehen sind.[177]

Im Folgenden wird der Begriff »zuverlässig« auch dann verwendet, wenn es um eine mangelnde Eignung auf Grund von Gesetzesverstößen geht.

III. Die umfassten Vorschriften

Zur Bejahung der Zuverlässigkeit ist es erforderlich, dass das bietende Unternehmen sich an »*die deutschen Gesetze*« hält,[178] wobei dies wie vorstehend ausgeführt dahingehend einzuschränken ist, dass nur solche Vorschriften relevant sind, deren Verletzung die Zuverlässigkeit des Bieters in Zweifel ziehen oder ausschließen könnten.[179]

Anhaltspunkte für die einzuhaltenden Normen ergeben sich aus den entsprechenden Vorschriften zu den Gründen, aus denen ein Unternehmen zwingend vom Vergabeverfahren auszuschließen ist, vgl. § 16 Abs. 1 Nr. 1 VOB/A, §§ 6 Abs. 4 Nr. 1 Satz 1, 16 Abs. 1 Nr. 1 VOB/A EG, § 16 Abs. 3 VOL/A, §§ 6 Abs. 4 Satz 1, 19 Abs. 3 VOL/A EG, § 4 Abs. 6 Satz 1 VOF, § 21 Abs. 1 Satz 1 SektVO, § § 23 Abs. 1 VSVgV, §§ 6 Abs. 4 Nr. 1 Satz 1, 16 Abs. 1 Nr. 1 VOB/A-VS. Demnach gehören dazu:

- Wettbewerbsbeschränkende Abreden in Bezug auf die konkrete Ausschreibung, siehe § 16 Abs. 1 Nr. 1 lit. d) VOB/A, § 16 Abs. 1 Nr. 1 lit. d) VOB/A EG, § 16 Abs. 3 lit. f) VOL/A und § 19 Abs. 3 lit. f) VOL/A EG, also Verstöße gegen den ersten Teil des GWB und dessen Ausführungsbestimmungen sowie gegen das Gesetz gegen den unlauteren Wettbewerb[180,181],
- §§ 129 (Bildung krimineller Vereinigungen), 129a (Bildung terroristischer Vereinigungen), 129b (kriminelle und terroristische Vereinigungen im Ausland) des Strafgesetzbuches[182], siehe § 6 Abs. 4 Nr. 1 Satz 1 lit. a) VOB/A EG, § 6 Abs. 4 Satz 1 lit. a) VOL/A EG, § 4 Abs. 6 Satz 1 lit. a) VOF und § 21 Abs. 1 Satz 1 Nr. 1 SektVO,
- § 261 StGB (Geldwäsche, Verschleierung unrechtmäßig erlangter Vermögenswerte), siehe § 6 Abs. 4 Nr. 1 Satz 1 lit. b) VOB/A EG, § 6 Abs. 4 Satz 1 lit. b) VOL/A EG, § 4 Abs. 6 Satz 1 lit. b) VOF und § 21 Abs. 1 Satz 1 Nr. 7 SektVO,
- § 263 StGB (Betrug), soweit sich die Straftat gegen den Haushalt der EG oder gegen Haushalte richtet, die von der EG oder in ihrem Auftrag verwaltet werden,

---

177 *Hölzl* in Münchener Kommentar zum Beihilfen- und Vergaberecht, § 97 GWB, Rn. 165.
178 So der Gesetzesentwurf der Bundesregierung für ein Gesetz zur Modernisierung des Vergaberechts, BT-Drs. Nr. 16/10117 vom 13. August 2008, S. 5, 16.
179 *Opitz* in Dreher/Motzke, Beck'scher Vergaberechtskommentar, § 97 Abs. 4 GWB, Rn. 56; *Otting* in Bechtold, Kommentar GWB, 6. Auflage 2010, § 97 GWB, Rn. 33.
180 Im Folgenden »**UWG**«.
181 *Ruhland* in Pünder/Schellenberg, Handkommentar Vergaberecht, § 16 VOB/A, Rn. 23; *Tomerius/Ruhland* in Pünder/Schellenberg, Handkommentar Vergaberecht, § 16 VOL/A, Rn. 26.
182 Im Folgenden »**StGB**«.

siehe § 6 Abs. 4 Nr. 1 Satz 1 lit. c) VOB/A EG, § 6 Abs. 4 Satz 1 lit. c) VOL/A EG und § 4 Abs. 6 Satz 1 lit. c) VOF,
- § 264 StGB (Subventionsbetrug), soweit sich die Straftat gegen den Haushalt der EG oder gegen Haushalte richtet, die von der EG oder in ihrem Auftrag verwaltet werden, siehe § 6 Abs. 4 Nr. 1 Satz 1 lit. d) VOB/A EG, § 6 Abs. 4 Satz 1 lit. d) VOL/A EG, § 4 Abs. 6 Satz 1 lit. d) VOF und § 21 Abs. 1 Satz 1 Nr. 6 SektVO,
- § 334 StGB (Bestechung), auch in Verbindung mit Art. 2 § 1 des Gesetzes zur Bekämpfung internationaler Bestechung, Art. 7 Abs. 2 Nr. 10 des Vierten Strafrechtsänderungsgesetzes und § 2 des Gesetzes über das Ruhen der Verfolgungsverjährung und die Gleichstellung der Richter und Bediensteten des Internationalen Strafgerichtshofs, siehe § 6 Abs. 4 Nr. 1 Satz 1 lit. e) VOB/A EG, § 6 Abs. 4 Satz 1 lit. e) VOL/A EG und § 4 Abs. 6 Satz 1 lit. e) VOF, auch § 333 StGB gem. § 21 Abs. 1 Satz 1 Nr. 2 SektVO,
- Art. 2 § 2 des Gesetzes zur Bekämpfung internationaler Bestechung (Bestechung ausländischer Abgeordneter im Zusammenhang mit internationalem Geschäftsverkehr), siehe § 6 Abs. 4 Nr. 1 Satz 1 lit. f) VOB/A EG, § 6 Abs. 4 Satz 1 lit. f) VOL/A EG, § 4 Abs. 6 Satz 1 lit. f) VOF und § 21 Abs. 1 Satz 1 Nr. 4 SektVO,
- § 299 StGB (Bestechlichkeit und Bestechung im geschäftlichen Verkehr), siehe § 6 Abs. 4 Nr. 1 Satz 1 lit. g) VOB/A EG und § 21 Abs. 1 Satz 1 Nr. 3 SektVO,
- § 108e StGB (Abgeordnetenbestechung), siehe § 21 Abs. 1 Satz 1 Nr. 5 SektVO,
- § 370 der Abgabenordnung, auch in Verbindung mit § 12 des Gesetzes zur Durchführung der gemeinsamen Marktorganisation und der Direktzahlungen (MOG), soweit sich die Straftat gegen den Haushalt der EG oder gegen Haushalte richtet, die von der EG oder in ihrem Auftrag verwaltet werden, siehe § 6 Abs. 4 Nr. 1 Satz 1 lit. h) VOB/A EG, § 6 Abs. 4 Satz 1 lit. g) VOL/A EG und § 4 Abs. 6 Satz 1 lit. g) VOF.

Diese Gesamtschau zeigt, dass für die Beurteilung der Zuverlässigkeit eines Unternehmens die Einhaltung von (Straf-)Normen, die sich auf das Verhalten im Geschäftsverkehr beziehen, von besonderer Bedeutung ist. Daneben sind gesetzliche Verpflichtungen »*zur Zahlung von Steuern und Abgaben sowie Beiträge zur gesetzlichen Sozialversicherung*« zu erfüllen, siehe der fakultative Ausschlussgrund nach § 16 Abs. 1 Nr. 2 lit. d) VOB/A, 16 Abs. 1 Nr. 2 lit. d) VOB/A EG, §§ 6 Abs. 5 lit. d), 16 Abs. 4 i.V.m. 6 Abs. 5 lit. d) VOL/A, §§ 6 Abs. 6 lit. d), 19 Abs. 4 i.V.m. 6 Abs. 6 lit. d) VOL/A EG, § 4 Abs. 9 lit. d) VOF und § 21 Abs. 4 Nr. 3 SektVO. Nach dem Willen des Gesetzgebers sollen auch für allgemein verbindlich erklärte Tarifverträge sowie international vereinbarte Grundprinzipien und Rechte wie die Kernarbeitsnormen der Internationalen Arbeitsorganisation (ILO) zum Verbot der Kinder- und Zwangsarbeit dazu zählen.[183] Auch Bestimmungen des Bauordnungsrechts und Unfallverhütungsvorschriften gehören (bei Ausschreibungen von Bauleistungen) dazu.[184]

---

183 Gesetzesentwurf der Bundesregierung für ein Gesetz zur Modernisierung des Vergaberechts, BT-Drs. Nr. 16/10117 vom 13. August 2008, S. 16.
184 *Werner* in Willenbruch/Wieddekind, Kommentar Vergaberecht, § 2 VOB/A, Rn. 11.

IV. Verstöße gegen kartellrechtliche Vorschriften

Die Einhaltung kartellrechtlicher Vorgaben ist zentraler Bestandteil des Pflichtenprogramms eines zuverlässigen Unternehmens, wie sich aus den zwingenden Ausschlussgründen nach § 16 Abs. 1 Nr. 1 lit. d) VOB/A, § 16 Abs. 1 Nr. 1 lit. d) VOB/A EG, § 16 Abs. 3 lit. f) VOL/A, § 19 Abs. 3 lit. f) VOL/A EG, § 31 Abs. 2 Nr. 6 VSVgV, § 16 Abs. 1 Nr. 1 lit. d) VOB/A-VS ergibt. Verstöße gegen kartellrechtliche Bestimmungen, die sich auf die Bewertung der Zuverlässigkeit eines Unternehmens auswirken, können in verschiedenen Formen auftreten.

1. Submissionsabsprachen

Für die Beurteilung der Zuverlässigkeit eines Unternehmens im Rahmen einer öffentlichen Ausschreibung sind naturgemäß vor allem solche Rechtsverstöße von Bedeutung, die ihrerseits Vergabeverfahren betreffen. Darunter sind gegen § 1 GWB verstoßende Abreden zu verstehen, die sich speziell auf öffentliche Ausschreibungen beziehen.[185] Bei solchen Submissionsabsprachen legen mindestens zwei Bieter untereinander oder mindestens ein Bieter und mindestens eine Person auf Seiten des Veranstalters im Vorhinein fest, welches Unternehmen den ausgeschriebenen Auftrag erhalten soll.[186] Im Anschluss daran geben die Unternehmen entsprechende Angebote ab. Der auserkorene Zuschlagsempfänger gibt, bezogen auf den Preis oder sonstige relevante und abgesprochene Konditionen, das vergleichsweise beste Angebot ab, das allerdings in der Regel ungünstiger ist als es bei unbeschränktem Wettbewerb gewesen wäre.[187] Die übrigen Unternehmen geben keine[188] oder Scheinangebote mit deutlich ungünstigeren Konditionen ab[189].[190] So ist gesichert, dass der Zuschlag wie geplant erfolgt.

Die zugrundeliegenden Absprachen können sich auf ein konkretes Ausschreibungsverfahren beziehen oder auf Dauer angelegt sein.[191] In jedem Fall erhalten diejenigen Bieter, die auf den Auftrag verzichten, eine Gegenleistung in Form einer

---

185 *Leinemann*, Vergabe öffentlicher Aufträge, Rn. 1947.
186 *Hertwig*, Öffentliche Auftragsvergabe, Rn. 466; *Ax/Schneider/Scheffen*, Korruptionsbekämpfung, Rn. 185/186; *Hohmann* in Münchener Kommentar StGB, § 298 StGB, Rn. 17.
187 *Freund/Kallmayer/Kraft*, Korruption und Kartelle bei Auftragsvergaben, S. 67, 68; *Zimmer* in Immenga/Mestmäcker, Kommentar GWB, § 1 GWB, Rn. 229.
188 OLG Frankfurt, Urteil vom 26. Januar 1989, Az. 6 U (Kart.) 176/88, WuW/E OLG 4475 (4476).
189 OLG Frankfurt, Beschluss vom 19. April 2004, Az. 11 Ws (Kart) 1/01, Rn. 31.
190 *Freund/Kallmayer/Kraft*, Korruption und Kartelle bei Auftragsvergaben, S. 67; *Nordemann* in Loewenheim/Meessen/Riesenkampff, Kommentar Kartellrecht, § 1 GWB, Rn. 91; *Zimmer* in Immenga/Mestmäcker, Kommentar GWB, § 1 GWB, Rn. 229; *Hohmann* in Münchener Kommentar StGB, § 298 StGB, Rn. 18.
191 *Freund/Kallmayer/Kraft*, Korruption und Kartelle bei Auftragsvergaben, S. 67.

Ausgleichszahlung oder durch die umgekehrte Unterstützung bei einem künftigen Vergabeverfahren[192].[193]

Wird in Folge einer solchen Absprache zwischen Bietern ein entsprechendes Angebot im Rahmen eines Vergabeverfahrens abgegeben, so ist dies strafbar gem. § 298 StGB (sofern die weiteren Tatbestandsmerkmale dieser Vorschrift erfüllt sind). Die Vorschrift wurde 1997 mit dem Gesetz zur Bekämpfung von Korruption[194] eingeführt, um der Bedeutung von Ausschreibungen und dem Unrechtsgehalt wettbewerbswidriger Absprachen in diesem Zusammenhang Rechnung zu tragen und solche Wettbewerbsverstöße wirksamer zu bekämpfen.[195] Denn durch diese Verhaltensweisen wird ein Vergabeverfahren ad absurdum geführt, indem verhindert wird, dass das objektiv attraktivste Angebot ermittelt werden kann.[196] Zuvor erfüllten solche Absprachen lediglich den Tatbestand einer Ordnungswidrigkeit, da die Sanktionierung als Betrug in den meisten Fällen an der fehlenden Beweisbarkeit eines Vermögensschadens scheiterte.[197] § 298 StGB gilt nicht nur für öffentliche Ausschreibungen, sondern auch für Vergaben durch private Unternehmen oder Personen, wenn dabei ein den maßgeblichen Regelungen für öffentliche Auftraggeber entsprechendes Verfahren eingehalten wird.[198] Liegt auch ein nachweislicher Vermögensschaden vor, ist der Tatbestand des § 263 StGB in Form eines Submissionsbetruges erfüllt.[199]

Mit den zwingenden Ausschlussgründen nach § 16 Abs. 1 Nr. 1 lit. d) VOB/A, § 16 Abs. 1 Nr. 1 lit. d) VOB/A EG, § 16 Abs. 3 lit. f) VOL/A und § 19 Abs. 3 lit. f) VOL/A EG sollen insbesondere Absprachen unter um eine konkrete Ausschreibung konkurrierenden Unternehmen verhindert werden, die durch die Ausschaltung echten Wettbewerbs möglichst hohe Preise durchsetzen wollen.[200] Aber auch unabhängig

---

192 OLG Frankfurt, Beschluss vom 19. April 2004, Az. 11 Ws (Kart) 1/01, Rn. 31.
193 *Freund/Kallmayer/Kraft*, Korruption und Kartelle bei Auftragsvergaben, S. 67; *Zimmer* in Immenga/Mestmäcker, Kommentar GWB, § 1 GWB, Rn. 229; *Hohmann* in Münchener Kommentar StGB, § 298 StGB, Rn. 18.
194 Gesetz zur Bekämpfung der Korruption vom 13. August 1997, verkündet im Bundesgesetzblatt vom 19. August 1997, Teil I Nr. 58, S. 2038 ff.
195 Begründung des Entwurfs eines Gesetzes zur Bekämpfung der Korruption der Bundesregierung, BR-Drs. Nr. 553/96 vom 16. August 1996, S. 27 ff.
196 *Freund/Kallmayer/Kraft*, Korruption und Kartelle bei Auftragsvergaben, S. 70; *Hohmann* in Münchener Kommentar StGB, § 298 StGB, Rn. 16, 18.
197 Begründung des Entwurfs eines Gesetzes zur Bekämpfung der Korruption der Bundesregierung, BR-Drs. Nr. 553/96 vom 16. August 1996, S. 28.
198 *Hertwig*, Öffentliche Auftragsvergabe, Rn. 467; *Lackner* in Lackner/Kühl, Kommentar StGB, § 298 StGB, Rn. 2; *Ax/Schneider/Scheffen*, Korruptionsbekämpfung, Rn. 183.
199 *Zimmer* in Immenga/Mestmäcker, Kommentar GWB, § 1 GWB, Rn. 203.
200 OLG Koblenz, Beschluss vom 29. Dezember 2004, Az. Verg 6/04, S. 5; VK Brandenburg, Beschluss vom 3. April 2007, Az. 1 VK 9/07, S. 9; *Weyand*, Praxiskommentar Vergaberecht, § 16 VOL/A, Rn. 648; *Scharf* in Dieckmann/Scharf/Wagner-Cardenal, Kommentar VOL/A, § 19 VOL/A EG, Rn. 166.

von dem jeweiligen Vergabeverfahren, in dessen Rahmen die Prüfung erfolgt, darf ein Unternehmen sich nicht an Submissionsabsprachen beteiligt haben.[201]

2. Kartelle ohne konkreten Bezug zu Ausschreibungsverfahren

Auch wenn eine kartellrechtswidrige Verhaltensweise nicht speziell öffentliche Ausschreibungen betrifft, lässt die Beteiligung an einem Kartell Rückschlüsse auf die Zuverlässigkeit eines Unternehmens zu und ist von der Vergabestelle zu berücksichtigen.[202]

§ 1 GWB als zentrale kartellrechtliche Verbotsnorm untersagt

> »Vereinbarungen zwischen Unternehmen, Beschlüsse von Unternehmensvereinigungen und aufeinander abgestimmte Verhaltensweisen, die eine Verhinderung, Einschränkung oder Verfälschung des Wettbewerbs bezwecken oder bewirken«.

Umfasst sind davon im so genannten Horizontalverhältnis, das die Beziehungen zwischen Wettbewerbern auf demselben Markt und derselben Marktstufe bezeichnet,[203] insbesondere folgende Verstöße:

- Preisabsprachen, also Verständigungen über Weiterverkaufspreise oder deren Bestandteile sowie über Preiserhöhungen gegenüber der nachfolgenden Marktstufe,[204]
- Quotenabsprachen, also eine anteilsmäßige Aufteilung des Marktvolumens im Vorhinein, verbunden mit der Festlegung von Absatz- oder Nachfragemengen,[205]
- Kunden- oder Gebietsabsprachen, also eine Aufteilung von Absatzmärkten nach Kunden oder nach regionalen, sachlichen oder zeitlichen Gesichtspunkten[206].

Im vertikalen Verhältnis zwischen Unternehmen, die auf verschiedenen Wirtschaftsstufen tätig sind,[207] zählt zu den verbotenen Verhaltensweisen insbesondere die Preisbindung der zweiten Hand, also die Vorgabe konkreter Wiederverkaufspreise oder von Mindestpreisen.[208]

Über diese klassischen Fallgruppen hinaus ist grundsätzlich jede verabredete Verhaltensweise mehrerer Unternehmen verboten, die zu einer Beeinträchtigung

---

201 Ausführlich dazu unter B.II.2.a).
202 Ausführlich dazu unter B.II.2.a).
203 *Lober* in Schulte/Just, Kommentar Kartellrecht, § 1 GWB, Rn. 53.
204 *Zimmer* in Immenga/Mestmäcker, Kommentar GWB, § 1 GWB, Rn. 209.
205 *Nordemann* in Loewenheim/Meessen/Riesenkampff, Kommentar Kartellrecht, § 1 GWB, Rn. 133.
206 *Nordemann* in Loewenheim/Meessen/Riesenkampff, Kommentar Kartellrecht, § 1 GWB, Rn. 134.
207 *Bechtold*, Kommentar GWB, § 1 GWB, Rn. 61.
208 *Zimmer* in Immenga/Mestmäcker, Kommentar GWB, § 1 GWB, Rn. 354f.

der wettbewerblichen Handlungsfähigkeit führt,[209] etwa auch der Austausch von Informationen als verbotene Verhaltensabstimmung[210].

B. Prüfungsstandort und Prüfungsmaßstäbe

Der Frage, ob ein Unternehmen sich in der Vergangenheit an wettbewerbsbeschränkenden Absprachen beteiligt hat, kann sich ein öffentlicher Auftraggeber in verschiedenen Stadien des Vergabeverfahrens gegenübersehen. Einschränkungen sind im offenen Verfahren allerdings nicht bereits für die Versendung der Vergabeunterlagen zu machen. Gemäß § 6 Abs. 2 Nr. 1 VOB/A, § 6 Abs. 2 Nr. 1 VOB/A EG, § 12 Abs. 3 lit. a) VOL/A und § 15 Abs. 11 lit. a) VOL/A EG sind die Vergabeunterlagen bei offenen Ausschreibungen an alle Unternehmen zu übermitteln, die sie anfordern.[211] Die Geeignetheit der Unternehmen und damit auch ihre Zuverlässigkeit werden an dieser Stelle noch nicht überprüft.[212] Lediglich im Hinblick auf die Tätigkeit des Interessenten findet sich in § 6 Abs. 2 Nr. 1 VOB/A eine Einschränkung dahingehend, dass er »*sich gewerbsmäßig mit der Ausführung von Leistungen der ausgeschriebenen Art*« befassen muss.

Im Folgenden wird zunächst der Ablauf der Prüfung der eingegangenen Angebote dargestellt (siehe I.). Im nächsten Schritt wird erläutert, an welchen Stellen ein durch das betreffende Unternehmen begangener Kartellverstoß eine Rolle spielen kann, namentlich bei der Prüfung von Ausschlussgründen (dazu II.) und der Prüfung der Verhängung einer Vergabesperre (dazu III.). Wessen Fehlverhalten einem Unternehmen zuzurechnen ist, wird im Anschluss erörtert. (dazu IV.). Relevante Aspekte sind weiterhin der maßgebliche Beurteilungszeitpunkt (siehe V.) und der Zeitraum, der für die Frage des Vorliegens eines Fehlverhaltens zu betrachten ist (siehe VI.).

---

209 *Krauß* in Langen/Bunte, Kommentar zum Deutschen Kartellrecht, § 1 GWB, Rn. 121.
210 *Lober* in Schulte/Just, Kommentar Kartellrecht, § 1 GWB, Rn. 39.
211 VK Sachsen, Beschluss vom 25. Juni 2003, Az. 1/SVK/051-03, S. 11; *Hausmann/von Hoff* in Kulartz/Marx/Portz/Prieß, Kommentar VOB/A, § 6 VOB/A, Rn. 70; *Weyand*, Praxiskommentar Vergaberecht, § 6 VOB/A, Rn. 69; *Noch*, Vergaberecht, Kapitel B, Rn. 223, 502ff.; zum Teil wird vertreten, dass bereits die Aushändigung der Angebotsunterlagen versagt werden kann, wenn ein Ausschlussgrund vorliegt, so OLG Düsseldorf, Beschluss vom 25. Juli 2012, Az. VII-Verg 27/12, Tz. 11; *Wimmer*, Zuverlässigkeit, S. 107; *Wagner-Cardenal* in Dieckmann/Scharf/Wagner-Cardenal, Kommentar VOL/A, § 6 VOL/A EG, Rn. 53; *Soudry* in Dreher/Motzke, Beck'scher Vergaberechtskommentar, § 2 VOB/A, Rn. 34; *Schranner* in Ingenstau/Korbion, Kommentar VOB, § 6 VOB/A, Rn. 66.
212 *Bauer* in Heiermann/Riedl/Rusam, Kommentar VOB, § 6 VOB/A, Rn. 46.

I. Die einzelnen Schritte der Angebotsprüfung

Nach Eingang der Angebote sind diese grundsätzlich in vier Wertungsstufen zu prüfen, wie sich aus § 16 VOB/A, § 16 VOB/A EG, § 16 VOL/A, § 19 VOL/A EG, § 16 VOB/A-VS ergibt:

1. Prüfung hinsichtlich formaler Mängel und des Vorliegens von Ausschlussgründen (§ 16 Abs. 1 VOB/A, § 16 Abs. 1 VOB/A EG, § 16 Abs. 1 bis 4 VOL/A, § 19 Abs. 1 bis 4 VOL/A EG, § 16 Abs. 1 VOB/A-VS):
   Zunächst prüft die Vergabestelle, ob die Angebote (offensichtliche) formale Fehler aufweisen und ob zwingende oder fakultative Ausschlussgründe vorliegen.
2. Prüfung der Eignung (§ 16 Abs. 2 VOB/A, § 16 Abs. 2 VOB/A EG, § 16 Abs. 5 VOL/A, § 19 Abs. 5 VOL/A EG, § 16 Abs. 2 VOB/A-VS):
   Die Unternehmen sind hinsichtlich ihrer Fachkunde, Leistungsfähigkeit sowie Gesetzestreue und Zuverlässigkeit zu überprüfen, siehe § 97 Abs. 4 Satz 1 GWB.
3. Prüfung des Preises (§ 16 Abs. 6 Nr. 1 und 2 VOB/A, § 16 Abs. 6 Nr. 1 und 2 und Abs. 8 VOB/A EG, § 16 Abs. 6 VOL/A, § 19 Abs. 6 und 7 VOL/A EG, § 16 Abs. 6 Nr. 1 und 2 VOB/A-VS):
   Auf dieser Stufe werden Angebote mit unangemessen hohen oder niedrigen Preisen aussortiert.
4. Angebotswertung im engeren Sinne (§ 16 Abs. 6 Nr. 3 VOB/A, § 16 Abs. 7 VOB/A EG, § 16 Abs. 7 und 8 VOL/A, § 19 Abs. 8 und 9 VOL/A EG, (§ 16 Abs. 6 Nr. 3 VOB/A-VS):
   Anhand der im Rahmen der Ausschreibung bekannt gegebenen Zuschlagskriterien wird das im Hinblick darauf beste Angebot (das »*wirtschaftlichste Angebot*«, siehe § 97 Abs. 5 GWB) ermittelt, auf das der Zuschlag erteilt werden soll.[213]

Die Prüfung der Eignungskriterien auf der zweiten Stufe und die Prüfung der Zuschlagskriterien auf der vierten Stufe sind streng voneinander zu trennen, da diese beiden Schritte unterschiedliche inhaltliche Aspekte implizieren.[214] Das Angebot eines Bieters, dem bereits die erforderliche Eignung fehlt, ist auf dieser Ebene auszuschließen und nicht näher im Hinblick auf den Preis und die Wirtschaftlichkeit zu überprüfen.[215] Umgekehrt darf ein Malus im Hinblick auf die Wirtschaftlichkeit eines Angebots nicht dadurch als kompensiert betrachtet werden, dass das entsprechende Unternehmen auf der Ebene der Eignungsprüfung besser abgeschnitten hat.

---

213 Zu diesen Prüfungsschritten siehe *Hertwig*, Öffentliche Auftragsvergabe, Rn. 225ff.; *Noch*, Vergaberecht, Kapitel B, Rn. 1178f.
214 EuGH, Urteil vom 24. Januar 2008, Rs. C-532/06, *Lianakis*, Tz. 26ff.; BGH, Urteil vom 15. April 2008, Az. X ZR 129/06, Tz. 12; OLG Düsseldorf, Beschluss vom 14. Januar 2009, Az. II-Verg 59/08, Tz. 29; OLG Naumburg, Beschluss vom 3. September 2009, Az. 1 Verg 4/09, S. 17; VK Bund, Beschluss vom 9. September 2009, Az. VK 2 – 111/09, S. 8/9.
215 *Noch*, Vergaberecht, Kapitel B, Rn. 1471f.; *Fehling* in Pünder/Schellenberg, Handkommentar Vergaberecht, § 97 GWB, Rn. 106.

»[E]in ‚Weniger' an Wirtschaftlichkeit eines Angebots [darf nicht] durch ein ‚Mehr' an Eignung ausgeglichen« werden.[216]

Ist das Vergabeverfahren so aufgebaut, dass zunächst ein vorgeschalteter Teilnahmewettbewerb erfolgt, wie es stets beim nicht offenen Verfahren und nach Wahl der Vergabestelle beim wettbewerblichen Dialog und beim Verhandlungsverfahren der Fall ist, so findet bereits nach Durchführung des Teilnahmewettbewerbs im Vorfeld der Aufforderung zur Angebotsabgabe die Eignungsprüfung statt (§ 6 Abs. 3 Nr. 6 VOB/A, § 6 Abs. 3 Nr. 6 Satz 1 VOB/A EG, § 10 Abs. 1 Satz 1 VOL/A EG, § 10 Abs. 1 VOF, § 6 Abs. 3 Nr. 6 VOB/A-VS). Im Rahmen der Angebotswertung sind dann nur noch solche die Eignung betreffende Umstände zu berücksichtigen, die nach der Aufforderung zur Angebotsabgabe eingetreten sind, siehe § 16 Abs. 2 Nr. 2 VOB/A, § 16 Abs. 2 Nr. 2 VOB/A EG, § 16 Abs. 2 VOB/A-VS.

Dass ein Unternehmen in der Vergangenheit einen Kartellrechtsverstoß begangen hat, ist bereits auf der ersten Stufe bei der Prüfung von Ausschlussgründen (dazu II.) zu berücksichtigen. Außerdem kann diese Tatsache dazu führen, dass eine Vergabesperre gegen das betreffende Unternehmen verhängt wird (dazu III.).

II. Die Relevanz von Kartellrechtsverstößen im Rahmen der Prüfung von Ausschlussgründen

Bereits auf der ersten Wertungsstufe werden zur Beantwortung der Frage, ob ein Ausschlussgrund vorliegt, Aspekte der Eignung geprüft.[217] Ein Kartellrechtsverstoß kann unter dem Gesichtspunkt der fehlenden Zuverlässigkeit bzw. Gesetzestreue bereits in diesem frühen Stadium zu einem Ausschluss eines Unternehmens führen, und zwar zu einem zwingenden (dazu 1.) oder einem fakultativen Ausschluss (dazu 2.). Je nach Verfahrensart beziehen sich die Formulierungen der Ausschlussgründe auf den Ausschluss eines Unternehmens als Bewerber eines Teilnahmewettbewerbs oder auf den Ausschluss des Angebots eines Bieters, wenn das Unternehmen sich bereits an der Ausschreibung beteiligt hat.

1. Ein Kartellrechtsverstoß als zwingender Ausschlussgrund

Dass ein Unternehmen in der Vergangenheit an einem Kartell beteiligt war, kann den zwingenden Ausschluss dieses Unternehmen bzw. seines Angebots zur Folge haben. Nicht jeder Kartellrechtsverstoß bedeutet jedoch, dass ein Unternehmen zwingend auszuschließen ist.[218] Es kann allerdings einer der folgenden zwingenden Ausschlussgründe einschlägig sein, sofern die übrigen, zusätzlichen Voraussetzungen vorliegen:

---

216 OLG Naumburg, Beschluss vom 3. September 2009, Az. 1 Verg 4/09, S. 16.
217 *Vavra* in Ziekow/Völlink, Kommentar Vergaberecht, § 16 VOB/A, Rn. 20; *Frister* in Kapellmann/Messerschmidt, Kommentar VOB/A, § 16 VOB/A, Rn. 35.
218 VK Niedersachsen, Beschluss vom 24. März 2011, Az. VgK-04/2011, S. 8; *Dreher/Hoffmann* in NZBau 2012, S. 265 (266).

- »Auszuschließen sind: Angebote von Bietern, die in Bezug auf die Ausschreibung eine Abrede getroffen haben, die eine unzulässige Wettbewerbsbeschränkung darstellt.«
  (siehe § 16 Abs. 1 Nr. 1 lit. d) VOB/A, § 16 Abs. 1 Nr. 1 lit. d) VOB/A EG, mit ähnlichem Wortlaut § 16 Abs. 3 lit. f) VOL/A, § 19 Abs. 3 lit. f) VOL/A EG, § 31 Abs. 2 Nr. 6 VSVgV und § 16 Abs. 1 Nr. 1 lit. d) VOB/A-VS, dazu sogleich unter a),
- »Ein Unternehmen ist von der Teilnahme an einem Vergabeverfahren wegen Unzuverlässigkeit auszuschließen, wenn der Auftraggeber Kenntnis davon hat, dass eine Person, deren Verhalten dem Unternehmen zuzurechnen ist, rechtskräftig wegen Verstoßes gegen eine der folgenden Vorschriften verurteilt worden ist: § 263 StGB (Betrug), soweit sich die Straftat gegen den Haushalt der EU oder gegen Haushalte richtet, die von der EU oder in ihrem Auftrag verwaltet werden.«
  (siehe § 6 Abs. 4 Nr. 1 Satz 1 lit. c) VOB/A EG, mit ähnlichem Wortlaut § 6 Abs. 4 Satz 1 lit. c) VOL/A EG, § 4 Abs. 6 Satz 1 lit. c) VOF, § 23 Abs. 1 Nr. 3 VSVgV und § 6 Abs. 4 Satz 1 lit. c) VOB/A-VS), dazu sogleich unter b).

a) Eine wettbewerbsbeschränkende Abrede in Bezug auf die Ausschreibung

Wenn ein Bieter eine wettbewerbsbeschränkende Abrede in Bezug auf die betreffende Ausschreibung getroffen hat, ist sein Angebot von diesem Vergabeverfahren auszuschließen. Die Vergabe eines Auftrags an ein solches Unternehmen wäre unvereinbar mit dem Wettbewerbsprinzip.[219]

Der Begriff der *»Abrede, die eine unzulässige Wettbewerbsbeschränkung darstellt«* bzw. der *»wettbewerbsbeschränkenden Abrede«* ist vor dem Hintergrund des Wettbewerbsgrundsatzes weit zu verstehen. Er umfasst nicht nur gesetzeswidrige Verhaltensweisen, sondern schließt vielmehr sämtliche Absprachen und sonstigen Handlungen ein, die sich gegen das Prinzip des freien Wettbewerbs richten.[220] Auch Verhaltensweisen, die als unlauter im Sinne des UWG anzusehen sind, fallen darunter.[221] Verstöße gegen das Kartellverbot des § 1 GWB stellen in jedem Fall wettbewerbsbeschränkende Abreden in diesem Sinne dar.[222]

---

219 *Kirch* in Leinemann/Kirch, Kommentar VSVgV, § 31 VSVgV, Rn. 73; *Kirch* in Leinemann/Kirch, Kommentar VSVgV, § 16 VOB/A-VS, Rn. 52.

220 OLG Düsseldorf, Beschluss vom 23. März 2005, Az. VII-Verg 68/04, Tz. 44; Beschluss vom 16. September 2004, Az. 52/03, Tz. 9; *Frister* in Kapellmann/Messerschmidt, Kommentar VOB/A, § 16 VOB/A, Rn. 29; *Scharf* in Dieckmann/Scharf/Wagner-Cardenal, Kommentar VOL/A, § 19 VOL/A EG, Rn. 167; *Weyand*, Praxiskommentar Vergaberecht, § 97 GWB, Rn. 14.

221 OLG Brandenburg, Beschluss vom 6. Oktober 2005, Az. Verg W 7/05, S. 12; *Opitz* in Dreher/Motzke, Beck'scher Vergaberechtskommentar, § 16 VOB/A, Rn. 131; *Weyand*, Praxiskommentar Vergaberecht, § 97 GWB, Rn. 16.

222 OLG Naumburg, Beschluss vom 21. Dezember 2000, Az. 1 Verg 10/00, WuW/E Verg 493 (494f.); *Freund/Kallmayer/Kraft*, Korruption und Kartelle bei Auftragsvergaben, S. 46.

Der Wettbewerbsverstoß muss sich auf die konkrete Ausschreibung beziehen, zu der das zu prüfende Angebot eingereicht wurde (siehe Gesetzeswortlaut »*in Bezug auf die Ausschreibung*« (Hervorhebung nicht im Original)).[223] Das bedeutet, dass ein enger sachlicher Zusammenhang zwischen dem Gegenstand der Vereinbarung und dem Gegenstand der Ausschreibung bestehen muss, wobei dafür nicht erforderlich ist, dass die Vereinbarung gerade für die konkrete Ausschreibung getroffen wurde. Vielmehr fallen auch – ohnehin wesentlich schädlichere – generelle Vereinbarungen darunter, die sich auf mehrere Ausschreibungen eines Kunden oder auf Ausschreibungen bestimmter Leistungen insgesamt beziehen.[224]

Abreden jeglicher Art unter Konkurrenten, die durch die Ausschaltung des Wettbewerbs untereinander ein möglichst hohes Preisniveau erzielen wollen, sollen durch diesen Ausschlussgrund verhindert bzw. sanktioniert werden, um eine dem Grundsatz der Wirtschaftlichkeit entsprechende Beschaffung durch die öffentlichen Auftraggeber zu sichern.[225] Eine auf die jeweilige Ausschreibung bezogene wettbewerbsbeschränkende Vereinbarung liegt insbesondere bei einer »doppelten Angebotsabgabe« vor. Denn wenn ein Bieter mehr als ein Angebot abgibt, entweder beide als Hauptbieter oder als Hauptbieter und daneben in einer Bietergemeinschaft (deren Bildung in den Grenzen des § 1 GWB zulässig ist[226]) oder als Mitglied mehrerer Bietergemeinschaften, spricht eine widerlegliche Vermutung dafür, dass ein Verstoß gegen das Prinzip des Geheimwettbewerbs vorliegt.[227] Daneben sind

---

223 Im Entwurf-Vergaberechtsmodernisierungsgesetz ist diese Voraussetzung nicht mehr enthalten, allerdings stellt die Beteiligung an einer wettbewerbsbeschränkenden Vereinbarung nur noch einen fakultativen Ausschlussgrund dar, siehe § 124 Abs. 1 Nr. 4.
224 OLG Naumburg, Beschluss vom 15. März 2001, Az. 1 Verg 11/00, S. 15; *Noch*, Vergaberecht, Kapitel B, Rn. 1365; *Scharf* in Dieckmann/Scharf/Wagner-Cardenal, Kommentar VOL/A, § 19 VOL/A EG, Rn. 168.
225 VK Brandenburg, Beschluss vom 3. April 2007, Az. 1 VK 9/07, S. 9; *Scharf* in Dieckmann/Scharf/Wagner-Cardenal, Kommentar VOL/A, § 19 VOL/A EG, Rn. 166; *Weyand*, Praxiskommentar Vergaberecht, § 16 VOL/A, Rn. 648; *Tomerius/Ruhland* in Pünder/Schellenberg, Handkommentar Vergaberecht, § 16 VOL/A, Rn. 26.
226 *Vavra* in Ziekow/Völlink, Kommentar Vergaberecht, § 16 VOB/A, Rn. 14; *Scharf* in Dieckmann/Scharf/Wagner-Cardenal, Kommentar VOL/A, § 19 VOL/A EG, Rn. 169; *Kirch* in Leinemann/Kirch, Kommentar VSVgV, § 31 VSVgV, Rn. 75ff; *Kirch* in Leinemann/Kirch, Kommentar VSVgV, § 16 VOB/A-VS, Rn. 54ff.
227 OLG Düsseldorf, Beschluss vom 13. September 2004, Az. VI-W (Kart) 24/04, Tz. 7; *Opitz* in Dreher/Motzke, Beck'scher Vergaberechtskommentar, § 16 VOB/A, Rn. 123; *Scharf* in Dieckmann/Scharf/Wagner-Cardenal, Kommentar VOL/A, § 19 VOL/A EG, Rn. 171; *Kirch* in Leinemann/Kirch, Kommentar VSVgV, § 31 VSVgV, Rn. 79f.; *Kirch* in Leinemann/Kirch, Kommentar VSVgV, § 16 VOB/A-VS, Rn. 58f.; *Noch*, Vergaberecht, Kapitel B, Rn. 1368.

»klassische« Absprachen über Preise, Quoten oder Kunden, die sich unmittelbar auf den konkreten Auftrag oder aber auf mehrere Ausschreibungen beziehen, erfasst.[228]

Die Bewertung, dass eine solche wettbewerbsbeschränkende Abrede getroffen wurde, muss auf gesicherten Erkenntnissen beruhen, keinesfalls genügen an dieser Stelle bloße Vermutungen.[229] Da für eine solche Feststellung gewisse Ermittlungen notwendig sind, die den Rahmen der Prüfung nicht sprengen sollen, werden in der Praxis häufig entsprechende Verpflichtungserklärungen eingefordert und nur dann weitergehende Nachforschungen angestellt, wenn gewisse Auffälligkeiten dafür Anlass bieten.[230] Ein Ausschluss kann vor diesem Hintergrund erfolgen, wenn die entsprechenden Erklärungen trotz Nachforderung nicht geliefert werden oder wenn sich herausstellt, dass dort (vorsätzlich) falsche Erklärungen abgegeben wurden.[231]

b) Eine rechtskräftige Verurteilung wegen Betrugs

Die Beteiligung an einem Kartell kann im Rahmen eines Vergabeverfahrens oberhalb der Schwellenwerte auch zu einem zwingenden Ausschluss auf Grund einer rechtskräftigen Verurteilung wegen Betrugs führen. Im Gegensatz zu dem Ausschluss wegen einer wettbewerbswidrigen Abrede muss die strafrechtliche Verurteilung keinen Bezug zu dem konkreten Vergabeverfahren aufweisen oder gegen den Auftraggeber gerichtet gewesen sein.[232] Es ist nicht einmal erforderlich, dass die öffentliche Hand betroffen war, auch ein Betrug gegenüber Privaten führt zum Ausschluss.[233]

Wenn feststeht, dass der Marktgegenseite der Kartellanten ein Vermögensschaden entstanden ist, ist der Tatbestand des Betruges (§ 263 StGB) in Form des Submissionsbetruges erfüllt. Die Täuschungshandlung liegt dabei darin, dass die anbietenden Unternehmen vorgeben, der Preis ihres jeweiligen Angebots sei ordnungsgemäß zu Stande gekommen.[234] Gerade die Frage des Vorliegens eines Schadens bereitet in

---

228 Vgl. *Opitz* in Dreher/Motzke, Beck'scher Vergaberechtskommentar, § 16 VOB/A, Rn. 115.
229 OLG Saarbrücken, Beschluss vom 5. Juli 2006, Az. 1 Verg 1/05, S. 12; OLG Frankfurt, Beschluss vom 30. März 2004, 11 Verg 04 und 05/04, S. 10; VK Bund, Beschluss vom 24. August 2004, Az. VK 2 – 115/04,S. 13; *Scharf* in Dieckmann/Scharf/Wagner-Cardenal, Kommentar VOL/A, § 19 VOL/A EG, Rn. 176; *Noch*, Vergaberecht, Kapitel B, Rn. 1366.
230 *Opitz* in Dreher/Motzke, Beck'scher Vergaberechtskommentar, § 16 VOB/A, Rn. 114.
231 Ausführlich zum Nachweis von Fehlverhalten durch Eigenerklärungen siehe 2.c)(4)(cc) zum fakultativen Ausschluss wegen einer schweren Verfehlung.
232 *Voppel/Osenbrück/Bubert*, Kommentar VOF, § 4 VOF, Rn. 93.
233 *Voppel/Osenbrück/Bubert*, Kommentar VOF, § 4 VOF, Rn. 102.
234 *Klusmann* in Wiedemann, Handbuch des Kartellrechts, § 56, Rn. 25; *Zimmer* in Immenga/Mestmäcker, Kommentar GWB, § 1 GWB, Rn. 203.

Kartellfällen allerdings zumeist Probleme.[235] Eine Strafbarkeit kartellrechtswidriger Handlungen wegen Betrugs wird daher häufig daran scheitern, dass der Nachweis für die Verursachung eines Schadens nicht geführt werden kann.[236] Ein zwingender Ausschluss wegen eines Kartellrechtsverstoßes auf dieser Grundlage kommt deswegen nur selten in Betracht. Die auf Grund der Beweisprobleme geschaffene Vorschrift des § 298 StGB, die bei öffentlichen Ausschreibungen bereits die Abgabe eines auf einer wettbewerbsbeschränkenden Absprache beruhenden Angebots unter Strafe stellt (siehe dazu oben unter A.IV.1.), gehört gerade nicht zu den Katalogstraftaten des zwingenden Ausschlusses wegen einer rechtskräftigen Verurteilung. Dessen Anwendungsbereich wird außerdem erheblich eingegrenzt durch das Erfordernis der Betroffenheit des Haushalts der Europäischen Union oder eines Haushalts, der von der Europäischen Union oder in ihrem Auftrag verwaltet wird, so dass Ausschreibungen betroffen sein müssen, deren Finanzierung aus Mitteln der Europäischen Union stammt.[237]

Eine weitere Hürde bei der Anwendung dieses Ausschlussgrundes besteht darin, dass ein rechtskräftiges Urteil vorliegen muss, von dem die Vergabestelle Kenntnis hat. Dass ein Ermittlungsverfahren geführt wird oder das Vorliegen eines Straftatbestandes inzident im Rahmen eines Zivilverfahrens festgestellt wurde, genügt dafür nicht.[238] Ebenso wenig ist ein Strafbefehl ausreichend, da es sich dabei um eine Entscheidung nach summarischer Prüfung der Aktenlage handelt, die nicht mit einem Urteil zu vergleichen ist.[239] Erforderlich ist die formelle Rechtskraft des Urteils, das bedeutet, dass gegen das Urteil Rechtsmittel entweder nicht statthaft, nicht eingelegt oder bereits zurückgewiesen sein müssen und das Urteil somit nicht mehr abgeändert werden kann.[240] Eine Kenntnis des Auftraggebers bedeutet, dass es nicht genügt, wenn er lediglich entsprechende Gerüchte vernommen hat.[241] Das betroffene Unternehmen kann gem. § 6 Abs. 4 Nr. 2 VOB/A EG, § 7 Abs. 6 VOL/A

---

235 *Cramer/Pananis* in Loewenheim/Meessen/Riesenkampff, Kommentar Kartellrecht, § 1 GWB, Rn. 53ff.
236 *Zimmer* in Immenga/Mestmäcker, Kommentar GWB, § 1 GWB, Rn. 203.
237 *Stein/Friton/Huttenlauch* in WuW 2012, S. 38 (40).
238 *Glahs* in Kapellmann/Messerschmidt, Kommentar VOB/A, § 6 VOB/A EG, Rn. 4; *Völlink* in Ziekow/Völlink, Kommentar Vergaberecht, § 6 VOB/A EG, Rn. 13; *Voppel/Osenbrück/Bubert*, Kommentar VOF, § 4 VOF, Rn. 94.
239 *Hess* in FS Englert, S. 131 (134); *Stein/Friton* in VergabeR 2010, S. 151 (154); *Voppel/ Osenbrück/Bubert*, Kommentar VOF, § 4 VOF, Rn. 117; *Hölzl* in Münchener Kommentar zum Beihilfen- und Vergaberecht, § 21 SektVO, Rn. 7; a.A. *Glahs* in Kapellmann/Messerschmidt, Kommentar VOB/A, § 6 VOB/A EG, Rn. 4; Dieckmann/ Scharf/Wagner-Cardenal, Kommentar VOL/A, § 6 VOL/A EG, Rn. 32.
240 *Völlink* in Ziekow/Völlink, Kommentar Vergaberecht, § 6 VOB/A EG, Rn. 13; *Wagner-Cardenal* in Dieckmann/Scharf/Wagner-Cardenal, Kommentar VOL/A, § 6 VOL/A EG, Rn. 31.
241 *Völlink* in Ziekow/Völlink, Kommentar Vergaberecht, § 6 VOB/A EG, Rn. 13; *Hölzl* in Münchener Kommentar zum Beihilfen- und Vergaberecht, § 21 SektVO, Rn. 7.

EG, § 4 Abs. 7 VOF, § 23 Abs. 7 VSVgV, § 6 Abs. 4 Nr. 2 VOB/A-VS gegebenenfalls mittels einer Urkunde einer zuständigen Gerichts- oder Verwaltungsbehörde seines Herkunftslandes nachweisen, dass eine solche Verurteilung entgegen der Ansicht der Vergabestelle nicht vorliegt, was zeigt, dass solche Nachweise eine zwingende Aussagekraft haben[242]. Die Vergabestelle kann verlangen, dass bereits mit dem Angebot solche Unterlagen oder etwa ein Führungszeugnis durch die Bieter vorgelegt werden.[243] Sie ist andererseits aber nicht dazu verpflichtet, von jedem Bieter die Erklärung zu fordern, dass es keine solche Verurteilung gegen ihn gibt, und ihn dadurch unter Generalverdacht zu stellen[244]. Solche Eigenerklärungen werden allerdings häufig eingesetzt, um die Behörde davon zu entlasten, anhand von Anhaltspunkten zu beurteilen, ob weitere Nachforschungen ihrerseits erforderlich sind, und diese dann zu unternehmen.[245]

c) Rechtsfolge: Grundsätzlich kein Ermessen der Vergabestelle

Liegen die tatbestandlichen Voraussetzungen eines solchen Ausschlussgrundes vor, steht es nicht im Ermessen der Vergabestelle, ob sie den Bieter oder sein Angebot weiterhin berücksichtigt, sondern ein Ausschluss ist wegen der Schwere des Mangels die zwingende Folge, wie sich aus dem Wortlaut der entsprechenden Normen »*Auszuschließen sind [...]*«, »*Ausgeschlossen werden [...]*« und »*ist [...] auszuschließen*« ergibt.[246]

Im Hinblick auf den zwingenden Ausschlussgrund des Vorliegens einer strafrechtlichen Verurteilung ist gesetzlich eine Ausnahme vorgesehen:

> »Von einem Ausschluss nach Nummer 1 kann nur abgesehen werden, wenn zwingende Gründe des Allgemeininteresses vorliegen und andere die Leistung nicht angemessen erbringen können oder wenn auf Grund besonderer Umstände des Einzelfalls der Verstoß die Zuverlässigkeit des Unternehmens nicht in Frage stellt.«

---

242 *Glahs* in Kapellmann/Messerschmidt, Kommentar VOB/A, § 6 VOB/A EG, Rn. 14.
243 VK Baden-Württemberg, Beschluss vom 10. Oktober 2008, Az. 1 VK 31/08, S. 22f.; *Weyand*, Praxiskommentar Vergaberecht, § 6 VOB/A EG, Rn. 35, § 6 VOL/A EG, Rn. 12, § 4 VOF, Rn. 71; einschränkend *Wagner-Cardenal* in Dieckmann/Scharf/Wagner-Cardenal, Kommentar VOL/A, § 6 VOL/A EG, Rn. 42: nur bei komplexen, sicherheitsrelevanten und langfristigen Leistungen.
244 VK Bund, Beschluss vom 26. November 2009, Az. VK 1 – 197/09, S. 37f.; *Weyand*, Praxiskommentar Vergaberecht, § 6 VOB/A EG, Rn. 33, § 6 VOL/A EG, Rn. 10, § 4 VOF, Rn. 69.
245 *Wagner-Cardenal* in Dieckmann/Scharf/Wagner-Cardenal, Kommentar VOL/A, § 6 VOL/A EG, Rn. 40f.
246 *Vavra* in Ziekow/Völlink, Kommentar Vergaberecht, § 16 VOB/A, Rn. 3; *Frister* in Kapellmann/Messerschmidt, Kommentar VOB/A, § 16 VOB/A, Rn. 34; *Ruhland* in Pünder/Schellenberg, Handkommentar Vergaberecht, § 16 VOB/A, Rn. 5.

(siehe § 6 Abs. 4 Nr. 3 VOB/A EG, mit ähnlichem Wortlaut § 6 Abs. 5 VOL/A EG, § 4 Abs. 8 VOF, § 23 Abs. 5 VSVgV und § 6 Abs. 4 Nr. 3 VOB/A-VS[247]).

Dabei handelt es sich um eine eng auszulegende Ausnahmevorschrift, wie bereits der Wortlaut »*kann **nur** abgesehen werden*« (Hervorhebung nicht im Original) verdeutlicht.[248] Ob die Vergabestelle eine Ausnahme von dem Grundsatz des zwingenden Ausschlusses macht, steht in ihrem Ermessen (»*kann nur abgesehen werden*«) (Hervorhebung nicht im Original).[249] Die Vorfrage jedoch, ob die Voraussetzungen des Ausnahmetatbestandes vorliegen, ist anhand der objektiven Sachlage zu ermitteln, wobei die diesbezügliche Überprüfung der Entscheidung des öffentlichen Auftraggebers eingeschränkt ist, da es sich bei »*zwingende Gründe des Allgemeinwohls*«, »*besondere Umstände des Einzelfalls*« und der »*Zuverlässigkeit*« des Unternehmens um unbestimmte Rechtsbegriffe handelt.[250]

Die erste Alternative erfordert, dass zwingende Gründe des Allgemeininteresses vorliegen. Der Begriff des »*Allgemeininteresses*« entstammt dem Gemeinschaftsrecht und ist dementsprechend gemeinschaftsrechtskonform auszulegen.[251] Dazu kann die Rechtsprechung des Europäischen Gerichtshofs zur Rechtfertigung von Eingriffen in die Grundfreiheiten herangezogen werden.[252] Unter zwingende Allgemeininteressen fallen demnach etwa der Schutz der Gesundheit, die Wahrung der Grundrechte, einer funktionsfähigen Rechtspflege und der Sozialordnung sowie im Fall von Krisen, Krieg oder Terror die Sicherung der Energieversorgung.[253] Die Beschaffung muss zum Wohle der Allgemeinheit so dringend erforderlich sein, dass die Suche nach alternativen Anbietern zu zeitaufwändig wäre, etwa in Zusammenhang mit unvorhersehbaren Ereignissen, beispielsweise Naturkatastrophen.[254] Zusätzlich ist Voraussetzung einer Ausnahme von einem eigentlich zwingenden Ausschluss, dass »*andere die Leistung nicht angemessen erbringen können*«. Dies ist der Fall, wenn bei einem Ausschluss des betreffenden Unternehmens keine sachgerechte Vergabe mehr

---

247 Siehe auch § 21 Abs. 3 SektVO, wobei keiner der in § 21 Abs. 1 Satz 1 SektVO genannten Tatbestände, bei denen eine entsprechende rechtskräftige Verurteilung zu einem zwingenden Ausschluss führt, einen Kartellrechtsverstoß erfasst.
248 *Voppel/Osenbrück/Bubert*, Kommentar VOF, § 4 VOF, Rn. 106.
249 *Antweiler* in Dreher/Motzke, Beck'scher Vergaberechtskommentar, § 6a VOB/A, Rn. 18; *Voppel/Osenbrück/Bubert*, Kommentar VOF, § 4 VOF, Rn. 106.
250 *Voppel/Osenbrück/Bubert*, Kommentar VOF, § 4 VOF, Rn. 106; siehe auch unten unter 2.d).
251 *Hölzl* in Münchener Kommentar zum Beihilfen- und Vergaberecht, § 21 SektVO, Rn. 12.
252 *Hausmann/von Hoff* in Kulartz/Marx/Portz/Prieß, Kommentar VOB/A, § 6a VOB/A, Rn. 74; *Tomerius* in Pünder/Schellenberg, Handkommentar Vergaberecht, § 6 VOB/A EG, Rn. 18.
253 Siehe dazu mit weiteren Beispielen und Nachweisen *Müller-Graff* in Streinz, Kommentar EUV/AEUV, Art. 49 AEUV, Rn. 86, Art. 56 AEUV, Rn. 107.
254 *Leinemann*, Vergaberecht, Rn. 390.

möglich ist,²⁵⁵ etwa weil ausschließlich das betroffene Unternehmen den Auftrag ausführen kann, wovon sich der Auftraggeber durch eine Marktübersicht überzeugt hat,²⁵⁶ oder weil nur ein weiteres Unternehmen in der Lage ist, die Leistung anzubieten und daher ohne den an sich auszuschließenden Bieter kein Wettbewerb möglich wäre²⁵⁷. Diese Ausnahme kann dazu führen, so mag man einwenden, dass die Kartellanten einer für die öffentliche Hand wichtigen Branche quasi privilegiert werden, wenn sie ein marktweites Kartell praktizieren und dadurch indirekt verhindern, dass der eigentlich für jedes der beteiligten Unternehmen zwingende Ausschluss erfolgen kann. Es handelt sich jedoch um einen auf Einzelfälle und wichtige Bereiche begrenzten Ausnahmefall, der in der Praxis nur selten vorkommen wird.²⁵⁸ In diesen engen Grenzen sind solche unerwünschten Nebeneffekte hinzunehmen.

Hinsichtlich der zweiten Alternative lässt sich dem Wortlaut der entsprechenden Vorschriften nicht eindeutig entnehmen, ob es ausreicht, dass die Zuverlässigkeit des Unternehmens nicht in Frage gestellt ist oder ob daneben wie bei der ersten Alternative zwingende Gründe des Allgemeininteresses vorliegen müssen. Die Wiederholung des »wenn« vor der Nennung der besonderen Umstände des Einzelfalls spricht dafür, dass zwingende Allgemeininteressen für die zweite Alternative nicht vorliegen müssen.²⁵⁹ Diese Ausnahme beruht außerdem auf dem Prinzip der Verhältnismäßigkeit.²⁶⁰ Daraus folgt, dass zwingende Allgemeininteressen keine Rolle spielen können, wenn ein Ausschluss bereits deswegen ausscheiden muss, weil die Zuverlässigkeit des Unternehmens nicht in Frage gestellt ist.²⁶¹ Wenn dagegen der Wortlaut von Art. 45 Abs. 1 Unterabs. 3 EG-Vergaberechtskoordinierungsrichtlinie eingewendet wird (»*Sie [die Mitgliedstaaten] können Ausnahmen von der in Unterabsatz 1 genannten Verpflichtung aus zwingenden Gründen des Allgemeininteresses zulassen.*«²⁶²),²⁶³ so wird

---

255 *Glahs* in Kapellmann/Messerschmidt, Kommentar VOB/A, § 6 VOB/A EG, Rn. 15.
256 *Antweiler* in Dreher/Motzke, Beck'scher Vergaberechtskommentar, § 6a VOB/A, Rn. 17; *Leinemann*, Vergaberecht, Rn. 391.
257 *Voppel/Osenbrück/Bubert*, Kommentar VOF, § 4 VOF, Rn. 108.
258 *Antweiler* in Beck'scher Vergaberechtskommentar, § 6 VOB/A EG, Rn. 17; *Tomerius* in Pünder/Schellenberg, Handkommentar Vergaberecht, § 6 VOB/A EG, Rn. 18.
259 *Voppel/Osenbrück/Bubert*, Kommentar VOF, § 4 VOF, Rn. 107.
260 *Hausmann/von Hoff* in Kulartz/Marx/Portz/Prieß, Kommentar VOB/A, § 6 VOB/A EG, Rn. 76.
261 *Hausmann/von Hoff* in Kulartz/Marx/Portz/Prieß, Kommentar VOB/A, § 6 VOB/A EG, Rn. 78; *Scherer-Leydecker* in Heuvels/Höß/Kuß/Wagner, Gesamtkommentar Vergaberecht, § 6a VOB/A, Rn. 14; *Prieß/Pünder/Stein* in Pünder/Prieß/Arrowsmith, Self-Cleaning, S. 62.
262 Siehe Art. 57 Abs. 3 Unterabs. 1 EU-Vergaberichtlinie: »*Die Mitgliedstaaten können ausnahmsweise aus zwingenden Gründen des öffentlichen Interesses, wie z.B. der öffentlichen Gesundheit oder des Umweltschutzes, eine Ausnahme vom zwingenden Ausschluss gemäß den Absätzen 1 und 2 vorsehen.*«
263 *Schranner* in Ingenstau/Korbion, Kommentar VOB, § 6 VOB/A EG, Rn. 23; *Wimmer*, Zuverlässigkeit, S. 86ff. stellt die Auslegung der Gründe des Allgemeininteresses unter den Vorbehalt des Verhältnismäßigkeitsgrundsatzes.

nicht berücksichtigt, dass der Verhältnismäßigkeitsgrundsatz im Gemeinschaftsrecht ebenso gilt[264] und die nähere Ausgestaltung eines zwingenden Ausschlusses gem. Art. 45 Abs. 1 Unterabs. 2 EG-Vergaberechtskoordinierungsrichtlinie (entspricht Art. 57 Abs. 7 Satz 1 EU-Vergaberichtlinie) den Mitgliedstaaten überlassen ist.[265] Überdies wird es dem Zweck des zwingenden Ausschlussgrundes, Anreize für Unternehmen zu schaffen, von Gesetzesverstößen abzusehen, am ehesten gerecht, wenn ein Unternehmen, das seine Zuverlässigkeit wiederhergestellt hat, nicht ausgeschlossen wird, auch wenn nicht zusätzlich eine notstandsähnliche Situation vorliegt.[266] Dass eine strafrechtliche Verurteilung sich nicht auf die Geschäftspraxis des Unternehmens auswirkt, kommt insbesondere dann in Betracht, wenn das Unternehmen eine ernsthafte und konsequente Selbstreinigung betrieben hat (dazu siehe Kapitel 3).

Wenn die Vergabestelle von einem der Ausnahmefälle Gebrauch macht, ist dies aussagekräftig im Vergabevermerk zu begründen.[267]

2. Ein Kartellrechtsverstoß als fakultativer Ausschlussgrund

Ein Ausschluss von Unternehmen oder Angeboten wegen eines Kartellrechtsverstoßes kommt ferner unter diesem Gesichtspunkt in Betracht:

> »Außerdem können Angebote von Bietern ausgeschlossen werden, wenn nachweislich eine schwere Verfehlung begangen wurde, die die Zuverlässigkeit als Bewerber in Frage stellt«

(siehe §§ 16 Abs. 1 Nr. 2 lit. c) VOB/A, 16 Abs. 1 Nr. 2 lit. c) VOB/A EG, mit ähnlichem Wortlaut §§ 6 Abs. 5 lit. c), 16 Abs. 4 i.V.m. 6 Abs. 5 lit. c) VOL/A, §§ 6 Abs. 6 lit. c), 19 Abs. 4 i.V.m. 6 Abs. 6 lit. c) VOL/A EG, § 4 Abs. 9 lit. c) VOF und § 21 Abs. 4 Nr. 5 SektVO, vgl. auch §§ 24 Abs. 1 Nr. 4, 31 Abs. 2 Nr. 7 i.V.m. 24 Abs. 1 Nr. 4 VSVgV, § 16 Abs. 1 Nr. 2 lit. c) VOB/A-VS).

Dass ein Kartellrechtsverstoß eine »schwere Verfehlung« darstellen kann, wird im Folgenden unter a) erläutert. Die Zuverlässigkeit eines Unternehmens muss durch die Verfehlung in Frage gestellt sein (dazu b)) und die Verfehlung muss »nachweislich« vorliegen (dazu c)). Auf Tatbestandsebene verfügt die Vergabestelle über einen Beurteilungsspielraum (dazu d)). Ob sie das Unternehmen tatsächlich ausschließt, steht in ihrem Ermessen (dazu e)).

---

264 Das wird auch deutlich durch die in Art. 57 Abs. 3 Unterabs. 2 EU-Vergaberichtlinie vorgesehene Möglichkeit des Absehens von einem Ausschluss wegen nicht gezahlter Steuern oder Sozialversicherungsbeiträge, wenn dieser unverhältnismäßig wäre.
265 *Stein/Friton* in VergabeR 2010, S. 151 (161); *Hausmann/von Hoff* in Kulartz/Marx/Portz/Prieß, Kommentar VOB/A, § 6 VOB/A EG, Rn. 78.
266 *Prieß/Pünder/Stein* in Pünder/Prieß/Arrowsmith, Self-Cleaning, S. 63.
267 *Leinemann*, Vergaberecht, Rn. 391.

a) Ein Kartellrechtsverstoß als »schwere Verfehlung«

Ein Unternehmen bzw. das Angebot eines Unternehmens kann ausgeschlossen werden, wenn dem Unternehmen eine schwere Verfehlung vorzuwerfen ist.

Die einschlägigen Normen definieren den Begriff der *»schweren Verfehlung«* nicht und es gibt auch keinen abschließenden Katalog wie bei dem zwingenden Ausschluss wegen einer rechtskräftigen Verurteilung.[268]

Nicht jedes Fehlverhalten oder jeder Gesetzesverstoß darf als *»schwere Verfehlung«* behandelt werden, dies würde gegen den Verhältnismäßigkeitsgrundsatz verstoßen.[269] Bei wertender Betrachtung müssen die Verfehlungen in ihrer Gewichtigkeit den zwingenden Ausschlussgründen jedenfalls nahe kommen.[270] Bagatelldelikte scheiden daher aus.[271] Erfahrungen mit dem Leistungsverhalten des Unternehmens in der Vergangenheit sind zwar zu berücksichtigen.[272] Übliche Beanstandungen, fahrlässige Vertragsverletzungen und bisherige dem Bieter und dem Auftraggeber stellen allerdings keine schwere Verfehlung dar.[273] Ein Ausschluss darf nicht als Sanktion für unliebsames Verhalten in der Vergangenheit eingesetzt werden.[274] Schlechte Erfahrungen in der Vergangenheit können allenfalls dann berücksichtigt werden, wenn sie gravierend waren und es sich um Meinungsverschiedenheiten weit über das übliche Maß hinaus handelt, etwa wenn wechselseitige

---

268 *Freund/Kallmayer/Kraft*, Korruption und Kartelle bei Auftragsvergaben, S. 156.
269 VK Nordbayern, Beschluss vom 22. Januar 2007, Az. 21.VK - 3194 - 44/06, S. 18; *Just* in Schulte/Just, Kommentar Kartellrecht, § 97 GWB, Rn. 36.
270 OLG Düsseldorf, Beschluss vom 9. April 2008, Az. VII-Verg 2/08, Tz. 33; *Wagner-Cardenal* in Dieckmann/Scharf/Wagner-Cardenal, Kommentar VOL/A, § 6 VOL/A EG, Rn. 61; *Weyand*, Praxiskommentar Vergaberecht, § 6 VOB/A, Rn. 146, § 6 VOL/A, Rn. 194, § 4 VOF, Rn. 99; VK Südbayern, Beschluss vom 8. Oktober 2013, Az. Z3-3-3194-1-26-08/13, S. 38f.; a.A. *Voppel/Osenbrück/Bubert*, Kommentar VOF, § 4 VOF, Rn. 129; *Opitz* in Dreher/Motzke, Beck'scher Vergaberechtskommentar, § 16 VOB/A, Rn. 158, Fn. 420.
271 OLG München, Beschluss vom 22. November 2012, Az. Verg 22/12, Tz. 40; *Vavra* in Ziekow/Völlink, Kommentar Vergaberecht, § 16 VOB/A, Rn. 22.
272 OLG Düsseldorf, Beschluss vom 25. Juli 2012, Az. VII-Verg 27/12, Tz. 12; *Just* in Schulte/Just, Kommentar Kartellrecht, § 97 GWB, Rn. 35.
273 LG Düsseldorf, Urteil vom 16. März 2005, Az. 12 O 524/04, Tz. 24ff.; VK Sachsen, Beschluss vom 25. Juni 2003, Az. 1/SVK/051-03, S. 12; *Frister* in Kapellmann/Messerschmidt, Kommentar VOB/A, § 16 VOB/A, Rn. *38; Ruhland/Tomerius* in Pünder/Schellenberg, Handkommentar Vergaberecht, § 16 VOB/A, Rn. 31; *Kulartz/Röwekamp* in Müller-Wrede, Kommentar VOF, § 11 VOF, Rn. 17; *Noch*, Vergaberecht, Kapitel B, Rn. 1404, *Leinemann*, Vergaberecht, Rn. 399.
274 VK Nordbayern, Beschluss vom 18. Dezember 2007, Az. 21.VK - 3194 - 47/07, S. 13; VK Brandenburg, Beschluss vom 11. Juli 2007, Az. 1 VK 23/07, S. 9; *Wagner-Cardenal* in Dieckmann/Scharf/Wagner-Cardenal, Kommentar VOL/A, § 6 VOL/A EG, Rn. 63; *Weyand*, Praxiskommentar Vergaberecht, § 6 VOB/A, Rn. 154, § 6 VOL/A, Rn. 202, § 4 VOF, Rn. 107; *Voppel/Osenbrück/Bubert*, Kommentar VOF, § 4 VOF, Rn. 131; *Noch*, Vergaberecht, Kapitel B, Rn. 1404.

Bezichtigungen von Straftaten vorliegen[275] oder das betreffende Unternehmen den unmittelbar vorhergehenden Auftrag rechtsunwirksam gekündigt hat[276].

Um eine Verfehlung als schwer einstufen zu können, muss sie schuldhaft erfolgt sein und »*erhebliche Auswirkungen*« gehabt haben.[277] »Erhebliche Auswirkungen« sind anzunehmen im Falle der Verletzung besonders schützenswerter Rechtsgüter und wenn ein erheblicher Schaden bereits eingetreten oder zu erwarten ist.[278]

In Betracht kommen dabei nicht nur Straftaten, sondern auch Ordnungswidrigkeiten, die sich auf den Geschäftsverkehr beziehen, oder gravierende Verstöße gegen Vorschriften, die dem Schutz der vergaberechtlichen Prinzipien wie dem Wettbewerbs- und dem Gleichbehandlungsgrundsatz dienen.[279] Darunter fallen im strafrechtlichen Bereich insbesondere Betrug, auch Submissionsbetrug, und Bestechung.[280] Auch Verstöße gegen das GWB sind davon erfasst.[281]

Ob ein Kartellrechtsverstoß eine schwere Verfehlung darstellt, kann nicht allgemein beantwortet werden, dies ist jeweils im Einzelfall zu prüfen.[282] Insbesondere so genannte Kernbeschränkungen mit Auswirkung auf die Preise fallen darunter[283]

---

275 OLG München, Beschluss vom 5. Oktober 2012, Az. Verg 15/12, Tz. 81.
276 OLG Düsseldorf, Beschluss vom 25. Juli 2012, Az. VII-Verg 27/12, Tz. 15.
277 OLG München, Beschluss vom 21. Mai 2010, Az. Verg 02/10, Tz. 166; VK Nordbayern, Beschluss vom 22. Januar 2007, Az. 21.VK - 3194 - 44/06, S. 18; *Wagner-Cardenal* in Dieckmann/Scharf/Wagner-Cardenal, Kommentar VOL/A, § 6 VOL/A EG, Rn. 61; *Opitz* in Dreher/Motzke, Beck'scher Vergaberechtskommentar, § 16 VOB/A, Rn. 158; *Weyand*, Praxiskommentar Vergaberecht, § 6 VOB/A, Rn. 150, § 6 VOL/A, Rn. 198, § 4 VOF, Rn. 99, 103.
278 VK Niedersachsen, Beschluss vom 24. März 2011, Az. VgK-04/2011, S. 8; *Wagner-Cardenal* in Dieckmann/Scharf/Wagner-Cardenal, Kommentar VOL/A, § 6 VOL/A EG, Rn. 61; *Weyand*, Praxiskommentar Vergaberecht, § 6 VOB/A, Rn. 150, § 6 VOL/A, Rn. 198, § 4 VOF, Rn. 103.
279 OLG Düsseldorf, Urteil vom 27. Juli 2006, VII-Verg 23/06, Tz. 45; VK Niedersachsen, Beschluss vom 12. Dezember 2011, Az. VgK-53/2011, S. 12; *Frister* in Kapellmann/Messerschmidt, Kommentar VOB/A, § 16 VOB/A, Rn. 38.
280 VK Niedersachsen, Beschluss vom 12. Dezember 2011, Az. VgK-53/2011, S. 12; VK Niedersachsen, Beschluss vom 24. März 2011, Az. VgK-04/2011, S. 8; *Weyand*, Praxiskommentar Vergaberecht, § 6 VOB/A, Rn. 150, § 6 VOL/A, Rn. 198, § 4 VOF, Rn. 103.
281 VK Niedersachsen, Beschluss vom 12. Dezember 2011, Az. VgK-53/2011, S. 12; VK Sachsen, Beschluss vom 25. Juni 2003, Az. 1/SVK/051-03, S. 12; *Müller-Wrede* in Müller-Wrede, Kommentar VOL/A, § 6 VOL/A EG, Rn. 71; *Voppel/Osenbrück/Bubert*, Kommentar VOF, § 4 VOF, Rn. 130; *Freund/Kallmayer/Kraft*, Korruption und Kartelle bei Auftragsvergaben, S. 156; *Büdenbender* in Leinemann/Kirch, Kommentar VSVgV, § 24 VSVgV, Rn. 7.
282 *Hölzl/Ritzenhoff* in NZBau 2012, S. 28 (29); *Stein/Friton/Huttenlauch* in WuW 2012, S. 38 (41).
283 OLG Düsseldorf, Beschluss vom 9. April 2008, Az. VII-Verg 2/08, Tz. 33; VK Niedersachsen, Beschluss vom 24. März 2011, Az. VgK-04/2011, S. 7/8; VK Sachsen, Beschluss vom 28. Januar 2004, Az. 1/SVK/158-03, S. 8.

sowie Zuwiderhandlungen, die einen Bezug zu öffentlichen Vergabeverfahren aufweisen.[284]

Orientierung bieten außerdem das Formblatt für eine »Eigenerklärung zur Eignung« des Vergabe- und Vertragshandbuchs für die Baumaßnahmen des Bundes[285] sowie Vorschriften auf Landesebene[286]. Als schwere Verfehlung werden dort zum Teil Verstöße gegen § 298 StGB[287] oder das GWB[288] explizit genannt.

b) Infragestellung der Zuverlässigkeit

Die schwere Verfehlung muss außerdem die Zuverlässigkeit des Unternehmens in Frage stellen, wie der Gesetzeswortlaut klar vorgibt.

Die bloße Feststellung einer schweren Verfehlung genügt nicht für einen Ausschluss. Noch weniger darf es sich um einen Automatismus dergestalt handeln, dass ein Unternehmen, das eine solche Verfehlung begangen hat, ohne weitere Prüfung von dem Vergabeverfahren ausgeschlossen wird. Vielmehr muss die ausschreibende öffentliche Stelle auch hier, wie grundsätzlich im Rahmen der Zuverlässigkeitsprüfung, eine leistungsbezogene Prüfung des Einzelfalls dahingehend vornehmen, ob zu erwarten ist, dass das Unternehmen die ausgeschriebene Leistung in der geforderten

---

284 *Hölzl/Ritzenhoff* in NZBau 2012, S. 28 (29); *Stein/Friton/Huttenlauch* in WuW 2012, S. 38 (42).
285 Ausgabe 2008, Stand August 2012, abrufbar unter http://bit.ly/1naQ67Y, (im Folgenden »**VHB**«); siehe auch Ziff. 1.2 der »Allgemeinen Einkaufsbedingungen der DB AG und der mit ihr verbundenen Unternehmen« vom 1. Oktober 2013, abrufbar unter http://bit.ly/1u25aZK.
286 Eine Übersicht der für diese Arbeit relevanten Landesvorschriften findet sich in **Anlage 1**.
287 »Eigenerklärung zur Eignung«, S. 2, VHB, Formblatt Nr. 124; Ziff. 3.4.2 Abs. 1 1. Spiegelstrich Verwaltungsvorschrift Korruptionsverhütung und -bekämpfung Baden-Württemberg; § 3 Abs. 1 Satz 2 Nr. 7 Korruptionsregistergesetz Berlin; § 3 Abs. 1 Nr. 1 Korruptionsregistergesetz Bremen; § 2 Abs. 2 Satz 2 Nr. 1 lit i) Gesetz zur Einrichtung eines Registers zum Schutz fairen Wettbewerbs Hamburg; § 5 Abs. 1 Nr. 1 Korruptionsbekämpfungsgesetz Nordrhein-Westfalen; Ziff. 17.2 2. Spiegelstrich Verwaltungsvorschrift Korruptionsprävention Rheinland-Pfalz; § 2 Abs. 2 Satz 2 Nr. 1 lit i) Gesetz zur Einrichtung eines Registers zum Schutz fairen Wettbewerbs Schleswig-Holstein.
288 Ziff. 3.4.2 Abs. 2 Verwaltungsvorschrift Korruptionsverhütung und -bekämpfung Baden-Württemberg; § 2 Abs. 2 Satz 2 Nr. 3 lit f) Gesetz zur Einrichtung eines Registers zum Schutz fairen Wettbewerbs Hamburg; Ziff. 2.1 3. Spiegelstrich Gemeinsamer Runderlass Hessen; § 5 Abs. 1 Nr. 3 Korruptionsbekämpfungsgesetz Nordrhein-Westfalen; Ziff. 17.2 3. Spiegelstrich Verwaltungsvorschrift Korruptionsprävention Rheinland-Pfalz; § 2 Abs. 2 Satz 2 Nr. 3 lit f) Gesetz zur Einrichtung eines Registers zum Schutz fairen Wettbewerbs Schleswig-Holstein; Ziff. 2.1 3. Spiegelstrich Erlass Saarland.

Weise erbringen kann oder ob dies in Folge der Verfehlung in Frage zu stellen ist.[289] Da ein Ausschluss vom Vergabeverfahren gravierende Folgen für ein Unternehmen hat, ist bei dieser Prüfung das Verhältnismäßigkeitsprinzip zu beachten.[290] Der Auftraggeber muss unter Würdigung aller Umstände, inklusive des Ausmaßes der Verfehlung und des Grades der Vorwerfbarkeit,[291] eine auf den Einzelfall bezogene Prognose erstellen, ob die Zuverlässigkeit des betreffenden Unternehmens auch für die Zukunft ungewiss erscheint.[292] Er muss nachvollziehbar darlegen, dass diesbezüglich erhebliche Zweifel bestehen.[293] Einer positiven Feststellung der Unzuverlässigkeit des betreffenden Unternehmens bedarf es dagegen nicht.[294]

Die Zuverlässigkeit kann nicht in Frage gestellt sein, wenn zwischen der Verfehlung und der ausgeschriebenen Leistung keinerlei Zusammenhang besteht.[295] Erforderlich ist ein Bezug der schweren Verfehlung zur geschäftlichen Tätigkeit des Unternehmens oder der beruflichen Tätigkeit des für das Unternehmen Handelnden,[296] wie § 4 Abs. 9 lit. c) VOF und § 24 Abs. 1 Nr. 4 VSVgV ausdrücklich vorgeben. Dafür ist allerdings nicht erforderlich, dass die Verfehlung sich auf eine Tätigkeit bezieht, die aus demselben Rechtsgebiet wie der Auftrag des betreffenden Vergabeverfahrens stammt.[297] Die Verfehlung muss sich auch nicht gegen den Auftraggeber gerichtet und keinen Bezug zu Vergabeverfahren gehabt haben.[298]

---

289 OLG München, Beschluss vom 22. November 2012, Az. Verg 22/12, Tz. 51; OLG Frankfurt, Beschluss vom 20. Juli 2004, Az. 11 Verg 6/04, Tz. 36; VK Saarland, Beschluss vom 20. August 2007, Az. 1 VK 01/2007, S. 10; VK Nordbayern, Beschluss vom 22. Januar 2007, Az. 21.VK - 3194 - 44/06, S. 18; *Dreher/Hoffmann* in NZBau 2012, S. 265 (267); *Frister* in Kapellmann/Messerschmidt, Kommentar VOB/A, § 16 VOB/A, Rn. 39.
290 VK Niedersachsen, Beschluss vom 24. März 2011, Az. VgK-04/2011, S. 9.
291 VK Saarland, Beschluss vom 20. August 2007, Az. 1 VK 01/2007, S. 10.
292 VK Brandenburg, Beschluss vom 16. Oktober 2007, Az. VK 38/07, S. 11.
293 OLG Düsseldorf, Beschluss vom 9. Juni 2010, Az. VII-Verg 14/10, Tz. 52; VK Brandenburg, Beschluss vom 16. Oktober 2007, Az. VK 38/07, S. 11; VK Nordbayern, Beschluss vom 22. Januar 2007, Az. 21.VK - 3194 - 44/06, S. 18/19.
294 OLG München, Beschluss vom 21. April 2006, Az. Verg 8/06, S. 10; *Ohrtmann* in NZBau 2007, S. 201 (204); *Antweiler* in Dreher/Motzke, Beck'scher Vergaberechtskommentar, § 6 VOB/A, Rn. 66.
295 *Vavra* in Ziekow/Völlink, Kommentar Vergaberecht, § 16 VOB/A, Rn. 22.
296 *Opitz* in Dreher/Motzke, Beck'scher Vergaberechtskommentar, § 16 VOB/A, Rn. 157.
297 OLG München, Beschluss vom 21. April 2006, Az. Verg 8/06, S. 11.
298 *Opitz* in Dreher/Motzke, Beck'scher Vergaberechtskommentar, § 16 VOB/A, Rn. 157.

c) *Die Anforderungen an den Nachweis für das Vorliegen einer schweren Verfehlung*

Erforderlich ist nach dem Gesetzeswortlaut, dass »*nachweislich*« eine schwere Verfehlung vorliegt. Anders als bei einem zwingenden Ausschluss wegen einer rechtskräftigen Verurteilung, für den bereits dem Wortlaut nach ein rechtskräftiges Urteil erforderlich ist, stellt sich hier die Frage, wann eine Verfehlung als nachgewiesen gelten kann.

(1) Nachweispflicht der Vergabestelle

Grundsätzlich ist die Vergabestelle nachweispflichtig dafür, dass eine schwere Verfehlung des Unternehmens vorliegt.[299] Letzteres muss allerdings an der Aufklärung insofern mitwirken, als es verpflichtet ist, die jeweiligen von der Vergabestelle angeforderten Nachweise zum Nichtvorliegen eines Ausschlussgrundes zu erbringen (siehe auch unter (4)(cc)).[300] Wenn die Vergabestelle fordert, bestimmte Nachweise mit Angebotsabgabe vorzulegen, wird das Angebot gem. § 16 Abs. 1 Nr. 3 Satz 4 VOB/A, § 16 Abs. 1 Nr. 3 Satz 4 VOB/A EG, § 16 Abs. 2 Satz 1, Abs. 3 lit. a) VOL/A, § 19 Abs. 3 lit. a) VOL/A EG, § 16 Abs. 1 Nr. 3 Satz 4 VOB/A-VS ausgeschlossen, wenn das Unternehmen die Nachweise auch auf Nachforderung nicht vorlegt bzw. kann ausgeschlossen werden, wenn es geforderte Auskünfte unberechtigterweise nicht erteilt, siehe §§ 4 Abs. 9 lit. e), 5 Abs. 3 VOF, § 21 Abs. 4 Nr. 4 SektVO, § 24 Abs. 1 Nr. 7 VSVgV. Wenn eine solche Erklärung vorsätzlich wahrheitswidrig abgegeben wird, führt allein diese Tatsache zu einem Ausschluss, siehe § 16 Abs. 1 Nr. 1 lit. g) VOB/A, § 16 Abs. 1 Nr. 1 lit. g) VOB/A EG, § 16 Abs. 1 Nr. 1 lit. g) VOB/A-VS sogar ohne das Erfordernis eines Vorsatzes nach § 6 Abs. 5 lit. e) VOL/A, bzw. stellt einen fakultativen Ausschlussgrund dar, § 6 Abs. 6 lit. e) VOL/A EG, ohne das Erfordernis eines Vorsatzes nach § 21 Abs. 4 Nr. 4 SektVO, § 24 Abs. 1 Nr. 7 VSVgV. Erforderlich ist daher, dass innerhalb eines größeren Unternehmens die für Kartellrecht und die für Vergaberecht zuständigen Abteilungen zusammenarbeiten und sich gegenseitig informieren.[301]

---

299 VK Niedersachsen, Beschluss vom 12. Dezember 2011, Az. VgK-53/2011, S. 12; VK Nordbayern, Beschluss vom 22. Januar 2007, Az. 21.VK - 3194 - 44/06, S. 17; VK Hessen, Beschluss vom 9. Februar 2004, Az. 69 d VK-79+80/2003, S. 14; VK Sachsen, Beschluss vom 28. Januar 2004, Az. 1/SVK/158-03, S. 8; VK Sachsen, Beschluss vom 25. Juni 2003, Az. 1/SVK/051-03, S. 12; *Hölzl* in Münchener Kommentar zum Beihilfe- und Vergaberecht, § 21 SektVO, Rn. 15; *Weyand*, Praxiskommentar Vergaberecht, § 6 VOB/A, Rn. 175, § 6 VOL/A, Rn. 223, § 4 VOF, Rn. 127; *Wagner-Cardenal* in Dieckmann/Scharf/Wagner-Cardenal, Kommentar VOL/A, § 6 VOL/A EG, Rn. 64; *Ruhland/Tomerius* in Pünder/Schellenberg, Handkommentar Vergaberecht, § 16 VOB/A, Rn. 28, 31.

300 *Ruhland/Tomerius* in Pünder/Schellenberg, Handkommentar Vergaberecht, § 16 VOB/A, Rn. 28.

301 *Stein/Friton/Huttenlauch* in WuW 2012, S. 38 (44).

Die Vergabestelle muss auf eigene Initiative hin versuchen, Klarheit darüber zu erlangen, ob der betreffende Bieter als zuverlässig einzustufen ist.[302] Sie ist in den Grenzen des Zumutbaren zur Aufklärung der relevanten Tatsachen verpflichtet.[303] Die Anforderungen an den Aufwand, den die Vergabestelle betreiben muss, bewegen sich im Spannungsfeld zwischen dem in § 110 GWB niedergelegten Untersuchungsgrundsatz und dem Beschleunigungsgrundsatz (siehe § 113 GWB). Letztlich kommt eine ausfernde Beweisaufnahme nicht in Betracht, denn da die Frage eines Ausschlusses bereits auf der ersten Wertungsstufe zu prüfen ist, ist ein Ausschluss wegen einer schweren Verfehlung auf Konstellationen beschränkt, in denen die fehlende Zuverlässigkeit schnell und objektiv festgestellt werden kann und in denen bereits auf Grund der Aktenlage ein konkreter Verdacht besteht.[304] Grundsätzlich ist zu berücksichtigen, dass die Überprüfungs- und Kontrollpflichten der Vergabestelle im Rahmen der Eignungsprüfung mit begrenzten zeitlichen und personellen Ressourcen bestritten werden muss und der Aufwand in einem angemessenen Verhältnis zum Ausschreibungsgegenstand steht.[305] Auch der Untersuchungsgrundsatz führt daher nicht zu einer Pflicht zur Zeugenvernehmung, wenn nicht etwa der zu führende Nachweis von einer einzigen Zeugenaussage und deren Glaubhaftigkeit abhängt.[306] Eine Tatsachenfeststellung ähnlich einer Gerichtsverhandlung ist in der Regel nicht zumutbar und auch nicht erforderlich.[307]

(2) »Gesicherte Erkenntnis«

Für die Beurteilung der Eignung dürfen nur solche Umstände herangezogen werden, über deren Vorliegen eine »*gesicherte Erkenntnis*« besteht.[308] Denn die vergaberechtlichen Verfahrensvorschriften sollen nach ihrem Sinn und Zweck gewährleisten, dass Vergabeentscheidungen für den jeweiligen Bieter nachvollziehbar und für die Nachprüfungsinstanzen überprüfbar sind, so dass die Berücksichtigung ungeprüfter

---

302 VK Sachsen, Beschluss vom 28. Januar 2004, Az. 1/SVK/158-03, S. 9.
303 VK Düsseldorf, Beschluss vom 13. März 2006, Az. VK – 8/2006-L, S. 16.
304 OLG Frankfurt, Beschluss vom 20. Juli 2004, Az. 11 Verg 6/04, Tz. 37; OLG Saarbrücken, Beschluss vom 18. Dezember 2003, Az. 1 Verg 4/03, S. 12; *Weyand*, Praxiskommentar Vergaberecht, § 6 VOB/A, Rn. 168, § 6 VOL/A, Rn. 216, § 4 VOF, Rn. 120; *Opitz* in Dreher/Motzke, Beck'scher Vergaberechtskommentar, § 16 VOB/A, Rn. 158.
305 OLG Naumburg, Beschluss vom 18. August 2011, Az. 2 Verg 3/11, S. 21.
306 OLG Saarbrücken, Beschluss vom 18. Dezember 2003, Az. 1 Verg 4/03, S. 12/13; *Weyand*, Praxiskommentar Vergaberecht, § 6 VOB/A, Rn. 177, § 6 VOL/A, Rn. 225, § 4 VOF, Rn. 129.
307 OLG Naumburg, Beschluss vom 18. August 2011, Az. 2 Verg 3/11, S. 22.
308 Grundlegend BGH, Urteil vom 26. Oktober 1999, Az. X ZR 30/98, Tz. 17; siehe auch OLG Düsseldorf, Beschluss vom 9. April 2003, Az. Verg 43/02, Tz. 45; Beschluss vom 9. April 2003, Az. Verg 66/02, Tz. 98; VK Brandenburg, Beschluss vom 16. Oktober 2007, Az. VK 38/07, S. 11; *Wagner-Cardenal* in Dieckmann/Scharf/Wagner-Cardenal, Kommentar VOL/A, § 6 VOL/A EG, Rn. 65.

Gerüchte sich verbietet.[309] Grundsätzlich ist erforderlich, dass bei objektiver Beurteilung der tatsächlichen Gegebenheiten, die einer kritischen Prüfung durch die Nachprüfungsinstanz standhalten kann, keine begründeten Zweifel daran bestehen, dass eine schwere Verfehlung begangen wurde.[310] Somit reichen bloße Vermutungen oder vage Verdachtsmomente nicht aus, erforderlich sind vielmehr konkrete Anhaltspunkte.[311] Diese Anhaltspunkte müssen auf seriösen Quellen, etwa Aufzeichnungen, Belegen oder sonstigen Urkunden beruhen, so dass man davon sprechen kann, dass ein bestehender Verdacht sich erhärtet hat.[312] Angaben von Zeugen, die selbst oder deren Arbeitgeber ebenfalls an der Ausschreibung teilnehmen und die deswegen ein Interesse daran haben, dass das betreffende Unternehmen ausgeschlossen wird, genügen nicht, wenn keine weiteren objektiven Belege vorliegen.[313]

Auch Presseberichte oder anonyme Hinweise sind als unsichere Quellen anzusehen.[314] Gerade bei Kartellrechtsverstößen erfährt die Öffentlichkeit oft aus der Presse, dass Ermittlungen in einer bestimmten Branche aufgenommen wurden. Zwar werden dabei häufig auch die Namen der betroffenen Unternehmen erwähnt, jedoch handelt es sich bei solchen Meldungen nicht um geeignete Quellen zur Bestätigung eines Verdachts. Daraus ergibt sich lediglich, dass gewisse Verdachtsmomente bestehen, denen das Bundeskartellamt als zuständige Behörde nachgeht. Ein derart frühes Stadium von Ermittlungen reicht nicht aus, um von einer nachweislich schweren Verfehlung auszugehen.

---

309 BGH, Urteil vom 26. Oktober 1999, Az. X ZR 30/98, Tz. 17.
310 LG Frankfurt, Urteil vom 26. November 2003, Az. 2-06 O 345/03, NZBau 2004, S. 630 (631); VK Niedersachsen, Beschluss vom 12. Dezember 2011, Az. VgK-53/2011, S. 12, 22; VK Nordbayern, Beschluss vom 22. Januar 2007, Az. 21.VK - 3194 - 44/06, S. 17; VK Düsseldorf, Beschluss vom 13. März 2006, Az. VK – 8/2006-L, S. 15.
311 KG Berlin, Urteil vom 17. Januar 2011, Az. 2 U 4/06 Kart, NZBau 2012, S. 56 (62); OLG München, Beschluss vom 21. Mai 2010, Az. Verg 02/10, Tz. 166; OLG Frankfurt, Beschluss vom 20. Juli 2004, Az. 11 Verg 6/04, Tz. 36, 66; OLG Saarbrücken, Beschluss vom 18. Dezember 2003, Az. 1 Verg 4/03, S. 10; VK Nordbayern, Beschluss vom 22. Januar 2007, Az. 21.VK - 3194 - 44/06, S. 17; VK Sachsen, Beschluss vom 28. Januar 2004, Az. 1/SVK/158-03, S. 8; *Frister* in Kapellmann/Messerschmidt, Kommentar VOB/A, § 16 VOB/A, Rn. 40; so auch bereits Ziff. 3 Gemeinsamer Runderlass Hessen.
312 KG Berlin, Urteil vom 17. Januar 2011, Az. 2 U 4/06 Kart, NZBau 2012, S. 56 (62); Vorinstanz LG Berlin, Urteil vom 22. März 2006, Az. 23 O 118/04, S. 2; OLG Saarbrücken, Beschluss vom 18. Dezember 2003, Az. 1 Verg 4/03, S. 10; VK Niedersachsen, Beschluss vom 12. Dezember 2011, Az. VgK-53/2011, S. 13; *Frister* in Kapellmann/Messerschmidt, Kommentar VOB/A, § 16 VOB/A, Rn. 40.
313 OLG München, Beschluss vom 21. Mai 2010, Az. Verg 02/10, Tz. 166; *Weyand*, Praxiskommentar Vergaberecht, § 6 VOB/A, Rn. 149, § 6 VOL/A, Rn. 197, § 4 VOF, Rn. 102; *Voppel/Osenbrück/Bubert*, Kommentar VOF, § 4 VOF, Rn. 134.
314 VK Düsseldorf, Beschluss vom 29. Juni 2005, Az. VK – 10/2005-L, S. 11.

(3) Kein Erfordernis einer rechtskräftigen Entscheidung

Ein rechtskräftiges Urteil oder ein rechtskräftiger Bußgeldbescheid müssen für einen Ausschluss wegen einer schweren Verfehlung gerade nicht vorliegen.[315] Dies ergibt sich bereits aus einem Vergleich mit dem speziellen Ausschlussgrund nach § 4 Abs. 9 lit. b) VOF und § 24 Abs. 1 Nr. 3 VSVgV, der greift, wenn die berufliche Zuverlässigkeit durch ein rechtskräftiges Urteil in Frage gestellt wird.[316] Eine rechtskräftige Verurteilung zu fordern wäre auch nicht angemessen, da zum einen nicht alle als schwere Verfehlungen zu qualifizierenden Handlungen Straf- oder Ordnungswidrigkeitentatbestände erfüllen und zum anderen von der Vergabestelle nicht verlangt werden kann, ein Unternehmen so lange als zuverlässig zu behandeln, bis eine dem entgegenstehende rechtskräftige Entscheidung vorliegt, was einen langen Zeitraum bedeuten kann.[317] Die Maßgeblichkeit einer strafrechtlichen Verurteilung, die häufig erst Jahre nach der betreffenden Handlung erfolgt, widerspräche auch dem Interesse und Zweck von Vergabeverfahren, zügig eine Entscheidung über die Auftragserteilung zu treffen.[318] Die Vergabestelle darf sich bei ihrer Prüfung auch nicht darauf beschränken festzustellen, dass kein rechtskräftiges Urteil vorliegt und damit keine schwere Verfehlung.[319] Umgekehrt genügt es stets für den Nachweis einer schweren Verfehlung, wenn eine rechtskräftige Verurteilung oder ein rechtskräftiger Bußgeldbescheid vorliegt.[320] Auch noch nicht rechtskräftige Strafurteile bilden in der Regel einen hinreichenden Anhaltspunkt für das Vorliegen einer schweren Verfehlung.[321] Das gilt ebenso für nicht rechtskräftige Entscheidungen des Bundeskartellamtes und der Europäischen Union, da vor Erlass

---

315 OLG München, Beschluss vom 22. November 2012, Az. Verg 22/12, Tz. 40; KG Berlin, Urteil vom 17. Januar 2011, Az. 2 U 4/06 Kart, NZBau 2012, S. 56 (62); Vorinstanz LG Berlin, Urteil vom 22. März 2006, Az. 23 O 118/04, S. 2; OLG Frankfurt, Beschluss vom 20. Juli 2004, Az. 11 Verg 6/04, Tz. 37; OLG Saarbrücken, Beschluss vom 18. Dezember 2003, Az. 1 Verg 4/03, S. 10; VK Düsseldorf, Beschluss vom 13. März 2006, Az. VK – 8/2006-L, S. 15; *Hölzl* in Münchener Kommentar zum Beihilfe- und Vergaberecht, § 21 SektVO, Rn. 15; *Vavra* in Ziekow/Völlink, Kommentar Vergaberecht, § 16 VOB/A, Rn. 22; *Leinemann*, Vergaberecht, Rn. 397.
316 *Kulartz/Röwekamp* in Müller-Wrede, Kommentar VOF, § 11 VOF, Rn. 19.
317 OLG Saarbrücken, Beschluss vom 18. Dezember 2003, Az. 1 Verg 4/03, S. 10/11; VK Niedersachsen, Beschluss vom 12. Dezember 2011, Az. VgK-53/2011, S. 13; VK Düsseldorf, Beschluss vom 13. März 2006, Az. VK – 8/2006-L, S. 18; *Wagner-Cardenal* in Dieckmann/Scharf/Wagner-Cardenal, Kommentar VOL/A, § 6 VOL/A EG, Rn. 65.
318 VK Düsseldorf, Beschluss vom 17. Dezember 2002, Az. VK – 31/2002-L, S. 21f.
319 VK Düsseldorf, Beschluss vom 17. Dezember 2002, Az. VK – 31/2002-L, S. 21f.
320 VK Niedersachsen, Beschluss vom 12. Dezember 2011, Az. VgK-53/2011, S. 12; VK Brandenburg, Beschluss vom 16. Oktober 2007, Az. VK 38/07, S. 11; VK Hessen, Beschluss vom 9. Februar 2004, Az. 69 d VK-79+80/2003, S. 15; *Ohrtmann* in NZBau 2007, S. 201 (203); Wagner-*Cardenal* in Dieckmann/Scharf/Wagner-Cardenal, Kommentar VOL/A, § 6 VOL/A EG, Rn. 65.
321 KG Berlin, Urteil vom 17. Januar 2011, Az. 2 U 4/06 Kart, NZBau 2012, S. 56 (62).

einer solchen Entscheidung umfangreiche Ermittlungen angestellt wurden und eine Anhörung des betreffenden Unternehmens stattgefunden hat.[322] Erst recht genügt eine so genannte Settlement-Entscheidung, da sie voraussetzt, dass das betroffene Unternehmen seine Zuwiderhandlung eingeräumt hat[323].[324]

Ebenso wenig wie auf ein Urteil zu warten ist, muss nach dem Bekanntwerden möglicherweise strafbaren Fehlverhaltens abgewartet werden, bis eine Anklageschrift oder ein Eröffnungsbeschluss gegen die betreffenden Personen vorliegt.[325] Gibt es allerdings bereits eine Anklageschrift, aus der sich der Vorwurf einer schweren Verfehlung ergibt, reicht dies für die Führung des Nachweises durch die Vergabestelle aus.[326] Dies kann allerdings nicht für die entsprechenden vorbereitenden Akte im Rahmen eines kartellbehördlichen Verfahrens gelten, denn mit Zusendung eines Beschuldigtenschreibens durch das Bundeskartellamt oder eines statement of objections durch die Europäische Kommission wird erst die Gelegenheit zur Stellungnahme gegeben,[327] während einer Anklageschrift gem. § 163a Abs. 1 Satz 1 StPO eine Vernehmung des Beschuldigten vorausgehen muss. Ergeben die staatsanwaltlichen Akten aus einem laufenden Ermittlungsverfahren, dass ein Straftatbestand erfüllt ist, etwa auf Grundlage geständiger Einlassungen, genügt dies für die ermessensfehlerfreie Annahme einer schweren Verfehlung.[328] Als ebenso hinreichend ist es anzusehen, wenn neben staatsanwaltlichen Ermittlungen ein Haftbefehl vorliegt, da dies ein Beleg dafür ist, dass ein unabhängiges Gericht von einem dringenden Tatverdacht ausgeht.[329]

Dass keine rechtskräftige Entscheidung verlangt wird, verstößt nicht gegen die Unschuldsvermutung. Denn diese führt lediglich dazu, dass eine Person nicht als

---

322 *Stein/Friton/Huttenlauch* in WuW 2012, S. 38 (43).
323 Merkblatt des Bundeskartellamtes »Das Settlement-Verfahren des Bundeskartellamtes in Bußgeldsachen« vom 23. Dezember 2013, S. 2, abrufbar unter http://bit.ly/VTRp3s; Mitteilung der Kommission über die Durchführung von Vergleichsverfahren bei dem Erlass von Entscheidungen nach Artikel 7 und Artikel 23 der Verordnung (EG) Nr. 1/2003 des Rates in Kartellfällen, Ziff. 2, 20 lit. a), siehe ABl. EU Nr. C 167 vom 2. Juli 2008, S. 1ff.
324 *Mutschler-Siebert/Dorschfeldt* in BB 2015, S. 642 (644); *Stein/Friton/Huttenlauch* in WuW 2012, S. 38 (43).
325 OLG Frankfurt, Beschluss vom 20. Juli 2004, Az. 11 Verg 6/04, Tz. 37; OLG Saarbrücken, Beschluss vom 18. Dezember 2003, Az. 1 Verg 4/03, S. 10; VK Niedersachsen, Beschluss vom 12. Dezember 2011, Az. VgK-53/2011, S. 13; *Weyand*, Praxiskommentar Vergaberecht, § 6 VOB/A, Rn. 148, § 6 VOL/A, Rn. 217, § 4 VOF, Rn. 121.
326 LG Berlin, Urteil vom 22. März 2006, Az. 23 O 118/04, S. 3.
327 *Stein/Friton/Huttenlauch* in WuW 2012, S. 38 (43); siehe auch *Mutschler-Siebert/Dorschfeldt* in BB 2015, S. 642 (644); siehe Verordnung (EG) Nr. 773/2004 der Kommission über die Durchführung von Verfahren auf der Grundlage der Artikel 81 und 82 EG-Vertrag durch die Kommission vom 7. April 2004, ABl. EU Nr. L 123vom 27. April 2004, S. 18ff, Art. 10 Abs. 2 Satz 1, 11 Abs. 1, 12.
328 VK Niedersachsen, Beschluss vom 12. Dezember 2011, Az. VgK-53/2011, S. 13.
329 OLG München, Beschluss vom 22. November 2012, Az. Verg 22/12, Tz. 41.

schuldig behandelt werden darf, solange nicht ihre Schuld in dem dafür gesetzlich vorgesehen Verfahren nachgewiesen wurde, das heißt, dass keine Maßnahmen gegen diese Person ergriffen werden dürfen, die einen Nachweis ihrer Schuld voraussetzen.[330] Daraus folgt jedoch nicht, dass der Person wegen des bestehenden Verdachts durch Maßnahmen der Strafverfolgungsbehörden und wegen des darauf beruhenden Vertrauensverlustes in diesem Zeitraum keinerlei, insbesondere geschäftliche Nachteile entstehen dürfen.[331]

Die Einstellung eines Verfahrens hindert die Vergabestelle nicht daran, nach eigener Beurteilung das Vorliegen einer schweren Verfehlung anzunehmen.[332] Gerade bei Wirtschaftsstraftaten werden Gerichtsverfahren häufig aus rein prozessökonomischen Gründen nach § 153a StPO eingestellt, so dass sich aus einer Verfahrenseinstellung keine Aussage darüber ableiten lässt, ob die in Rede stehende Straftat begangen wurde oder nicht.[333] Eine schwere Verfehlung ist jedoch in der Regel dann zu verneinen, wenn die betreffende Person von dem Vorwurf freigesprochen wurde.[334] Jedenfalls darf die Vergabestelle einen Freispruch (auch wenn durch die Staatsanwaltschaft Berufung eingelegt wurde) oder eine Verfahrenseinstellung durch die Staatsanwaltschaft zur Grundlage ihrer positiven Beurteilung der Zuverlässigkeit machen.[335] Sie kann jedoch auch ihre eigene Beurteilung, die unabhängig von der strafrechtlichen Relevanz eines Verhaltens ist, vornehmen und trotz eines Freispruchs das Vorliegen einer schweren Verfehlung annehmen.[336]

Dass eine Strafe im Rahmen eines strafgerichtlichen Verfahrens zur Bewährung ausgesetzt und damit dem Betroffenen eine günstige Sozialprognose attestiert wurde, bedeutet nicht zwangsläufig auch eine Bejahung der vergaberechtlichen Zuverlässigkeit. Denn eine Strafaussetzung zur Bewährung sagt auch aus, dass erst nach Absolvierung einer Phase des Wohlverhaltens feststehen kann, dass es der Verwirkung einer Freiheitsstrafe nicht bedarf.[337] Genauso wenig wirkt es sich

---

330 OLG Saarbrücken, Beschluss vom 18. Dezember 2003, Az. 1 Verg 4/03, S. 11.
331 KG Berlin, Urteil vom 17. Januar 2011, Az. 2 U 4/06 Kart,.NZBau 2012, S. 56 (62); OLG Saarbrücken, Beschluss vom 18. Dezember 2003, Az. 1 Verg 4/03, S. 11; *Ohrtmann* in NZBau 2007, S. 201 (203f.); *Weyand*, Praxiskommentar Vergaberecht, § 6 VOB/A, Rn. 171, § 6 VOL/A, Rn. 219, § 4 VOF, Rn. 123; *Leinemann*, Vergabe öffentlicher Aufträge, Rn. 1996.
332 VK Niedersachsen, Beschluss vom 12. Dezember 2011, Az. VgK-53/2011, S. 17.
333 VK Niedersachsen, Beschluss vom 12. Dezember 2011, Az. VgK-53/2011, S. 17; *Müller-Wrede* in Müller-Wrede, Kommentar VOL/A, § 6 VOL/A EG, Rn. 81.
334 VK Niedersachsen, Beschluss vom 12. Dezember 2011, Az. VgK-53/2011, S. 17.
335 VK Düsseldorf, Beschluss vom 16. Februar 2006, Az. VK - 02/2006 - L, S. 19; *Weyand*, Praxiskommentar Vergaberecht, § 6 VOB/A, Rn. 170, § 6 VOL/A, Rn. 218, § 4 VOF Rn. 122.
336 VK Düsseldorf, Beschluss vom 13. März 2006, Az. VK – 8/2006-L, S. 18.
337 OLG München, Beschluss vom 21. April 2006, Az. Verg 8/06, S. 12; *Ruhland/ Tomerius* in Pünder/Schellenberg, Handkommentar Vergaberecht, § 16 VOB/A, Rn. 31; *Voppel/Osenbrück/Bubert*, Kommentar VOF, § 4 VOF, Rn. 118; a.A. *Summa* in NZBau 2012, S. 729 (731).

auf die Zuverlässigkeitsprüfung aus, wenn ein Haftbefehl lediglich ausgesetzt und nicht aufgehoben wird, denn der dringende Tatverdacht besteht in einem solchen Fall weiterhin.[338]

(4) Informationsquellen

Der Auftraggeber kann sich zur Klärung der Frage, ob ein Bieter eine schwere Verfehlung begangen hat, unterschiedlicher Informationsquellen bedienen. In den meisten Fällen werden Dokumente oder Entscheidungen von Behörden oder Gerichten herangezogen, die auf einer bereits erfolgten Ermittlung des Sachverhalts beruhen.[339]

(aa) Offizielle Register

Als Informationsquellen kommen daneben insbesondere offizielle Register in Betracht. Für Straftaten ist zunächst das Bundeszentralregister maßgeblich. Der Auftraggeber kann von den Bietern die Vorlage eines Führungszeugnisses verlangen[340] oder es selbst anfordern (§ 31 Abs. 1 Satz 1 Bundeszentralregistergesetz[341]). Darin eingetragen sind gem. § 32 Abs. 1 Satz 1 BZRG i.V.m. § 4 Nr. 1 BZRG rechtskräftige Verurteilungen wegen einer Straftat (mit gewissen Ausnahmen nach § 32 Abs. 2 BZRG). Gem. § 149 Abs. 2 Satz 1 Nr. 3 und Nr. 4 Gewerbeordnung[342] sind rechtskräftige Bußgeldentscheidungen für Ordnungswidrigkeiten in Zusammenhang mit der Ausübung des Gewerbes ab einer Bußgeldhöhe von 200 EUR, worunter Bußgeldbescheide des Bundeskartellamtes fallen,[343] und rechtskräftige Verurteilungen wegen bestimmter, die Stellung als Arbeitgeber betreffende Straftaten in das Gewerbezentralregister einzutragen. In der Regel verlangt die Vergabestelle Auszüge aus dem Gewerbezentralregister zum Beleg der Zuverlässigkeit von den Bietern.[344] Sie kann außerdem gem. § 150a Abs. 1 Satz 1 Nr. 4 GewO auch selbst eine beschränkte

---

338 OLG München, Beschluss vom 22. November 2012, Az. Verg 22/12, Tz. 57; zustimmend Anmerkung von *Hölzl* in VergabeR 2013, S. 504 (505).
339 *Opitz* in Dreher/Motzke, Beck'scher Vergaberechtskommentar, § 16 VOB/A, Rn. 160.
340 VK Baden-Württemberg, Beschluss vom 10. Oktober 2008, Az. 1 VK 31/08, S. 22f.; *Weyand*, Praxiskommentar Vergaberecht, § 6 VOB/A EG, Rn. 35, § 6 VOL/A EG, Rn. 12, § 4 VOF, Rn. 71; einschränkend *Wagner-Cardenal* in Dieckmann/Scharf/Wagner-Cardenal, Kommentar VOL/A, § 6 VOL/A EG, Rn. 42: nur bei komplexen, sicherheitsrelevanten und langfristigen Leistungen.
341 Im Folgenden »**BZRG**«.
342 Im Folgenden »**GewO**«.
343 *Wiedemann*, Handbuch des Kartellrechts, § 57, Rn. 105.
344 *Stein/Friton/Huttenlauch* in WuW 2012, S. 38 (43).

Auskunft verlangen, unter anderem über Bußgeldentscheidungen nach § 81 Abs. 1 bis 3 GWB.[345]

Neben diesen bundesweiten Registern gibt es auf Ebene der Bundesländer verschiedene Register und Verzeichnisse, die meist in Zusammenhang mit der Bekämpfung von Korruption stehen.[346] Die Verwaltungsvorschrift Korruptionsverhütung und -bekämpfung Baden-Württemberg, die Korruptionsbekämpfungsrichtlinie Bayern, das Korruptionsregistergesetz Berlin, das Korruptionsregistergesetz Bremen, das Gesetz zur Einrichtung eines Registers zum Schutz fairen Wettbewerbs Hamburg (das Register wird gemeinsam mit Schleswig-Holstein geführt), der Gemeinsame Runderlass Hessen, das Korruptionsbekämpfungsgesetz Nordrhein-Westfalen, die Verwaltungsvorschrift Korruptionsprävention Rheinland-Pfalz sowie das Gesetz zur Einrichtung eines Registers zum Schutz fairen Wettbewerbs Schleswig-Holstein (das Register wird gemeinsam mit Hamburg geführt) sehen die Einrichtung solcher Register vor. In Brandenburg[347], Bremen[348] und Mecklenburg-Vorpommern[349] sind außerdem Register eingerichtet, in denen Informationen über Auftragssperren wegen Verstößen gegen Mindestarbeitsentgelts- und Tariftreuevorschriften gesammelt werden. Die Register werden beim Finanzministerium oder obersten Landesbehörden geführt und sollen öffentliche Auftraggeber bei ihrer Beurteilung der Zuverlässigkeit von Unternehmen im Rahmen von Vergabeverfahren unterstützen. Eingetragen wird zum Teil bereits die Tatsache, dass ein Unternehmen nachweislich eine schwere Verfehlung begangen hat, zum Teil auch oder nur darauf beruhende Ausschlüsse oder Vergabesperren (dazu siehe III.). Zu den »schweren Verfehlungen« im Sinne dieser Vorschriften zählen teilweise explizit Verstöße gegen § 298 StGB und/oder gegen das GWB (siehe bereits unter 2.a)). Die entsprechenden zuständigen Stellen sind zur Meldung an die Registerbehörde verpflichtet. Öffentliche Auftraggeber sind in den meisten Ländern ab einem Auftragswert zwischen 10.000 und 50.000 EUR (zum Teil differenziert nach Dienstleistungs-, Liefer- und Bauaufträgen) zur Abfrage verpflichtet, ansonsten steht es in ihrem pflichtgemäßen Ermessen, ob sie eine Abfrage vornehmen. Letztlich gehen diese Regelungen auf den Hessischen Gemeinsamen Runderlass zurück, weswegen seine Anwendung durch die Oberfinanzdirektion Frankfurt auch von vielen Vergabestellen außerhalb Hessens in ihre Prüfungen miteinbezogen wird.[350]

Für ein Korruptionsregister auf Bundesebene gab es bereits mehrere gescheiterte Gesetzgebungsvorhaben.[351] Zuletzt verfiel ein Entwurf der Fraktion Bündnis 90/

---

345 So vorgesehen ab einem Auftragswert von 30.000 EUR gem. »Eigenerklärung zur Eignung«, S. 2, VHB, Formblatt Nr. 124 und Ziff. 3.4 Abs. 7 der Richtlinien zu »Vergabevermerk: Prüfungs- und Wertungsübersicht«, VHB, Formblatt Nr. 321.
346 Siehe dazu auch die Übersicht der Landesregelungen in Anhang 1.
347 Siehe Vergabegesetz Brandenburg.
348 Siehe Tariftreue- und Vergabegesetz Bremen.
349 Siehe Vergabegesetz Mecklenburg-Vorpommern.
350 *Moosmayer*, Compliance, S. 14f.
351 *Lantermann* in ZRP 2013, S. 107f.

Die Grünen von 2012[352] durch den Regierungswechsel 2013. Die Justizministerinnen und -minister der Länder sprachen sich auf ihrer Frühjahrskonferenz 2014 für die Einführung eines bundesweiten Registers aus, um den Staat, den Steuerzahler und integre Unternehmen vor Schäden durch unzuverlässige Unternehmen angesichts zunehmender nationaler und europaweiter Ausschreibungen besser zu schützen.[353] Auf europäischer Ebene werden in der Zentralen Ausschlussdatenbank (ZAD) Unternehmen und natürliche Personen geführt, die auf Grund von Zahlungsunfähigkeit, Straftaten, die den finanziellen Interessen der EU zuwiderlaufen, oder nachweislicher schwerer beruflicher Verfehlungen von Vergabeverfahren der Organe der Europäischen Union ausgeschlossen sind. Auch nationale Behörden erhalten Zugriff auf die in der Ausschlussdatenbank gespeicherten Daten zur Berücksichtigung bei der Vergabe von Aufträgen, sofern sie EU-Finanzmittel verwalten.[354]

(bb) Präqualifikationssysteme

Eine weitere Möglichkeit, Informationen über die Zuverlässigkeit von Bietern zu erhalten, bieten Präqualifikationssysteme. Gem. § 97 Abs. 4a GWB kann der Auftraggeber Systeme einrichten oder zulassen, in deren Rahmen die Eignung von Unternehmen unabhängig von einem konkreten Auftrag geprüft wird und die auf diese Weise den unkomplizierten und die Ressourcen des Unternehmens schonenden Nachweis bestimmter Eignungskriterien ermöglichen.[355] Bei Bauleistungen kann der Nachweis für das Nichtvorliegen einer nachweislich begangenen schweren Verfehlung, die die Zuverlässigkeit in Frage stellt, gem. § 6 Abs. 3 Nr. 2 Satz. 1 lit. g) VOB/A, § 6 Abs. 3 Nr. 2 Satz 1 lit. g) VOB/A EG, § 24 Abs. 13 SektVO, § 6 Abs. 3 Nr. 2 Satz. 1 lit. g) VOB/A-VS durch eine Eintragung in das allgemein zugängliche Präqualifikationsverzeichnis des Vereins für die Präqualifikation von Bauunternehmen e.V.[356], das der Auftraggeber direkt abrufen kann, erfolgen. § 24 Abs. 1 bis 12 SektVO normiert die Voraussetzungen eines so genannten Prüfungssystems, das Sektorenauftraggeber zur Feststellung der Eignung, die darüber hinaus nicht mehr zu prüfen ist,[357] und zur Verwaltung der Ergebnisse der Prüfungen in einem Verzeichnis einrichten können.

---

352 Entwurf eines Gesetzes zur Einrichtung eines Registers über unzuverlässige Unternehmen (Korruptionsregister-Gesetz), BT-Drs. Nr. 17/11415 vom 7. November 2012.
353 Beschluss der 85. Konferenz der Justizministerinnen und Justizminister am 25. und 26. Juni 2014 im Ostseebad Binz auf Rügen zu Tagesordnungspunkt I.10: Einführung eines bundesweiten Korruptionsregisters, abrufbar unter http://bit.ly/YYVFAY.
354 Siehe Art. 5 Verordnung (EG, Euratom) Nr. 1302/2008 der Kommission vom 17. Dezember 2008 über die zentrale Ausschlussdatenbank, ABl. EU L 344 vom 20. Dezember 2008, S. 12ff. (15).
355 *Just* in Schulte/Just, Kommentar Kartellrecht, § 97 GWB, Rn. 43; *Hölzl* in Münchener Kommentar zum Beihilfen- und Vergaberecht, § 97 GWB, Rn. 257f.
356 Siehe http://bit.ly/1qMAk4i.
357 *Hölzl* in Münchener Kommentar zum Beihilfen- und Vergaberecht, § 97 GWB, Rn. 258.

(cc) Eigenerklärungen

Üblicherweise fordern die öffentlichen Auftraggeber von den Unternehmen zum Nachweis ihrer Eignung vorformulierte Eigenerklärungen. So ist es in § 7 Abs. 1 Satz 2 VOL/A EG, § 5 Abs. 2 Satz 1 VOF vorgesehen und in § 6 Abs. 3 Nr. 2 Satz 3 VOB/A, § 6 Abs. 3 Nr. 2 Satz 3 VOB/A EG, § 22 Abs. 2 Satz 1 VSVgV, § 6 Abs. 3 Nr. 2 Satz 3 VOB/A-VS als Möglichkeit für den Auftraggeber genannt. Ein entsprechendes Formblatt findet sich im VHB.[358] Der Bieter muss demnach erklären, dass keine schwere Verfehlung vorliegt, die seine Zuverlässigkeit als Bewerber in Frage stellt. Welche Verfehlungen darunter fallen, wird anhand einer Aufzählung von Beispielen illustriert. Nach Regelungen auf Landesebene ist die Anforderung von Eigenerklärung zum Teil vorgegeben.[359] In Nordrhein-Westfalen gibt es dazu eine dem Formblatt der VHB ähnelnde Vorlage.[360] Einige öffentliche Auftraggeber haben selbst ähnliche Erklärungen vorformuliert.[361]

Wenn ein Unternehmen sich weigert, eine solche Erklärung abzugeben, führt dies allein nicht bereits zum Ausschluss, sondern, wie bei anderen Eignungsnachweisen auch, erst, wenn nach erneuter Anforderung durch die Vergabestelle und das Verstreichenlassen der gesetzten Frist weiterhin keine solche Erklärung abgegeben wird (siehe dazu bereits unter (1)).[362]

Für einen Ausschluss genügt es ebenso wenig, wenn die Vergabestelle lediglich Zweifel an der Richtigkeit oder Vollständigkeit entsprechender Erklärungen hat.[363]

Da eine Eigenerklärung als Nachweis der Eignung dienen soll, muss sie »*richtig, vollständig und aus sich heraus verständlich*« sein.[364] Um einem Nachweis gleichwertig zu sein, ist erforderlich, dass die getätigten Angaben durch eine Eigenerklärung hinreichend belegt werden können.[365]

Die Vergabestelle ist nicht verpflichtet, selbst zu ermitteln, ob die in einer Eigenerklärung dargestellten Tatsachen der Realität entsprechen, solange aus objektiver Sicht

---

358 Formblatt Nr. 124 »Eigenerklärung für nicht präqualifizierte Unternehmen in folgendem Vergabeverfahren«.
359 Ziff. 8 Gemeinsamer Runderlass Hessen: bei Auftragswerten ab 2.500 EUR; Ziff. 3.2 Runderlass Nordrhein-Westfalen: bei Auftragswerten ab 15.000 EUR; Ziff. 7.1 Erlass Saarland;
360 Anlage 2 zum Runderlass Nordrhein-Westfalen.
361 Siehe etwa »Bietereigenerklärung« der Deutschen Bahn AG, abrufbar unter http://bit.ly/1vrvVe0; »Eigenerklärung zur Eignung« der Wasser- und Schifffahrtsverwaltung des Bundes, abrufbar unter http://bit.ly/1qlzlKW.
362 OLG Schleswig-Holstein, Beschluss vom 30. Mai 2012, Az. 1 Verg 2/12, S. 4.
363 OLG Koblenz, Beschluss vom 25. September 2012, Az. 1 Verg 5/12, S. 5; *Wagner-Cardenal* in Dieckmann/Scharf/Wagner-Cardenal, Kommentar VOL/A, § 6 VOL/A EG, Rn. 40.
364 OLG Düsseldorf, Beschluss vom 22. Juni 2005, Az. VII-Verg 22/05, Tz. 58.
365 OLG Düsseldorf, Beschluss vom 16. Januar 2006, Az. VII-Verg 92/05, Tz. 26; *Hausmann/von Hoff* in Kulartz/Marx/Portz/Prieß, Kommentar VOB/A, § 6 VOB/A EG, Rn. 157.

kein konkreter Anlass besteht, daran zu zweifeln, denn die ihr auferlegten Kontroll- und Überprüfungspflichten müssen sich in den Grenzen des Zumutbaren halten.[366]

(dd) Auskunft durch Behörden

Die Vergabestelle kann überdies Erkundigungen bei Behörden einziehen, etwa bei Staatsanwaltschaften, dem Beschaffungsamt des Bundesministeriums für Inneres und Informationsstellen auf Landesebene.[367] Speziell wenn über die im Raum stehenden Verdachtsmomente auf Grund von Presseberichten bereits ein gewisses Maß an Öffentlichkeit besteht, werden Staatsanwaltschaften in gewissen Grenzen Auskunft erteilen.[368]

(5) Anhörung des betroffenen Unternehmens

Die Anhörung des Bieters stellt nicht nur ein geeignetes Mittel zur Ermittlung des Sachverhalts dar,[369] sondern muss aus rechtsstaatlichen Gründen erfolgen.[370] Insbesondere dann, wenn der Ausschluss nicht auf eine rechtskräftige Entscheidung gestützt wird, in deren Vorfeld das Unternehmen bereits angehört wurde, ist eine Anhörung des betroffenen Unternehmens erforderlich, bei der ihm unter Angabe des maßgeblichen Sachverhalts Gelegenheit zur Stellungnahme gegeben wird.[371] Die Vergabestelle ist dagegen nicht verpflichtet, bei Vorliegen eines erstinstanzlichen Freispruchs darüber hinaus eigene Ermittlungen anzustellen und insbesondere eine Anhörung zum Vorliegen einer schweren Verfehlung ist dann wenig erfolgversprechend.[372]

---

366 OLG Düsseldorf, Beschluss vom 2. Dezember 2009, Az. VII Verg 39/09, Tz. 95f.; *Mertens* in Franke/Kemper/Zanner/Grünhagen, VOB-Kommentar, § 6 VOB/A EG, Rn. 116; *Voppel/Osenbrück/Bubert*, Kommentar VOF, § 5 VOF, Rn. 18; a.A. *Antweiler* in Dreher/Motzke, Beck'scher Vergaberechtskommentar, § 6 VOB/A, Rn. 41, 47, 73.
367 OLG München, Beschluss vom 22. November 2012, Az. Verg 22/12, Tz. 6; OLG Düsseldorf, Beschluss vom 18. Juli 2001, Az. Verg 16/01, S. 14.
368 VK Düsseldorf, Beschluss vom 17. Dezember 2002, Az. VK – 31/2002-L, S. 22.
369 VK Sachsen, Beschluss vom 28. Januar 2004, Az. 1/SVK/158-03, S. 9.
370 OLG München, Beschluss vom 21. Mai 2010, Az. Verg 02/10, Tz. 166; OLG Frankfurt, Beschluss vom 20. Juli 2004, Az. 11 Verg 6/04, Tz. 39; VK Nordbayern, Beschluss vom 22. Januar 2007, Az. 21.VK - 3194 - 44/06, S. 18; VK Sachsen, Beschluss vom 7. April 2004, Az./SVK/023-04, S. 9; *Wagner-Cardenal* in Dieckmann/Scharf/Wagner-Cardenal, Kommentar VOL/A, § 6 VOL/A EG, Rn. 59; *Ruhland/Tomerius* in Pünder/Schellenberg, Handkommentar Vergaberecht, § 16 VOB/A, Rn. 28; siehe auch Ziff. 5.2 Gemeinsamer Runderlasses Hessen; Ziff. 5.2 Erlass Saarland.
371 VK Hessen, Beschluss vom 9. Februar 2004, Az. 69 d VK-79+80/2003, S. 16; VK Sachsen, Beschluss vom 25. Juni 2003, Az. 1/SVK/051-03, S. 12; *Wimmer*, Zuverlässigkeit, S. 101; *Ohrtmann* in NZBau 2007, S. 201 (204); *Voppel/Osenbrück/Bubert*, Kommentar VOF, § 4 VOF, Rn. 135; *Weyand*, Praxiskommentar Vergaberecht, § 6 VOB/A, Rn. 175, § 6 VOL/A, Rn. 223, § 4 VOF, Rn. 127.
372 VK Düsseldorf, Beschluss vom 16. Februar 2006, Az. VK - 02/2006 - L, S. 19; *Weyand*, Praxiskommentar Vergaberecht, § 6 VOB/A, Rn. 170, § 6 VOL/A, Rn. 218, § 4 VOF, Rn. 122.

d) Beurteilungsspielraum der Vergabestelle

Bei den Begriffen der »*schweren Verfehlung*« und auch bei der in diesem Zusammenhang zu prüfenden »*Eignung*«, genauer der »*Zuverlässigkeit*« eines Unternehmens und ihrer eventuellen Infragestellung, an die der Ausschlussgrund der schweren Verfehlung anknüpft, handelt es sich um unbestimmte Rechtsbegriffe, die eine Prognoseentscheidung für die Zukunft erfordern, so dass der Auftraggeber auf der Ebene des Tatbestandes eines Ausschlusses über einen Beurteilungsspielraum verfügt.[373]
Vor dem Hintergrund des Gleichbehandlungsgrundsatzes sind bei der Prüfung, ob Ausschlussgründe vorliegen, für jedes Unternehmen derselbe Maßstab und dieselben Kriterien anzusetzen.[374]
Das in Ausübung dieses Beurteilungsspielraums im Rahmen eines wertenden Vorgangs gefundene Ergebnis der Vergabestelle ist durch die Nachprüfungsinstanzen nur eingeschränkt überprüfbar, und zwar in Anlehnung an die Beurteilungsfehlerlehre des Verwaltungsrechts daraufhin, ob

- das vorgeschriebene Verfahren eingehalten wurde,
- der zu Grunde liegende Sachverhalt zutreffend und vollständig ermittelt wurde, keine sachwidrigen Erwägungen in die Wertung einbezogen wurden und
- der in der Beurteilungsermächtigung enthaltene Beurteilungsmaßstab zutreffend angewandt wurde.[375]

---

373 VG Frankfurt, Urteil vom 22. Februar 2012, Az. 5 L 5049/11.F, Tz. 10; OLG München, Beschluss vom 21. Mai 2010, Az. Verg 02/10, Tz. 166; OLG Düsseldorf, Beschluss vom 9. Juni 2010, Az. VII-Verg 14/10, Tz. 50; VK Niedersachsen, Beschluss vom 12. Dezember 2011, Az. VgK-53/2011, S. 11, 12; VK Niedersachsen, Beschluss vom 24. März 2011, Az. VgK-04/2011, S. 7; VK Brandenburg, Beschluss vom 9. November 2010, Az. VK 50/10, S. 9; VK Brandenburg, Beschluss vom 16. Oktober 2007, Az. VK 38/07, S. 11; VK Saarland, Beschluss vom 20. August 2007, Az. 1 VK 01/2007, S. 9; VK Bund, Beschluss vom 11. Oktober 2002, Az. VK 1 - 75/02, S. 16; *Dreher/Hoffmann* in NZBau 2012, S. 265 (267); *Opitz* in Dreher/Motzke, Beck'scher Vergaberechtskommentar, § 16 VOB/A, Rn. 157; *Wagner-Cardenal* in Dieckmann/Scharf/Wagner-Cardenal, Kommentar VOL/A, § 6 VOL/A EG, Rn. 59; *Weyand*, Praxiskommentar Vergaberecht, § 6 VOB/A, Rn. 144, § 16 VOB/A, Rn. 333, § 6 VOL/A, Rn. 192, § 4 VOF, Rn. 97; *Frister* in Kapellmann/Messerschmidt, Kommentar VOB/A, § 16 VOB/A, Rn. 38; *Voppel/Osenbrück/Bubert*, Kommentar VOF, § 4 VOF, Rn. 126; *Ruhland/Tomerius* in Pünder/Schellenberg, Handkommentar Vergaberecht, § 16 VOB/A, Rn. 28; *Hölzl* in Münchener Kommentar zum Beihilfe- und Vergaberecht, § 21 SektVO, Rn. 15.
374 *Noch*, Vergaberecht, Kapitel B, Rn. 1193.
375 OLG Düsseldorf, Beschluss vom 9. Juni 2010, Az. VII-Verg 14/10, Tz. 50; OLG München, Beschluss vom 21. April 2006, Az. Verg 8/06, S. 8/9; VK Niedersachsen, Beschluss vom 10. Juli 2012, Az. VgK-21/2012, S. 12; VK Niedersachsen, Beschluss vom 12. Dezember 2011, Az. VgK-53/2011, S. 11; VK Brandenburg, Beschluss vom 16. Oktober 2007, Az. VK 38/07, S. 11; VK Saarland, Beschluss vom 20. August 2007, Az. 1 VK 01/2007, S. 9; VK Nordbayern, Beschluss vom 14. März 2006, Az.

Da es auf die subjektive Sicht der Vergabestelle ankommt, die ihrem künftigen Vertragspartner vertrauen muss, ist es gerechtfertigt, dass letztlich ihre Überzeugung maßgeblich ist.[376] Andernfalls bestünde außerdem die Gefahr, dass die Nachprüfungsinstanzen vorrangig angerufen würden, um die Rehabilitation eines Bieters zu erreichen und nicht um Verfahrensfehler zu überprüfen, wie es ihrer Aufgabe entspricht.[377] Lediglich in Fällen einer Änderung oder erstmaligen Aufklärung des Sachverhalts während des Nachprüfungsverfahrens, die eine Neubewertung der Zuverlässigkeit erfordert, und wenn feststeht, wie die Vergabestelle selbst in Kenntnis der veränderten Sachlage entscheiden würde, kann die Nachprüfungsinstanz, um unnötige Verfahrensschritte zu vermeiden, selbst eine Prognoseentscheidung über die Zuverlässigkeit treffen.[378]

Die Nachprüfungsinstanz stützt sich bei ihrer Bewertung der Entscheidung der Vergabestelle auf die entsprechende Dokumentation in der Vergabeakte. Die Entscheidung über einen Ausschluss ist schriftlich zu begründen. Dies ergibt sich bereits aus § 20 Abs. 1 Satz 1, Satz 2 Nr. 5 VOB/A, § 20 Abs. 1 Satz 1, Satz 2 Nr. 5 VOB/A EG, § 24 Abs. 1, Abs. 2 lit. c) VOL/A EG, § 12 Abs. 1, Abs. 2 lit. c) VOF, § 43 Abs. 1, Abs. 2 Nr. 2 VSVgV, § 20 Abs. 1 Satz 1, Satz 2 Nr. 5 VOB/A-VS, wonach die Gründe für die Ablehnung nicht berücksichtigter Bieter zu dokumentieren sind. Vor dem Hintergrund des Transparenzgrundsatzes ist dabei ein Detailgrad zu fordern, der es einem mit der Sachlage vertrauten Leser, insbesondere dem Bieter und gegebenenfalls den Nachprüfungsinstanzen, ermöglicht, die Entscheidung nachzuvollziehen und zu überprüfen.[379] Ist die Begründung nicht ausreichend klar und transparent, geht dies zu Lasten der beweispflichtigen Vergabestelle.[380]

e) Rechtsfolge: Ermessensentscheidung der Vergabestelle

Die Vergabestelle muss nach Feststellung des Vorliegens der Tatbestandsvoraussetzungen eines fakultativen Ausschlussgrundes nach pflichtgemäßem Ermessen prüfen, ob sie vor dem Hintergrund des ihr bekannten Sachverhalts einen Ausschluss vornehmen will, wie bereits der Wortlaut der einschlägigen Vorschriften *(»können*

21.VK - 3194 - 07/06, S. 17; *Dreher/Hoffmann* in NZBau 2012, S. 265 (267); *Weyand*, Praxiskommentar Vergaberecht, § 6 VOB/A, Rn. 145, § 16 VOB/A, Rn. 334, § 6 VOL/A, Rn. 193, § 4 VOF, Rn. 98; *Werner* in Willenbruch/Wieddekind, Kommentar Vergaberecht, § 2 VOB/A, Rn. 14; *Ruhland/Tomerius* in Pünder/Schellenberg, Handkommentar Vergaberecht, § 16 VOB/A, Rn. 31.

376 KG Berlin, Beschluss vom 27. November 2008, Az. 2 Verg 4/08, Tz. 2; OLG Frankfurt, Beschluss vom 30. März 2004, Az. 11 Verg 4 und 5/04, Tz. 60.
377 VK Hessen, Beschluss vom 9. Februar 2004, Az. 69 d VK-79+80/2003, S. 17.
378 OLG Düsseldorf, Beschluss vom 9. April 2003, Az. VII-Verg 66/02, Tz. 110; OLG Düsseldorf, Beschluss vom 18. Juli 2001, Az. Verg 16/01, S. 17; VK Hessen, Beschluss vom 9. Februar 2004, Az. 69 d VK-79+80/2003, S. 17; VK Düsseldorf, Beschluss vom 13. März 2006, Az. VK – 8/2006-L, S. 17.
379 VK Düsseldorf, Beschluss vom 13. März 2006, Az. VK – 8/2006-L, S. 15.
380 VK Hessen, Beschluss vom 9. Februar 2004, Az. 69 d VK-79+80/2003, S. 16.

[...] ausgeschlossen werden« bzw. *»können [...] ausschließen«)* zeigt.[381] Auf der Rechtsfolgenseite verfügt die Vergabestelle mithin über einen Ermessensspielraum.[382]

Bei der Ermessensentscheidung über einen Ausschluss ist der Verhältnismäßigkeitsgrundsatz zu berücksichtigen.[383] Grundsätzlich ist ein Ausschluss gerechtfertigt, wenn die Vergabestelle beurteilungsfehlerfrei von einer schweren Verfehlung ausgeht, er ist jedoch gerade nicht zwingend geboten.[384] Trotz der Erfüllung der Tatbestandsmerkmale eines Ausschlussgrundes können nachvollziehbare Gründe dafür sprechen, den betreffenden Bieter dennoch als zuverlässig einzustufen und ihn nicht auszuschließen, wenn man die damit verbundenen Risiken gegen die Vorteile des betreffenden Gebotes abwägt.[385] Dies ist auch mit Blick auf die übrigen Bieter gerechtfertigt. Sie haben lediglich einen Anspruch darauf, dass der Auftraggeber bei seiner Entscheidung über den Ausschluss ermessensfehlerfrei handelt.[386] Die Vergabestelle darf allerdings bei ihrer Entscheidung berücksichtigen, dass es ein falsches Signal an die weiteren Bieter und die Öffentlichkeit senden würde, ein Unternehmen trotz festgestellten strafrechtlich relevanten Verhaltens nicht vom Vergabeverfahren auszuschließen.[387] Sie kann jedoch auch wirtschaftliche Erwägungen einfließen

---

381 VG Frankfurt, Urteil vom 22. Februar 2012, Az. 5 L 5049/11.F, Tz. 10; OLG Frankfurt, Beschluss vom 20. Juli 2004, Az. 11 Verg 6/04, Tz. 34; VK Nordbayern, Beschluss vom 22. Januar 2007, Az. 21.VK - 3194 - 44/06, S. 16; *Opitz* in Dreher/Motzke, Beck'scher Vergaberechtskommentar, § 16 VOB/A, Rn. 148; *Frister* in Kapellmann/Messerschmidt, Kommentar VOB/A, Rn. 35; *Wagner-Cardenal* in Dieckmann/Scharf/Wagner-Cardenal, Kommentar VOL/A, § 6 VOL/A EG, Rn. 51; *Stolz* in Ziekow/Völlink, Kommentar Vergaberecht, § 4 VOF, Rn. 16.
382 OLG Saarbrücken, Beschluss vom 18. Dezember 2003, Az. 1 Verg 4/03, S. 10; *Weyand*, Praxiskommentar Vergaberecht, § 16 VOB/A, Rn. 333, § 6 VOL/A, Rn. 170; *Ruhland/Tomerius* in Pünder/Schellenberg, Handkommentar Vergaberecht, § 16 VOB/A, Rn. 28; *Voppel/Osenbrück/Bubert*, Kommentar VOF, § 4 VOF, Rn. 87; *Hölzl* in Münchener Kommentar zum Beihilfe- und Vergaberecht, § 21 SektVO, Rn. 15.
383 *Wimmer*, Zuverlässigkeit, S. 106; *Opitz* in Dreher/Motzke, Beck'scher Vergaberechtskommentar, § 16 VOB/A, Rn. 148.
384 VK Bund, Beschluss vom 11. Oktober 2002, Az. VK 1 - 75/02, S. 16; *Weyand*, Praxiskommentar Vergaberecht, § 16 VOB/A, Rn. 334, § 6 VOL/A, Rn. 171; *Opitz* in Dreher/Motzke, Beck'scher Vergaberechtskommentar, § 16 VOB/A, Rn. 148.
385 BGH, Urteil vom 18. September 2001, Az. X ZR 51/00, S. 6; VG Düsseldorf, Urteil vom 24. März 2015, Az. 20 K 6764/13, Tz. 100; OLG München, Beschluss vom 22. November 2012, Az. Verg 22/12, Tz. 42; VK Niedersachsen, Beschluss vom 12. Dezember 2011, Az. VgK-53/2011, S. 21; *Opitz* in Dreher/Motzke, Beck'scher Vergaberechtskommentar, § 16 VOB/A, Rn. 148.
386 BGH, Urteil vom 18. September 2001, Az. X ZR 51/00, S. 7; *Weyand*, Praxiskommentar Vergaberecht, § 16 VOB/A, Rn. 333, § 6 VOL/A, Rn. 170; *Opitz* in Dreher/Motzke, Beck'scher Vergaberechtskommentar, § 16 VOB/A, Rn. 148.
387 VK Niedersachsen, Beschluss vom 12. Dezember 2011, Az. VgK-53/2011, S. 22.

lassen, etwa, dass nur wenige Wettbewerber vorhanden sind oder dass das Angebot des betreffenden Bieters besonders günstig ist.[388]

Die Vergabestelle selbst ist dafür verantwortlich, zu entscheiden, auf welche Unternehmen sie vertrauen und ob sie ein Risiko eingehen will oder ob sie eine Beauftragung als zumutbar ansieht, weil sie davon ausgeht, ein gewisses vorhandenes Risiko beherrschen zu können.[389] Eine Ermessenreduzierung auf Null und damit ein Zwang zum Ausschluss eines Unternehmens kommt nur in besonderen Fallgestaltungen in Betracht, in denen das Risiko für die Vergabestelle als zu hoch einzuschätzen ist, weil die Umstände deutlich darauf hindeuten, dass das betreffende Unternehmen nicht geeignet ist.[390] Dies ist etwa anzunehmen, wenn Dienstleistungen beauftragt werden sollen, die eine hohe persönliche Zuverlässigkeit voraussetzen oder konkret zu befürchten ist, dass in Zusammenhang mit der in Rede stehenden Auftragsausführung ähnliche Straftaten begangen werden[391] oder wenn ein Unternehmen insolvent oder in Liquidation und damit faktisch nicht mehr in der Lage ist, den ausgeschriebenen Auftrag auszuführen[392]. Wenn die Vergabestelle im Übrigen auf Tatbestandsebene feststellt, dass die Zuverlässigkeit des Unternehmens durch die schwere Verfehlung nicht nur in Frage gestellt, sondern das Unternehmen als definitiv unzuverlässig einzustufen ist, verfügt die Vergabestelle nicht mehr über ein Ermessen. Vielmehr muss sie den Bieter mangels Eignung ausschließen. Nur so sind die Stimmen in Literatur und Rechtsprechung zu verstehen, die ein Ermessen der Vergabestelle ablehnen:

> »Ist die Vergabestelle nach ordnungsgemäßer Prognoseentscheidung zu dem Ergebnis gekommen, dass ein Bieter die für den ausgeschriebenen Auftrag erforderliche Zuverlässigkeit nicht besitzt, steht ihr trotz des Wortlauts »können« in § 16 Abs. 1 Nr. 2 VOB/A kein Ermessen mehr für die Frage zu, ob das Angebot eines unzuverlässigen Bieters in der Wertung bleiben kann. Einem unzuverlässigen und damit ungeeigneten Bieter darf der Auftrag nicht erteilt werden.«[393]

---

388   *Opitz* in Dreher/Motzke, Beck'scher Vergaberechtskommentar, § 16 VOB/A, Rn. 148.
389   KG Berlin, Beschluss vom 13. März 2008, Az. 2 Verg 18/07, Tz. 77.
390   *Scharf* in Dieckmann/Scharf/Wagner-Cardenal, Kommentar VOL/A, § 19 VOL/A EG, Rn. 180; *Ruhland/Tomerius* in Pünder/Schellenberg, Handkommentar Vergaberecht, § 16 VOB/A, Rn. 28.
391   KG Berlin, Beschluss vom 13. März 2008, Az. 2 Verg 18/07, Tz. 77.
392   *Vavra* in Ziekow/Völlink, Kommentar Vergaberecht, § 16 VOB/A, Rn. 20; *Frister* in Kapellmann/Messerschmidt, Kommentar VOB/A, § 16 VOB/A, Rn. 35.
393   So OLG München, Beschluss vom 22. November 2012, Az. Verg 22/12, Tz. 60; siehe auch *Dreher/Hoffmann* in NZBau 2014, S. 67 und Fn. 6; *dies.* in NZBau 2012, S. 265 (267); *Vavra* in Ziekow/Völlink, Kommentar Vergaberecht, § 16 VOB/A, Rn. 20, § 16 VOL/A, Rn. 6; noch weitergehend als hier *Burgi* in NZBau 2014, S. 595 (597), der auch dann für einen Ermessensspielraum plädiert, wenn eine schwere Verfehlung und eine ungünstige Prognose vorliegen, da nur so öffentliche Interessen und Verhältnismäßigkeitsaspekte berücksichtigt werden könnten.

Das Ergebnis der Beurteilung auf Tatbestandsebene wirkt sich auf den Entscheidungsspielraum auf Rechtsfolgenseite aus, der umso weiter ist, je mehr Unsicherheiten hinsichtlich der Prognose zu der künftigen Eignung noch bestehen und umgekehrt eingeschränkt ist, wenn wenig Zweifel an der fehlenden Eignung blieben[394] oder wie eben gezeigt sogar auf Null reduziert, wenn beurteilungsfehlerfrei von einer fehlenden Eignung auszugehen ist.

Auch hinsichtlich der Ausübung des Ermessens besteht eine Dokumentationspflicht der Vergabestelle.[395] Die zu Grunde liegenden Erwägungen sind dem Unternehmen im Rahmen einer Mitteilung nach § 101a Abs. 1 Satz 1 GWB mitzuteilen, wobei sich die Vergabestelle kurz fassen, aber nicht auf pauschale, nicht einzelfallbezogene Aussagen beschränken darf, wenn sie die Risiken einer Vergabe des konkreten Auftrags an dieses Unternehmen abwägt.[396]

III. Die Relevanz von Kartellrechtsverstößen bei der Frage der Verhängung einer Sperre für künftige Vergabeverfahren

Die Tatsache, dass die Voraussetzungen eines Ausschlussgrundes vorliegen, kann dazu führen, dass ein Unternehmen grundsätzlich als unzuverlässig eingestuft und deswegen nicht nur von einem konkreten, sondern auch für künftige Vergabeverfahren ausgeschlossen wird.

1. Die Zulässigkeit längerfristiger Ausschlüsse

Über den Ausschluss von dem konkreten Vergabeverfahren hinaus kann das nachvollziehbare Bedürfnis bestehen, ein Unternehmen auch für künftige Aufträge zu sperren, weil das Vertrauensverhältnis entsprechend schwerwiegend erschüttert ist. Eine bundesweite Regelung für eine solche »Auftragssperre« oder »Vergabesperre« existiert bislang nicht. Art. 57 Abs. 7 Satz 2 EU-Vergaberichtlinie lässt sich entnehmen, dass ein Ausschluss für eine gewisse Dauer und nicht nur für ein konkretes Vergabeverfahren möglich sein soll (*»Sie [die Mitgliedstaaten] bestimmen insbesondere den höchstzulässigen Zeitraum des Ausschlusses [...].«*), damit könnte allerdings auch oder stattdessen gemeint sein, wie viel Zeit seit dem zu Grunde liegenden Fehlverhalten vergangen sein darf, damit sein ein Ausschluss auf dieser

---

394 Vgl. zu einem Ausschluss wegen einer möglichen Insolvenz OLG Schleswig-Holstein, Beschluss vom 30. Mai 2012, Az. 1 Verg 2/12, S. 5.
395 *Opitz* in Dreher/Motzke, Beck'scher Vergaberechtskommentar, § 16 VOB/A, Rn. 148; *Weyand*, Praxiskommentar Vergaberecht, § 16 VOB/A, Rn. 337, § 6 VOL/A, Rn. 174; *Stolz* in Ziekow/Völlink, Kommentar Vergaberecht, § 4 VOF, Rn. 16.
396 OLG Schleswig-Holstein, Beschluss vom 30. Mai 2012, Az. 1 Verg 2/12, S. 6; ob ein Nachschieben von Ermessenserwägungen im Nachprüfungsverfahren möglich ist, erscheint fraglich, siehe die eben zitierte Entscheidung, S. 7.

Basis noch angemessen ist (siehe dazu auch VI.).[397] Art. 57 Abs. 6 Satz Unterabs. 4 EU-Vergaberichtlinie zeigt jedenfalls, dass ein gerichtlich verhängter Ausschluss über einen gewissen Zeitraum möglich ist.

Spezialgesetzliche Ermächtigungsgrundlagen für eine solche Sperre finden sich in § 21 Abs. 1 Satz 1 Schwarzarbeitsbekämpfungsgesetz, § 21 Abs. 1 Satz 1 Arbeitnehmer-Entsendegesetz sowie § 16 Abs. 1 Satz 1 Mindestarbeitsbedingungengesetz. Auf Landesebene gibt es dazu vor allem Regelungen in Zusammenhang mit arbeitnehmerschützenden Vorschriften.[398] In Schleswig-Holstein und Hamburg kann die zentrale Informationsstelle, die das Register zum Schutz fairen Wettbewerbs verwaltet, über eine Sperre wegen einer nachgewiesenen schweren Verfehlung entscheiden.[399] Der Gemeinsame Runderlass Hessen und der Erlass Saarland sehen ebenfalls eine längerfristige Auftragssperre bei nachweislichen schweren Verfehlungen vor.[400]

Dass eine solche Sperre grundsätzlich möglich ist, wird durch die Rechtsprechung bestätigt[401] und von der Literatur überwiegend anerkannt[402]. Für die Zulässigkeit solcher Vergabesperren wird vor allem die Vertragsfreiheit angeführt, die es auch

---

397 Von der Formulierung in § 126 Entwurf-Vergaberechtsmodernisierungsgesetz sollen gemäß der Begründung des Entwurfs (s. S. 137) ausdrücklich sowohl der Zeitraum, in dem das Vorliegen eines Ausschlussgrundes noch berücksichtigt werden darf, als auch die Höchstdauer von Auftragssperren festgelegt werden.

398 § 8 Abs. 3 Landestariftreue- und Mindestlohngesetz Baden-Württemberg; § 6 Abs. 3 Ausschreibungs- und Vergabegesetz Berlin; § 9 Abs. 3 Satz 1 Vergabegesetz Brandenburg; § 7 Durchführungsverordnung Vergabegesetz Brandenburg; § 17 Abs. 3 Tariftreue- und Vergabegesetz Bremen; § 10 Abs. 6 Satz 1 Vergabegesetz Mecklenburg-Vorpommern; § 15 Abs. 3 Tariftreue- und Vergabegesetz Niedersachsen; § 13 Abs. 1 Satz 1 Tariftreue- und Vergabegesetz Nordrhein-Westfalen; § 7 Abs. 3 Landestariftreuegesetz Rheinland-Pfalz; § 19 Abs. 3 Satz 1 Landesvergabegesetz Sachsen-Anhalt; § 10 Abs. 3 Tariftreuegesetz Saarland; § 13 Abs. 1 Satz 1 Tariftreue- und Vergabegesetz Schleswig-Holstein; § 18 Abs. 3 Satz 1 Vergabegesetz Thüringen.

399 § 6 Abs. 2 Satz 1 Gesetz zur Einrichtung eines Registers zum Schutz fairen Wettbewerbs Hamburg und § 6 Abs. 2 Satz 1 Gesetz zur Einrichtung eines Registers zum Schutz fairen Wettbewerbs Schleswig-Holstein.

400 Ziff. 4.1 des Hessischen Gemeinsamen Runderlasses; Ziff. 4.1 des Saarländischen Erlasses.

401 KG Berlin, Urteil vom 8. Dezember 2011, Az. 2 u 11/11, NZBau 2012, S. 389 (391); KG Berlin, Urteil vom 17. Januar 2011, Az. 2 U 4/06, NZBau 2012, S. 56 (60); LG Berlin, Urteil vom 22. März 2006, Az. 23 O 118/04, S. 2f.; LG Frankfurt, Urteil vom 26. November 2003, Az. 2-06 O 345/03, NZBau 2004, S. 630 (631); KG Berlin, Beschluss vom 2. April 1998, Az. Kart W 1804/98, WuW/E Verg 71 (73); OLG Frankfurt, Urteil vom 3. Dezember 1996, Az. 11 U (Kart) 64/95, WuW/E OLG 5767 (5772f.).

402 *Pietzcker* in NZBau 2003, S. 242ff.; *Sterner* in NZBau 2001, S. 423ff.; *Dreher* in Immenga/Mestmäcker, Kommentar GWB, § 97 GWB, Rn. 208; *Schranner* in Ingenstau/Korbion, Kommentar VOB, 16. Auflage 2007, § 8 VOB/A, Rn. 109; *Weyand*, Praxiskommentar Vergaberecht, § 16 VOB/A, Rn. 358, § 16 VOL/A, Rn. 660; *Opitz* in Dreher/Motzke, Beck'scher Vergaberechtskommentar, § 97 Abs. 4 GWB, Rn. 59; a.A. *Quardt* in BB 1997, S. 477 (480); *Hertwig*, Öffentliche Auftragsvergabe, Rn. 490ff.;

öffentlichen Auftraggebern ermöglichen soll, ihre Vertragspartner frei zu wählen, so dass sie nicht verpflichtet sein können, Angebote von Unternehmen einzuholen oder Unternehmen Aufträge zu erteilen, die sie den Vorgaben des Vergaberechts entsprechend für unzuverlässig halten.[403] Das Doppelbestrafungsverbot und die Unschuldsvermutung hindern nicht an der Verhängung einer Sperre, da es sich dabei nicht um ein strafrechtliches Instrument handelt.[404] Zum Teil wird eine fehlende Vereinbarkeit mit dem Gemeinschaftsrecht eingewendet, da der Wortlaut der Ausschlussvorschrift des Art. 57 Abs. 1 Unterabs. 1 und Abs. 2 Unterabs. 1 EU-Vergaberichtlinie (bzw. Art. 45 Abs. 1 Unterabs. 1 und Abs. 2 Unterabs. 1 der Vorgänger-Richtlinie 2004/18/EG von einem Ausschluss »*von der Teilnahme an einem Vergabeverfahren*« spricht und damit nur das konkrete Verfahren gemeint sein könne.[405] Die neue EU-Vergaberichtlinie allerdings nimmt in Art. 57 Abs. 6 Unterabs. 4 Bezug auf einen gerichtlich verhängten Ausschluss für einen gewissen Zeitraum, der somit als nach EU-Recht zulässig anzusehen ist. Einen generellen Ausschluss zu verbieten würde außerdem letztlich für die Unternehmen zu mehr Rechtsunsicherheit führen, weil im Vorfeld nicht klar wäre, wie eine Vergabestelle die Zuverlässigkeit beurteilt, und somit unnötigen, auch finanziellen Aufwand verursachen, da ein Unternehmen zumindest bei einem offenen Verfahren zunächst ein Angebot vorbereiten und einreichen müsste, um erst danach zu erfahren, dass es ohnehin wegen Unzuverlässigkeit ausgeschlossen wird.[406] Dass die Ausschlussvorschriften der Verdingungsordnungen auf einen Ausschluss vom konkreten Verfahren hin formuliert sind (»*Ein Unternehmen ist von der Teilnahme **an einem Vergabeverfahren** wegen Unzuverlässigkeit auszuschließen […]*«, siehe § 6 Abs. 4 Nr. 1 Satz 1 lit. c) VOB/A EG, § 6 Abs. 4 Satz 1 lit. c) VOL/A EG und § 4 Abs. 6 Satz 1 lit. c) VOF (Hervorhebungen nicht im Original) sowie ähnlich § 6 Abs. 5 lit. c) VOL/A, § 6 Abs. 6 lit. c) VOL/A EG und § 4 Abs. 9 lit. c) VOF), steht der Zulässigkeit von Vergabesperren ebenfalls nicht entgegen.[407]

Voppel/Osenbrück/Bubert, Kommentar VOF, § 4 VOF, Rn. 179; *Hertwig*, Öffentliche Auftragsvergabe, Rn. 496.

403 KG Berlin, Urteil vom 8. Dezember 2011, Az. 2 u 11/11, NZBau 2012, S. 389 (391); KG Berlin, Urteil vom 17. Januar 2011, Az. 2 U 4/06, NZBau 2012, S. 56 (60); *Weyand*, Praxiskommentar Vergaberecht, § 16 VOB/A, Rn. 358, § 16 VOL/A, Rn. 660; *Opitz* in Dreher/Motzke, Beck'scher Vergaberechtskommentar, § 97 Abs. 4 GWB, Rn. 59.

404 *Opitz* in Dreher/Motzke, Beck'scher Vergaberechtskommentar, § 97 Abs. 4 GWB, Rn. 63; zum Doppelbestrafungsverbot LG Frankfurt, Urteil vom 26. November 2003, Az. 2-06 O 345/03, NZBau 2004, S. 630 (631); *Mestmäcker/Bremer* in BB 1995, Beilage Nr. 19, S. 1 (29).

405 *Mestmäcker/Bremer* in BB 1995, Beilage Nr. 19, S. 1 (16); *Quardt* in BB 1997, S. 477 (479); *Voppel/Osenbrück/Bubert*, Kommentar VOF, § 4 VOF, Rn. 172; *Hertwig*, Öffentliche Auftragsvergabe, Rn. 496.

406 KG Berlin, Urteil vom 17. Januar 2011, Az. 2 U 4/06, NZBau 2012, S. 56 (57); *Pietzcker* in NZBau 2003, S. 242 (247).

407 *Kreßner*, Auftragssperre, S. 78f.; so aber *Voppel/Osenbrück/Bubert*, Kommentar VOF, § 4 VOF, Rn. 181.

Es stellt sich die Frage, ob es einer speziellen Ermächtigungsgrundlage für eine solche Sperre bedarf. Zum Teil wird angenommen, dass eine Vergabesperre in Art. 2 Abs. 1, 12 Abs. 1 und 14 Abs. 1 GG eingreift und daher gemäß des Gesetzesvorbehalts (Art. 20 Abs. 3 GG) eine parlamentsgesetzliche Ermächtigungsgrundlage erforderlich ist.[408] Teilweise werden die Ausschlussnormen der Verdingungsordnungen (trotz ihres Wortlauts, der von einem Ausschluss vom konkreten Vergabeverfahren spricht) als Ermächtigungsgrundlagen herangezogen.[409] Ein Unternehmen hat jedoch keinen Anspruch darauf, dass Private oder öffentliche Auftraggeber Verträge mit ihm abschließen, so dass eine Vergabesperre keinen Eingriff in eine geschützte Rechtsposition darstellt.[410] Im Ergebnis macht es überdies keinen Unterschied, ob ein Unternehmen von mehreren Vergabeverfahren in Folge jeweils gesondert ausgeschlossen wird, weil eine Verfehlung in der Vergangenheit seine Zuverlässigkeit schließlich über einen gewissen Zeitraum hinweg in Frage stellt, oder ob der Ausschluss nach Begehung einer Verfehlung vorab in Bezug auf künftige Vergabeverfahren erfolgt, so dass eine spezielle gesetzliche Ermächtigungsgrundlage für die Verhängung einer Sperre nicht erforderlich ist.[411]

2. Die Voraussetzungen einer Auftragssperre

Ob die Vergabestelle eine Sperre verhängt, steht in ihrem Ermessen.[412] Teilweise sehen die entsprechenden Vorschriften auch ein intendiertes Ermessen vor[413]. Dabei ist

---

408 *Müller-Wrede* in Müller-Wrede, Kommentar VOL/A, § 6 VOL/A EG, Rn. 45; *Voppel/Osenbrück/Bubert*, Kommentar VOF, § 4 VOF, Rn. 174; *Fehling* in Pünder/Schellenberg, Handkommentar Vergaberecht, § 97 GWB, Rn. 128; *Freund/Kallmayer/Kraft*, Korruption und Kartelle bei Auftragsvergaben, S. 176.
409 LG Berlin, Urteil vom 22. März 2006, Az. 23 O 118/04, S. 2; *Burgi* in NZBau 2014, S. 595 (600); *Sterner* in NZBau 2001, S. 423.
410 KG Berlin, Urteil vom 17. Januar 2011, Az. 2 U 4/06, NZBau 2012, S. 56 (60); *Burgi* in NZBau 2014, S. 595 (600); *Pietzcker* in NZBau 2003, S. 242 (244); *Opitz* in Dreher/Motzke, Beck'scher Vergaberechtskommentar, § 97 Abs. 4 GWB, Rn. 61.
411 *Opitz* in Dreher/Motzke, Beck'scher Vergaberechtskommentar, § 97 Abs. 4 GWB, Rn. 61.
412 Siehe § 8 Abs. 3 Landestariftreue- und Mindestlohngesetz Baden-Württemberg; § 17 Abs. 3 Tariftreue- und Vergabegesetz Bremen; § 6 Abs. 2 Satz 1 Gesetz zur Einrichtung eines Registers zum Schutz fairen Wettbewerbs Hamburg; Ziff. 4.1, 5.4 Gemeinsamer Runderlass Hessen; § 7 Abs. 3 Landestariftreuegesetz Rheinland-Pfalz; § 19 Abs. 3 Satz 1 Landesvergabegesetz Sachsen-Anhalt; § 10 Abs. 3 Tariftreuegesetz Saarland; Ziff. 4.1, 5.4 Erlass Saarland; § 6 Abs. 2 Satz 1 Gesetz zur Einrichtung eines Registers zum Schutz fairen Wettbewerbs Schleswig-Holstein; § 13 Abs. 1 Satz 1 Tariftreue- und Vergabegesetz Schleswig-Holstein; § 18 Abs. 1 Satz 1 Vergabegesetz Thüringen.
413 Siehe § 21 Abs. 1 Satz 1 Schwarzarbeitsbekämpfungsgesetz; § 21 Abs. 1 Satz 1 Arbeitnehmer-Entsendegesetz; § 16 Abs. 1 Satz 1 Mindestarbeitsbedingungengesetz; § 6 Abs. 3 Ausschreibungs- und Vergabegesetz Berlin; § 9 Abs. 3 Satz 1 Vergabegesetz

die Vergabestelle an den Verhältnismäßigkeitsgrundsatz gebunden.[414] Zu beachten ist, dass die Vergabesperre kein Sanktionsinstrument für vergangenes Fehlverhalten ist und es daher entscheidend darauf ankommt, dass das Unternehmen für die Zukunft als unzuverlässig einzustufen ist.[415] Wenn das betreffende Unternehmen in einer Branche tätig ist, in der ein Großteil der Aufträge von der öffentlichen Hand stammt, wie etwa im Straßen-, Tief-, Gleis- und Kanalbau, kommt ein Ausschluss von Vergabeverfahren über einen längeren Zeitraum einem Berufsverbot oder einem Entzug der Gewerbeerlaubnis gleich und kann die Existenz des Unternehmens vernichten.[416] Zum Teil wird deswegen gefordert, dass eine Sperre angesichts dieser Folgen nur bei besonders schwerwiegenden oder bei wiederholten Verfehlungen verhängt werden darf.[417] Letztlich kommt es jedoch auf die jeweiligen Umstände an, so dass es ausreichend, aber auch erforderlich ist, dass die zu Grunde liegende Verfehlung es im Einzelfall rechtfertigt, einen über das konkrete Verfahren hinausgehenden Ausschluss vorzunehmen, weil die Vertrauensbasis derart zerstört ist, dass dem Auftraggeber nicht zugemutet werden kann, eine vertragliche Bindung zu dem betreffenden Bewerber oder Bieter einzugehen.[418]

Wenn es im konkreten Fall möglich ist und angemessen erscheint, führt der Verhältnismäßigkeitsgrundsatz dazu, dass die Vergabesperre in sachlicher und/oder räumlicher Hinsicht zu beschränken ist.[419]

Brandenburg; § 10 Abs. 6 Satz 1 Vergabegesetz Mecklenburg-Vorpommern; § 13 Abs. 1 Satz 1 Tariftreue- und Vergabegesetz Nordrhein-Westfalen; vorgeschriebener Ausschluss in § 15 Abs. 3 Tariftreue- und Vergabegesetz Niedersachsen.

414   KG Berlin, Beschluss vom 2. April 1998, Az. Kart W 1804/98, WuW/E Verg 71 (73); *Opitz* in Dreher/Motzke, Beck'scher Vergaberechtskommentar, § 97 Abs. 4 GWB, Rn. 63; *Freund/Kallmayer/Kraft*, Korruption und Kartelle bei Auftragsvergaben, S. 175.

415   *Hertwig*, Öffentliche Auftragsvergabe, Rn. 490.

416   *Hertwig*, Öffentliche Auftragsvergabe, Rn. 492; *Leinemann*, Vergaberecht, Rn. 400; *Freund/Kallmayer/Kraft*, Korruption und Kartelle bei Auftragsvergaben, S. 180; *Sterner* in NZBau 2001, S. 423 (425); *Quardt* in BB 1997, S. 477 (479); *Mestmäcker/Bremer* in BB 1995, Beilage Nr. 19, S. 1 (30).

417   KG Berlin, Beschluss vom 2. April 1998, Az. Kart W 1804/98, WuW/E Verg 71 (73); VK Brandenburg, Beschluss vom 16. Oktober 2007, Az. VK 38/07, S. 12; VK Bund, Beschluss vom 11. Oktober 2002, Az. VK 1 - 75/02, S. 17; *Opitz* in Dreher/Motzke, Beck'scher Vergaberechtskommentar, § 97 Abs. 4 GWB, Rn. 63; *Dreher* in Immenga/Mestmäcker, Kommentar GWB, § 97 GWB, Rn. 209; *Schranner* in Ingenstau/Korbion, Kommentar VOB, 16. Auflage 2007, § 8 VOB/A, Rn. 109.

418   KG Berlin, Urteil vom 17. Januar 2011, Az. 2 U 4/06, NZBau 2012, S. 56 (60); *Sterner* in NZBau 2001, S. 423 (424).

419   *Dreher* in Immenga/Mestmäcker, Kommentar GWB, § 97 GWB, Rn. 213; siehe § 6 Abs. 4 Satz 2 Gesetz zur Einrichtung eines Registers zum Schutz fairen Wettbewerbs Hamburg und § 6 Abs. 4 Satz 2 Gesetz zur Einrichtung eines Registers zum Schutz fairen Wettbewerbs Schleswig-Holstein: Einschränkung auf bestimmte Unternehmensbereiche.

Soll die Sperre nicht nur für eine Vergabestelle, sondern für mehrere oder sogar landesweit gelten, wird der Begriff der »koordinierten Auftragssperre« verwendet.[420] Auch eine solche Form der Sperre ist in den Grenzen des Verhältnismäßigkeitsprinzips – und im Falle einer Marktbeherrschung der betreffenden Vergabestellen oder des betreffenden Landes in Bezug auf die Nachfrage nach den jeweiligen Leistungen bei Beachtung des Diskriminierungsverbots nach § 19 Abs. 2 Nr. 1 Alt. 2 GWB bzw. Art. 102 Satz 2 lit. c) AEUV[421] – gerechtfertigt, um öffentliche Haushalte davor zu schützen, durch die Eingehung vertraglicher Beziehungen zu nachweislich unzuverlässigen Unternehmen geschädigt zu werden.[422]

3. Die Anforderungen an den Nachweis des Fehlverhaltens

Hinsichtlich des Nachweises der Verfehlung gelten dieselben Voraussetzungen wie bei einem Ausschluss vom konkreten Vergabeverfahren (siehe oben unter II.2.c)). Bloße Verdachtsmomente reichen nicht aus, und wenn nicht ein Urteil, ein Bußgeldbescheid oder ein Geständnis vorliegt, dürfen jedenfalls angesichts der zur Verfügung stehenden Tatsachengrundlage keine begründeten Zweifel daran bestehen, dass das Unternehmen die Verfehlung begangen hat.[423]

---

420 *Sterner* in NZBau 2001, S. 423; *Opitz* in Dreher/Motzke, Beck'scher Vergaberechtskommentar, § 97 Abs. 4 GWB, Rn. 60; *Mestmäcker/Bremer* in BB 1995, Beilage Nr. 19, S. 1; siehe Ziff. 9 des Hessischen Gemeinsamen Runderlasses; Ziff. 7.2 Satz 2 des Saarländischen Erlasses § 6 Abs. 2 Satz 2 GRfW Hamburg; § 6 Abs. 2 Satz 2 Gesetz zur Einrichtung eines Registers zum Schutz fairen Wettbewerbs Schleswig-Holstein.
421 Wobei eine marktbeherrschende Stellung im Sinne des Art. 102 Satz 1 AEUV regelmäßig mangels einer Bedeutung für den zwischenstaatlichen Handel ausscheiden wird, siehe *Kreßner*, Auftragssperre, S. 51.
422 OLG Frankfurt, Urteil vom 3. Dezember 1996, Az. 11 U (Kart) 64/95, WuW/E OLG 5767 (5770, 5772f.) zu § 26 Abs. 2 GWB a.F.; *Reimann/Schliepkorte* in ZfBR 1992, S. 251 (255); *Kreßner*, Auftragssperre, S. 130ff.; *Opitz* in Dreher/Motzke, Beck'scher Vergaberechtskommentar, § 97 Abs. 4 GWB, Rn. 60, 66; *Dreher* in Immenga/Mestmäcker, Kommentar GWB, § 97 GWB, Rn. 208; *Schranner* in Ingenstau/Korbion, Kommentar VOB, 16. Auflage 2007, § 8 VOB/A, Rn. 113; a.A. *Mestmäcker/Bremer* in BB 1995, Beilage Nr. 19, S. 1 (30); *Hertwig*, Öffentliche Auftragsvergabe, Rn. 500; *Voppel/Osenbrück/Bubert*, Kommentar VOF, § 4 VOF, Rn. 179; hierfür eine gesetzliche Ermächtigungsgrundlage fordernd *Burgi* in NZBau 2014, S. 595 (600).
423 KG Berlin, Urteil vom 17. Januar 2011, Az. 2 U 4/06, NZBau 2012, S. 56 (61f.); LG Berlin, Urteil vom 22. März 2006, Az. 23 O 118/04, S. 2; LG Frankfurt, Urteil vom 26. November 2003, Az. 2-06 O 345/03, NZBau 2004, S. 630 (631); siehe auch § 21 Abs. 1 Satz 1, 2 Schwarzarbeitsbekämpfungsgesetz; § 21 Abs. 1 Satz 1, 2 Arbeitnehmer-Entsendegesetz; § 16 Abs. 1 Satz 1, 2 Mindestarbeitsbedingungengesetz; § 7 Abs. 1 Satz 5 Durchführungsverordnung Vergabegesetz Brandenburg.

4. Das Erfordernis einer Anhörung

Da bereits bei einem Ausschluss vom konkreten Vergabeverfahren eine Anhörung erforderlich ist (siehe oben unter II.2.c)(5)), muss dem betreffenden Unternehmen erst recht Gelegenheit zur Stellungnahme gegeben werden, wenn ein genereller Ausschluss von Vergabeverfahren droht.[424]

5. Die zulässige Dauer einer Sperre

Fraglich ist, für wie lange eine solche Sperre verhängt werden darf. Ein zeitlich unbegrenzter Ausschluss würde gegen den Verhältnismäßigkeitsgrundsatz verstoßen.[425] Einen Anhaltspunkt für die angemessene Dauer einer Sperre könnten § 6 Abs. 3 Nr. 2 Satz 1 lit. a) bis c) VOB/A, § 6 Abs. 3 Nr. 2 Satz 1 lit. a) bis c) VOB/A EG, § 7 Abs. 2 lit. d) Hs. 2 VOL/A EG, § 5 Abs. 4 Satz 1 lit. c) VOF, § 26 Abs. 1 Nr. 3 VSVgV, § 6 Abs. 3 Nr. 2 Satz 1 lit. a) bis c) VOB/A-VS liefern. Dort geht es darum, für welchen Zeitraum in der Vergangenheit Nachweise für die Frage der Eignung in finanzieller und wirtschaftlicher Hinsicht verlangt werden können, aber nicht müssen. Dieser Zeitraum, der vor allem die letzten drei abgeschlossenen Geschäftsjahre umfasst, kann allerdings nicht als Regelwert, sondern allenfalls als absolute Höchstgrenze herangezogen werden, da entscheidend die Zuverlässigkeit des Unternehmens im Einzelfall ist.[426] Auch die Tilgungsfristen der öffentlichen Register (§ 46 Abs. 1 BZRG: zwischen fünf und zwanzig Jahren, § 153 Abs. 1 GewO: drei oder fünf Jahre)[427] können daher nicht übertragen werden.[428] Letztlich muss sich die Dauer nach den

---

[424] Ausdrücklich erforderlich gem. § 21 Abs. 1 Satz 6 Schwarzarbeitsbekämpfungsgesetz; § 21 Abs. 1 Satz 5 Arbeitnehmer-Entsendegesetz; § 16 Abs. 1 Satz 5 Mindestarbeitsbedingungengesetz; § 6 Abs. 5 Gesetz zur Einrichtung eines Registers zum Schutz fairen Wettbewerbs Hamburg; § 6 Abs. 5 Gesetz zur Einrichtung eines Registers zum Schutz fairen Wettbewerbs Schleswig-Holstein; Ziff. 5.2 Satz 1 Gemeinsamer Runderlass Hessen; Ziff. 5.2 Satz 1 Erlass Saarland; § 13 Abs. 1 Satz 3 Tariftreue- und Vergabegesetz Nordrhein-Westfalen; § 19 Abs. 3 Satz 3 Landesvergabegesetz Sachsen-Anhalt; § 18 Abs. 3 Satz 3 Vergabegesetz Thüringen.

[425] *Wagner-Cardenal* in Dieckmann/Scharf/Wagner-Cardenal, Kommentar VOL/A, § 6 VOL/A EG, Rn. 44; *Dreher* in Immenga/Mestmäcker, Kommentar GWB, § 97 GWB, Rn. 212.

[426] *Hertwig*, Öffentliche Auftragsvergabe, Rn. 492; *Quardt* in BB 1997, S. 477 (479).

[427] Siehe auch Ziff. 3.4.4 Abs. 5 Satz 1 Verwaltungsvorschrift Korruptionsverhütung und -bekämpfung Baden-Württemberg: zwei Jahre; § 8 Abs. 1 Nr. 2 Korruptionsregistergesetz Berlin: drei Jahre; § 8 Abs. 1 Nr. 3 Korruptionsregistergesetz Bremen: drei Jahre; § 11 Abs. 1 Satz 2 Nr. 4 Gesetz zur Einrichtung eines Registers zum Schutz fairen Wettbewerbs Hamburg: drei Jahre; § 7 Abs. 3 Nr. 1 Korruptionsbekämpfungsgesetz Nordrhein-Westfalen: fünf Jahre; § 11 Abs. 1 Satz 2 Nr. 4 Gesetz zur Einrichtung eines Registers zum Schutz fairen Wettbewerbs Schleswig-Holstein: drei Jahre.

[428] *Hertwig*, Öffentliche Auftragsvergabe, Rn. 492; *Prieß/Pünder/Stein* in Pünder/Prieß/Arrowsmith, Self-Cleaning, S. 61.

Umständen des Einzelfalls richten, und zwar maßgeblich nach der Schwere der Tat, die anhand der Anzahl der Fälle, des Tatzeitraums, der Höhe des Schadens und der Anzahl und Stellung der beteiligten Personen zu beurteilen ist und nach den sozialen Folgen der Sperre für das betreffende Unternehmen.[429] Zumeist wird von einer zulässigen Maximaldauer von drei bis vier Jahren ausgegangen.[430] Art. 57 Abs. 7 Satz 3 EU-Vergaberichtlinie sieht vor, dass der durch die Mitgliedsstaaten festzulegende »*Ausschlusszeitraum*« höchstens fünf Jahre ab einer rechtskräftigen Verurteilung und drei Jahre seit dem Fehlverhalten, das den fakultativen Ausschlussgrund darstellt, betragen darf, was sich auf die Höchstdauer einer Sperre und/oder auf den Zeitraum, den die Vergabestelle bei ihrer Prüfung berücksichtigen darf (siehe dazu VI.), beziehen könnte.[431]

Verkürzend zu berücksichtigen ist der Zeitraum, der gegebenenfalls seit der Verfehlung bis zu dem Zeitpunkt vergangen ist, an dem die Vergabestelle darüber ausreichende Gewissheit erlangt hat, etwa nach Abschluss eines Gerichts- oder behördlichen Verfahrens (so genannte »nachhinkende Sperre«).[432] Wenn inzwischen nicht mehr von einer Unzuverlässigkeit auszugehen ist, kommt allerdings auch eine kürzere Sperre nicht in Betracht.[433]

---

429 LG Berlin, Urteil vom 22. März 2006, Az. 23 O 118/04, S. 5.
430 LG Berlin, Urteil vom 22. März 2006, Az. 23 O 118/04, S. 5; *Opitz* in Dreher/Motzke, Beck'scher Vergaberechtskommentar, § 97 Abs. 4 GWB, Rn. 63; *Dreher* in Immenga/Mestmäcker, Kommentar GWB, § 97 GWB, Rn. 212; siehe auch § 21 Abs. 1 Satz 1 Schwarzarbeitsbekämpfungsgesetz; § 8 Abs. 3 Landestariftreue- und Mindestlohngesetz Baden-Württemberg; Ziff. 7.1.7 Satz 9 Nr. 4 Korruptionsbekämpfungsrichtlinie Bayern; § 6 Abs. 3 Ausschreibungs- und Vergabegesetz Berlin, § 9 Abs. 3 Satz 1 Vergabegesetz Brandenburg; § 7 Abs. 1 Satz 3 Durchführungsverordnung Vergabegesetz Brandenburg; § 6 Abs. 4 Satz 1 Gesetz zur Einrichtung eines Registers zum Schutz fairen Wettbewerbs Hamburg; § 10 Abs. 6 Satz 1 Vergabegesetz Mecklenburg-Vorpommern; § 15 Abs. 3 Tariftreue- und Vergabegesetz Niedersachsen; § 13 Abs. 1 Satz 1 Tariftreue- und Vergabegesetz Nordrhein-Westfalen; § 7 Abs. 3 Landestariftreuegesetz Rheinland-Pfalz; § 19 Abs. 3 Satz 1 Landesvergabegesetz Sachsen-Anhalt; § 6 Abs. 4 Satz 1 Gesetz zur Einrichtung eines Registers zum Schutz fairen Wettbewerbs Schleswig-Holstein; § 13 Abs. 1 Satz 1 Tariftreue- und Vergabegesetz Schleswig-Holstein; § 18 Abs. 3 Satz 1 Vergabegesetz Thüringen; siehe auch Integritätspakt von Transparency International vom 10. April 2010, S. 4, abrufbar unter http://bit.ly/1pNMI7K.
431 § 126 Entwurf-Vergaberechtsmodernisierungsgesetz sieht ebenfalls eine Dauer von fünf bzw. drei Jahren vor.
432 *Opitz* in Dreher/Motzke, Beck'scher Vergaberechtskommentar, § 97 Abs. 4 GWB, Rn. 65; zur grundsätzlichen Zulässigkeit einer Sperre auch nach Ablauf eines gewissen Zeitraums seit der Verfehlung OLG Celle, Urteil vom 26. November 1998, Az. 14 U 283/97, NZBau 2000, S. 106.
433 *Pietzcker* in NZBau 2003, S. 242 (248).

IV. Die Zurechnung von Fehlverhalten

Da eine juristische Person selbst keine Handlungen vollziehen kann, stellt sich die Frage, auf das Fehlverhalten welcher Personen für die Bewertung der Zuverlässigkeit von Unternehmen abzustellen ist (dazu 1.). In einem Konzern können auch die Zuverlässigkeit von Mutter-, Tochter- und Schwesterunternehmen eine Rolle spielen (dazu 2.). Selbstständige Niederlassungen werfen ebenfalls die Frage nach der Zurechnung von Fehlverhalten auf (dazu 3.). Außerdem ist die Zuverlässigkeit von Bietergemeinschaften und von Nachunternehmern zu beleuchten (dazu 4.). Zuletzt wird auf die Zurechnung von Verfehlungen nach Unternehmenstransaktionen eingegangen (dazu 5.).

1. Die Zurechnung innerhalb des Unternehmens

Für den zwingenden Ausschluss wegen einer rechtskräftigen Verurteilung von Vergaben oberhalb der Schwellenwerte ergibt sich die Antwort auf die Frage, wessen Verfehlungen einem Unternehmen zuzurechnen sind, unmittelbar aus dem Gesetz:

»Ein Verhalten ist einem Unternehmen zuzurechnen, wenn eine für dieses Unternehmen handelnde Person, die für die Führung der Geschäfte verantwortlich ist, selbst gehandelt hat oder ein Aufsichts- oder Organisationsverschulden gemäß § 130 des Gesetzes über Ordnungswidrigkeiten (OWiG) dieser Person im Hinblick auf das Verhalten einer anderen für den Bewerber handelnden Person vorliegt.«

(§ 6 Abs. 4 Nr. 1 Satz 3 VOB/A EG, mit ähnlichem Wortlaut § 6 Abs. 4 Nr. 1 Satz 3 VOL/A EG und § 4 Abs. 6 Satz 3 VOF, vgl. auch §§ 21 Abs. 2 SektVO, 23 Abs. 4 VSVgV, 6 Abs. 4 Nr. 1 Satz 3 VOB/A-VS).[434]

Gem. § 21 Abs. 4 Nr. 5 SektVO gilt diese Zurechnungsregel auch für den fakultativen Ausschlussgrund der schweren Verfehlung. Außerhalb des Anwendungsbereichs der SektVO kann die jeweilige Zurechnungsvorschrift der einschlägigen Verdingungsordnung für den zwingenden Ausschluss wegen einer schweren Verfehlung

---

[434] Siehe auch § 5 Abs. 1 Satz 2 Korruptionsregistergesetz Berlin; § 6 Abs. 1 Korruptionsregistergesetz Bremen; § 2 Abs. 4 Gesetz zur Einrichtung eines Registers zum Schutz fairen Wettbewerbs Hamburg; § 7 Abs. 1 Satz 3 Korruptionsbekämpfungsgesetz Nordrhein-Westfalen: »*Wurde die Verfehlung von einzelnen Personen begangen, die keinen bestimmenden Einfluss auf ihr Unternehmen bzw. auch ihren Unternehmensteil hatten und weist das Unternehmen nach, dass die Verfehlung nicht auf strukturelle oder organisatorische Mängel in dem Unternehmen zurückzuführen ist, so erfolgt nur eine Speicherung der Daten der verantwortlich handelnden Personen.*«; § 2 Abs. 4 Gesetz zur Einrichtung eines Registers zum Schutz fairen Wettbewerbs Schleswig-Holstein;

entsprechend auf den fakultativen Ausschluss wegen einer schweren Verfehlung angewendet werden.[435]

a) Das Handeln von Führungspersonen

Da ein Unternehmen die Eigenschaft der Zuverlässigkeit im Sinne des Erwartens eines ordnungsgemäßen zukünftigen Verhaltens selbst nicht erfüllen kann, sind die Handlungen der für das Unternehmen verantwortlich handelnden Personen zu betrachten und dem Unternehmen zuzurechnen.[436] »Für das Unternehmen verantwortlich handelnde Personen« sind seine gesetzlichen Vertreter, bei juristischen Personen also Organe oder Organmitglieder und bei Personengesellschaften die vertretungsberechtigten Gesellschafter.[437] Darunter fallen somit insbesondere Vorstandsmitglieder, Geschäftsführer und geschäftsführende Gesellschafter.[438] Orientierung bietet außerdem § 30 Abs. 1 OWiG, der die Personen aufzählt, wegen deren Fehlverhalten Geldbußen gegen eine juristische Person verhängt werden können.[439] Das Handeln »faktischer« Geschäftsführer auch eines Teilbereichs, also von Personen, die tatsächlich mit der Führung der Geschäfte betraut wurden, ist dem Unternehmen ebenso zuzurechnen.[440] Dies beruht auch auf einer richtlinienkonformen

---

435 *Hölzl/Ritzenhoff* in NZBau 2012, S. 28 (29); *Opitz* in Dreher/Motzke, Beck'scher Vergaberechtskommentar, § 16 VOB/A, Rn. 159; *Hölzl* in Münchener Kommentar zum Beihilfen- und Vergaberecht, § 97 GWB, Rn. 155; siehe auch OLG Düsseldorf, Beschluss vom 28. Juli 2005, Az. VII-Verg 42/05, Tz. 15; OLG Saarbrücken, Beschluss vom 18. Dezember 2003, Az. 1 Verg 4/03, S. 10.
436 OLG Düsseldorf, Beschluss vom 28. Juli 2005, Az. VII-Verg 42/05, Tz. 15; OLG Saarbrücken, Beschluss vom 18. Dezember 2003, Az. 1 Verg 4/03, S. 10; VK Niedersachsen, Beschluss vom 12. Dezember 2011, Az. VgK-53/2011, S. 12; VK Bund, Beschluss vom 30. Mai 2006, Az. VK 2 – 29/06, S. 19; VK Düsseldorf, Beschluss vom 13. März 2006, Az. VK – 8/2006-L, S. 18; *Opitz* in Dreher/Motzke, Beck'scher Vergaberechtskommentar, § 97 Abs. 4 GWB, Rn. 44; *Völlink* in Ziekow/Völlink, Kommentar Vergaberecht, § 6 VOB/A EG, Rn. 14; *Kulartz/Röwekamp* in Müller-Wrede, Kommentar VOF, § 11 VOF, Rn. 16.
437 *Stein/Friton* in VergabeR 2010, S. 151 (154); *Wagner-Cardenal* in Dieckmann/Scharf/Wagner-Cardenal, Kommentar VOL/A, § 6 VOL/A EG, Rn. 34; *Voppel/Osenbrück/Bubert*, Kommentar VOF, § 4 VOF, Rn. 151.
438 VK Südbayern, Beschluss vom 27. April 2001, Az. 08-04/01, S. 8; *Glahs* in Kapellmann/Messerschmidt, Kommentar VOB/A, § 6 VOB/A EG, Rn. 11; *Tomerius* in Pünder/Schellenberg, Handkommentar Vergaberecht, § 6 VOB/A EG, Rn. 16.
439 *Völlink* in Ziekow/Völlink, Kommentar Vergaberecht, § 6 VOB/A EG, Rn. 15; *Schranner* in Ingenstau/Korbion, Kommentar VOB, 16. Auflage 2007, § 8 VOB/A, Rn. 97.
440 *Antweiler* in Dreher/Motzke, Beck'scher Vergaberechtskommentar, § 6a VOB/A, Rn. 12; *Hölzl* in Münchener Kommentar zum Beihilfen- und Vergaberecht, § 97 GWB, Rn. 153; *Völlink* in Ziekow/Völlink, Kommentar Vergaberecht, § 6 VOB/A EG, Rn. 15; *Schranner* in Ingenstau/Korbion, Kommentar VOB, 16. Auflage 2007, § 8 VOB/A, Rn. 97; vgl. § 30 Abs. 1 Nr. 5 OWiG: »*sonstige Person, die für die Leitung*

Auslegung der Zurechnungsnormen der Verdingungsordnungen, die auf Art. 45 Abs. 1 Unterabs. 4 Satz 3 der früheren EG-Vergabekoordinierungsrichtlinie basieren, wonach der Auftraggeber Nachweise für die Eignung neben den Unternehmensleitern von »*jede[r] andere[n] Person, die befugt ist, den Bewerber oder Bieter zu vertreten, in seinem Namen Entscheidungen zu treffen oder ihn zu kontrollieren*« anfordern kann.[441] Die Verhaltensweisen von Prokuristen oder sonstigen Bevollmächtigten können nur dann eine Rolle spielen, wenn ein erheblicher Teil der Unternehmensführung von der Vollmacht erfasst wird.[442]

b) Das Handeln untergeordneter Mitarbeiter

Die Zurechnung des Fehlverhaltens von Mitarbeitern, die an untergeordneter Stelle im Unternehmen beschäftigt sind, kommt dann in Betracht, wenn die soeben genannten Leitungspersonen für die Verstöße verantwortlich oder ebenfalls darin verwickelt sind.[443] In entsprechender Anwendung des § 130 OWiG ist ein Verstoß zuzurechnen, wenn eine Person gegen ihre Aufsichts- und Organisationspflichten verstoßen hat, etwa weil sie es versäumt hat, gegen Fehlverhalten einzuschreiten oder Personen mit der Ausführung von Aufgaben betraut hat, die dafür nicht geeignet waren.[444] Auf diese Weise wird eine Umgehung der Zurechnung durch die Übertragung von Führungsaufgaben auf untere Hierarchieebenen ohne Ausübung einer entsprechenden Aufsicht verhindert.[445] Für die Aufsicht im Unternehmen zuständig sind der Unternehmens- bzw. Betriebsinhaber sowie gem. § 9 Abs. 1 und 2 OWiG deren gesetzliche

---

des Betriebs oder Unternehmens einer juristischen Person oder einer in Nummer 2 oder 3 genannten Personenvereinigung verantwortlich handelt, wozu auch die Überwachung der Geschäftsführung oder die sonstige Ausübung von Kontrollbefugnissen in leitender Stellung gehört«.

441 *Wimmer*, Zuverlässigkeit, S. 78; *Wagner-Cardenal* in Dieckmann/Scharf/Wagner-Cardenal, Kommentar VOL/A, § 6 VOL/A EG, Rn. 34; siehe auch Art. 57 Abs. 1 Unterabs. 2 EU-Vergaberichtlinie: »*Die Verpflichtung zum Ausschluss eines Wirtschaftsteilnehmers findet auch dann Anwendung, wenn die rechtskräftig verurteilte Person ein Mitglied im Verwaltungs-, Leitungs- oder Aufsichtsgremium dieses Wirtschaftsteilnehmers ist oder darin Vertretungs-, Entscheidungs- oder Kontrollbefugnisse hat.*«; siehe § 123 Abs. 3 Entwurf-Vergaberechtsmodernisierungsgesetz: »*[...] wenn diese Person als für die Leitung des Unternehmens Verantwortlicher gehandelt hat; dazu gehört auch die Überwachung der Geschäftsführung oder die sonstige Ausübung von Kontrollbefugnissen in leitender Stellung.*« und Begründung, S. 127.
442 *Hölzl* in Münchener Kommentar zum Beihilfen- und Vergaberecht, § 97 GWB, Rn. 153; *Stein/Friton* in VergabeR 2010, S. 151 (155); vgl. § 30 Abs. 1 Nr. 4 OWiG: »*in leitender Stellung als Prokurist oder Handlungsbevollmächtigter*«.
443 VK Südbayern, Beschluss vom 27. April 2001, Az. 08-04/01, S. 8.
444 *Opitz* in Dreher/Motzke, Beck'scher Vergaberechtskommentar, § 97 Abs. 4 GWB, Rn. 44.
445 *Wagner-Cardenal* in Dieckmann/Scharf/Wagner-Cardenal, Kommentar VOL/A, § 6 VOL/A EG, Rn. 36; *Völlink* in Ziekow/Völlink, Kommentar Vergaberecht, § 6 VOB/A EG, Rn. 16.

und gewillkürte Vertreter.[446] Welche Anforderungen an eine hinreichende Aufsicht und Organisation zu stellen sind, hängt vom jeweiligen Einzelfall ab.[447] Maßgeblich sind dabei unter anderem die Größe des Unternehmens(-bereichs), die Organisationsstruktur und konkrete Überwachungsmöglichkeiten.[448] Hat es in der Vergangenheit bereits Verfehlungen durch Mitarbeiter gegeben, muss die Aufsicht und Organisation entsprechend umfassender ausgestaltet sein.[449] Zu den entsprechenden Pflichten gehört gem. § 130 Abs. 1 Satz 2 OWiG »*die Bestellung, sorgfältige Auswahl und Überwachung von Aufsichtspersonen*«. Außerdem ist gegen Fehlverhalten einzuschreiten und ungeeigneten Personen kein Einfluss auf die Führung der Geschäfte einzuräumen.[450] Die Mitarbeiter sind aufzuklären, zu belehren, zu instruieren und zu überwachen.[451] Wenn ein Mitarbeiter eine Straftat im Rahmen seiner beruflichen Tätigkeit begeht, ist von einem Aufsichtsverschulden auszugehen, es sei denn, die für die Aufsicht verantwortlichen Personen können sich exkulpieren, insbesondere dadurch, dass sie bereits vor der Zuwiderhandlung ein wirksames Compliance-System im Unternehmen installiert hatten.[452]

c) Der Bezug zur beruflichen Tätigkeit

Gem. § 6 Abs. 4 Nr. 1 Satz 3 VOL/A EG und § 4 Abs. 6 Satz 3 VOF ist erforderlich, dass die Person bei ihrem strafrechtlich relevanten Verhalten »*bei der Führung der Geschäfte*« handelte, während §§ 6 Abs. 4 Nr. 1 Satz 3 VOB/A EG, 21 Abs. 2 SektVO, 23 Abs. 4 VSVgV und 6 Abs. 4 Nr. 1 Satz 3 VOB/A-VS sowie Art. 57 Abs. 1 Unterabs. 2 EU-Vergaberichtlinie eine solche Voraussetzung nicht enthalten.[453] Nach dem Sinn und Zweck der Ausschlussvorschriften, unzuverlässige Unternehmen von Vergabeverfahren auszuschließen, genügt es auf der einen Seite, wenn die

---

446 *Wagner-Cardenal* in Dieckmann/Scharf/Wagner-Cardenal, Kommentar VOL/A, § 6 VOL/A EG, Rn. 37.
447 *Hölzl* in Münchener Kommentar zum Beihilfen- und Vergaberecht, § 97 GWB, Rn. 154; *Völlink* in Ziekow/Völlink, Kommentar Vergaberecht, § 6 VOB/A EG, Rn. 17.
448 *Wagner-Cardenal* in Dieckmann/Scharf/Wagner-Cardenal, Kommentar VOL/A, § 6 VOL/A EG, Rn. 38; *Tomerius* in Pünder/Schellenberg, Handkommentar Vergaberecht, § 6 VOB/A EG, Rn. 16.
449 *Stein/Friton* in VergabeR 2010, S. 151 (156.)
450 *Stein/Friton* in VergabeR 2010, S. 151 (156); *Opitz* in Dreher/Motzke, Beck'scher Vergaberechtskommentar, § 97 Abs. 4 GWB, Rn. 44.
451 *Wagner-Cardenal* in Dieckmann/Scharf/Wagner-Cardenal, Kommentar VOL/A, § 6 VOL/A EG, Rn. 38; *Völlink* in Ziekow/Völlink, Kommentar Vergaberecht, § 6 VOB/A EG, Rn. 17.
452 *Hess* in FS Englert, S. 131 (135); *Hölzl/Ritzenhoff* in NZBau 2012, S. 28 (29); *Stein/Friton* in VergabeR 2010, S. 151 (155f.); *Hölzl* in Münchener Kommentar zum Beihilfen- und Vergaberecht, § 97 GWB, Rn. 154.
453 Siehe aber § 123 Abs. 3 Entwurf-Vergaberechtsmodernisierungsgesetz: »*[...] wenn diese Person als für die Leitung des Unternehmens Verantwortlicher gehandelt hat [...]*« und Begründung, S. 127.

Verfehlung »*im Rahmen der beruflichen Tätigkeit*« begangen wurde,[454] ohne dass es sich auf die Führung der Geschäfte beziehen musste. Auf der anderen Seite sind Delikte, die im privaten Bereich verübt wurden, nicht geeignet, die berufliche Zuverlässigkeit in Frage zu stellen.[455] Das verdeutlicht bereits die Aufzählung der für einen zwingenden Ausschluss wegen einer rechtskräftigen Verurteilung in Frage kommenden Straftatbestände. Eine Berücksichtigung solcher Verstöße wäre nicht verhältnismäßig, da bei einer Straftat, die ausschließlich private Angelegenheiten des Mitarbeiters betraf, kein ausreichender Zusammenhang zu der Tätigkeit des auszuschließenden Unternehmens besteht.[456]

Das Fehlverhalten der betreffenden Person muss sich indes nicht notwendigerweise während der Tätigkeit für das zu beurteilende Unternehmen ereignet haben. Auch wenn die Verfehlung einer verantwortlich handelnden Person im Rahmen einer vorhergehenden Beschäftigung bei einem anderen Unternehmen erfolgte, kann sie für die Beurteilung der Zuverlässigkeit des aktuellen Arbeitgebers herangezogen werden.[457] Das Unternehmen »*importiert*« gewissermaßen die Verfehlung dieser Person.[458]

2. Die Zurechnung im Konzernverbund

Die Frage, ob und unter welchen Voraussetzungen Verstöße durch das Mutter-, ein Tochter- oder ein Schwesterunternehmen des am Vergabeverfahren teilnehmenden Unternehmens Einfluss auf die Zuverlässigkeitsbewertung eines Unternehmens haben können, ist noch nicht abschließend geklärt. Vorgaben dazu existieren nicht.[459]

---

454 So VK Bund, Beschluss vom 11. Oktober 2002, Az. VK 1 - 75/02, S. 17.
455 *Wagner-Cardenal* in Dieckmann/Scharf/Wagner-Cardenal, Kommentar VOL/A, § 6 VOL/A EG, Rn. 35, *Voppel/Osenbrück/Bubert*, Kommentar VOF, § 4 VOF, Rn. 123.
456 *Stein/Friton* in VergabeR 2010, S. 151 (155); *Hausmann/von Hoff* in Kulartz/Marx/Portz/Prieß, Kommentar VOB/A, § 6 VOB/A EG, Rn. 42; *Hölzl* in Münchener Kommentar zum Beihilfen- und Vergaberecht, § 97 GWB, Rn. 153; für eine ausnahmsweise Einbeziehung von Straftaten im privaten Bereich siehe *Kreßner*, Auftragssperre, S. 82 mit weiteren Nachweisen.
457 OLG München, Beschluss vom 21. April 2006, Az. Verg 8/06, S. 3 und 9; für den Fall eines Handels für ein anderes Konzernunternehmen OLG Celle, Urteil vom 26. November 1998, Az. 14 U 283/97, NZBau 2000, S. 106; *Müller-Wrede* in Müller-Wrede, Kommentar VOL/A, § 6 VOL/A EG, Rn. 75; *Opitz* in Dreher/Motzke, Beck'scher Vergaberechtskommentar, § 97 Abs. 4 GWB, Rn. 44; § 16 VOB/A, Rn. 157.
458 So formuliert von *Dreher/Hoffmann* in NZBau 2014, S. 67 (68); *dies.* in NZBau 2012, S. 265 (268).
459 Lediglich in Ziff. 4.3 Gemeinsamer Runderlass Hessen ist vorgesehen, dass »*über die Frage des Ausschlusses von verbundenen Firmen, sofern mit einer Umgehung des Ausschlusses über solche Firmen zu rechnen ist, [...] im Einzelfall zu entscheiden*« ist.

Grundsätzlich bezieht sich die Prüfung der Zuverlässigkeit auf das jeweilige Unternehmen, das am Vergabeverfahren teilnimmt bzw. teilnehmen möchte.[460] Innerhalb eines Konzerns verlieren Unternehmen ihre rechtliche Selbstständigkeit nicht, siehe § 15 Aktiengesetz[461]. Daher können allein die Konzernunternehmen Objekt der vergaberechtlichen Zuverlässigkeitsprüfung sein.[462] Das im Konzernrecht geltende Trennungsprinzip, nach dem jedes Konzernunternehmen jeweils nur für seine eigenen Verbindlichkeiten haftet,[463] verbietet es dabei, dass die Unzuverlässigkeit eines rechtlich selbstständigen Konzernunternehmens automatisch die Unzuverlässigkeit der weiteren Konzernunternehmen nach sich zieht.[464] Eine wertungsmäßige Heranziehung des Konzepts der wirtschaftlichen Einheit, mit dem auf europäischer Ebene eine bußgeldrechtliche Haftung der Konzernmutter für Kartellrechtsverstöße ihrer Tochterunternehmen begründet wird,[465] kommt nicht in Betracht. Hintergrund dieses Konzepts ist die möglichst effektive Ahndung von Kartellrechtsverstößen durch mehrere Haftungssubjekte, während es im Vergaberecht auf die Zuverlässigkeit nur desjenigen Unternehmens ankommt, dass sich am Vergabeverfahren beteiligt.[466] Gäbe es andererseits keinerlei Möglichkeit, ein Fehlverhalten konzerngesellschaftsübergreifend zu berücksichtigen, wäre die Gründung einer neuen Tochtergesellschaft für die Teilnahme an öffentlichen Ausschreibungen eine einfache Möglichkeit für Unternehmen, eine Einstufung als unzuverlässig zu verhindern.

Ist eine Person in mehreren (Konzern-)Gesellschaften in verantwortlicher Position tätig, so wird eine Verfehlung dieser Person nach den soeben dargestellten Maßstäben auch jeder dieser Gesellschaften zugerechnet (insbesondere wenn daneben Aspekte wie eine übereinstimmende Anschrift und Internetseite für eine »*weitgehende Identität zwischen beiden Gesellschaften*« spricht).[467] Die eigentliche Frage einer Zurechnung von Fehlverhalten innerhalb eines Konzerns stellt sich dann, wenn die betreffende Person nur für ein Konzernunternehmen verantwortlich handelt.[468] Dabei ist maßgeblich, ob eine Einflussnahme der Muttergesellschaft auf das Geschäft der Tochtergesellschaft stattfindet oder jedenfalls möglich ist.[469]

---

460 *Dreher/Hoffmann* in NZBau 2014, S. 67 (68); *Hölzl/Ritzenhoff* in NZBau 2012, S. 28 (29).
461 Im Folgenden »**AktG**«.
462 *Wimmer*, Zuverlässigkeit, S. 79.
463 *Emmerich* in Emmerich/Habersack, Kommentar Konzernrecht, § 302 AktG, Rn. 15.
464 *Dreher/Hoffmann* in NZBau 2014, S. 67 (68); *Kreßner*, Auftragssperre, S. 127.
465 Siehe dazu *Hengst* in Langen/Bunte, Kommentar zum Europäischen Kartellrecht, Art. 101 AEUV, Rn. 33ff.
466 *Stein/Friton/Huttenlauch* in WuW 2012, S. 38 (47).
467 OLG Düsseldorf, Beschluss vom 25. Juli 2012, Az. VII-Verg 27/12, Tz. 20; *Dreher/Hoffmann* in NZBau 2014, S. 67 (68).
468 *Dreher/Hoffmann* in NZBau 2014, S. 67 (68).
469 VK Niedersachsen, Beschluss vom 24. März 2011, Az. VgK-04/2011, S. 8; *Wimmer*, Zuverlässigkeit, S. 80; *Dreher/Hoffmann* in NZBau 2014, S. 67 (69); *Hölzl/Ritzenhoff*

Wie auch bei der Zurechnung des Verhaltens der für ein Unternehmen handelnden Personen kommt es auf die faktische Möglichkeit der Einflussnahme an.[470] Eine reine Kapitalbeteiligung reicht für eine Zurechnung nicht aus.[471] Wenn eine für die Muttergesellschaft dieses Unternehmens verantwortlich handelnde Person eine Verfehlung begangen hat, so lässt dies darauf schließen, dass die Muttergesellschaft solche Verhaltensweisen billigt oder nicht ausreichend dagegen einschreitet. Hat sie beherrschenden Einfluss auf das Geschäft des Tochterunternehmens, so ist davon auszugehen, dass sie auch bei dieser nicht die erforderlichen Maßstäbe anlegen wird. Gleiches gilt, wenn die Verfehlung eine Schwestergesellschaft des konkret zu beurteilenden Unternehmens betraf, wenn die Muttergesellschaft auf beide einen beherrschenden Einfluss ausüben kann. Handelt es sich bei dem zu beurteilenden Unternehmen um die Muttergesellschaft eines Unternehmens, das eine Verfehlung begangen hat, ist daraus zu schließen, dass die Muttergesellschaft ihren Einfluss nicht dafür genutzt hat, solches Fehlverhalten zu verhindern und dieses ihr vor dem Hintergrund des Unterlassens der ihr möglichen und erforderlichen Maßnahmen zuzurechnen ist. Hier bestehen Parallelen zu der bußgeldrechtlichen Haftung für Kartellrechtsverstöße nach § 81 GWB. Es entspricht der Praxis des Bundeskartellamtes, gegen die Konzernmutter im Falle der Verletzung einer Aufsichtspflicht nach § 130 Abs. 1 Ordnungswidrigkeitengesetz[472] gesonderte Bußgelder zu verhängen.[473] In den genannten Fällen ist somit die Annahme der Unzuverlässigkeit gerechtfertigt, so dass die Verfehlung einer Muttergesellschaft ihrer Tochtergesellschaft zuzurechnen ist und umgekehrt sowie Verfehlungen von Schwestergesellschaften untereinander. Dies ist allerdings einzuschränken, wenn die Muttergesellschaft nachweislich ein (im Übrigen) funktionierendes, konzernweites Compliance-System unterhält. In einem solchen Fall kann eine einzelne Verfehlung durch eine Tochtergesellschaft sich

---

in NZBau 2012, S. 28 (29); *Kreßner*, Auftragssperre, S. 128 verlangt, dass »*das Fehlverhalten bei der Tochtergesellschaft von der Muttergesellschaft gesteuert wird*«, ohne zu erläutern, was darunter zu verstehen ist; grundsätzlich gegen die Möglichkeit einer Zurechnung im Konzern *Stein/Friton* in VergabeR 2010, S. 151 (156).

470 *Dreher/Hoffmann* in NZBau 2014, S. 67 (69); wenn eine Muttergesellschaft 100 Prozent der Anteile an ihrer Tochtergesellschaft hält, wird im Kartellrecht für die Frage der Zurechnung von Verstößen mit einer widerleglichen Vermutung davon ausgegangen, dass eine Einflussmöglichkeit besteht, was zu einer Zurechnung führt unabhängig davon, ob diese Einflussmöglichkeit ausgeübt wurde, siehe EuGH, Urteil vom 10. September 2009, Rs. C-97/08, *Akzo Nobel*, Tz. 60.

471 OLG Düsseldorf, Beschluss vom 9. April 2003, Az. VII-Verg 66/02, Tz. 101; Beschluss vom 9. April 2003, Az. Verg 43/02, Tz. 50.

472 Im Folgenden »**OWiG**«.

473 Siehe Fallbericht des Bundeskartellamtes vom 12. April 2012, abrufbar unter http://bit.ly/1tIktsa; *Ost* in NZKart 2013, S. 25 (27); *Raum* in Langen/Bunte, Kommentar zum Deutschen Kartellrecht, § 81 GWB, Rn. 25; *Rogall* in Karlsruher Kommentar zum OWiG, § 130 OWiG, Rn. 27; a.A. *Gürtler* in Göhler, Kommentar zum OWiG, § 130 OWiG, Rn. 5a; lediglich auf den reinen Konzernbereich bezogen *Pelz* in Hauschka, Corporate Compliance, § 6, Rn. 17.

nicht auf die Zuverlässigkeit des gesamten Konzerns auswirken. Dies entspricht der Exkulpationsmöglichkeit von aufsichtspflichtigen Personen, siehe oben unter 1.b).

In einer Grundsatzentscheidung zu dieser Frage erwähnte die Vergabekammer Niedersachsen neben dem Kriterium der Einflussmöglichkeit der Muttergesellschaft, dass die betreffende Verfehlung einen Gesamtmarkt betreffe und Mutter- und Tochtergesellschaft jeweils auf unterschiedlichen Marktsegmenten dieses Gesamtmarkts tätig seien sowie dass während der Verfehlungen zumindest teilweise eine Geschäftsführeridentität bestand, ohne zu bestimmen, ob diese Aspekte Voraussetzung für eine Zurechnung sind.[474] Sie werden allerdings in der Literatur vereinzelt als kumulative Voraussetzungen für eine Zurechnung im Konzern angesehen.[475] Zu der Marktbezogenheit ist zu sagen, dass grundsätzlich nicht erforderlich ist, dass das dem Ausschluss zu Grunde liegende Fehlverhalten auf demselben Markt stattfand, auf den sich die aktuelle Ausschreibung bezieht (siehe oben unter II.1.b) und II.2.b)). Es ist daher nicht ersichtlich, warum für die Frage, ob das Fehlverhalten eines Konzernunternehmens einem anderen Konzernunternehmen zugerechnet werden kann, ein solch enger Bezug zu fordern wäre. Wenn eine Einflussmöglichkeit der Muttergesellschaft gegeben ist, kann es keine Rolle spielen, auf welchem Markt sie ein relevantes Fehlverhalten nicht verhindert hat. Ob sie dies hätte tun können und müssen, bestimmt sich nach den Einflussmöglichkeiten im jeweiligen Einzelfall.[476] Auch eine Geschäftsführeridentität kann daher nicht pauschal gefordert werden. Denn wenn eine Einflussmöglichkeit der Muttergesellschaft besteht, kann sie auf den Geschäftsführer ihrer Tochtergesellschaft einwirken und ihn gegebenenfalls abberufen.[477] Außerdem würde das unbedingte Erfordernis der Geschäftsführeridentität die Möglichkeit eröffnen, eine Zurechnung durch die Neugründung einer Tochtergesellschaft zu umgehen, bei der zwar das Führungspersonal ausgetauscht wurde, die Einflussmöglichkeiten der Muttergesellschaft aber unverändert weiter bestehen.

3. Die Zurechnung der Verfehlungen von Niederlassungen

Zum Teil wird vertreten, dass das Fehlverhalten eines rechtlich unselbstständigen Unternehmensteils, worunter insbesondere Niederlassungen fallen, keine Auswirkungen auf die Zuverlässigkeit des Gesamtunternehmens haben soll.[478] Dagegen

---

474 VK Niedersachsen, Beschluss vom 24. März 2011, Az. VgK-04/2011, S. 8; für ein Erfordernis aller drei Voraussetzungen ohne nähere Begründung im Ergebnis *Hölzl/Ritzenhoff* in NZBau 2012, S. 28 (29); für das Erfordernis einer personellen Verbindung, insbesondere über identische Geschäftsführer und/oder Prokuristen Empfehlung Feuerwehrfahrzeuge Niedersachsen, S. 2.
475 *Hölzl/Ritzenhoff* in NZBau 2012, S. 28 (29).
476 *Dreher/Hoffmann* in NZBau 2014, S. 67 (69).
477 *Dreher/Hoffmann* in NZBau 2014, S. 67 (69).
478 *Prieß/Pünder/Stein* in Pünder/Prieß/Arrowsmith, Self-Cleaning, S. 68; *Kreßner*, Auftragssperre, S. 126; für eine kritische Abwägung im Einzelfall *Freund/Kallmayer/*

spricht das grundlegende Prinzip der Zurechnung des Verhaltens der verantwortlich handelnden Personen, die unabhängig davon erfolgt, ob die betreffende Person mit dem konkreten Auftrag befasst ist oder sein wird, da allein aus der Tatsache, dass eine verantwortlich handelnde Person sich eine Verfehlung hat zu Schulden kommen lassen, die Beurteilung der Zuverlässigkeit des Unternehmens in seiner Gesamtheit betroffen ist.[479] Eine auf einer Verfehlung der betreffenden Person basierende Unzuverlässigkeit gilt unternehmensweit, die isolierte Einstufung eines Unternehmensteils als unzuverlässig kommt nicht in Betracht.[480] Überdies kann eine Zurechnung unter rechtlich unselbstständigen Teilen eines Unternehmens erst recht nicht ausgeschlossen werden, wenn sogar bei rechtlich voneinander unabhängigen Konzernunternehmen eine Zurechnung unter bestimmten Voraussetzungen möglich ist, wie soeben dargestellt. Denn die diesbezüglich maßgebliche Einflussmöglichkeit ist bei rechtlich unselbstständigen Unternehmensteilen stets gegeben.[481]

4. Bietergemeinschaften und Nachunternehmer

Schließlich stellt sich die Frage, inwiefern eine Zurechnung von Fehlverhalten erfolgt bei Bietergemeinschaften und dem Einsatz von Nachunternehmern.

Mehrere, mindestens zwei Unternehmen können sich zu einer Bietergemeinschaft, regelmäßig in Form einer Gesellschaft bürgerlichen Rechts, zusammenschließen, um so ein gemeinsames Angebot unterbreiten zu können, da sie jeweils mit ihren eigenen Mitteln nicht in der Lage wären, an dem Vergabeverfahren teilzunehmen.[482] Nachunternehmer sind rechtlich selbstständige Unternehmen, die

---

Kraft, Korruption und Kartelle bei Auftragsvergaben, S. 157; siehe auch § 5 Abs. 1 Satz 3 Korruptionsregistergesetz Berlin; § 2 Abs. 5 Gesetz zur Einrichtung eines Registers zum Schutz fairen Wettbewerbs Hamburg; § 7 Abs. 1 Satz 2 Korruptionsbekämpfungsgesetz Nordrhein-Westfalen; § 2 Abs. 5 Gesetz zur Einrichtung eines Registers zum Schutz fairen Wettbewerbs Schleswig-Holstein: wenn ausschließlich eine selbstständige Zweigniederlassung betroffen ist, werden nur deren Daten in das Register eingetragen.
479 *Dreher/Hoffmann* in NZBau 2014, S. 67 (69).
480 VK Arnsberg, Beschluss vom 22. Oktober 2001, Az. VK 1-13/2001, S. 6f.; *Dreher/Hoffmann* in NZBau 2014, S. 67 (69); allerdings sehen einige Landesregelungen vor, dass ein Eintrag in einem Korruptions- oder ähnlichen Register nur mit den Daten eines Unternehmensteil erfolgt, wenn der Verstoß ausschließlich einer selbstständige Zweigniederlassung zuzurechnen ist, siehe § 5 Abs. 1 Satz 3 Korruptionsregistergesetz Berlin; § 2 Abs. 5 Gesetz zur Einrichtung eines Registers zum Schutz fairen Wettbewerbs Hamburg; § 7 Abs. 1 Satz 2 Korruptionsbekämpfungsgesetz Nordrhein-Westfalen; § 2 Abs. 5 Gesetz zur Einrichtung eines Registers zum Schutz fairen Wettbewerbs Schleswig-Holstein.
481 *Dreher/Hoffmann* in NZBau 2014, S. 67 (69).
482 *Schranner* in Ingenstau/Korbion, Kommentar VOB, § 2 VOB/A, Rn. 21.

selbst keine vertraglichen Beziehungen zum Auftraggeber haben.[483] Jedoch ist ein Unternehmen nur dann als Nachunternehmer anzusehen, wenn es über bloße Hilfstätigkeiten hinaus einen Teil des Auftrags erledigen soll.[484]

Im Hinblick auf die Fachkunde und Leistungsfähigkeit ist es für ein Unternehmen im Wege einer so genannten »Eignungsleihe« gem. § 6 Abs. 8 Satz 1 VOB/A EG, § 7 Abs. 9 Satz 1 VOL/A EG, § 5 Abs. 6 Satz 1 VOF und § 20 Abs. 3 Satz 1 SektVO möglich, eigene Defizite dadurch auszugleichen, dass es sich anderer Unternehmen, insbesondere als Nachunternehmer oder im Rahmen einer Bietergemeinschaft bedient, die über die entsprechenden Eigenschaften verfügen.[485] Denn bei solchen Konstellationen geht es hauptsächlich darum, zusätzliche Kapazitäten oder Leistungen anbieten zu können, über die man selbst nicht verfügen könnte, so dass eine Zusammenlegung im Hinblick auf die genannten Kriterien Synergieeffekte erzeugt.[486]

Die Zuverlässigkeit dagegen muss für jeden Nachunternehmer und für jedes Mitglied einer Bietergemeinschaft selbst vorliegen.[487,488] Ein Ausgleich der Unzuverlässigkeit eines Unternehmens durch die (besonders ausgeprägte) Zuverlässigkeit eines anderen Unternehmens kommt nicht in Betracht.[489] Wenn auch nur ein Mitglied einer Bietergemeinschaft als unzuverlässig einzustufen ist, zieht das folglich

---

483 *Wagner-Cardenal* in Dieckmann/Scharf/Wagner-Cardenal, Kommentar VOL/A, § 7 VOL/A EG, Rn. 73.
484 *Glahs* in Kapellmann/Messerschmidt, Kommentar VOB/A, § 6 VOB/A, Rn. 97.
485 *Wagner-Cardenal* in Dieckmann/Scharf/Wagner-Cardenal, Kommentar VOL/A, § 7 VOL/A EG, Rn. 67, 73; *Schranner* in Ingenstau/Korbion, Kommentar VOB, § 2 VOB/A, Rn. 8, 21; *Just* in Schulte/Just, Kommentar Kartellrecht, § 97 GWB, Rn. 31, 32.
486 *Leinemann*, Vergaberecht, Rn. 383.
487 *Bungenberg* in Loewenheim/Meessen/Riesenkampff, Kommentar Kartellrecht, § 97 GWB, Rn. 45; für Bietergemeinschaften OLG Düsseldorf, Beschluss vom 15. Dezember 2004, Az. Verg 48/04, Tz. 24; VK Niedersachsen, Beschluss vom 10. Juli 2012, Az. VgK-21/2012, S. 14; VK Brandenburg, Beschluss vom 16. Oktober 2007, Az. VK 38/07, S. 10; für Nachunternehmer VK Münster, Beschluss vom 13. Februar 2007, Az. VK 17/06, S. 12.
488 Siehe für die erforderliche Einhaltung arbeitnehmerschützender Vorschriften durch Nachunternehmer § 6 Landestariftreue- und Mindestlohngesetz Baden-Württemberg; § 5 Satz 1 Vergabegesetz Brandenburg; § 13 Satz 2 Tariftreue- und Vergabegesetz Bremen; § 13 Abs. 1 Tariftreue- und Vergabegesetz Niedersachsen; § 9 Abs. 1 Tariftreue- und Vergabegesetz Nordrhein-Westfalen; § 5 Landestariftreuegesetz Rheinland-Pfalz; § 4 Abs. 1 Tariftreuegesetz Saarland; § 13 Abs. 2 Landesvergabegesetz Sachsen-Anhalt (Auftraggeber kann Übertragung widersprechen, § 13 Abs. 1); § 9 Abs. 1 Tariftreue- und Vergabegesetz Schleswig-Holstein; § 12 Abs. 2 Vergabegesetz Thüringen; für die erforderliche Einhaltung arbeitnehmerschützender Vorschriften sämtlicher Mitglieder einer Bietergemeinschaft § 13 Satz 1 Tariftreue- und Vergabegesetz Schleswig-Holstein; § 14 Satz 1 Tariftreue- und Vergabegesetz Nordrhein-Westfalen.
489 *Schranner* in Ingenstau/Korbion, Kommentar VOB, § 2 VOB/A, Rn. 21.

die Unzuverlässigkeit der gesamten Bietergemeinschaft nach sich.[490] Die Herstellung der Zuverlässigkeit kann auch nicht dadurch erfolgen, dass das als unzuverlässig einzustufende Unternehmen nachträglich aus der Bietergesellschaft ausgeschlossen wird.[491]

5. Die Zurechnung nach Unternehmenskäufen und Verschmelzungen

Wenn ein Unternehmen oder ein Unternehmensbereich zugekauft wurde, sind frühere Verfehlungen dem neuen Unternehmen zuzurechnen, wenn die verantwortliche Geschäftsführung identisch geblieben ist.[492] Dies wird in der Praxis häufig im wirtschaftlichen Interesse des erwerbenden Unternehmens liegen, sofern es sich um ein gut geführtes, erfolgreiches Unternehmen oder einen solchen Unternehmensbereich handelt, birgt jedoch die Gefahr der vergaberechtlichen Bewertung als unzuverlässiges Unternehmen, gewissermaßen einem »Einkaufen der Unzuverlässigkeit«. Um sich vor solchen negativen Folgen zu schützen, kommt neben Untersuchungen im Rahmen einer Due Diligence im Vorfeld der Transaktion zur Klärung der Frage, ob entsprechende Verstöße vorliegen, eine vertragliche Absicherung in Form von Garantien oder Freistellungsvereinbarungen in Betracht, die sicherstellt, dass die früheren Anteilseigner für sämtliche Folgen einer früheren Verfehlung aufkommen.[493] Darunter fallen neben Bußgeldern (die gem. § 30 Abs. 2a OWiG auch gegen das erwerbende Unternehme verhängt werden können) und Schadensersatzzahlungen auch die Kosten für Maßnahmen zur Wiederherstellung der Zuverlässigkeit des Unternehmens (siehe Kapitel 3).

Eine Zurechnung erfolgt auch in Folge von Unternehmensverschmelzungen i.S.d. § 2 Umwandlungsgesetz, da diese Vorgänge zu einer nicht nur wirtschaftlichen, sondern rechtlichen Einheit führen.[494] Durch eine Verschmelzung wächst dem übernehmenden Rechtsträger die Vorgeschichte des übertragenen Rechtsträgers zu.[495] Im Falle der Verschmelzung einer auf Grund einer Verfehlung unzuverlässigen Gesellschaft auf eine andere Gesellschaft muss letztere daher Selbstreinigungsmaßnahmen durchführen, um als zuverlässig zu gelten. Keinesfalls führt der bloße Vorgang der

---

490   OLG Düsseldorf, Beschluss vom 15. Dezember 2004, Az. VII-Verg 48/04, Tz. 27; *Wimmer*, Zuverlässigkeit, S. 26; *Opitz* in Dreher/Motzke, Beck'scher Vergaberechtskommentar, § 97 Abs. 4 GWB, Rn. 44; *Opitz* in Dreher/Motzke, Beck'scher Vergaberechtskommentar, § 16 VOB/A, Rn. 159.
491   *Leinemann*, Vergaberecht, Rn. 384.
492   VK Südbayern, Beschluss vom 27. April 2001, Az. 08-04/01, S. 8.
493   *von Busekist/Timmerbeil* in CCZ 2013, S. 225 (231f.); *Timmerbeil/Mansdörfer* in BB 2011, S. 323 (325).
494   *Kreßner,* Auftragssperre, S. 128.
495   VK Düsseldorf, Beschluss vom 17. Dezember 2002, Az. VK – 31/2002-L, S. 24.

Verschmelzung auf eine zuverlässige Gesellschaft dazu, dass für das verschmolzene Unternehmen insgesamt keine Zweifel an der Zuverlässigkeit begründet sind.[496]

V. Der maßgebliche Beurteilungszeitpunkt und die Berücksichtigung von Veränderungen im Laufe des Vergabeverfahrens

Es stellt sich die Frage, ob die Vergabestelle ihre bereits getroffene Entscheidung über die Zuverlässigkeit eines Unternehmens an veränderte Umstände anpassen kann und welcher Zeitpunkt für die Bewertung der Zuverlässigkeit maßgeblich ist.

Grundsätzlich ist die Vergabestelle an ihre im Rahmen der Eignungsprüfung vorgenommene Bewertung eines Unternehmens als zuverlässig oder unzuverlässig gebunden.[497] Bei unveränderter Sachlage ist daher die Vergabestelle nach Treu und Glauben im Sinne einer Selbstbindung auf ihre eigene Beurteilung festgelegt, wenn sie in Ausübung ihres Ermessen bereits entschieden hat, die Zuverlässigkeit eines Unternehmens trotz Vorliegens einer schweren Verfehlung zu bejahen und das Unternehmen nicht auszuschließen.[498] Es muss allerdings anhand eines Aktenvermerks oder einer Kundgabe gegenüber dem betreffenden Unternehmen nach außen dokumentiert sein, dass die Vergabestelle bereits eine Eignungsprüfung vorgenommen hat.[499] Nicht ausreichend ist die bloße Tatsache, dass ein Unternehmen in einem offenen Verfahren die Ausschreibungsunterlagen erhalten hat, da vor deren Versendung keine Eignungsprüfung stattfindet.[500] Genauso wenig führt die Tatsache, dass ein Unternehmen zur Vervollständigung seines Teilnahmeantrag im Rahmen eines nicht offenen Verfahrens aufgefordert wurde, dazu, dass es davon ausgehen kann, dass die Vergabestelle trotz Kenntnis eines Fehlverhaltens von der Zuverlässigkeit des Unternehmens ausgeht, denn eine Prüfung der Eignung erfolgt erst nach Durchführung des Teilnahmewettbewerbs.[501]

Wenn sich jedoch die Sachverhaltsgrundlagen der Bewertung im Laufe des Vergabeverfahrens ändern, muss dies berücksichtigt werden können. Es entspräche

---

496 OLG Düsseldorf, Beschluss vom 9. April 2003, Az. VII-Verg 66/02, Tz. 90ff.; Beschluss vom 9. April 2003, Az. Verg 43/02, Tz. 37ff.; VK Düsseldorf, Beschluss vom 17. Dezember 2002, Az. VK – 31/2002-L, S. 23, 24.
497 OLG Frankfurt, Beschluss vom 24. Februar 2009, Az. 11 Verg 19/08, Tz. 98; *Opitz* in Dreher/Motzke, Beck'scher Vergaberechtskommentar, § 16 VOB/A, Rn. 199.
498 OLG Düsseldorf, Beschluss vom 9. Juni 2010, Az. VII-Verg 14/10, Tz. 56; OLG Frankfurt, Beschluss vom 20. Juli 2004, Az. 11 Verg 6/04, Tz. 45; VK Nordbayern, Beschluss vom 22. Januar 2007, Az. 21.VK - 3194 - 44/06, S. 16; *Wagner-Cardenal* in Dieckmann/Scharf/Wagner-Cardenal, Kommentar VOL/A, § 6 VOL/A EG, Rn. 52.
499 OLG München, Beschluss vom 5. Oktober 2012, Az. Verg 15/12, Tz. 66.
500 OLG München, Beschluss vom 5. Oktober 2012, Az. Verg 15/12, Tz. 67; siehe auch Einleitung zu B.
501 OLG Düsseldorf, Beschluss vom 9. Juni 2010, Az. VII-Verg 14/10, Tz. 59ff.; siehe zu den Prüfungsschritten B.I.

nicht dem Sinn und Zweck des Vergabeverfahrens, das dazu dienen soll, das wirtschaftlichste Angebot zu ermitteln, wenn man für das Vorliegen der Eignung als maßgeblichen Zeitpunkt auf die Angebotsabgabe abstellen und die Berücksichtigung nachfolgender Änderungen nicht zulassen würde.[502] Andernfalls wäre die Vergabestelle gewissermaßen gezwungen, einem einmal als zuverlässig eingestuften Bieter den Zuschlag zu erteilen, obwohl sie Kenntnis von inzwischen eingetretenen Umständen hat, die eine Beurteilung als unzuverlässig rechtfertigen.[503] Regelrecht »sehenden Auges« mit einem Unternehmen einen Vertrag schließen zu müssen, obwohl neue Erkenntnisse den Schluss zulassen, dass von einer ordnungsgemäßen Auftragsausführung nicht auszugehen ist, stünde in eklatantem Widerspruch zu der Verpflichtung der öffentlichen Hand zur sparsamen und wirtschaftlichen Verwendung der ihr zur Verfügung gestellten Mittel.[504] Im Falle des Auftretens oder Bekanntwerdens neuer Umstände, die die Zuverlässigkeit des Unternehmens ausschließen oder in Zweifel ziehen, ist die Vergabestelle vielmehr sogar verpflichtet, die Zuverlässigkeit erneut zu prüfen.[505] Außerdem erfordert es das Prinzip der Gleichbehandlung, Unternehmen, für die im Laufe des Vergabeverfahrens dieselben Eigenschaften zutreffen wie für andere, auch genauso wie diese als zuverlässig oder unzuverlässig zu behandeln.[506]

Als letztmöglicher Zeitpunkt für eine Beurteilung der Zuverlässigkeit ist die letzte mündliche Verhandlung in einem Nachprüfungsverfahren anzusehen.[507] Dies gilt unabhängig davon, ob es sich um eine offene oder um eine nicht offene Ausschreibung handelte, wie bereits der Wortlaut der §§ 16 Abs. 4 VOL/A, 19 Abs. 4 VOL/A EG zeigt, die für die Gründe für einen fakultativen Ausschluss eines Angebots auf die Vorschriften der §§ 6 Abs. 5 VOL/A, 6 Abs. 6 lit. c) VOL/A EG zum Ausschluss von der Teilnahme am Wettbewerb verweist, ohne dies darauf zu beschränken, dass eine offene Ausschreibung durchgeführt wurde.[508] Auch der Wortlaut von § 16 Abs. 2

---

502 OLG Brandenburg, Beschluss vom 14. Dezember 2007, Az. Verg W 21/07, Tz. 58; VK Bund, Beschluss vom 8. Dezember 2009, Az. VK 2 – 219/09, S. 10; VK Nordbayern, Beschluss vom 24. Januar 2008, Az. 21.VK - 3194 - 52/07, S. 14; *Weyand*, Praxiskommentar Vergaberecht, § 97 GWB, Rn. 936.
503 OLG München, Beschluss vom 22. November 2012, Az. Verg 22/12, S. 12.
504 OLG München, Beschluss vom 1. Juli 2013, Az. Verg 8/13, Tz. 30.
505 OLG München, Beschluss vom 1. Juli 2013, Az. Verg 8/13, Tz. 30; OLG Düsseldorf, Beschluss vom 9. Juni 2010, Az. VII-Verg 14/10, Tz. 56; *Weyand*, Praxiskommentar Vergaberecht, § 97 GWB, Rn. 822; bezogen auf das Eignungskriterium der Leistungsfähigkeit OLG Düsseldorf, Beschluss vom 25. April 2012, Az. VII-Verg 61/11, Tz. 54; OLG Düsseldorf, Urteil vom 15. Dezember 2008, Az. I-27 U 1/07, Tz. 85.
506 *Mertens* in Franke/Kemper/Zanner/Grünhagen, VOB-Kommentar, § 6 VOB/A EG, Rn. 126; *Ziekow* in Ziekow/Völlink, Kommentar Vergaberecht, § 97 GWB, Rn. 94.
507 OLG München, Beschluss vom 22. November 2012, Az. Verg 22/12, Tz. 45.
508 OLG Düsseldorf, Beschluss vom 18. Juli 2001, Az. Verg 16/01, S. 15f.; *Ohrtmann* in NZBau 2007, S. 201 (205); siehe entsprechend § 31 Abs. 2 Nr. 7 VSVgV, § 16 Abs. 1 Nr. 2 lit. c) VOB/A-VS.

Nr. 2 VOB/A, § 16 Abs. 2 Nr. 2 VOB/A EG (»*Bei Beschränkter Ausschreibung und Freihändiger Vergabe sind nur Umstände zu berücksichtigen, die nach Aufforderung zur Angebotsabgabe Zweifel an der Eignung des Bieters begründen*«) spricht nicht dagegen, da dadurch im Gegenteil ermöglicht wird, eine erneute Prüfung der Eignung vorzunehmen, wenn neue Tatsachen auftreten.[509] Obwohl also die entsprechenden Ausschlussgründe bereits im Rahmen des Teilnahmewettbewerbs geprüft wurden, können sie zu einem späteren Zeitpunkt im Verfahren erneut eine Rolle spielen. Ein Vertrauenstatbestand für denjenigen Bieter, an den der Zuschlag vorgesehen war, kann vor Abschluss des Nachprüfungsverfahrens nicht entstehen.[510] Auch wenn die Vergabestelle den nicht berücksichtigten Bietern bereits gem. §101a Abs. 1 Satz 1 GWB mitgeteilt hat, welches Unternehmen den Zuschlag erhalten soll, ist sie nicht daran gehindert, das für den Zuschlag vorgesehene Unternehmen nach Bekanntwerden einer schweren Verfehlung vom Vergabeverfahren auszuschließen.[511]

Zu berücksichtigende neue Umstände liegen vor, wenn die Umstände sich nachträglich ändern oder wenn sie der Vergabestelle erst zu einem späteren Zeitpunkt bekannt werden,[512] weil sie sie trotz pflichtgemäßer Prüfung nicht erkennen konnte oder weil sie keine ausreichende Prüfung vorgenommen hat.[513]

Im Falle einer Änderung der Bewertung der Zuverlässigkeit muss nachvollziehbar dokumentiert werden, aus welchen Gründen die Einschätzung sich geändert hat.[514] Außerdem ist eine erneute Anhörung des betreffenden Unternehmens erforderlich.[515]

Geringere Anforderungen sind bei Vorliegen der Voraussetzungen eines zwingenden Ausschlusses zu stellen. In einem solchen Fall ist es unerheblich, ob der Vergabestelle die Tatsachen bereits zu einem früheren Zeitpunkt bekannt waren, denn ein zwingender Ausschluss könnte stets durch andere Bieter auch im Rahmen eines Nachprüfungsverfahrens geltend gemacht und durchgesetzt werden.[516] Von einem schützenswerten Vertrauen des Unternehmens auf die zunächst positive Bewertung seiner Zuverlässigkeit kann in einem solchen Fall keine Rede sein, weswegen die

---

509 OLG Brandenburg, Beschluss vom 14. Dezember 2007, Az. Verg W 21/07, Tz. 59.
510 OLG München, Beschluss vom 22. November 2012, Az. Verg 22/12, Tz. 46.
511 OLG München, Beschluss vom 21. April 2006, Az. Verg 8/06, S. 16.
512 OLG Frankfurt, Beschluss vom 24. Februar 2009, Az. 11 Verg 19/08, Tz. 96; OLG Brandenburg, Beschluss vom 14. Dezember 2007, Az. Verg W 21/07, Tz. 55; *Glahs* in Kapellmann/Messerschmidt, Kommentar VOB/A, § 6 VOB/A, Rn. 118.
513 *Schranner* in Ingenstau/Korbion, Kommentar VOB, § 2 VOB/A, Rn. 41.
514 VK Hessen, Beschluss vom 9. Februar 2004, Az. 69 d VK-79+80/2003, S. 16; *Leinemann*, Vergaberecht, Rn. 397.
515 OLG Frankfurt, Beschluss vom 20. Juli 2004, Az. 11 Verg 6/04, Tz. 57; *Leinemann*, Vergaberecht, Rn. 397.
516 *Wimmer*, Zuverlässigkeit, S. 33; *Glahs* in Kapellmann/Messerschmidt, Kommentar VOB/A, § 6 VOB/A, Rn. 119.

Vergabestelle das betreffende Unternehmen auch zu einem späteren Zeitpunkt noch jederzeit wie gesetzlich vorgeschrieben vom Verfahren ausschließen kann.[517]

VI. Der zu berücksichtigende Zeitraum

Fraglich ist, wie lange die Vergabestelle zurückblickt bei der Prüfung, ob zwingende oder fakultative Ausschlussgründe vorliegen. Diesen Zeitraum als unbegrenzt anzusehen würde jedenfalls gegen das Verhältnismäßigkeitsprinzip verstoßen, denn der Zweck eines Ausschlusses, Vertragsbeziehungen mit unzuverlässigen Unternehmen zu verhindern, kann nicht mehr greifen, wenn zwischen dem Fehlverhalten und der Angebotsprüfung bereits eine erhebliche Zeitspanne liegt und die Zuverlässigkeit dadurch nicht mehr in Frage gestellt sein kann.[518]

Letztlich kann die Frage des zu berücksichtigenden Zeitraums nicht pauschal, sondern nur für den jeweiligen Einzelfall und anhand der Art und Schwere der konkreten Verfehlung beantwortet werden.[519] Aus Rechtsprechung und Praxis der Vergabekammern lassen sich hierfür Anhaltspunkte entnehmen. Ein 1½ Jahren vor dem Vergabeverfahren beendeter Kartellrechtsverstoß ist zu berücksichtigen.[520] Verstöße, die erst wenige Monate vor der Vergabeentscheidung mit einem Bußgeldbescheid des Bundeskartellamtes geahndet wurden und zwischen zwei und vier Jahre zurückliegen, sind jedenfalls unter dem Gesichtspunkt eines »*überschaubaren Zeitraums*« ebenso in die Bewertung einzubeziehen.[521] Eine zwei Jahre zurückliegende Strafanzeige führt allerdings nicht notwendigerweise zu einer Infragestellung der Zuverlässigkeit.[522] Vier Jahre nach einer strafrechtlichen Verurteilung ist es fraglich, ob diese noch eine Beurteilung als unzuverlässig nach sich ziehen können.[523] Allerdings wurden auch schon Verfehlungen, die etwa zehn Jahre zurückliegen, für die Prüfung der Zuverlässigkeit herangezogen.[524] Die neue EU-Vergaberichtlinie gibt in

---

517 *Prieß/Pünder/Stein* in Pünder/Prieß/Arrowsmith, Self-Cleaning, S. 63; OLG Frankfurt, Beschluss vom 24. Februar 2009, Az. 11 Verg 19/08, Tz. 99; OLG Frankfurt, Beschluss vom 20. Juli 2004, Az. 11 Verg 6/04, Tz. 44; OLG Düsseldorf, Beschluss vom 28. Mai 2003, Az. VII-Verg 16/03, Tz. 10.
518 Vgl. bereits oben unter III.5. zur zulässigen Dauer einer Auftragssperre.
519 *Wimmer*, Zuverlässigkeit, S. 104; *Ruhland/Tomerius* in Pünder/Schellenberg, Handkommentar Vergaberecht, § 16 VOB/A, Rn. 32; *Wagner-Cardenal* in Dieckmann/Scharf/Wagner-Cardenal, Kommentar VOL/A, § 6 VOL/A EG, Rn. 66.
520 VK Niedersachsen Beschluss vom 24. März 2011, Az. VgK-04/2011, S. 8.
521 OLG Celle, Urteil vom 26. November 1998, Az. 14 U 283/97, NZBau 2000, S. 106.
522 KG Berlin, Urteil vom 13. März 2008, 2 Verg 18/07, Tz. 78.
523 OLG Frankfurt, Beschluss vom 20. Juli 2004, Az. 11 Verg 6/04, Tz. 69; VK Bund, Beschluss vom 11. Oktober 2002, Az. VK 1 - 75/02, S. 18; so aber KG Berlin, Urteil vom 17. Januar 2011, Az. 2 U 4/06 Kart, NZBau 2012, S. 56 (60).
524 KG Berlin, Urteil vom 17. Januar 2011, Az. 2 U 4/06 Kart, NZBau 2012, S. 56 (60); LG Berlin, Urteil vom 22. März 2006, Az. 23 O 118/04, S. 3ff.; OLG Saarbrücken, Beschluss vom 18. Dezember 2003, Az. 1 Verg 4/03, S. 13f.; VK Nordbayern, Beschluss vom 14. März 2006, Az. 21.VK - 3194 - 07/06, S. 18.

Art. 57 Abs. 7 Satz 3 einen »*Ausschlusszeitraum*« von höchstens fünf Jahren ab einer rechtskräftigen Verurteilung und von höchstens drei Jahren seit dem Fehlverhalten, das einen fakultativen Ausschlussgrund darstellt, vor. Diese Vorschrift könnte sich zwar wegen des Zusammenhangs der durch ein Gericht verhängten Sanktion eines Ausschlusses von öffentlichen Ausschreibungen für einen gewissen Zeitraum (»*Wurde kein [sic] Ausschlusszeitraum nicht durch rechtskräftige gerichtliche Entscheidung festgelegt,*«) auf die Höchstdauer einer Sperre beziehen, kann aber dennoch auch für die Frage des zu berücksichtigenden Zeitraums herangezogen werden, denn wenn eine Auftragssperre allein wegen Zeitablauf seit dem Fehlverhalten zu beenden ist, kann auch ein Ausschluss im Einzelfall nicht mehr angemessen sein.[525]

Problematisch erscheint es, einen neun Jahre zurückliegenden Sachverhalt und die darauf beruhende, erst wenige Monate vor der Vergabeentscheidung erfolgte Verurteilung auch deswegen zu berücksichtigen, weil das betreffende Unternehmen durch das Unterlassen einer Einräumung des Fehlverhaltens selbst für die lange Verfahrensdauer gesorgt habe.[526] Wie auch für die Frage der Dauer einer Auftragssperre (siehe oben unter III.5.) kommt es maßgeblich auf den Zeitpunkt des Fehlverhaltens an. Wie lange ein Verfahren sich bis zu einer rechtskräftigen behördlichen oder gerichtlichen Entscheidung hinzieht, liegt nicht (nur) in den Händen des betroffenen Unternehmens oder der betroffenen natürlichen Personen. Ob ein Unternehmen die Verfehlung eingestehen musste, ist im Rahmen der Prüfung der Wiederherstellung der Zuverlässigkeit (siehe unten unter Kapitel 3 C.I.2.) zu prüfen.

Wie bereits zur Frage der zulässigen Dauer einer Auftragssperre ausgeführt (siehe oben unter III.5.) kann die Tatsache, dass eine Registereintragung besteht, nur als Anhaltspunkt dafür dienen, dass die Zuverlässigkeit des Unternehmen einer näheren Prüfung zu unterziehen ist und dass die Verfehlung noch nicht so lange zurückliegt, dass es nicht mehr in die Bewertung miteinfließen könnte.[527] Im Einzelfall ist etwa zu berücksichtigen, wenn das Fehlverhalten bereits erheblich länger zurückliegt als das Datum der Eintragung. Zu beachten ist allerdings umgekehrt das Verbot, eine bereits getilgte Eintragung zu Lasten eines Betroffenen zu verwenden, siehe §§ 51 Abs. 1 BZRG, 153 Abs. 6 Satz 1 GewO.[528] Ein vergaberechtlicher Ausschluss kann daher nicht auf ein Verhalten gestützt werden, für das eine Eintragung im Bundeszentralregister bereits wegen Zeitablaufs gelöscht wurde.[529]

---

525 Von der Formulierung in § 126 Entwurf-Vergaberechtsmodernisierungsgesetz sollen gemäß der Begründung des Entwurfs (s. S. 137) ausdrücklich sowohl der Zeitraum, in dem das Vorliegen eines Ausschlussgrundes noch berücksichtigt werden darf, als auch die Höchstdauer von Auftragssperren festgelegt werden.
526 So aber OLG München, Beschluss vom 21. April 2006, Az. Verg 8/06, S. 12f.
527 VK Arnsberg, Beschluss vom 22. Oktober 2001, Az. VK 1-13/2001, S. 6.
528 *Hertwig,* Öffentliche Auftragsvergabe, Rn. 492; *Hölzl* in Münchener Kommentar zum Beihilfen- und Vergaberecht, § 97 GWB, Rn. 152.
529 *Wimmer,* Zuverlässigkeit, S. 81; *Wagner-Cardenal* in Dieckmann/Scharf/Wagner-Cardenal, Kommentar VOL/A, § 6 VOL/A EG, Rn. 44.

Wenn die durch das Unternehmen getroffenen Maßnahmen zur Selbstreinigung (dazu sogleich ausführlich Kapitel 3) als hinreichend zu beurteilen sind, können auch laufende Verfahren gegen Mitarbeiter des Unternehmens die Vergabestelle nicht an seiner Einstufung als zuverlässig hindern. Auch muss für eine Beurteilung der Zuverlässigkeit ein Abschluss solcher Verfahren nicht abgewartet und müssen solche Vorwürfe nicht abschließend aufgeklärt werden. Denn es ist anzunehmen, dass das Unternehmen neu hinzukommende Verfehlungen ebenso wie bisherige aufklären und dafür sorgen wird, dass die erforderlichen personellen und strukturellen Maßnahmen getroffen werden.[530]

---

530 OLG Düsseldorf, Beschluss vom 9. April 2003, Az. VII-Verg 66/02, Tz. 100; Beschluss vom 9. April 2003, Az. Verg 43/02, Tz. 49.

Kapitel 3: Die Möglichkeit der »Selbstreinigung«

Nachdem in Kapitel 2 aufgezeigt wurde, welchen Anforderungen Bewerber und Bieter im Hinblick auf ihre Zuverlässigkeit unterliegen, wird im Folgenden untersucht, welche Handlungsmöglichkeiten ein Unternehmen hat, um trotz des Vorliegens eines Kartellrechtsverstoßes in der Vergangenheit eine Einstufung durch die Vergabestelle als zuverlässig zu bewirken.

A. Begriff und Hintergründe

Zunächst wird unter I. die Verwendung des Begriffs der »Selbstreinigung« auch in anderen (rechtlichen) Zusammenhängen skizziert. Sodann wird dargestellt, aus welchen Gesichtspunkten sich die Berücksichtigung von Selbstreinigungsmaßnahmen im Rahmen der vergaberechtlichen Zuverlässigkeitsprüfung ergibt (dazu II.).

I. Der Begriff der »Selbstreinigung«

Der Terminus der »Selbstreinigung« taucht in sehr unterschiedlichen Zusammenhängen auf, mit jeweils eigenständiger, dem jeweiligen Kontext entsprechender Konnotation. Der gemeinsame Bedeutungsgehalt liegt darin, dass stets eine Rehabilitierung von innen heraus und aus eigener Kraft damit bezeichnet wird.

Die erforderlichen Änderungen im Justizapparat sowohl nach dem Zweiten Weltkrieg und den während der NS-Zeit begangenen Justizverbrechen[531] als auch in der ehemaligen DDR wegen der ideologisch geprägt erfolgten Verurteilungen von DDR-Bürgern für politische Straftaten[532] werden so benannt, ebenso wie die Bestrebungen der Universitäten, nach 1945 in eigener Verantwortung für den Ausschluss von Professoren mit nationalsozialistischem Hintergrund zu sorgen.[533] Das allgemeine verwaltungsinterne Kontrollsystem in Form der Fachaufsicht wird als »*Selbstreinigung der Verwaltung*« bezeichnet.[534] Die gem. Art. 98 Abs. 2 Satz 1 GG vorgesehene Versetzung eines Bundesrichters, der gegen die Grundsätze des Grundgesetzes oder gegen die verfassungsmäßige Ordnung eines Landes verstoßen hat, in ein anderes Amt oder in den Ruhestand durch das Plenum des Bundesverfassungsgerichts selbst wird ebenfalls als Selbstreinigung betitelt.[535] Der Begriff wird

---

531 *Spendel* in NJW 1996, S. 809.
532 Vgl. BVerfG, Beschluss vom 21. September 2000, Az. 1 BvR 514/97, Tz. 9.
533 *Rückert* in NJW 1995, S. 1251 (1255).
534 *Hüttenbrink* in Kuhla/Hüttenbrink, Verwaltungsprozess, A. Rn. 3.
535 *Hillgruber* in Maunz/Dürig, Kommentar GG, Stand: Lfg. 57 Januar 2010, Art. 98 GG, Rn. 42.

außerdem in Bezug auf Untersuchungsausschüsse des Bundestages verwendet, die der »*Selbstreinigung des politischen Systems*« dienen.[536] Auch im Hinblick auf die Wirtschaft findet der Begriff Verwendung. Der Staat soll möglichst wenig in den »*Selbstreinigungsprozess der Wirtschaft*« eingreifen, etwa indem er Insolvenzen von Großunternehmen verhindert.[537]

Der Begriff wird darüber hinaus im Disziplinarrecht verwendet. Gem. § 18 Abs. 1 Bundesdisziplinargesetz kann ein Beamter, gegen den der Verdacht besteht, ein Dienstvergehen begangen zu haben, die Einleitung eines Disziplinarverfahrens gegen sich selbst beantragen. Entsprechend ermöglicht es § 95 Abs. 1 Satz 1 Wehrdisziplinarordnung jedem Soldaten, die Einleitung eines gerichtlichen Disziplinarverfahrens zu beantragen, »*um sich von dem Verdacht eines Dienstvergehens zu reinigen*«. § 123 Abs. 1 Satz 1 Bundesrechtsanwaltsordnung sieht ein ähnliches Vorgehen für Rechtsanwälte vor: »*Der Rechtsanwalt kann bei der Staatsanwaltschaft beantragen, das anwaltsgerichtliche Verfahren gegen ihn einzuleiten, damit er sich von dem Verdacht einer Pflichtverletzung reinigen kann.*« Diese Verfahren werden als »*Selbstreinigungsverfahren*« bezeichnet.[538] Dort geht es allerdings darum, den Verdacht einer Verfehlung mittels der Durchführung eines Verfahrens zu entkräften, während die vergaberechtliche Selbstreinigung die Einräumung eines Fehlverhaltens impliziert und daneben aus Vermeidungsmaßnahmen für die Zukunft besteht.

Historisch gesehen handelt es sich bei der vergaberechtlichen Selbstreinigung um eine verhältnismäßig junge Rechtsfigur. In Deutschland wurde der Begriff der Selbstreinigung im Bereich des Vergaberechts erstmals 1995 in dem »Gemeinsamen Runderlass der Hessischen Landesregierung über Vergabesperren zur Korruptionsbekämpfung«[539] erwähnt. Dort heißt es unter Ziffer 5.3:

> »Bei der Sperrentscheidung sind jeweils die Besonderheiten des Einzelfalls zu berücksichtigen. Hierbei können u.a. Schadensumfang, Geständnis, »**Selbstreinigung**« **im Unternehmen**, Umfang und Dauer des strafbaren bzw. kartellrechtswidrigen Verhaltens, Wiederholungstäterschaft, Zeitanlauf seit der letzten Tat, Mitverantwortung in der Sphäre des Auftraggebers maßgeblich sein.«

(Hervorhebungen nicht im Original)

In der Rechtsprechung wurde der Terminus zum ersten Mal in einem Urteil des OLG Frankfurt vom 3. Dezember 1996 verwendet, in dem es um die Frage ging, ob eine auf dem eben genannten Gemeinsamen Runderlass beruhende koordinierte

---

536 *Schneider* in NJW 2001, S. 2604 (2605).
537 *Uhlenbruck* in NJW 2002, S. 3219 (3221).
538 *Wittkowski* in Urban/Wittkowski, Kommentar BDG, § 18 BDO, Rn. 1; *Dau*, Kommentar WDO, § 95 WDO, Rn. 1; *Feuerich* in Feuerich/Weyland, Kommentar BRAO, § 123 BRAO, Rn. 3.
539 Beschlossen am 16. Februar 1995, bekanntgemacht im Staatsanzeiger für das Land Hessen vom 24. April 1995, Nr. 17/1995, S. 1308ff.

Vergabesperre eine unbillige Behinderung durch ein marktbeherrschendes Unternehmen darstellt. Das Gericht bezog sich auf eine

> »erfolgreiche Praxis der öffentlichen Auftraggeber, Auftragssperren als zusätzliche Sanktion für Rechtsverstöße und Druckmittel zur Herbeiführung eines Schadensausgleichs wie einer **Selbstreinigung** der betroffenen Unternehmen einzusetzen«.

(Hervorhebung nicht im Original)[540]

Bereits zuvor beschäftigte sich das LG Köln in einem Urteil vom 31. Juli 1990[541] anlässlich eines einstweiligen Verfügungsverfahrens, mit dem ein Unternehmen sich gegen eine Vergabesperre wandte, mit der Frage, wie das Vertrauen eines öffentlichen Auftraggebers wiederhergestellt werden kann, und erwähnte einige der später in Rechtsprechung und Literatur für erforderlich erachteten Elemente, ohne dabei den Begriff der Selbstreinigung zu verwenden.

II. Die Gründe für das Bestehen der Möglichkeit der Selbstreinigung

Dass die Vergabestelle Selbstreinigungsmaßnahmen eines Unternehmens in ihre Bewertung einzubeziehen hat, ergibt sich aus der Zielrichtung der vergaberechtlichen Vorschriften (dazu 1.) und beruht auf den bereits in Kapitel 1 unter A. dargestellten Grundprinzipien des Vergaberechts (dazu 2.). Für einen Ausschluss als Maßnahme mit Sanktionscharakter wären die Vergabestellen bereits nicht zuständig (dazu 3.). Die Berücksichtigung von Selbstreinigungsmaßnahmen trägt zur Prävention von Rechtsverstößen und zur Verankerung von Werten in Unternehmen bei (dazu 4.). Insbesondere wenn sich die Vergabestelle wenigen Anbietern gegenüber sieht, stellt die Ermöglichung einer Selbstreinigung ein gewisses bzw. erhöhtes Maß an Wettbewerb sicher (dazu 5.).

1. Die Zielrichtung der vergaberechtlichen Vorschriften

Das Vergaberecht in seiner Gesamtheit und Angebotsausschlüsse bzw. Auftragssperren im Speziellen dienen nicht dem Zweck, Unternehmen für Verfehlungen in der Vergangenheit zu sanktionieren, sondern sollen einen funktionsfähigen Wettbewerb ermöglichen und die Vergabestelle davor schützen, Verträge mit unzuverlässigen Unternehmen abzuschließen.[542] Es kommt entscheidend darauf an, ob zu erwarten

---

540 OLG Frankfurt, Urteil vom 3. Dezember 1996, Az. 11 U (Kart) 64/95, WuW/E OLG 5767 (5772).
541 Az. 31 O (Kart.) 291/90.
542 OLG Frankfurt, Urteil vom 3. Dezember 1996, Az. 11 U (Kart) 64/95, WuW/E OLG 5767 (5770); *Hertwig*, Öffentliche Auftragsvergabe, Rn. 490; *Freund/Kallmayer/Kraft*, Korruption und Kartelle bei Auftragsvergaben, S. 159; *Stein/Friton* in VergabeR 2010, S. 151 (160); *Prieß* in NZBau 2009, S. 587 (591); *Quardt* in BB 1997, S. 477 (480).

ist, dass der konkrete zu vergebende Auftrag ordnungsgemäß durchgeführt werden wird (siehe die Definition der Zuverlässigkeit oben unter Kapitel 2 A.I.). Erforderlich ist eine Prüfung des Einzelfalls, die konsequenterweise auch miteinbezieht, wenn das betreffende Unternehmen Anstrengungen unternommen hat, um Rechtsverstöße in Zukunft zu vermeiden.[543] Es kann durchaus sein, dass ein Unternehmen zwar grundsätzlich basierend auf Erfahrungen aus der Vergangenheit als unzuverlässig einzustufen wäre, aber durch entsprechende Maßnahmen dafür gesorgt hat, dass für die Zukunft von der Einhaltung sämtlicher Vorschriften auszugehen ist. Dementsprechend besteht unter diesen Voraussetzungen kein Bedürfnis, die Vergabestelle davor zu bewahren, vertragliche Bindungen mit einem solchen Unternehmen einzugehen.

2. Die vergaberechtlichen Grundprinzipien

Die Berücksichtigung von Selbstreinigungsmaßnahmen ist insbesondere vor dem Hintergrund des Wettbewerbsprinzips geboten. Dadurch, dass Unternehmen nicht automatisch als unzuverlässig eingestuft werden, sondern die Chance bekommen, sich zu rehabilitieren, nimmt potentiell eine höhere Anzahl von Unternehmen an dem jeweiligen Vergabeverfahren teil.[544] So wird ein möglichst breiter Wettbewerb erreicht.

Daneben entspricht es den Anforderungen des Wirtschaftlichkeitsprinzips, den Zuschlag auf das günstigste Angebot zu erteilen und sich dieser Möglichkeit nicht zu begeben »nur« wegen des Vorliegens einer schweren Verfehlung, sofern sie durch entsprechende Maßnahmen wieder ausgeglichen wurde.[545] Auch kann die Tatsache, dass durch die Berücksichtigung von Selbstreinigungsmaßnahmen weiteren Unternehmen die Beteiligung am Vergabeverfahren ermöglicht wird, zu einem niedrigeren Preis und damit zur Entlastung der öffentlichen Haushalte führen.[546] Im Extremfall könnte sonst ein einziges verbliebenes geeignetes Unternehmen den Preis frei von Wettbewerb bestimmen.

Darüber hinaus ist das Prinzip der Gleichbehandlung berührt. Ein Unternehmen, das Selbstreinigungsmaßnahmen vollzogen hat, darf nicht genauso behandelt werden wie ein Unternehmen, das solchen auch finanziellen Aufwand, der einen durch die Verfehlung erlangten finanziellen Vorteil wieder ausgleichen kann, nicht betrieben hat.[547]

---

543 *Dreher/Hoffmann* in NZBau 2014, S. 67 (68).
544 *Pünder* in Pünder/Prieß/Arrowsmith, Self-Cleaning, S. 204, siehe auch Vorwort ebenda, S. VI.
545 Vgl. *Dreher/Hoffmann* in NZBau 2012, S. 265 (274).
546 *Pünder* in Pünder/Prieß/Arrowsmith, Self-Cleaning, S. 204.
547 *Stein/Friton* in VergabeR 2010, S. 151 (160); *Arrowsmith/Prieß/Friton* in Pünder/Prieß/Arrowsmith, Self-Cleaning, S. 29; *Pünder* in Pünder/Prieß/Arrowsmith, Self-Cleaning, S. 201ff.; *Prieß* in NZBau 2009, S. 587 (591).

Schließlich gebietet es das Verhältnismäßigkeitsprinzip, es zu berücksichtigen, wenn ein Unternehmen glaubwürdige und vielversprechende Maßnahmen dafür getroffen hat, dass vergangenes Fehlverhalten sich in Zukunft nicht wiederholt, da ein Ausschluss wegen fehlender Zuverlässigkeit dann weder erforderlich noch angemessen ist.[548] Die Durchführung und Berücksichtigung von Selbstreinigungsmaßnahmen stellt ein gleichermaßen geeignetes, jedoch milderes Mittel dar, um den öffentlichen Haushalt vor Schäden durch unzuverlässige Vertragspartner zu schützen.[549] Sowohl ein Ausschluss von einem einzelnen Vergabeverfahren als auch eine Sperre über einen längeren Zeitraum haben gravierende Folgen für ein Unternehmen und können im Extremfall seine Existenz bedrohen.[550] Über den Verlust der Chance auf den konkreten Auftrag hinaus kann auch ein Ausschluss Indizwirkung für andere Vergabeverfahren haben, entweder durch die Eintragung in ein Korruptions- oder ähnliches Register (dazu siehe oben unter Kapitel 2 B.II.2.c)(4)(aa)) oder weil sich andere Vergabestellen bei der Prüfung der Zuverlässigkeit daran orientieren, gegebenenfalls auf Veranlassung von Mitbewerbern.[551] Zudem können Auftragssperren und Angebotsausschlüsse bereits dann erfolgen, wenn lediglich ein einzelner Mitarbeiter eines Unternehmens straffällig geworden ist, siehe oben unter Kapitel 2 B.IV.1. Diese einschneidenden Maßnahmen dürfen durch die Vergabestelle nur in den Grenzen des Verhältnismäßigkeitsprinzips verhängt werden. Sofern es klare Vorgaben für die Selbstreinigung gibt, deren Einhaltung für die Unternehmen mit einigem Aufwand verbunden ist, der ihre Bereitschaft deutlich macht, sich künftig gesetzeskonform zu verhalten, ist eine solche Rehabilitierungsmöglichkeit auch gerechtfertigt. Denn unter diesen Voraussetzungen besteht die begründete Erwartung, dass auch nachfolgend Verdachtsmomenten nachgegangen werden wird und gegebenenfalls die im Einzelfall gebotenen personellen und strukturellen Maßnahmen getroffen werden.[552]

3. Keine Zuständigkeit der Vergabestelle für Sanktionsmaßnahmen

Zu berücksichtigen ist, dass für die Vergabestellen allein maßgeblich ist, ob sie ein Unternehmen vor sich haben, das erwarten lässt, den Auftrag ordnungsgemäß zu erfüllen. Sie treffen mithin eine Prognoseentscheidung, die zwar auf dem Verhalten

---

548 VK Düsseldorf, Beschluss vom 13. März 2006, Az. VK – 8/2006-L, S. 16; VK Bund, Beschluss vom 11. Oktober 2002, VK 1 - 75/02, S. 17; *Hölzl/Ritzenhoff* in NZBau 2012, S. 30; *Braun* in Gabriel/Krohn/Neun, Handbuch des Vergaberechts, § 14, Rn. 104; *Prieß/Pünder/Stein* in Pünder/Prieß/Arrowsmith, Self-Cleaning, S. 76.
549 *Stein/Friton* in VergabeR 2010, S. 151 (159f.); *Prieß* in NZBau 2009, S. 587 (591).
550 *Hess* in FS Englert, S. 131; *Moosmayer*, Compliance, S. 14.
551 *Moosmayer*, Compliance, S. 14 spricht von der Gefahr eines «Flächenbrandes».
552 OLG Brandenburg, Beschluss vom 14. Dezember 2007, Az. Verg W 21/07, Tz. 73; Vorinstanz VK Brandenburg, Beschluss vom 16. Oktober 2007, Az. VK 38/07, S. 13; OLG Düsseldorf, Beschluss vom 9. April 2003, Az. VII-Verg 66/02, Tz. 94; Beschluss vom 9. April 2003, Az. Verg 43/02, Tz. 41.

in der Vergangenheit beruht, letztlich jedoch in die Zukunft blickt (siehe die Definition der Zuverlässigkeit oben unter Kapitel 2 A.I.). Für die Sanktionierung von in der Vergangenheit begangenen Gesetzesverstößen sind demgegenüber die durch die Verfassung oder durch Gesetz dazu berufenen Organe zuständig.[553] Vor diesem Hintergrund ist es nicht erforderlich, eine Auftragsvergabe an Unternehmen, die sich etwas zu Schulden kommen ließen, grundsätzlich zu verhindern. Ein Ausschluss vom Vergabeverfahren nur aus diesem Grund mit dem Zweck eines »Denkzettels« für das betreffende Unternehmen würde gegen das in § 97 Abs. 1 GWB normierte Wettbewerbsgebot und gegen das Verhältnismäßigkeitsprinzip verstoßen und wäre somit angreifbar.[554]

4. Rechtspolitische Erwägungen

Die Berücksichtigung von Selbstreinigungsmaßnahmen hat außerdem den wünschenswerten Effekt, dass für die Unternehmen ein bedeutsamer Anreiz dafür geschaffen wird, Missstände offenzulegen und zu beseitigen sowie für ein rechtmäßiges Verhalten ihrer Mitarbeiter zu sorgen, da sie dafür damit belohnt werden, dass sie nicht vom Vergabeverfahren ausgeschlossen oder längerfristig gesperrt werden können.[555] Auf diese Art und Weise trägt die Zulassung der Selbstreinigung zur Prävention von Gesetzesverstößen bei und sorgt dafür, dass übliches Geschäftsgebaren aufgebrochen wird und Compliance-Organisationen eingeführt werden.[556] Dadurch werden gesellschaftlich erwünschte Werte im Unternehmen vermittelt oder verfestigt. Bei einem Unternehmen, das eine erfolgreiche Selbstreinigung absolviert hat, spricht dies sogar dafür, dass ein entdecktes Fehlverhalten schneller und konsequenter aufgedeckt und abgestellt werden wird als bei einem Unternehmen, das diese Erfahrung noch nicht gemacht hat.[557]

5. Besonderheiten bei einem oligopolistischen Anbietermarkt

Zu bedenken ist, dass es angesichts der häufig speziellen Produkte, die durch öffentliche Auftraggeber nachgefragt werden und bei denen sie nur unter wenigen möglichen Vertragspartnern auswählen können, durchaus nicht selten vorkommt, dass sämtliche Anbieter in der Vergangenheit in kartellrechtswidrige Absprachen

---

553 *Voppel/Osenbrück/Bubert*, Kommentar VOF, § 4 VOF, Rn. 110; *Quardt* in BB 1997, S. 477 (480); *Mestmäcker/Bremer* in BB 1995, Beilage Nr. 19, S. 1 (25); siehe auch *Mutschler-Siebert/Dorschfeldt* in BB 2015, S. 642 (649).
554 *Prieß/Stein* in NZBau 2008, S. 230; *ders.* in CCZ 2008, S. 67; *Freund/Kallmayer/Kraft*, Korruption und Kartelle bei Auftragsvergaben, S. 159.
555 *Stein/Friton* in VergabeR 2010, S. 151 (160); *Prieß* in NZBau 2012, S. 425; *ders.* in CCZ 2008, S. 67.
556 *Pünder* in Pünder/Prieß/Arrowsmith, Self-Cleaning, S. 203/204.
557 *Stein/Friton* in VergabeR 2010, S. 151 (160); *Pünder* in Pünder/Prieß/Arrowsmith, Self-Cleaning, S. 203f., siehe auch Vorwort ebenda, S. VI.

verwickelt waren. Öffentliche Stellen müssen dennoch in der Lage sein, zumal in Bereichen der Daseinsvorsorge, einen Auftrag zeitnah zu vergeben, und zwar an ein Unternehmen, das die Anforderungen an die erforderliche Fachkunde erfüllt. Ein Ausweichen auf Anbieter aus dem Ausland ist nicht immer möglich, teilweise weil ein internationales Kartell bestand, teilweise weil eine Beschaffung aus dem Ausland aus anderen Gründen, z.B. lange Lieferwege und damit verbundene höhere Kosten, nicht zweckmäßig ist. Bei strikten Ausschlüssen von Unternehmen von Vergabeverfahren, gegebenenfalls für eine festgelegte Dauer, wäre eine Beschaffung von Gütern oder Dienstleistungen in solchen Fällen zumindest faktisch unmöglich oder mit unverhältnismäßig hohem (finanziellem) Aufwand verbunden. Bereits das Wirtschaftlichkeitsgebot (§ 97 Abs. 5 GWB) lässt es nicht zu, solche finanziellen Auswirkungen vorschnell in Kauf zu nehmen. Ein öffentlicher Auftraggeber muss daher die Möglichkeit haben, sich für ein Unternehmen als Auftragnehmer zu entscheiden, obwohl es sich in der Vergangenheit einen Gesetzesverstoß hat zu Schulden kommen lassen.

B. Die Selbstreinigung als zu berücksichtigender Gesichtspunkt bei der Bewertung der Zuverlässigkeit

Es ist in Rechtsprechung[558] und Literatur anerkannt, dass eine erfolgreiche Selbstreinigung sowohl bei der Frage der Verhängung oder Aufhebung einer Auftragssperre als auch bei der Prüfung fakultativer und zwingender Ausschlussgründe einzubeziehen ist (dazu I.). Der Prüfungsstandort hängt davon ab, in welchem Zusammenhang die Vergabestelle die Zuverlässigkeit des Unternehmens prüft (dazu II.). In den Abschnitten III. bis VI. werden weitere formale Aspekte erläutert.

I. Anerkannter Prüfungspunkt

Gesetzlich vorgegeben ist die Berücksichtigung von Selbstreinigungsmaßnahmen in Deutschland zumindest auf Bundesebene bislang nicht.[559]

Entwickelt wurde die Figur der Selbstreinigung in Bezug auf Auftragssperren.[560] So wurde der Begriff erstmals in dem Hessischen Gemeinsamen Runderlass erwähnt als ein bei der Entscheidung über eine Auftragssperre wegen einer schweren Verfehlung zu berücksichtigender Gesichtspunkt.[561] Es entspricht auch der einschlägigen

---

558 Eine Aufstellung der maßgeblichen Entscheidungen zur Frage der Selbstreinigung findet sich in **Anlage 2**.
559 Siehe aber Art. 57 Abs. 6 EU-Vergaberichtlinie (Fundstelle siehe Fn. 108) und § 125 Entwurf-Vergaberechtsmodernisierungsgesetz (Fundstelle siehe Fn. 62), siehe dazu Einleitung zu C.
560 VK Niedersachsen, Beschluss vom 24. März 2011, Az. VgK-04/2011, S. 8.
561 Ziff. 5.3 des Hessischen Gemeinsamen Runderlasses von 1995; siehe bereits oben unter A.I.

Rechtsprechung[562] und der Literatur[563], dass dieser Aspekt bei der Verhängung oder Aufhebung einer Auftragssperre zu berücksichtigen ist. Der Zweck einer Auftragssperre, unzuverlässige Unternehmen ohne aufwändige Prüfung im Einzelfall von Vergabeverfahren auszuschließen, kann nicht mehr erreicht werden, wenn das Unternehmen inzwischen wieder als zuverlässig einzustufen ist und die Vergabestelle nicht mehr vor einem Vertragsschluss mit diesem Unternehmen bewahrt werden muss.[564]

Es besteht darüber hinaus eine gefestigte Rechtsprechung[565] und Entscheidungspraxis der Vergabekammern[566] dahingehend, dass die Vergabestelle Maßnahmen zur Wiedererlangung der Zuverlässigkeit bei der Prüfung des fakultativen Ausschlussgrundes einer die Zuverlässigkeit in Frage stellenden schweren Verfehlung miteinzubeziehen hat. Die maßgeblichen Urteile des OLG Frankfurt aus dem Jahr 2004 und des OLG Brandenburg aus dem Jahr 2007 stellen dazu beispielhaft fest:

> »Der Auftraggeber muss im Rahmen seiner Prüfung zu dem Ergebnis gelangen, dass der Teilnehmer aufgrund seines Verhaltens nicht mehr die Gewähr dafür bietet, die verlangte Bauleistung in der geforderten Weise zu erbringen. Dazu reicht allein die Feststellung einer schweren Verfehlung noch nicht aus. Vielmehr muss die

---

562 KG Berlin, Urteil vom 17. Januar 2011, Az. 2 U 4/06 Kart, NZBau 2012, S. 56 (63); LG Berlin, Urteil vom 22. März 2006, Az. 23 O 118/04, S. 6.
563 *Prieß/Pünder/Stein* in Pünder/Prieß/Arrowsmith, Self-Cleaning, S. 82; *Opitz* in Dreher/Motzke, Beck'scher Vergaberechtskommentar, § 97 Abs. 4 GWB, Rn. 64; *Soudry* in Dreher/Motzke, Beck'scher Vergaberechtskommentar, § 2 VOB/A, Rn. 111.
564 *Prieß/Pünder/Stein* in Pünder/Prieß/Arrowsmith, Self-Cleaning, S. 82.
565 OLG München, Beschluss vom 22. November 2012, Az. Verg 22/12, Tz. 51; VG Frankfurt, Urteil vom 22. Februar 2012, Az. 5 L 5049/11.F, Tz. 10; OLG Düsseldorf, Beschluss vom 9. Juni 2010, Az. VII-Verg 14/10, Tz. 53; OLG München, Beschluss vom 21. Mai 2010, Az. Verg 02/10, Tz. 166; OLG Brandenburg, Beschluss vom 14. Dezember 2007, Az. Verg W 21/07, Tz. 61; OLG München, Beschluss vom 21. April 2006, Az. Verg 8/06, S. 13; OLG Düsseldorf, Beschluss vom 28. Juli 2005, Az. VII-Verg 42/05, Tz. 24ff.; OLG Frankfurt, Beschluss vom 20. Juli 2004, Az. 11 Verg 6/04, Tz. 36; im Rahmen der allgemeinen Zuverlässigkeitsprüfung OLG Düsseldorf, Beschluss vom 9. April 2003, Az. VII-Verg 66/02, Tz. 90ff.; Beschluss vom 9. April 2003, Az. Verg 43/02, Tz. 37ff.
566 VK Niedersachsen, Beschluss vom 14. Februar 2012, Az. VgK-05/2012, S. 8; VK Niedersachsen, Beschluss vom 12. Dezember 2011, Az. VgK-53/2011, S. 21; VK Niedersachsen, Beschluss vom 24. März 2011, Az. VgK-04/2011, S. 8; VK Nordbayern, Beschluss vom 24. Januar 2008, Az. 21.VK - 3194 - 52/07, S. 14; VK Brandenburg, Beschluss vom 16. Oktober 2007, Az. VK 38/07, S. 11/12; VK Saarland, Beschluss vom 20. August 2007, Az. 1 VK 01/2007, S. 10; VK Nordbayern, Beschluss vom 22. Januar 2007, Az. 21.VK - 3194 - 44/06, S. 18; VK Bund, Beschluss vom 30. Mai 2006, Az. VK 2 – 29/06, S. 19; VK Nordbayern, Beschluss vom 14. März 2006, Az. 21.VK - 3194 - 07/06, S. 18; VK Düsseldorf, Beschluss vom 13. März 2006, Az. VK – 8/2006-L, S. 15; VK Sachsen, Beschluss vom 25. Juni 2003, Az. 1/SVK/051-03, S. 13; VK Bund, Beschluss vom 11. Oktober 2002, Az. VK 1 - 75/02, S. 17.

Vergabestelle im Einzelnen nachvollziehen, ob aufgrund des beanstandeten Verhaltens in der Vergangenheit auch für den (zukünftig) zu vergebenden Auftrag erhebliche Zweifel an der Zuverlässigkeit bestehen. **Dabei ist insbesondere zu berücksichtigen, ob der Bewerber selbst glaubwürdige und erfolgsversprechende Maßnahmen ergriffen hat, um die in der Vergangenheit vorgekommenen Rechtsverletzungen für die Zukunft auszuschließen.«**[567]

(Hervorhebungen nicht im Original)

»Zutreffend hat die Vergabekammer darauf abgestellt, dass der Auftraggeber die Prognoseentscheidung, ob die Zuverlässigkeit des Bieters (weiterhin) ungewiss erscheint, unter Würdigung aller Umstände zu treffen hat. **Wesentlichen Einfluss auf diese Prognoseentscheidung hat der Umstand, ob das Unternehmen geeignete Maßnahmen ergriffen hat, die eine Wiederherstellung der Zuverlässigkeit des Unternehmens dauerhaft gewährleisten.«**[568]

(Hervorhebungen nicht im Original)

Auch in der Literatur ist die Berücksichtigung von Selbstreinigungsmaßnahmen bei der Frage eines Ausschlusses wegen einer schweren Verfehlung anerkannt.[569]

Dieser Ansatz ist nach einhelliger Meinung in der Literatur (eine entsprechende Rechtsprechung oder Entscheidungspraxis gibt es dazu bislang nicht) auf den zwingenden Ausschluss wegen einer rechtskräftigen Verurteilung zu übertragen.[570] Für

---

567 OLG Frankfurt, Beschluss vom 20. Juli 2004, Az. 11 Verg 6/04, Tz. 36.
568 OLG Brandenburg, Beschluss vom 14. Dezember 2007, Az. Verg W 21/07, Tz. 61.
569 *Vavra* in Ziekow/Völlink, Kommentar Vergaberecht, § 16 VOB/A, Rn. 22; *Frister* in Kapellmann/Messerschmidt, Kommentar VOB/A, § 16 VOB/A, Rn. 39; *Antweiler* in Dreher/Motzke, Beck'scher Vergaberechtskommentar, § 6 VOB/A, Rn. 69; *Opitz* in Dreher/Motzke, Beck'scher Vergaberechtskommentar, § 16 VOB/A, Rn. 161; *Ruhland/Tomerius* in Pünder/Schellenberg, Handkommentar Vergaberecht, § 16 VOB/A, Rn. 32; *Hailbronner* in Byok/Jaeger, Kommentar Vergaberecht, § 97 GWB, Rn. 102; *Wagner-Cardenal* in Dieckmann/Scharf/Wagner-Cardenal, Kommentar VOL/A, § 6 VOL/A EG, Rn. 66; *Voppel/Osenbrück/Bubert*, Kommentar VOF, § 4 VOF, Rn. 136; *Weyand*, Praxiskommentar Vergaberecht, § 6 VOB/A, Rn. 178f., § 16 VOB/A, Rn. 363, § 6 VOL/A, Rn. 226f., § 4 VOF, Rn. 130f.; *Hailbronner* in Byok/Jaeger, Kommentar Vergaberecht, § 97 GWB, Rn. 102.
570 *Hess* in FS Englert, S. 131 (143f.); *Hölzl* in NZBau 2012, S. 28 (30); *Stein/Friton* in VergabeR 2010, S. 151 (158f.); *Prieß* in NZBau 2009, S. 587 (588); *Völlink* in Ziekow/Völlink, Kommentar Vergaberecht, § 6 VOB/A EG, Rn. 20; *Antweiler* in Dreher/Motzke, Beck'scher Vergaberechtskommentar, § 6a VOB/A, Rn. 14, 17; *Glahs* in Kapellmann/Messerschmidt, Kommentar VOB/A, § 6 VOB/A EG, Rn. 15; *Tomerius* in Pünder/Schellenberg, Handkommentar Vergaberecht, § 6 VOB/A EG, Rn. 19; *Mertens* in Franke/Kemper/Zanner/Grünhagen, VOB-Kommentar, § 6 VOB/A EG, Rn. 148; *Wagner-Cardenal* in Dieckmann/Scharf/Wagner-Cardenal, Kommentar VOL/A, § 6 VOL/A EG, Rn. 44, 50; *Voppel/Osenbrück/Bubert*, Kommentar VOF, § 4 VOF, Rn. 110; *Stolz* in Ziekow/Völlink, Kommentar Vergaberecht, § 4 VOF, Rn. 19;

diesen ist bereits ausdrücklich in den einschlägigen Vorschriften (§ 6 Abs. 4 Nr. 3 VOB/A EG, § 6 Abs. 5 VOL/A EG, § 4 Abs. 8 VOF, § 23 Abs. 5 VSVgV, § 6 Abs. 4 Nr. 3 VOB/A-VS, vgl. auch § 21 Abs. 3 Nr. 3 SektVO) die Möglichkeit einer Ausnahme von dem eigentlich zwingenden Ausschluss vorgesehen, wenn die Zuverlässigkeit des betreffenden Unternehmens auf Grund besonderer Umstände des Einzelfalls nicht in Frage gestellt ist (siehe bereits oben unter Kapitel B.2.I.1.c)). Der zwingende Ausschluss wegen einer rechtskräftigen Verurteilung knüpft an die Unzuverlässigkeit einer einzelnen Person oder mehrerer Personen an. Ein Unternehmen muss die Möglichkeit haben, sich davon mittels geeigneter Maßnahmen zu distanzieren.[571] Diese Erwägungen gelten in gleicher Weise für den zwingenden Ausschluss wegen einer wettbewerbsbeschränkenden Abrede in Bezug auf die konkrete Ausschreibung (siehe § 16 Abs. 1 Nr. 1 lit. d) VOB/A, § 16 Abs. 1 Nr. 1 lit. d) VOB/A EG, § 16 Abs. 3 lit. f) VOL/A, § 19 Abs. 3 lit. f) VOL/A EG, § 31 Abs. 2 Nr. 6 VSVgV, § 16 Abs. 1 Nr. 1 lit. d) VOB/A-VS). Auch in Bezug auf diesen Ausschlussgrund ist den Unternehmen daher eine Selbstreinigung zu ermöglichen.

Die sämtlichen zwingenden Ausschlussgründen zu Grunde liegende Vorschrift des Art. 45 Abs. 1 Unterabs. 2 EG-Vergaberechtskoordinierungsrichtlinie schreibt vor, dass die Anwendung dieser Vorschrift im Einklang mit dem Gemeinschaftsrecht zu erfolgen hat (so auch mit ähnlichem Wortlaut der nunmehr geltende Art. 57 Abs. 7 Satz 1 EU-Vergaberichtlinie). Dies umfasst insbesondere das Verhältnismäßigkeitsprinzip, vor dessen Hintergrund ein Ausschluss nicht erforderlich ist, wenn auf Grund von Selbstreinigungsmaßnahmen keine Zweifel mehr an der künftigen Zuverlässigkeit bestehen.[572] Außerdem gebietet es der Gleichbehandlungsgrundsatz, Unternehmen, die nach einer Verfehlung Selbstreinigungsmaßnahmen ergriffen haben, anders zu behandeln als solche, die nicht entsprechend auf negative Vorkommnisse reagiert haben.[573] In der neuen EU-Vergaberichtlinie, in der erstmals die Berücksichtigung von Selbstreinigungsmaßnahmen in Art. 57 Abs. 6 vorgeschrieben wird, geschieht dies unterschiedslos danach, ob die Voraussetzungen für einen zwingenden oder einen fakultativen Ausschluss vorliegen. Ebenso sieht § 125 Entwurf-Vergaberechtsmodernisierungsgesetz die Möglichkeit einer Selbstreinigung sowohl für zwingende als auch für fakultative Ausschlussgründe vor.

Auf Landesebene ist die Berücksichtigung von Selbstreinigungsmaßnahmen zum Teil in den Landesvergabegesetzen oder in den Regelungen zur Korruptionsbekämpfung (gegebenenfalls in Zusammenhang mit Eintragungen und Löschungen von Ausschlüssen und Sperren in den entsprechenden Registern) vorgesehen, entweder

---

Hölzl in Münchener Kommentar zum Beihilfen- und Vergaberecht, § 97 GWB, Rn. 164, § 21 SektVO, Rn. 14.

571 *Mertens* in Franke/Kemper/Zanner/Grünhagen, VOB-Kommentar, § 6 VOB/A EG, Rn. 148.

572 *Hölzl* in Münchener Kommentar zum Beihilfen- und Vergaberecht, § 97 GWB, Rn. 164; *Prieß/Pünder/Stein* in Pünder/Prieß/Arrowsmith, Self-Cleaning, S. 62; siehe bereits unter A.II.2.

573 *Hess* in FS Englert, S. 131 (143f.).

im Rahmen der Prüfung eines Ausschlusses oder im Hinblick auf die Verhängung oder Aufhebung einer Auftragssperre.[574]

II. Prüfungsstandort

An welcher Stelle ihres Prüfprogramms sich die Vergabestelle mit einer möglichen Selbstreinigung eines Unternehmens beschäftigen muss, hängt davon ab, ob ein zwingender Ausschluss (dazu 1.), ein fakultativer Ausschluss (dazu 2.) oder die Verhängung oder Aufhebung einer Vergabesperre (dazu 3.) im Raum steht.

1. Bei zwingenden Ausschlussgründen

Bei dem zwingenden Ausschluss wegen der Kenntnis einer rechtskräftigen Verurteilung wird die Berücksichtigung von Selbstreinigungsmaßnahmen überwiegend bei der Prüfung einer Ausnahme auf Grund besonderer Umstände des Einzelfalls, wegen derer der Verstoß die Zuverlässigkeit des Unternehmens nicht in Frage stellt (siehe §§ 6 Abs. 4 Nr. 3 Alt. 2 VOB/A EG, mit ähnlichem Wortlaut § 6 Abs. 5 Alt. 2 VOL/A EG, § 4 Abs. 8 Alt. 2 VOF, 23 Abs. 5 VSVgV, 6 Abs. 4 Nr. 3 VOB/A-VS, vgl. auch § 21 Abs. 3 Nr. 3 SektVO), verortet.[575] Vereinzelt wird auch vertreten, dass es

---

574 Ziff. 3.4.3 Abs. 4 Satz 2, 3.4.4 Abs. 4 Satz 2 Verwaltungsvorschrift Korruptionsverhütung und -bekämpfung Baden-Württemberg; Ziff. 7.1.7 Satz 9 Korruptionsbekämpfungsrichtlinie Bayern; § 8 Abs. 2 Satz 2 Korruptionsregistergesetz Berlin; § 11 Abs. 5 Brandenburgisches Vergabegesetz; § 8 Abs. 2 Satz 2 Bremisches Korruptionsgesetz; § 6 Abs. 3, Abs. 7 Gesetz zur Einrichtung eines Registers zum Schutz fairen Wettbewerbs Hamburg; Ziff. 5.3, 6.2 Gemeinsamer Runderlass Hessen; Empfehlung Feuerwehrfahrzeuge Niedersachsen, S. 2f.; § 7 Abs. 4 Korruptionsbekämpfungsgesetz Nordrhein-Westfalen; Ziff. 17.4 Abs. 2, 17.5 Abs. 5 Satz 2 Verwaltungsvorschrift Korruptionsprävention Rheinland-Pfalz; Ziff. 5.3 und 6.2 Erlass Saarland; § 6 Abs. 3, Abs. 7 Gesetz zur Einrichtung eines Registers zum Schutz fairen Wettbewerbs Schleswig-Holstein.
575 *Hess* in FS Englert, S. 131 (136); *Stein/Friton* in VergabeR 2010, S. 151 (159); *Hausmann/von Hoff* in Kulartz/Marx/Portz/Prieß, Kommentar VOB/A, § 6 VOB/A EG, Rn. 68, 77; *Scherer-Leydecker* in Heuvels/Höß/Kuß/Wagner, Gesamtkommentar Vergaberecht, § 6a VOB/A, Rn. 16; *Völlink* in Ziekow/Völlink, Kommentar Vergaberecht, § 6 VOB/A EG, Rn. 20; *Antweiler* in Dreher/Motzke, Beck'scher Vergaberechtskommentar, § 6a VOB/A, Rn. 14, 17; *Glahs* in Kapellmann/Messerschmidt, Kommentar VOB/A, § 6 VOB/A EG, Rn. 15; *Tomerius* in Pünder/Schellenberg, Handkommentar Vergaberecht, § 6 VOB/A EG, Rn. 19; *Mertens* in Franke/Kemper/Zanner/Grünhagen, VOB-Kommentar, § 6 VOB/A EG, Rn. 148; *Wagner-Cardenal* in Dieckmann/Scharf/Wagner-Cardenal, Kommentar VOL/A, § 6 VOL/A EG, Rn. 50; *Hölzl* in Münchener Kommentar zum Beihilfen- und Vergaberecht, § 21 SektVO, Rn. 14; *Leinemann*, Vergaberecht, Rn. 392; *Kulartz/Röwekamp* in Müller-Wrede, Kommentar VOF, § 11 VOF, Rn. 10; *Büdenbender* in Leinemann/Kirch, Kommentar VSVgV, § 23 VSVgV, Rn. 21; *Büdenbender* in Leinemann/Kirch, Kommentar VSVgV, § 6 VOB/A-VS, Rn. 58.

sich bei einer erfolgreichen Selbstreinigung um eine ungeschriebene Ausnahme von dem zwingenden Ausschluss handle, die nicht unter die »*besonderen Umstände des Einzelfalls*« falle, da eine erfolgreiche Selbstreinigung dazu führt, dass ein Unternehmen generell und nicht nur im Einzelfall als wieder zuverlässig anzusehen ist.[576] Allerdings ist in den einschlägigen Vorschriften nicht die Rede davon, dass die Zuverlässigkeit nur bezogen auf den Einzelfall als nicht in Frage gestellt anzusehen sein soll, sondern die Umstände des Einzelfalls dienen lediglich als Basis für die Entscheidung darüber, ob die Zuverlässigkeit ausnahmeweise trotz des Verstoßes bejaht werden kann.

Für den zwingenden Ausschluss wegen einer wettbewerbsbeschränkenden Abrede in Bezug auf die konkrete Ausschreibung nach § 16 Abs. 1 Nr. 1 lit. d) VOB/A, § 16 Abs. 1 Nr. 1 lit. d) VOB/A EG, § 16 Abs. 3 lit. f) VOL/A, § 19 Abs. 3 lit. f) VOL/A EG, § 31 Abs. 2 Nr. 6 VSVgV und § 16 Abs. 1 Nr. 1 lit. d) VOB/A-VS gilt, dass eine Selbstreinigung hier nicht möglich ist. Wenn das Fehlverhalten sich gerade auf die konkrete Ausschreibung bezogen hat, kann nicht für eben dieses Ausschreibungsverfahren die Wiederherstellung der Zuverlässigkeit erreicht werden, sie ist in jedem Fall abzulehnen.

2. Bei fakultativen Ausschlussgründen

Bei dem fakultativen Ausschluss wegen einer schweren Verfehlung (§ 16 Abs. 1 Nr. 2 lit. c) VOB/A, § 16 Abs. 1 Nr. 2 lit. c) VOB/A EG, §§ 6 Abs. 5 lit. c), 16 Abs. 4 i.V.m. 6 Abs. 5 lit. c) VOL/A, §§ 6 Abs. 6 lit. c), 19 Abs. 4 i.V.m. 6 Abs. 6 lit. c) VOL/A EG, § 4 Abs. 9 lit. c) VOF, § 21 Abs. 4 Nr. 5 SektVO, §§ 24 Abs. 1 Nr. 4, 31 Abs. 2 Nr. 7 i.V.m. 24 Abs. 1 Nr. 4 VSVgV, § 16 Abs. 1 Nr. 2 lit. c) VOB/A-VS) ist die darauf beruhende Infragestellung der Zuverlässigkeit bereits dem Wortlaut nach eine notwendige Voraussetzung eines Ausschlusses. Im Rahmen der Prüfung der Frage, ob die Zuverlässigkeit des Unternehmens auch künftig in Frage gestellt ist, hat die Vergabestelle Selbstreinigungsmaßnahmen miteinzubeziehen.[577]

---

576 *Voppel/Osenbrück/Bubert*, Kommentar VOF, § 4 VOF, Rn. 107, 109, 110.
577 OLG München, Beschluss vom 22. November 2012, Az. Verg 22/12, Tz. 51; VG Frankfurt, Urteil vom 22. Februar 2012, Az. 5 L 5049/11.F, Tz. 10; OLG Düsseldorf, Beschluss vom 9. Juni 2010, Az. VII-Verg 14/10, Tz. 52f.; OLG Brandenburg, Beschluss vom 14. Dezember 2007, Az. Verg W 21/07, Tz. 61; OLG Düsseldorf, Beschluss vom 28. Juli 2005, Az. VII-Verg 42/05, Tz. 24ff.; OLG Frankfurt, Beschluss vom 20. Juli 2004, Az. 11 Verg 6/04, Tz. 36; VK Niedersachsen, Beschluss vom 14. Februar 2012, Az. VgK-05/2012, S. 8; VK Niedersachsen, Beschluss vom 12. Dezember 2011, Az. VgK-53/2011, S. 21; VK Niedersachsen, Beschluss vom 24. März 2011, Az. VgK-04/2011, S. 8; VK Brandenburg, Beschluss vom 16. Oktober 2007, Az. VK 38/07, S. 11/12; VK Saarland, Beschluss vom 20. August 2007, Az. 1 VK 01/2007, S. 10; VK Bund, Beschluss vom 30. Mai 2006, Az. VK 2 – 29/06, S. 19; *Stein/Friton/Huttenlauch* in WuW 2012, S. 38 (47); *Prieß/Stein* in NZBau 2008, S. 230.

3. Bei der Verhängung und Aufhebung von Auftragssperren

Bereits für die Frage der Verhängung einer Auftragssperre spielt es eine Rolle, ob ein Unternehmen erfolgreich eine Selbstreinigung durchlaufen hat, denn dann ist es wieder als zuverlässig einzustufen. Eine Sperre ist in einem solchen Fall nicht mehr geboten und würde damit gegen das Verhältnismäßigkeitsprinzip verstoßen.[578]

Ferner ist eine Sperre nicht länger gerechtfertigt, wenn das Unternehmen zwischenzeitlich seine Zuverlässigkeit erfolgreich wiederhergestellt hat. Wenn das betreffende Unternehmen nachweist, entsprechende Maßnahmen durchgeführt zu haben, hat es einen Anspruch darauf, wieder zu Vergabeverfahren zugelassen zu werden, da es wieder als zuverlässig gilt und sich damit der Zweck einer Vergabesperre, die Zusammenarbeit mit Unternehmen zu verhindern, von denen zu erwarten ist, dass künftig Verfehlungen durch sie begangen werden, erledigt hat.[579] Es reicht demgegenüber für einen Anspruch auf Wiederzulassung zu Vergabeverfahren nicht aus, wenn lediglich die maximal denkbare Sperrfrist abgelaufen ist, das Unternehmen aber weiterhin als generell unzuverlässig anzusehen ist.[580]

In einigen Landesvorschriften ist eine Mindestsperrdauer von sechs Monaten vorgesehen, vor deren Ablauf auch eine Aufhebung der Sperre nicht in Betracht kommen soll.[581] Gerechtfertigt wird sie mit der Erschütterung des Vertrauensverhältnisses,

---

578 LG Berlin, Urteil vom 22. März 2006, Az. 23 O 118/04, S. 6; *Quardt* in BB 1997, S. 477 (479); *Prieß/Pünder/Stein* in Pünder/Prieß/Arrowsmith, Self-Cleaning, S. 82; *Dreher* in Immenga/Mestmäcker, Kommentar GWB, § 97 GWB, Rn. 214; siehe auch § 7 Abs. 2 Nr. 5 Durchführungsverordnung Vergabegesetz Brandenburg; § 6 Abs. 3 Nr. 5 Gesetz zur Einrichtung eines Registers zum Schutz fairen Wettbewerbs Hamburg; Ziff. 5.3 Gemeinsamer Runderlass Hessen; Ziff. 5.3 Erlass Saarland; § 6 Abs. 3 Nr. 5 Gesetz zur Einrichtung eines Registers zum Schutz fairen Wettbewerbs Schleswig-Holstein; einschränkend *Kreßner*, Auftragssperre, S. 107f: jedenfalls dann, wenn das Unternehmen die Maßnahmen autonom vor Ankündigung einer Sperre ergriffen hat.
579 LG Berlin, Urteil vom 22. März 2006, Az. 23 O 118/04, S. 6; *Sterner* in NZBau 2001, S. 423 (424); siehe auch Ziff. 7.1.7 Satz 9 Korruptionsbekämpfungsrichtlinie Bayern; § 11 Abs. 5 Vergabegesetz Brandenburg; § 6 Abs. 7 Gesetz zur Einrichtung eines Registers zum Schutz fairen Wettbewerbs Hamburg; Ziff. 6.1, 6.2 Gemeinsamer Runderlass Hessen; Ziff. 6.1, 6.2 Erlass Saarland; § 19 Abs. 3 Satz 4 Landesvergabegesetz Sachsen-Anhalt; § 6 Abs. 7 Gesetz zur Einrichtung eines Registers zum Schutz fairen Wettbewerbs Schleswig-Holstein; § 18 Abs. 3 Satz 4 Vergabegesetz Thüringen.
580 KG Berlin, Urteil vom 17. Januar 2011, Az. 2 U 4/06, NZBau 2012, S. 56 (62).
581 § 7 Abs. 1 Satz 2 Durchführungsverordnung Vergabegesetz Brandenburg; § 6 Abs. 4 Satz 1 Gesetz zur Einrichtung eines Registers zum Schutz fairen Wettbewerbs Hamburg; Ziff. 6.2 Satz 1 Spiegelstrich 3 Gemeinsamer Runderlass Hessen; § 19 Abs. 3 Satz 4 Landesvergabegesetz Sachsen-Anhalt; Ziff. 6.2 Satz 1 Spiegelstrich 3 Erlass Saarland; § 6 Abs. 4 Satz 1 Gesetz zur Einrichtung eines Registers zum Schutz fairen Wettbewerbs Schleswig-Holstein; § 18 Abs. 3 Satz 4 Vergabegesetz

dessen Wiederherstellung eine gewisse Zeit in Anspruch nehme,[582] und mit der auch generalpräventiven Zweckrichtung einer Sperre, die es erfordere, dass Unternehmen mit einer Mindestsperrdauer rechnen, damit sie nicht davon ausgehen, *»relativ risikolos Verfehlungen begehen«* zu können[583]. Allerdings wird ein viel geringerer Anreiz für die Unternehmen gesetzt, sich um eine zügige Wiederherstellung der Zuverlässigkeit und ein regelkonformes Verhalten ihrer Mitarbeiter zu bemühen, wenn von vorneherein feststeht, dass sie für eine gewisse Dauer ohnehin nicht an Vergabeverfahren teilnehmen werden können.[584] Eine solche Mindestsperrdauer ist auch deswegen abzulehnen, da eine Sperre nach erfolgreich durchgeführten Maßnahmen, die eine Wiederholung des Fehlverhaltens verhindern, nicht mehr sinnvoll und verhältnismäßig ist.[585] Wenn ein Unternehmen es tatsächlich schafft, innerhalb weniger Monate jeden Zweifel an seiner Zuverlässigkeit auszuräumen, so soll es hierfür auch belohnt werden, in dem eine verhängte Auftragssperre aufgehoben wird.

III. Das Erfordernis einer Anhörung

Im Vorfeld eines Ausschlusses vom Vergabeverfahren sowie vor der Verhängung einer Vergabesperre ist eine Anhörung des betreffenden Unternehmens erforderlich (siehe bereits oben unter Kapitel 2 B.II.2.c)(5) und B.III.4.). Die Vergabestelle muss das betreffende Unternehmen dabei auch im Hinblick auf das Vorliegen von Selbstreinigungsmaßnahmen anhören und ihm Gelegenheit geben, die Durchführung entsprechender Schritte darzulegen.[586]

IV. Der maßgebliche Beurteilungszeitpunkt und die Berücksichtigung von Veränderungen im Laufe des Vergabeverfahrens

Wie bereits dargestellt sind veränderte Umstände, die die Eignung des Unternehmens betreffen, bis zum Abschluss des Vergabeverfahrens zu berücksichtigen (siehe Kapitel 2 B.V.). Dies gilt sowohl dann, wenn sich nachträglich die Unzuverlässigkeit,

---

       Thüringen; sogar bis zu zwischen drei und zehn Jahren gem. Ziff. 7.1.7 Satz 9 Nr. 4 Korruptionsbekämpfungsrichtlinie Bayern.
582   *Sterner* in NZBau 2001, S. 423 (424).
583   *Kreßner,* Auftragssperre, S. 121; *Schranner* in Ingenstau/Korbion, Kommentar VOB, 16. Auflage 2007, § 8 VOB/A, Rn. 112.
584   Vgl. *Arrowsmith/Prieß/Friton* in Pünder/Prieß/Arrowsmith, Self-Cleaning, S. 25.
585   *Wimmer,* Zuverlässigkeit, S. 131; *Quardt* in BB 1997, S. 477 (479); *Hertwig,* Öffentliche Auftragsvergabe, Rn. 495; *Voppel/Osenbrück/Bubert,* Kommentar VOF, § 4 VOF, Rn. 182.
586   OLG München, Beschluss vom 21. Mai 2010, Az. Verg 02/10, Tz. 166; OLG Frankfurt, Beschluss vom 20. Juli 2004, Az. 11 Verg 6/04, Tz. 53–64; *Weyand,* Praxiskommentar Vergaberecht, § 6 VOB/A, Rn. 178, § 6 VOL/A, Rn. 226, § 4 VOF, Rn. 130; *Leinemann,* Vergabe öffentlicher Aufträge, Rn. 2010.

als auch wenn sich nachträglich die Zuverlässigkeit eines Unternehmens herausstellt. Ein Teilnehmer am Vergabeverfahren hat einen Anspruch darauf, dass die Vergabestelle für ihn positive, im Laufe des Vergabeverfahrens eintretende Veränderungen der Umstände, die eine Wandlung der Einstufung von unzuverlässig in zuverlässig rechtfertigen könnten, berücksichtigt.[587] Die Vergabestelle darf sich nicht damit begnügen, an in der Vergangenheit erfolgten negativen Bewertungen festzuhalten, wenn das Unternehmen vorbringt, inzwischen während des laufenden Vergabeverfahrens Maßnahmen zur Selbstreinigung eingeleitet oder abgeschlossen zu haben.[588] Bei Hinzutreten solcher neuen Umstände kann die Vergabestelle ihre Beurteilung ändern und ist nicht daran gebunden, dass sie einem Unternehmen gegenüber zunächst den Ausschluss erklärt hat.[589] Dass ein Vergabeverfahren auch deswegen länger andauert, weil der Auftraggeber seiner Pflicht zur umfassenden Sachverhaltsaufklärung nachkommt oder weil mehrere Behörden auf verschiedenen Ebenen an der Vergabeentscheidung zu beteiligen waren und infolgedessen einem Unternehmen, dem eine schwere Verfehlung vorzuwerfen ist, zwangsläufig ein entsprechend längerer Zeitraum dafür zur Verfügung steht, seine Zuverlässigkeit durch geeignete Selbstreinigungsmaßnahmen wiederherzustellen, stellt keinen Verstoß gegen das Gleichbehandlungsgebot bezüglich der übrigen Bieter dar.[590]

Fraglich ist, ob auch für die Berücksichtigung von Selbstreinigungsmaßnahmen die letzte mündliche Verhandlung eines Nachprüfungsverfahrens den spätestmöglichen Beurteilungszeitpunkt darstellt (so allgemein für Änderungen von Tatsachen, siehe Kapitel 2 B.V.). In der Rechtsprechung werden Selbstreinigungsmaßnahmen berücksichtigt, die erst im Laufe des Nachprüfungsverfahrens erfolgten oder abgeschlossen wurden.[591] Gegen die Berücksichtigung von Selbstreinigungsmaßnahmen, die während eines laufenden Nachprüfungsverfahrens erfolgt sind, wird in der Literatur eingewendet, dass dies die Möglichkeit für Bieter eröffne, durch die Einleitung eines Nachprüfungsverfahrens Zeit zu gewinnen, um Selbstreinigungsmaßnahmen zur Wiederherstellung der Zuverlässigkeit durchzuführen.[592] Daher solle ein Unternehmen

---

587 OLG München, Beschluss vom 22. November 2012, Az. Verg 22/12, Tz. 45; dem folgend VG Düsseldorf, Urteil vom 24. März 2015, Az. 20 K 6764/13, Tz. 106; *Prieß/Pünder/Stein* in Pünder/Prieß/Arrowsmith, Self-Cleaning, S. 63.
588 OLG Brandenburg, Beschluss vom 14. Dezember 2007, Az. Verg W 21/07, Tz. 58; Vorinstanz VK Brandenburg, Beschluss vom 16. Oktober 2007, Az. VK 38/07, S. 13; VK Nordbayern, Beschluss vom 24. Januar 2008, Az. 21.VK - 3194 - 52/07, S. 14; VK Saarland, Beschluss vom 20. August 2007, Az. 1 VK 01/2007, S. 10; *Hailbronner* in Byok/Jaeger, Kommentar Vergaberecht, § 97 GWB, Rn. 102.
589 VK Nordbayern, Beschluss vom 24. Januar 2008, Az. 21.VK - 3194 - 52/07, S. 14; VK Hessen, Beschluss vom 9. Februar 2004, Az. 69 d VK-79+80/2003, S. 14.
590 OLG Brandenburg, Beschluss vom 14. Dezember 2007, Az. Verg W 21/07, Tz. 76; VK Brandenburg, Beschluss vom 16. Oktober 2007, Az. VK 38/07, S. 13.
591 OLG München, Beschluss vom 22. November 2012, Az. Verg 22/12, Tz. 45; OLG Düsseldorf, Beschluss vom 18. Juli 2001, Az. Verg 16/01, S. 16f.
592 *Dreher/Hoffmann* in NZBau 2014, S. 67 (70).

nicht erfolgreich sein, wenn es ein Nachprüfungsverfahren in rechtsmissbräuchlicher Weise nur deswegen anstrenge, um gegen die damals zutreffende Einstufung als unzuverlässig vorzugehen und dadurch eine Verlängerung des Vergabeverfahrens zu erreichen.[593] Selbstreinigungsmaßnahmen sollten nur dann berücksichtigt werden, wenn sie bereits zum Zeitpunkt der Angebotsabgabe umgesetzt oder jedenfalls eingeleitet waren, denn es sollte nicht in der Hand des Bieters liegen, die Wirksamkeit seines Angebots nachträglich zu beeinflussen.[594] Es ist jedoch nicht ersichtlich, weshalb ein Unternehmen, das neben der Bewertung der Zuverlässigkeit auch noch weitere Einwände gegen das Vergabeverfahren erhebt, von einer Änderung der der Bewertung zu Grunde liegenden Tatsachen profitieren soll, während einem Unternehmen, das isoliert die Berücksichtigung von Selbstreinigungsmaßnahmen erreichen will, eine Neubewertung der Zuverlässigkeit verwehrt bleiben soll. Da im Übrigen, wie oben unter Kapitel 2 B.V. gezeigt, der maßgebliche Zeitpunkt für die Beurteilung der Eignung eines Unternehmens gegebenenfalls die letzte mündliche Verhandlung in einem Nachprüfungsverfahren ist, muss es einem Unternehmen folgerichtig möglich sein, die Dauer eines Nachprüfungsverfahrens für seine Rehabilitierung zu nutzen. Allerdings ist zu beachten, dass es sich bei dem Aspekt der Selbstreinigung um einen für den Bieter günstigen Punkt handelt, den er im Rahmen der Eignungsprüfung einbringen muss, weswegen im Laufe des Vergabeverfahrens erfolgte Änderungen hier nur zu berücksichtigen sind, soweit sie nach der Eignungsprüfung erfolgt sind und der Bieter daher keine Gelegenheit hatte, dafür bereits für die Phase der Eignungsprüfung Nachweise zu erbringen.[595]

Auch der Erfolg von Selbstreinigungsmaßnahmen ist mit Blick auf den konkreten Auftrag zu prüfen.[596] Wenn die Verfehlung einen Bezug zur Angebotskalkulation aufwies und die entsprechenden Maßnahmen erst nach der Kalkulation des Angebots für die konkrete Ausschreibung erfolgt sind, können sie sich nicht mehr auf die Bewertung der Zuverlässigkeit auswirken, wenn in der gewählten Verfahrensart eine Nachkalkulation und Abänderung des Angebots nicht möglich ist.[597] Eine Selbstreinigung im Laufe des Nachprüfungsverfahrens scheidet außerdem naturgemäß aus, wenn eine wettbewerbswidrige Absprache in Bezug auf die betreffende Ausschreibung getroffen wurde, denn das darauf beruhende Angebot kann nicht mehr geändert werden. Lediglich wenn die Vergabe im Wege eines Verhandlungsverfahrens stattfindet wäre es denkbar, Selbstreinigungsmaßnahmen trotz eines Verstoßes in Bezug auf die konkrete Angebotsabgabe zu berücksichtigen.

Die nachträgliche Berücksichtigung einer Wiederherstellung der Zuverlässigkeit ist nicht möglich, wenn es sich um ein Vergabeverfahren mit vorgeschaltetem

---

593 *Dreher/Hoffmann* in NZBau 2014, S. 67 (70).
594 Anmerkung zu OLG Düsseldorf, Beschluss vom 18. Juli 2001, Az. Verg 16/01 von *Trautner* in VergabeR 2001, S. 427 (428).
595 Vgl. *Ziekow* in Ziekow/Völlink, Kommentar Vergaberecht, § 97 GWB, Rn. 95.
596 OLG München, Beschluss vom 22. November 2012, Az. Verg 22/12, Tz. 53; *Dreher/Hoffmann* in NZBau 2014, S. 67 (70).
597 OLG München, Beschluss vom 22. November 2012, Az. Verg 22/12, Tz. 53.

Teilnahmewettbewerb handelt. Wenn ein Unternehmen hier zunächst beurteilungs- und ermessensfehlerfrei als unzuverlässig ausgeschlossen wurde, würde eine nachträgliche Berücksichtigung von die Zuverlässigkeit wiederherstellenden Selbstreinigungsmaßnahmen dem Zweck einer Ausschreibung mit Teilnahmewettbewerb, sukzessive eine Verengung des Bieterkreises zu erreichen, zuwider laufen.[598] Im umgekehrten Fall, dass sich eine Unzuverlässigkeit nachträglich herausstellt, ist eine Berücksichtigung der Veränderung auch im Falle eines vorgeschalteten Teilnahmewettbewerbs möglich und erforderlich, da sonst ein Auftrag wissentlich an ein ungeeignetes Unternehmen erteilt werden müsste und das Argument, dass der beabsichtigte kleine Kreis an Bietern erweitert werden müsste, in einem solchen Fall gerade nicht greift. Bei vorgeschaltetem Teilnahmewettbewerb können daher nur negative, aber nicht positive Veränderungen der Sachverhaltsgrundlage der Zuverlässigkeitsbewertung berücksichtigt werden.

V. Beurteilungsspielraum der Vergabestelle

Als Teil der Prognoseentscheidung über die Zuverlässigkeit steht der Vergabestelle ein nur eingeschränkt überprüfbarer Beurteilungsspielraum zu hinsichtlich der Frage, ob eine erfolgreiche Selbstreinigung durchgeführt wurde und damit die Zuverlässigkeit für die Zukunft nicht in Frage gestellt ist.[599]

VI. Ermessensentscheidung der Vergabestelle

In Bezug auf einen zwingenden Ausschluss steht der Vergabestelle ein Ermessen dahingehend zu, ob sie eine Ausnahme von dem Ausschluss machen will, nachdem sie zu dem Schluss gekommen ist, dass die Zuverlässigkeit nicht in Frage gestellt ist (siehe oben unter Kapitel 2 B.II.1.c)). Das Ermessen wird jedoch regelmäßig auf Null reduziert sein, wenn die Selbstreinigung als erfolgreich zu bewerten ist, da ein Ausschluss dann nicht verhältnismäßig wäre.[600]

Wie bereits oben unter Kapitel 2 B.II.2.e) ausgeführt steht die letztliche Entscheidung darüber, ob die Vergabestelle von der Möglichkeit eines fakultativen Ausschlusses Gebrauch macht, in ihrem Ermessen. Dies gilt auch dann, wenn sie zu dem Schluss kommt, dass eine Selbstreinigung nicht (erfolgreich) durchgeführt

---

598 *Dreher/Hoffmann* in NZBau 2014, S. 67 (70); *Fehling* in Pünder/Schellenberg, Handkommentar Vergaberecht, § 97 GWB, Rn. 109.
599 OLG München, Beschluss vom 22. November 2012, Az. Verg 22/12, Tz. 40, 42, 51; OLG Düsseldorf, Beschluss vom 9. Juni 2010, Az. VII-Verg 14/10, Tz. 50, 52f OLG Düsseldorf, Beschluss vom 9. April 2003, Az. VII-Verg 66/02, Tz. 110; VK Brandenburg, Beschluss vom 16. Oktober 2007, Az. VK 38/07, S. 11/12; VK Saarland, Beschluss vom 20. August 2007, Az. 1 VK 01/2007, S. 9/10.
600 *Hausmann/von Hoff* in Kulartz/Marx/Portz/Prieß, Kommentar VOB/A, § 6 VOB/A EG, Rn. 77.

wurde und die Zuverlässigkeit für die Zukunft wegen einer schweren Verfehlung weiterhin in Frage gestellt ist. Sie kann daher trotz nicht oder nicht hinreichend erfolgter Selbstreinigung von einem Ausschluss absehen. Bei erfolgreicher Selbstreinigung gilt wiederum der Verhältnismäßigkeitsgrundsatz und damit eine Ermessensreduzierung auf Null.[601]

Nach erfolgter Selbstreinigung ist, wie bereits ausgeführt, eine Sperre nicht mehr geboten und das Unternehmen hat einen Anspruch auf Wiederzulassung (siehe oben unter II.3.). Die Sperre ist ohne Ermessensspielraum aufzuheben, wenn der Grund für ihren Erlass wegen der erfolgreichen Wiederherstellung der Zuverlässigkeit nicht mehr vorliegt.[602]

C. Die Elemente einer erfolgreichen Selbstreinigung

Da ein Unternehmen mittels einer erfolgreichen Selbstreinigung immerhin eine Einstufung als unzuverlässig verhindern und seine zunächst verlorene Zuverlässigkeit trotz nachweislich vorgekommener Verfehlungen wiederherstellen kann, müssen hohe Anforderungen daran gestellt werden.[603] Dies ist auch deswegen erforderlich, weil die Vergabestelle bei der Bewertung der Zuverlässigkeit alle Bieter gem. § 97 Abs. 2 GWB gleich behandeln muss.[604] Ein Unternehmen, dem eine Verfehlung in der Vergangenheit vorzuwerfen ist, muss diese in angemessenem Umfang wieder ausgleichen, um bei der Bewertung der Zuverlässigkeit mit denjenigen Konkurrenten, die eine »weiße Weste« haben, auf einer Stufe stehen zu können.

Grundsätzliche Einigkeit besteht darüber, dass das Unternehmen sich dafür an der Aufklärung des Sachverhalts beteiligen (dazu I.) sowie Veränderungen in

---

601 *Wimmer*, Zuverlässigkeit, S. 137.
602 LG Berlin, Urteil vom 22. März 2006, Az. 23 O 118/04, S. 6; siehe Ziff. 7.1.7 Satz 9 Korruptionsbekämpfungsrichtlinie Bayern; § 11 Abs. 5 Vergabegesetz Brandenburg; § 7 Durchführungsverordnung Vergabegesetz Brandenburg; § 19 Abs. 3 Satz 4 Landesvergabegesetz Sachsen-Anhalt, § 18 Abs. 3 Satz 4 Vergabegesetz Thüringen; als Ermessensvorschrift aber formuliert in § 6 Abs. 7 Gesetz zur Einrichtung eines Registers zum Schutz fairen Wettbewerbs Hamburg; § 6 Abs. 7 Gesetz zur Einrichtung eines Registers zum Schutz fairen Wettbewerbs Schleswig-Holstein.
603 *Prieß* in NZBau 2012, S. 425; *Ax/Schneider/Scheffen*, Korruptionsbekämpfung, Rn. 399.
604 *Dreher* in FS Franke, S. 31 (45).

personeller (dazu II.) und struktureller Hinsicht (dazu III.) vornehmen muss.[605] Diese Elemente sind auch in Art. 57 Abs. 6 EU-Vergaberichtlinie[606] vorgesehen:

»Jeder Wirtschaftsteilnehmer, der sich in einer der in den Absätzen 1 und 4 genannten Situationen befindet, kann Nachweise dafür erbringen, dass die Maßnahmen des Wirtschaftsteilnehmers ausreichen, um trotz des Vorliegens eines einschlägigen Ausschlussgrundes seine Zuverlässigkeit nachzuweisen. Werden solche Nachweise für ausreichend befunden, so wird der betreffende Wirtschaftsteilnehmer nicht von dem Vergabeverfahren ausgeschlossen.

Zu diesem Zweck weist der Wirtschaftsteilnehmer nach, dass er einen Ausgleich für jeglichen durch eine Straftat oder Fehlverhalten verursachten Schaden gezahlt oder sich zur Zahlung eines Ausgleichs verpflichtet hat, die Tatsachen und Umstände umfassend durch eine aktive Zusammenarbeit mit den Ermittlungsbehörden geklärt und konkrete technische, organisatorische und personelle Maßnahmen ergriffen hat, die geeignet sind, weitere Straftaten oder Verfehlungen zu vermeiden.

Die von den Wirtschaftsteilnehmern ergriffenen Maßnahmen werden unter Berücksichtigung der Schwere und besonderen Umstände der Straftat oder des Fehlverhaltens bewertet. Werden die Maßnahmen als unzureichend befunden, so erhält der Wirtschaftsteilnehmer eine Begründung dieser Entscheidung.

Ein Wirtschaftsteilnehmer, der durch eine rechtskräftigen [sic] gerichtlichen [sic] Entscheidung von der Teilnahme an Verfahren zur Auftrags- oder Konzessionsvergabe ausgeschlossen wurde, ist während des Ausschlusszeitraumes, der in dieser Entscheidung festgelegt wurde, nicht berechtigt, in den Mitgliedstaaten, in denen die Entscheidung wirksam ist, von der in diesem Absatz gewährten Möglichkeit Gebrauch zu machen.«[607]

---

605   OLG München, Beschluss vom 22. November 2012, Az. Verg 22/12, Tz. 52; OLG Brandenburg, Beschluss vom 14. Dezember 2007, Az. Verg W 21/07, Tz. 63–73; OLG Düsseldorf, Beschluss vom 9. April 2003, Az. VII-Verg 66/02, Tz. 91/92; Beschluss vom 9. April 2003, Az. Verg 43/02, Tz. 38/39; VK Brandenburg, Beschluss vom 16. Oktober 2007, Az. VK 38/07, S. 12; *Stein/Friton/Huttenlauch* in WuW 2012, S. 38 (48); *Prieß* in NZBau 2009, S. 587 (588f.); *Dreher* in FS Franke, S. 31 (34); *Ohrtmann* in NZBau 2007, S. 278 (280); *Opitz* in Dreher/Motzke, Beck'scher Vergaberechtskommentar, § 97 Abs. 4 GWB, Rn. 64; *Völlink* in Ziekow/Völlink, Kommentar Vergaberecht, § 6 VOB/A EG, Rn. 20; *Antweiler* in Dreher/Motzke, Beck'scher Vergaberechtskommentar, § 6 VOB/A, Rn. 69; *Hölzl* in Münchener Kommentar zum Beihilfen- und Vergaberecht, § 97 GWB, Rn. 163; *Voppel/Osenbrück/Bubert*, Kommentar VOF, § 4 VOF, Rn. 110; § 21 SektVO, Rn. 14; *Leinemann*, Vergaberecht, Rn. 393; *Ax/Schneider/Scheffen*, Korruptionsbekämpfung, Rn. 400ff.
606   Fundstelle siehe Fn. 108.
607   Siehe außerdem Erwägungsgrund 102 EU-Vergaberichtlinie: *»Bei diesen Maßnahmen kann es sich insbesondere um Personal- und Organisationsmaßnahmen handeln, wie den Abbruch aller Verbindungen zu an dem Fehlverhalten beteiligten Personen oder Organisationen, geeignete Personalreorganisationsmaßnahmen, die Einführung von Berichts- und Kontrollsystemen, die Schaffung einer internen Audit-Struktur zur*

Die europäischen Vorgaben für eine erfolgreiche Selbstreinigung entsprechen den in Deutschland bereits anerkannten Maßstäben und erforderlichen Elementen. In der deutschen Literatur wurde die explizite Normierung der Möglichkeit einer Selbstreinigung dementsprechend positiv aufgenommen und als Ausdruck des Verhältnismäßigkeitsprinzips eingeordnet.[608]

Fast wortgleich mit der EU-Vergaberichtlinie erfolgt in § 125 Entwurf-Vergaberechtsmodernisierungsgesetz erstmals eine Kodifizierung der Möglichkeit der Selbstreinigung eines Unternehmens und der erforderlichen Elemente:

»§ 125
Selbstreinigung

(1) Öffentliche Auftraggeber schließen in Unternehmen, bei dem ein Ausschussgrund nach § 123 oder § 124 vorliegt, nicht von der Teilnahme an dem Vergabeverfahren aus, wenn das Unternehmen nachgewiesen hat, dass es
   1. für jeden durch eine Straftat oder ein Fehlverhalten verursachten Schaden einen Ausgleich gezahlt oder sich zur Zahlung eines Ausgleichs verpflichtet hat,
   2. die Tatsachen und Umstände, die mit der Straftat oder dem Fehlverhalten und dem dadurch verursachten Schaden in Zusammenhang stehen, durch eine aktive Zusammenarbeit mit den Ermittlungsbehörden und dem öffentlichen Auftraggeber umfassend geklärt hat, und
   3. konkrete technische, organisatorische und personelle Maßnahmen ergriffen hat, die geeignet sind, weitere Straftaten oder weiteres Fehlverhalten zu vermeiden.
   § 123 Abs. 4 Satz 2 bleibt unberührt.
(2) Öffentliche Auftraggeber bewerten die von dem Unternehmen ergriffenen Selbstreinigungsmaßnahmen und berücksichtigen dabei die Schwere und besonderen Umstände der Straftat und des Fehlverhaltens. Erachten die öffentlichen Auftraggeber die Selbstreinigungsmaßnahmen des Unternehmens als unzureichend, so begründen sie diese Entscheidung gegenüber dem Unternehmen.«

Umstritten ist die Frage, ob neben den genannten drei Elementen eine Wiedergutmachung des verursachten Schadens von den Unternehmen gefordert werden kann (dazu IV.).

Zu sämtlichen der genannten Elemente einer gelungenen Selbstreinigung ist zu bemerken, dass sie meist nur schlagwortartig genannt, aber selten näher und

---

Überwachung der Compliance oder die Einführung interner Haftungs- und Entschädigungsregelungen.«

608 *Prieß/Stein* in VergabeR 2014, S. 499 (512); *Prieß* in P.P.L.R. 2014, S. 112 (113, 121); *Summa* in NZBau 2012, S. 729 (731); *Stein/Friton* in BB 2011, S. 771 (777); wobei die zur Frage der Selbstreinigung zumindest in Deutschland aufgetretenen Rechtsfragen damit nicht abschließend beantwortet sind, siehe *Neun/Otting* in EuZW 2014, S. 446(450f.).

außerdem nicht einheitlich definiert werden. Zu einer Selbstreinigung nach Kartellrechtsverstößen im Speziellen gibt es außerdem vergleichsweise wenige Fälle aus der Praxis,[609] die meisten Fallkonstellationen betreffen Bestechungs- und Korruptionsdelikte. Im Folgenden wird, unter spezieller Berücksichtigung der Besonderheiten der Selbstreinigung nach Kartellrechtsverstößen, näher beleuchtet, welche konkreten Anforderungen an die Wiederherstellung der Zuverlässigkeit von Unternehmen in Einklang mit den Grundprinzipien des Vergaberechts und mit Vorgaben weiterer Rechtsgebiete gestellt werden können und müssen.

I. Die Aufklärung des Sachverhalts

Eine erfolgreiche Selbstreinigung erfordert naturgemäß in einem ersten Schritt das Bemühen des Unternehmens um eine Aufklärung des Sachverhalts.[610] Denn um überhaupt eingestehen zu können, dass ein Fehlverhalten in der Vergangenheit vorlag und darauf basierend Änderungen personeller und struktureller Art vornehmen zu können, ist die Aufdeckung der Vorkommnisse sowie der beteiligten Personen und ihrer Verursachungsbeiträge die logische Vorstufe. Nur so können die den Verfehlungen zu Grunde liegenden Fehlentwicklungen der Vergangenheit aufgedeckt und analysiert sowie zielgerichtete Abhilfemaßnahmen bestimmt werden.[611]

Im Folgenden werden Ausmaß und Umfang (dazu 1. und 2.) sowie Mittel (3.) und Grenzen (4.) der Sachverhaltsaufklärung erläutert. Außerdem ist zu klären, inwieweit eine Zusammenarbeit mit den Behörden (5. und 6.) und eine Offenlegung in Bezug auf einen möglichen Schaden (7.) und in Bezug auf eine Kooperation mit den Kartellbehörden (8.) gefordert werden kann.

1. Das erforderliche Ausmaß der Sachverhaltsaufklärung

An die erforderlichen Aufklärungsmaßnahmen dürfen keine überzogenen Anforderungen gestellt werden. Da selbst in einem Strafverfahren auch Aspekte wie Erforderlichkeit, Verhältnismäßigkeit und Wirtschaftlichkeit eine Rolle spielen, dürfen

---

609 OLG Düsseldorf, Beschluss vom 28. Juli 2005, Az. VII-Verg 42/05, Vorinstanz VK Düsseldorf, Beschluss vom 29. Juni 2005, Az. VK – 10/2005-L; OLG Frankfurt, Beschluss vom 20. Juli 2004, Az. 11 Verg 6/04, Vorinstanz VK Hessen, Beschluss vom 9. Februar 2004, Az. 69 d VK-79+80/2003; LG Köln, Urteil vom 31. Juli 1990, Az. 31 O (Kart.) 291/90; VK Nordbayern, Beschluss vom 19. Februar 2014, Az. 21.VK - 3194 - 58/13; VK Niedersachsen, Beschluss vom 14. Februar 2012, Az. VgK-05/2012; VK Niedersachsen, Beschluss vom 24. März 2011, Az. VgK-04/2011; VK Düsseldorf, Beschluss vom 13. März 2006, Az. VK – 8/2006; VK Arnsberg, Beschluss vom 22. Oktober 2001, Az. VK 1-13/2001.
610 OLG München, Beschluss vom 22. November 2012, Az. Verg 22/12, Tz. 52; *Dreher/Hoffmann* in NZBau 2014, S. 67 (71); *Ax/Schneider/Scheffen*, Korruptionsbekämpfung, Rn. 400.
611 *Dreher/Hoffmann* in NZBau 2012, S. 265 (269, 272); *Prieß/Pünder/Stein* in Pünder/Prieß/Arrowsmith, Self-Cleaning, S. 77.

127

auch Unternehmen unter diesen Gesichtspunkten Abstriche von einer vollumfänglichen Aufklärung machen.[612] Letztlich orientieren sich die Anforderungen an dem Ziel, eine Wiederholung der tatsächlich vorgefallenen Verfehlung zu verhindern. Daher ist es nicht erforderlich, die Aufklärungsmaßnahmen auf die Entdeckung weiterer unbekannter Verstöße auszurichten.[613] Eine solche Anforderung wäre unverhältnismäßig und würde außerdem gegen den Gleichbehandlungsgrundsatz verstoßen, wenn nicht allgemein von sämtlichen Bietern eine von konkreten Verstößen unabhängige interne Untersuchung gefordert würde.[614]

Das Unternehmen darf jedoch keine für die Bewertung der Zuverlässigkeit relevanten Informationen zurückhalten. Wenn es in einem erkennbar sensiblen Punkt Informationen zunächst verschweigt und auch auf Nachfrage der Vergabestelle nur bruchstückhaft und sukzessive mitteilt, stellt dieses Verhalten bereits für sich genommen einen Aspekt dar, der die Zuverlässigkeit des Unternehmens in Frage stellt, so dass ein Ausschluss unabhängig von Selbstreinigungsmaßnahmen erfolgen kann.[615]

2. Kein Erfordernis eines Geständnisses

Es stellt sich die Frage, ob für eine erfolgreiche Selbstreinigung ein Geständnis des betreffenden Unternehmens erforderlich ist, eine aktive Mitarbeit an der Aufklärung also nicht ausreicht, sondern außerdem die vorgeworfenen Verfehlungen eingestanden werden müssen.

Einerseits liegen in einer Situation, in der sich die Vergabestelle mit Selbstreinigungsmaßnahmen zu befassen hat, entweder durch ein rechtskräftiges Urteil oder durch andere belastbare Quellen nachweislich begangene Verfehlungen vor (siehe oben, Kapitel 2 B.II.1.b), 2.c)). Angesichts dessen darf von dem Unternehmen erwartet werden, dass es sich dazu in irgendeiner Weise verhält. Wenn es dies nicht tut, so kann allein dieser Umstand dazu führen, dass ungeachtet eingeleiteter personeller und organisatorischer Selbstreinigungsmaßnahmen das Unternehmen als unzuverlässig einzustufen ist.[616] Dass sich ein gewisser »*Zielkonflikt*« daraus ergibt, dass das Unternehmen und die handelnden Personen im Rahmen eines Vergabeverfahrens für die Darlegung einer erfolgreichen Selbstreinigung Fehlverhalten und eigene Beiträge offenlegen müssen, während sie sich im Rahmen eines anhängigen Bußgeld- oder Strafverfahrens gegen die entsprechenden Vorwürfe wehren, fällt

---

612 *Dreher/Hoffmann* in NZBau 2014, S. 67 (71); *Idler/Knierim/Waeber* in Knierim/Rübenstahl/Tsambikakis, Internal Investigations, Kap. 4, Rn. 4.
613 *Dreher/Hoffmann* in NZBau 2014, S. 67 (71).
614 *Wimmer,* Zuverlässigkeit, S. 175.
615 OLG Düsseldorf, Beschluss vom 28. Juli 2005, Az. VII-Verg 42/05, Tz. 28; OLG Düsseldorf, Beschluss vom 15. Dezember 2004, Az. VII-Verg 48/04, Tz. 30; VK Düsseldorf, Beschluss vom 13. März 2006, Az. VK – 8/2006, S. 17f.; *Mutschler-Siebert/Dorschfeldt* in BB 2015, S. 642 (646); *Leinemann,* Vergabe öffentlicher Aufträge, Rn. 2012.
616 KG Berlin, Urteil vom 17. Januar 2011, Az. 2 U 4/06, NZBau 2012, S. 56 (63).

in den »*Risikobereich*« des Unternehmens.[617] Das Verbot der Selbstbelastung steht einer aktiven Beteiligung an der Aufklärung jedenfalls nicht entgegen, denn das Unternehmen hat keine Zwangsmaßnahmen, sondern lediglich den Verlust künftiger Erwerbschancen zu befürchten und kann diesen durch die Mitwirkung an der Aufklärung sogar verhindern.[618] Es muss sich mit den erhobenen Vorwürfen auseinander setzen und dazu Stellung beziehen; es kann sich nicht darauf beschränken, darauf hinzuweisen, es sei kein Schaden entstanden, und ohne jedes Bemühen um Aufklärung die Vorwürfe schlicht leugnen.[619] Eine Bezugnahme auf einen angeblich nicht entstandenen Schaden kann schon deswegen nicht ausreichen, da die Frage, ob ein Schaden entstanden ist, für die Selbstreinigung eines Unternehmens keine Rolle spielt, denn schließlich ist das vergangene Fehlverhalten unabhängig davon in Zukunft zu vermeiden.[620] Das Unternehmen kann sich daher nicht durch Verweis auf einen fehlenden Schaden der Durchführung von Selbstreinigungsmaßnahmen entziehen.

Andererseits kann nicht gefordert werden, »*alle Vorwürfe unstreitig zu stellen*«[621] und sämtliche Verfehlungen einzugestehen.[622] Es darf einem Unternehmen auch nicht angelastet werden, wenn es sich gegen im Rahmen eines Ermittlungsverfahrens oder Strafprozesses erhobene Vorwürfe wehrt.[623] Zumindest wenn es nicht um einen Ausschluss auf Grundlage einer rechtskräftigen Verurteilung geht, können die Vergabestelle und das betroffene Unternehmen durchaus geteilter Meinung darüber sein, ob von einem hinreichenden Nachweis ausgegangen werden kann und damit die Voraussetzungen eines Ausschlusses wegen einer schweren Verfehlung vorliegen, der nur durch eine Selbstreinigung abgewendet werden könnte, oder ob bereits das Vorliegen eines entsprechenden Nachweises abzulehnen ist und das Unternehmen daher aus seiner Sicht konsequenterweise keinerlei Selbstreinigungsmaßnahmen in Gang setzen musste. In solchen Fällen wird das Unternehmen häufig dennoch die erforderlichen Maßnahmen einleiten, um die Zusammenarbeit mit der Vergabestelle nicht zu riskieren, dabei jedoch aus seiner Sicht gewissermaßen überobligatorisch, ohne einen zwingenden Anlass handeln. Einzufordern, dass das Unternehmen entgegen seiner Überzeugung ein Geständnis ablegt, würde gleichwohl zu weit gehen und wäre nicht angemessen. Vielmehr ist auch eine Distanzierung

---

617 OLG München, Beschluss vom 22. November 2012, Az. Verg 22/12, Tz. 54.
618 *Mutschler-Siebert/Dorschfeldt* in BB 2015, S. 642 (645); *Burgi* in NZBau 2014, S. 595 (598).
619 KG Berlin, Urteil vom 17. Januar 2011, Az. 2 U 4/06, NZBau 2012, S. 56 (63f.); *Dreher/Hoffmann* in NZBau 2014, S. 67 (71); *Freund/Kallmayer/Kraft*, Korruption und Kartelle bei Auftragsvergaben, S. 160.
620 *Dreher/Hoffmann* in NZBau 2014, S. 150 (153) (siehe auch unter IV.).
621 KG Berlin, Urteil vom 17. Januar 2011, Az. 2 U 4/06, NZBau 2012, S. 56 (63).
622 *Dreher/Hoffmann* in NZBau 2014, S. 150 (153); anders noch *Dreher* in FS Franke, S. 31 (43).
623 *Freund/Kallmayer/Kraft*, Korruption und Kartelle bei Auftragsvergaben, S. 160.

von den Vorwürfen unschädlich, wenn durch entsprechende Maßnahmen gesichert ist, dass entsprechende Verfehlungen in Zukunft nicht auftreten werden.[624]

3. Die Mittel der internen Sachverhaltsaufklärung

Wenn der Verdacht besteht, dass im Unternehmen eine Verfehlung begangen wurde, muss das Unternehmen selbst für eine Aufklärung des möglichen Fehlverhaltens sorgen. Jeglichen Verdachtsmomenten ist konsequent nachzugehen.[625] Dabei können sowohl interne als auch externe Ressourcen zum Einsatz kommen (dazu a)). Hauptinstrumente einer internen Erhebung sind die Befragung von Mitarbeitern, (siehe b)), und die Durchsicht von schriftlichen und elektronischen Dokumenten, (siehe c)). Grenzen für die möglichen internen Aufklärungsmaßnahmen können sich aus den Mitbestimmungsrechten des Betriebsrats ergeben (siehe d)).

a) Einzusetzende Ressourcen

Wie die interne Aufklärung abzulaufen hat, hängt von der jeweiligen Organisationsstruktur im Unternehmen ab.[626] Wenn bereits eine interne Struktur zur Aufklärung von Missständen vorhanden ist, etwa im Bereich der internen Revision, ist dies ein großer Vorteil und ermöglicht ein schnelleres Handeln.[627] Gibt es eine Compliance-Abteilung im Unternehmen, ist es naheliegend und zielführend, darauf zurückzugreifen. In jedem Fall ist darauf zu achten, dass die mit der Untersuchung des Sachverhalts beauftragten Personen eine sowohl von der Führungsebene als auch von den betroffenen Abteilungen im Unternehmen möglichst unabhängige Stellung haben, weswegen es sich anbieten kann, externe Berater wie Anwaltskanzleien oder Wirtschaftsprüfer einzusetzen.[628] Besonders in komplexeren oder kompliziert gelagerten Fällen ist es ratsam, einen Wirtschaftsprüfer damit zu beauftragen, eine Prüfung gezielt im Hinblick auf Indizien für Preisabsprachen oder Korruptionszahlungen vorzunehmen.[629] Im Übrigen ist je nach Einzelfall zu entscheiden, ob externe Ressourcen (zusätzlich) eingeschaltet werden sollen. Der Vorteil der Durchführung durch interne Mitarbeiter liegt in der besseren Kenntnis der Geschäftsfelder und Abläufe, für die Einbeziehung von Anwaltskanzleien spricht die umfangreichere Verfügbarkeit von Personal und damit mögliche eingehendere Prüfung, die (kartell-)rechtliche Expertise sowie dass

---

624 *Dreher/Hoffmann* in NZBau 2012, S. 265 (273).
625 *Leinemann*, Vergaberecht, Rn. 393.
626 *Ax/Schneider/Scheffen*, Korruptionsbekämpfung, Rn. 400.
627 *Ax/Schneider/Scheffen*, Korruptionsbekämpfung, Rn. 400.
628 *Ax/Schneider/Scheffen*, Korruptionsbekämpfung, Rn. 401.
629 In Bezug auf Preisabsprachen OLG Frankfurt, Beschluss vom 20. Juli 2004, Az. 11 Verg 6/04, Tz. 62; in Bezug auf Korruptionsvorwürfe OLG Düsseldorf, Beschluss vom 9. April 2003, Az. Verg 43/02, Tz. 38; Beschluss vom 9. April 2003, Az. Verg 66/02, Tz. 91; *Leinemann*, Vergaberecht, Rn. 393; *Freund/Kallmayer/Kraft*, Korruption und Kartelle bei Auftragsvergaben, S. 160.

die Ergebnisse der Untersuchung dem Anwaltsprivileg unterliegen.[630] Häufig ist eine Kombination von internen und externen Ressourcen vorzugswürdig, um die Vorteile beider Modelle zu nutzen.[631]

b) Mitarbeiterinterviews

In Betracht kommen insbesondere Interviews mit Mitarbeitern im Rahmen interner Audits, in denen Verdächtige mit den Vorwürfen konfrontiert oder die mit den betroffenen Bereichen befassten Personen allgemein befragt werden.[632] Die Befragung von Mitarbeitern ist in den meisten Fällen ein wichtiges und bevorzugtes Mittel, da auf diesem Wege zumeist schnell Erkenntnisse und außerdem Anhaltspunkte für die weiteren erforderlichen Schritte gewonnen werden können.[633] Gerade wenn Kartellrechtsverstöße im Raum stehen, spielen solche Interviews eine besonders große Rolle, da hierzu in vielen Fällen keine schriftliche Dokumentation aufzufinden sein wird.[634]

Dass ein Arbeitnehmer an Interviews teilnehmen muss, wenn sein Arbeitgeber es anordnet, ergibt sich aus dem Weisungsrecht des Arbeitgebers nach § 106 Satz 1 GewO.[635] Wenn ein Mitarbeiter sich (über etwaige Auskunftsverweigerungsrechte hinaus, siehe dazu 4.a)) weigert, Fragen im Rahmen solcher Interviews zu beantworten oder in sonstiger Weise die Durchführung des Audits nicht unterstützt, kommt die Kürzung des Gehalts oder eine Abmahnung und bei weiterer Weigerung als ultima ratio auch eine verhaltensbedingte Kündigung in Betracht,[636] so dass der Arbeitgeber über gewisse Druckmittel verfügt. Die Pflicht zur Auskunftserteilung nach § 666 BGB bleibt allerdings auch nach Beendigung des Arbeitsverhältnisses bestehen, da sich der Mitarbeiter sonst durch eine Kündigung von seiner Seite seinen Mitwirkungspflichten entziehen könnte.[637]

---

630 *Kübler* in Schultze, Compliance-Handbuch Kartellrecht, Teil B, Rn. 139f.; *Wollschläger* in Knierim/Rübenstahl/Tsambikakis, Internal Investigations, Kap. 24, Rn. 41f.; *Heckenberger* in Moosmayer/Hartwig, Interne Untersuchungen, S. 142f.
631 *Potinecke/Block* in Knierim/Rübenstahl/Tsambikakis, Internal Investigations, Kap. 2, Rn. 148.
632 *Rudkowski* in NZA 2011, S. 612.
633 *Lützeler/Müller-Sartori* in CCZ 2011, S. 19.
634 *Kübler* in Schultze, Compliance-Handbuch Kartellrecht, Teil B, Rn. 185; *Wollschläger* in Knierim/Rübenstahl/Tsambikakis, Internal Investigations, Kap. 24, Rn. 23; *Lampert/Matthey* in Hauschka, Corporate Compliance, § 26, Rn. 82.
635 *Kübler* in Schultze, Compliance-Handbuch Kartellrecht, Teil B, Rn. 227; *Rudkowski* in NZA 2011, S. 612.
636 *Wimmer*, Zuverlässigkeit, S. 184f.; *Lützeler/Müller-Sartori* in CCZ 2011, S. 19 (24); *Göpfert/Merten/Siegrist* in NJW 2008, S. 1703 (1706f.); *Kübler* in Schultze, Compliance-Handbuch Kartellrecht, Teil B, Rn. 234; *Weiße* in Moosmayer/Hartwig, Interne Untersuchungen, S. 50.
637 *Göpfert/Merten/Siegrist* in NJW 2008, S. 1703 (1707); *Diller* in DB 2004, S. 313.

c) Screenings

Je nach Einzelfall sind außerdem Email- und Dokumentenscreenings durchzuführen, wobei zur Aufdeckung von Kartellrechtsverstößen vor allem Protokolle zu Sitzungen von Unternehmensverbänden, Arbeitskreisen und ähnlichen Organisationen, Unterlagen zur Preissetzung und Belege für Kontakte zu Mitarbeitern von Wettbewerbsunternehmen relevant sind.[638]

d) Mitbestimmungsrechte

Eine Zustimmung des gegebenenfalls vorhandenen Betriebsrats nach § 87 Abs. 1 Nr. 1 Betriebsverfassungsgesetz[639] ist nicht erforderlich für die Durchführung von Interviews und die Durchsicht dienstlicher Unterlagen, sondern nur soweit in den Interviews auch verhaltensbezogene Themen berührt werden sowie für die Durchsicht privater Dokumente und Emails.[640] Zustimmungspflichtig ist jedoch gem. § 87 Abs. 1 Nr. 6 BetrVG die elektronische Durchsicht von Emails und Dateien,[641] wobei eine Verwehrung der entsprechenden Maßnahmen durch den Betriebsrat wegen der Erforderlichkeit der Aufklärung nicht in Frage kommen wird.[642]

4. Grenzen der internen Ermittlungsmöglichkeiten

Bei der Aufklärung des Sachverhalts sind darüber hinaus weitere rechtliche Grenzen zu beachten. Zum einen verfügen die Mitarbeiter in gewissem Umfang über ein Auskunftsverweigerungsrecht (siehe a)). Zum anderen ergeben sich Einschränkungen für Dokumenten- und Email-Screenings (dazu b)). Es kann im Einzelfall sinnvoll sein, auf die Einhaltung strafprozessualer Standards zu achten (dazu c)).

a) Auskunftsverweigerungsrecht der Mitarbeiter

Fraglich ist, ob die Mitarbeiter uneingeschränkt zur Auskunft verpflichtet sind. Soweit Art und Umfang der Arbeitsleistung sowie Wahrnehmungen in diesem Zusammenhang betroffen sind, kann der Arbeitgeber den Arbeitnehmer gem. § 106 GewO, § 315 bzw. §§ 666, 675 BGB unbeschränkt anweisen, wahrheitsgemäß und

---

638 *Lampert/Matthey* in Hauschka, Corporate Compliance, § 26, Rn. 83.
639 Im Folgenden »**BetrVG**«.
640 *Vogt* in NJOZ 2009, S. 4206 (4218f.); *Mengel/Ullrich* in NZA 2006, S. 240 (244f.); a.A. *Zimmer/Heymann* in BB 2010, S. 1853 (1854): der Inhalt des Interviews spielt keine Rolle.
641 *Zimmer/Heymann* in BB 2010, S. 1853 (1855); *Kübler* in Schultze, Compliance-Handbuch Kartellrecht, Teil B, Rn. 229; *Thoma* in Moosmayer/Hartwig, Interne Untersuchungen, S. 93.
642 *Weiße* in Kuhlen/Kudlich/Ortiz de Urbina, Compliance und Strafrecht, S. 45.

vollständig Auskunft zu erteilen.[643] Der Mitarbeiter hat im Rahmen dieser vertraglichen Berichtspflichten kein Recht, die Auskunft unter Verweis auf eine mögliche Selbstbezichtigung zu verweigern.[644] Auch Verschwiegenheitspflichten in Bezug auf Dritte begründen kein Auskunftsverweigerungsrecht.[645] Der nemo-tenetur-Grundsatz steht dem nicht entgegen, da das für Prozessbeteiligte in Gerichtsverfahren entwickelte Selbstbezichtigungsverbot nicht grenzenlos ohne Rücksicht auf die Belange Dritter und damit nicht in zivilrechtlichen Zusammenhängen gilt.[646] Der Arbeitnehmer muss sich dagegen nicht selbst belasten, wenn es um Informationen geht, die keinen konkreten Bezug zu seiner Arbeitsleistung haben, da die diesbezügliche Informationspflicht nicht auf der Hauptleistungspflicht des Arbeitnehmers aus dem Arbeitsverhältnis, sondern auf der Treuepflicht des Arbeitnehmers als vertraglicher Nebenpflicht beruht und somit die Interessen des Mitarbeiters im Rahmen einer Abwägung berücksichtigt werden müssen.[647] Der Arbeitgeber muss ein berechtigtes, schutzwürdiges Interesse an der Erteilung der Auskunft haben und der Arbeitnehmer darf durch die Auskunftserteilung nicht übermäßig belastet werden, was etwa dann der Fall ist, wenn der Arbeitgeber sich die betreffende Information auch anderweitig in zumutbarer Weise beschaffen kann.[648] Eine Auskunftspflicht in Bezug auf das Verhalten von Kollegen besteht jedenfalls dann, wenn es sich um schwerwiegende Pflichtverletzungen handelt und die Gefahr ihrer Wiederholung besteht.[649]

---

643 *Bissels/Lützeler* in BB 2012, S. 189 (190); *Böhm* in WM 2009, S. 1923 (1924); *Göpfert/Merten/Siegrist* in NJW 2008, S. 1703 (1705); *Mengel/Ullrich* in NZA 2006, S. 240 (243); *Diller* in DB 2004, S. 313.
644 *Bissels/Lützeler* in BB 2012, S. 189 (190); *Vogt* in NJOZ 2009, S. 4206 (4212); *Böhm* in WM 2009, S. 1923 (1924), *Mengel/Ullrich* in NZA 2006, S. 240 (243); *Diller* in DB 2004, S. 313 (314); a.A. wohl *Rudkowski* in NZA 2011, S. 612 (613).
645 *Lützeler/Müller-Sartori* in CCZ 2011, S. 19 (20); *Vogt* in NJOZ 2009, S. 4206 (4212); *Diller* in DB 2004, S. 313 (314); *Weiße* in Moosmayer/Hartwig, Interne Untersuchungen, S. 50.
646 BVerfG, Beschluss vom 13. Januar 1981, Az. 1 BvR 116/77, NJW 1981, S. 1431 (1432), allerdings dürfen Angaben des Betroffenen nicht ohne dessen Einverständnis in einem Strafverfahren verwendet werden (1433) (a.A. LG Hamburg, Beschluss vom 15. Oktober 2011, Az. 608 Qs 18/10: der nemo-tenetur-Grundsatz begründet weder ein Verwertungsverbot noch eine Beschlagnahmeverbot in Bezug auf Protokolle zu Interviews im Rahmen von Internal Investigations, in NJW 2011, S. 942 (944), mit kritischer Anmerkung *von Galen*, S. 945).
647 BGH, Urteil vom 23. Februar 1989, Az. IX ZR 236/86, NJW-RR 1989, S. 614 (615); *Bissels/Lützeler* in BB 2012, S. 189 (190); *Göpfert/Merten/Siegrist* in NJW 2008, S. 1703 (1705); *Mengel/Ullrich* in NZA 2006, S. 240 (243); *Diller* in DB 2004, S. 313 (314).
648 BAG, Urteil vom 7. September 1985, Az. 8 AZR 828/93, NZA 1996, S. 637 (638).
649 *Bissels/Lützeler* in BB 2012, S. 189 (190); *Lützeler/Müller-Sartori* in CCZ 2011, S. 19.

b) Einschränkungen im Hinblick auf Screenings

Auf dienstliche Dokumente, in Papier- oder elektronischer Form, einschließlich dienstlicher Emails, kann der Arbeitgeber unbeschränkt zugreifen.[650] Personenbezogene Daten von Mitarbeitern dagegen dürfen ohne Zustimmung der betreffenden Mitarbeiter nur im Falle des Verdachts einer Straftat, die im Rahmen des Beschäftigungsverhältnisses begangen wurde, und für die es tatsächliche Anhaltspunkte gibt, sowie wenn schutzwürdige Interessen des Betroffenen nicht überwiegen und die Maßnahme im Verhältnis zum Anlass erforderlich und angemessen ist, erhoben, verarbeitet oder genutzt werden (§ 32 Abs. 1 Satz 2 Bundesdatenschutzgesetz[651]). Gem. § 32 Abs. 2 BDSG gilt dies, abweichend von dem sonstigen Anwendungsbereich des Datenschutzrechts gem. § 1 Abs. 2 Nr. 3 Hs. 2 BDSG, auch für Dokumente in Papierform.[652] Personenbezogene Daten sind gem. § 3 Abs. 1 BDSG »*Einzelangaben über persönliche oder sachliche Verhältnisse einer bestimmten oder bestimmbaren natürlichen Person*«. Angaben zu den persönlichen Verhältnissen umfassen Merkmale zur Identifizierung und Charakterisierung der jeweiligen Person, also etwa Anschrift oder Erscheinungsbild.[653] Sachliche Verhältnisse betreffen Sachverhalte, die auf die betroffene Person beziehbar sind, wie die Information, dass ein Telefongespräch mit einem Dritten geführt wurde oder wann ein Dokument an eine weitere Person übermittelt wurde.[654] Bei den internen Untersuchungen ist sicherzustellen, etwa durch die Verwendung geeigneter Suchworte zur Filterung von Emails und Dokumenten, dass personenbezogene Daten nur zur Aufklärung des dem Anfangsverdacht einer Straftat zugrundeliegenden Sachverhalts berührt werden.[655] Fraglich ist, ob § 32 Abs. 1 Satz 2 BDSG auch auf kartellrechtliche Ordnungswidrigkeiten anzuwenden ist. Dem Wortlaut der Norm nach sind sie eindeutig nicht erfasst. Daraus ist jedoch nicht zu schließen, dass die Auswertung personenbezogener Daten für die Aufdeckung einer Ordnungswidrigkeit generell unzulässig ist, es können hierfür allerdings keinesfalls großzügigere Maßstäbe angelegt werden.[656]

Bei Email-Screenings ist zu berücksichtigen, ob der Arbeitgeber die private Nutzung des Email-Accounts zugelassen hat. Ist dies der Fall, richten sich die Einschränkungen der Auswertungsmöglichkeiten nicht nach § 32 Abs. 1 Satz 2

---

650 *Bissels/Lützeler* in BB 2012, S. 189 (190f.); *Göpfert/Merten/Siegrist* in NJW 2008, S. 1703 (1705); *Mengel/Ullrich* in NZA 2006, S. 240 (241, 242).
651 Im Folgenden »**BDSG**«.
652 *Mengel* in Knierim/Rübenstahl/Tsambikakis, Internal Investigations, Kap. 13, Rn. 7.
653 *Franzen* in Erfurter Kommentar zum Arbeitsrecht, § 3 BDSG, Rn. 2.
654 *Gola/Schomerus* in Gola/Schomerus, Kommentar BDSG, § 3 BDSG, Rn. 7.
655 Siehe Stellungnahme der Bundesrechtsanwaltskammer »Thesen der Bundesrechtsanwaltskammer zum Unternehmensanwalt im Strafrecht« von November 2010, S. 12, abrufbar unter http://bit.ly/VRf2de.
656 *Franzen* in Erfurter Kommentar zum Arbeitsrecht, § 32 BDSG, Rn. 31; *Gola/Schomerus* in Gola/Schomerus, Kommentar BDSG, 11. Auflage 2012, § 32 BDSG, Rn. 29.

BDSG, sondern nach § 88 Telekommunikationsgesetz[657].[658] Der Arbeitgeber ist im Verhältnis zu seinen Mitarbeitern als Telekommunikationsanbieter anzusehen, da er einen Internetzugang für die E-Mail-Kommunikation bereitstellt.[659] Gem. § 88 Abs. 3 TKG ist ein Zugriff auf private Emails nur sehr eingeschränkt und in der Regel nur zulässig, soweit es für die Erbringung der Telekommunikationsdienste erforderlich ist. An einer inhaltlichen Kontrolle der Emails kann der Arbeitgeber vor diesem Hintergrund kein berechtigtes Interesse haben,[660] sie ist allenfalls in extremen Ausnahmefällen zu rechtfertigen, etwa bei dem konkreten Verdacht einer Straftat oder wenn die interne Erhebung der Aufdeckung existenzieller Missstände im Unternehmen dient, wobei der Zugriff auf erkennbar private Emails ohne Bezug zum Untersuchungsgegenstand möglichst vermieden werden soll oder jedenfalls zu beenden ist, sobald der private Zusammenhang erkannt wird.[661]

c) Freiwillige Einhaltung strafprozessualer Vorgaben

Um Anreize für die handelnden Personen zu schaffen, ihr Fehlverhalten im Rahmen von internen Ermittlungen offenzulegen, lässt sich gegebenenfalls auf die Kronzeugenregelung des § 46b Abs. 1 Satz 1 Nr. 1, Satz 3 und 4 StGB zurückgreifen, nach der die Strafe gemildert oder sogar von einer Strafe abgesehen werden kann, wenn der Täter oder Teilnehmer an der (weiteren) Aufdeckung oder Verhinderung einer schweren Straftat durch die freiwillige Offenbarung seines Wissens mitwirkt. Die betreffende Person muss eine Straftat begangen haben, für die im Mindestmaß eine erhöhte Freiheitsstrafe vorgesehen ist, mithin abweichend von dem in § 38 Abs. 2 StGB vorgesehenen Mindestmaß von einem Monat, wobei Strafschärfungen für besonders schwere Fälle gem. § 46b Abs. 1 Satz 2 StGB zu berücksichtigen sind. Im Hinblick auf Kartellrechtsverstöße kommt die Anwendung dieser Norm in Betracht, wenn der Tatbestand eines Submissionsbetruges in einem besonders schweren Fall, insbesondere wegen eines Vermögensverlustes großen Ausmaßes (siehe § 263 Abs. 3 Satz 1, Satz 2 Nr. 2 StGB) vorliegt. Dafür müssen allerdings die entsprechenden internen Maßnahmen so gestaltet werden, dass dabei im Prozess verwertbare Beweise geschaffen werden. Eine Verpflichtung zur Einhaltung der Vorschriften der Strafprozessordnung, insbesondere der §§ 136, 136a, besteht im Rahmen einer solchen internen Befragung zweifelsohne nicht. Um die Wahrscheinlichkeit einer Verwertbarkeit zu erhöhen, sollten jedoch, auch ohne dass dafür eine gesetzliche

---

657 Im Folgenden »**TKG**«.
658 *Zimmer/Heymann* in BB 2010, S. 1853 (1855); *Wellhöner/Byers* in BB 2009, S. 2310; *Mengel* in BB 2004, S. 2014 (2017).
659 *Wellhöner/Byers* in BB 2009, S. 2310.
660 *Mengel* in BB 2004, S. 2014 (2019).
661 *Mengel/Ullrich* in NZA 2006, S. 240 (242); *Mengel* in Knierim/Rübenstahl/Tsambikakis, Internal Investigations, Kap. 13, Rn. 28.

Verpflichtung besteht, im Rahmen der internen Ermittlungen die strafprozessualen Standards gewahrt werden.[662]

5. Die Zusammenarbeit mit den Verfolgungsbehörden und der Vergabestelle

Über die interne Aufklärung hinaus muss das Unternehmen mit den Verfolgungsbehörden und den betroffenen Vergabestellen zusammenarbeiten.[663] Gefordert wird eine »*aktive Unterstützung der Ermittlungsbehörden*«[664] und des Auftraggebers.[665,666] Um das für die Herstellung der Zuverlässigkeit notwendige Vertrauen wiederherzustellen, sollte sich das betroffene Unternehmen den Ermittlungsbehörden gegenüber offen zeigen und sie aktiv bei der Aufklärung des Sachverhalts unterstützen, insbesondere durch die Überlassung sämtlicher erforderlicher Dokumente und Daten.[667] Sofern ordnungsgemäße Durchsuchungs- und Beschlagnahmebeschlüsse vorliegen, sind die Unternehmen ohnehin zur Herausgabe von Unterlagen verpflichtet, aber auch unabhängig davon sollten keine Erkenntnisse zurückgehalten oder verschleiert werden.[668] Die Ergebnisse interner Ermittlungen sollten den Ermittlungsbehörden ebenfalls zugänglich gemacht werden, soweit nicht Unternehmensinteressen entgegenstehen oder die Rechte von Mitarbeitern verletzt würden.[669] Hat man eine Sonderprüfung veranlasst, kommt eine Überlassung der Ergebnisberichte an die Ermittlungsbehörden in Betracht und wird positiv im Rahmen der Beurteilung der Selbstreinigung berücksichtigt.[670]

---

662 Siehe Stellungnahme der Bundesrechtsanwaltskammer »Thesen der Bundesrechtsanwaltskammer zum Unternehmensanwalt im Strafrecht« von November 2010, S. 10f., abrufbar unter http://bit.ly/VRf2de.
663 *Stein/Friton/Huttenlauch* in WuW 2012, S. 38 (48); *Stein/Friton* in VergabeR 2010, S. 151 (158); *Dreher* in FS Franke, S. 31 (34); *Prieß/Stein* in NZBau 2008, S. 230; *Prieß* in CCZ 2008, S. 67.
664 VK Niedersachsen, Beschluss vom 24. März 2011, Az. VgK-04/2011, S. 8.
665 LG Berlin, Urteil vom 22. März 2006, Az. 23 O 118/04, S. 6.
666 In Art. 57 Abs. 6 Unterabs. 2 EU-Vergaberichtlinie wird nur eine »*aktive Zusammenarbeit mit den Ermittlungsbehörden*« gefordert, in § 125 Abs. 1 Nr. 2 Entwurf-Vergaberechtsmodernisierungsgesetz jedoch eine »*aktive Zusammenarbeit mit den Ermittlungsbehörden und dem öffentlichen Auftraggeber*«.
667 *Ax/Schneider/Scheffen*, Korruptionsbekämpfung, Rn. 401; *Freund/Kallmayer/ Kraft*, Korruption und Kartelle bei Auftragsvergaben, S. 160.
668 *Ax/Schneider/Scheffen*, Korruptionsbekämpfung, Rn. 401.
669 *Wimmer*, Zuverlässigkeit, S. 174; *Ax/Schneider/Scheffen*, Korruptionsbekämpfung, Rn. 401; *Dreher/Hoffmann* in NZBau 2014, S. 67 (72).
670 OLG Düsseldorf, Beschluss vom 9. April 2003, Az. Verg 43/02, Tz. 38; Beschluss vom 9. April 2003, Az. Verg 66/02, Tz. 91; *Leinemann*, Vergaberecht, Rn. 393.

Das Unternehmen sollte sich auch bemühen, Einsicht in die Ermittlungsakten zu nehmen.[671] Dadurch unterstreicht es, dass es an einer Aufklärung tatsächlich interessiert und bereit ist, gestützt auf die Erkenntnisse der Behörden weitere Schritte einzuleiten.

6. Die Kooperation mit den Kartellbehörden im Speziellen

Für ein Unternehmen, das einen Kartellverstoß entdeckt hat (entweder selbst oder durch Ermittlungen einer Kartellbehörde), stellt sich parallel zu der vergaberechtlichen Problematik die Frage der Zusammenarbeit mit den Kartellbehörden. Dies kann in Form eines Kronzeugenantrags oder einer nachrangigen Kooperation geschehen.[672] Für die Unternehmen winkt dabei ein Erlass oder eine Reduktion der Geldbuße. Dafür müssen dem Bundeskartellamt bzw. der Kommission Beweismittel vorgelegt werden, die je nach Stand des Verfahrens einen Durchsuchungsbeschluss oder den Nachweis der Tat ermöglichen oder wesentlich dazu beitragen[673] bzw. gezielte Nachprüfungen ermöglichen oder einen Mehrwert zu dem der Kommission bereits bekannten Sachverhalt darstellen[674]. Erforderlich ist die vollständige Offenlegung des intern ermittelten Sachverhalts.[675] Die Anforderungen an die umfassende Sachverhaltsaufklärung sind somit ähnlich wie die der vergaberechtlichen Selbstreinigung, so dass sich hier für das Unternehmen keine Spannungsfelder auftun.[676]

Fraglich ist, ob ein Unternehmen vor dem Hintergrund der Wiederherstellung der vergaberechtlichen Zuverlässigkeit dazu verpflichtet sein kann, einen Kronzeugenantrag zu stellen oder im Rahmen eines laufenden Kartellverfahrens mit der Kartellbehörde zu kooperieren, um seine Bereitschaft zur Selbstreinigung nachzuweisen. Im Rahmen der vergaberechtlichen gebotenen Aufklärung können allerdings Sachverhalte auftreten, die zwar der Vergabestelle offenbart werden müssen, jedoch nicht die Schwelle übersteigen, ab der ein Kronzeugenantrag angemessen erscheint. Für die Frage, ob ein solcher gestellt wird, spielen zahlreiche Erwägungen eine Rolle, die völlig unabhängig vom Vergaberecht sind, etwa das Ausmaß der

---

671 OLG Düsseldorf, Beschluss vom 9. April 2003, Az. Verg 43/02, Tz. 38; Beschluss vom 9. April 2003, Az. Verg 66/02, Tz. 91.
672 Siehe Bekanntmachung Nr. 9/2006 des Bundeskartellamtes über den Erlass und die Reduktion von Geldbußen in Kartellsachen - Bonusregelung - vom 7. März 2006, Ziff. 3f und 5, abrufbar unter http://bit.ly/1pbiOoV (im Folgenden »**Bonusregelung des Bundeskartellamtes**«) und die Mitteilung der Kommission über den Erlass und die Ermäßigung von Geldbußen in Kartellsachen, ABl. EU C 298 vom 8. Dezember 2006, S. 17ff., Ziff. 8ff. und 23ff. (im Folgenden »**Kronzeugenregelung der Europäischen Kommission**«).
673 Ziff. 3 bis 5 Bonusregelung des Bundeskartellamtes.
674 Ziff. 8 und 24 Kronzeugenregelung der Europäischen Kommission.
675 Ziff. 8 Bonusregelung des Bundeskartellamtes; Ziff. 12 lit. (a) Kronzeugenregelung der Europäischen Kommission.
676 *Stein/Friton/Huttenlauch* in WuW 2012, S. 38 (48).

Verfehlung, die Wahrscheinlichkeit einer Entdeckung auf anderem Wege, ob das Unternehmen sich gegen einzelne Vorwürfe im Rahmen eines laufenden Verfahren wehren möchte oder der Umfang des Risikos von Schadensersatzprozessen durch potentiell Geschädigte.[677] Es würde somit zu weit gehen, in jedem Fall die Stellung eines solchen Antrags oder eine Kooperation mit den Kartellbehörden zu fordern. Von einem Unternehmen, das sich ernsthaft um Selbstreinigung bemüht, kann aber zumindest erwartet werden, dass es nicht unter Leugnung der Vorwürfe jede Kooperation im Rahmen laufender Ermittlungen der Kartellbehörden verweigert.

Umgekehrt wird ein Kronzeugen- oder Bonusantrag, der die strengen Vorgaben der Kartellbehörden erfüllt, als ausreichend im Hinblick auf eine für die vergaberechtliche Selbstreinigung hinreichende Sachverhaltsaufklärung anzusehen sein. Auch wenn ein Kartellverfahren mit einer so genannten Settlement-Entscheidung abgeschlossen wurde spricht dies für eine hinreichende Offenlegung durch das Unternehmen, da hierfür erforderlich ist, dass das betreffende Unternehmen die vorgeworfenen Zuwiderhandlungen eingesteht[678].

7. Die Aufklärung in Bezug auf einen möglichen Schaden

Es stellt sich die Frage, ob die erforderliche Sachverhaltsaufklärung auch einen möglicherweise durch die Verfehlung entstandenen Schaden umfasst.[679] Dieser Aspekt spielt insbesondere dann eine Rolle, wenn die jeweilige Vergabestelle selbst von dem kartellrechtswidrigen Verhalten betroffen ist oder betroffen sein könnte. Nach Ansicht der Vergabekammer Niedersachsen hat eine Schadenswiedergutmachung zumindest durch eine Mitwirkung an der Aufklärung des Schadens zu erfolgen.[680] Die Vergabestelle hat naturgemäß ein Interesse daran, Informationen darüber zu erhalten, ob ihr durch das Fehlverhalten des Unternehmens ein Schaden entstanden ist, etwa durch die Zahlung überhöhter Preise als Folge von Preisabsprachen. In der Praxis ist zu beobachten, dass Vergabestellen versuchen, im Rahmen der Prüfung

---

677   Vgl. *Köhnen* in Knierim/Rübenstahl/Tsambikakis, Internal Investigations, Kap. 24, Rn. 83; *Heckenburger* in Moosmayer/Hartwig, Interne Untersuchungen, S. 152ff.; *Kasten* in Mäger, Europäisches Kartellrecht, 2. Kap., Rn. 129ff.
678   Merkblatt des Bundeskartellamtes vom 23. Dezember 2013 »Das Settlement-Verfahren des Bundeskartellamtes in Bußgeldsachen«, abrufbar unter http://bit.ly/VTRp3s, S. 2; Ziff. 20 lit. a) der Mitteilung der Kommission über die Durchführung von Vergleichsverfahren bei dem Erlass von Entscheidungen nach Artikel 7 und Artikel 23 der Verordnung (EG) Nr. 1/2003 des Rates in Kartellfällen, ABl. EU C 167 vom 2. Juli 2008, S. 1ff.
679   So ausdrücklich § 125 Abs. 1 Nr. 2 Entwurf-Vergaberechtsmodernisie-rungsgesetz.: »*die Tatsachen und Umstände, die mit der Straftat oder dem Fehlverhalten **und dem dadurch verursachten Schaden** in Zusammenhang stehen, [...] umfassend geklärt hat,*« (Hervorhebung nicht im Original); siehe auch Begründung des Entwurf-Vergaberechtsmodernisierungsgesetzes, S. 124.
680   VK Niedersachsen, Beschluss vom 14. Februar 2012, Az. VgK-05/2012, S. 9; ebenso ohne nähere Begründung *Prieß* in NZBau 2012, S. 425 (426).

der Selbstreinigung des betreffenden Unternehmens Unterlagen zur Ermittlung der Höhe eines etwaigen Schadens, wie etwa Kalkulationsgrundlagen, anzufordern. Dieses Vorgehen ist zwar nachvollziehbar, jedoch nicht angemessen. Maßgeblich ist im Rahmen der Selbstreinigung allein, dass die Maßnahmen zur Aufklärung es dem Unternehmen ermöglichen, über die Thematisierung, Nachverfolgung und Sanktionierung von Missständen zu entscheiden.[681] Was darüber hinausgeht, kann nicht unter dem Stichwort einer Selbstreinigung verlangt werden.[682] Die der Ermittlung der Höhe eines Schadens zu Grunde liegenden Tatsachen geben keinerlei Auskunft darüber, wie es zu der Verfehlung kam, wer dafür verantwortlich war und welche dementsprechenden Maßnahmen das Unternehmen zur künftigen Verhinderung ähnlichen Fehlverhaltens zu treffen hat.[683] Dass Vergabestellen auf diesem Wege eine Aufklärung im Hinblick auf die Höhe des durch die Verfehlung entstandenen Schadens erlangen wollen, ist somit abzulehnen, denn für die Frage, ob ein abzustellendes Fehlverhalten vorliegt, spielt die Höhe des verursachten Schadens keine Rolle.[684] Es stellt keinen Widerspruch dazu dar, dass das Unternehmen Verfehlungen lückenlos aufklären und in Zukunft ernsthaft vermeiden will, wenn ein Schaden dem Grunde oder der Höhe nach bestritten wird (siehe dazu auch unten IV.). Ist das Unternehmen der Ansicht, dass ein Schaden nicht entstanden ist oder dies zumindest solche komplexen Fragestellungen nach sich zieht, dass ein Schadensersatzprozess erforderlich ist, kann die konsequente Weigerung, Informationen im Hinblick auf die Höhe eines etwaigen Schadens zu erteilen, nicht negativ angerechnet werden. Die Aufklärung im Rahmen der vergaberechtlichen Selbstreinigung muss sich daher nicht auf einen möglicherweise entstandenen Schaden erstrecken. Unabhängig davon kann es positiv anzurechnen sein, wenn ein Unternehmen mit der Vergabestelle bei der Berechnung eines Schadens kooperiert, wenn feststeht, dass ein solcher entstanden ist.

Im Rahmen der Selbstreinigung die Herausgabe von Informationen zu verlangen, die eigentlich im Streitfall im Rahmen einer Auskunftsklage erstritten werden müssten, stellt außerdem einen Missbrauch der wirtschaftlichen Macht dar, über die die Vergabestellen in gewissen Branchen verfügen. Es ist nicht ersichtlich, wieso den öffentlichen Auftraggebern das Druckmittel eines möglichen Ausschlusses an die Hand gegeben und so die Umgehung der Beweislastverteilung im Zivilprozess ermöglicht werden sollte.[685] Dies würde auch eine ungerechtfertigte Privilegierung

---

681 *Dreher/Hoffmann* in NZBau 2014, S. 67 (71); a.A. *Burgi* in NZBau 2014, S. 595 (599), da das Vergaberecht auch die Funktion der Durchsetzung des Kartellrechts und der kartellrechtlichen Ansprüche des Auftraggebers zukomme.
682 *Dreher/Hoffmann* in NZBau 2014, S. 67 (71).
683 *Dreher/Hoffmann* in NZBau 2012, S. 265 (273).
684 *Dreher/Hoffmann* in NZBau 2014, S. 67 (71); *dies.* in NZBau 2012, S. 265 (273).
685 *Dreher/Hoffmann* in NZBau 2012, S. 265 (274); für eine Nichtmaßgeblichkeit der zivilprozessualen Beweislastregeln dagegen ausdrücklich *Burgi* in NZBau 2014, S. 595 (599), der dies damit begründet, dass unstreitig ein Rechtsverstoß des Unternehmens vorliegt und dieses für die Selbstreinigung als eine Art Gegenrecht die Behauptungs- und Beweislast trifft.

gegenüber privaten Auftraggebern darstellen.[686] Dagegen wird vorgebracht, dass dies lediglich einen Ausgleich dafür darstellen würde, dass ein öffentlicher Auftraggeber im Vergleich zu Privaten Einschränkungen in Bezug darauf unterliegt, mit wem er Verträge abschließt.[687] Er müsse daher, sofern die Aufklärung über einen möglichen Schaden nicht erforderlich wäre für eine Wiederherstellung der Zuverlässigkeit, eine Vertragsbeziehung mit einem Unternehmen eingehen, obwohl er wisse, dass dieses bewusst Informationen zurückhalte.[688] Diese Ansicht unterstellt nicht nur, dass stets ein Schaden durch eine Verfehlung entsteht, sondern auch, dass ein Unternehmen, das zu der Höhe eines Schadens keine Aussagen macht, dies bewusst unterlässt, um den Sachverhalt zu verschleiern. Es sind jedoch durchaus Fallgestaltungen denkbar, in dem das Unternehmen tatsächlich davon ausgeht und ausgehen darf, dass kein Schaden entstanden ist und folgerichtig keinen Aufklärungsbeitrag dazu leisten kann. Zur Erleichterung des häufig schwierigen Nachweises der Schadenshöhe besteht im Übrigen die Möglichkeit, bereits bei Vertragsschluss eine Schadenspauschalierung für den Fall eines Kartellrechtsverstoßes zu vereinbaren.[689]

8. Die Offenlegung der Einzelheiten einer Kooperation mit den Kartellbehörden

Fraglich ist, ob der Vergabestelle im Falle einer Kooperation mit den Kartellbehörden gegebenenfalls durch externe Anwälte erstellte zu Grunde liegende Unterlagen, wie ein Kronzeugenantrag oder Auswertungen interner Ermittlungen, unter dem Gesichtspunkt der Aufklärung des Sachverhalts vorzulegen sind. Die Anforderung von Dokumenten muss sich auf das Erforderliche beschränken und in den Grenzen des Verhältnismäßigkeitsprinzips bleiben. Die Aufklärung ist nur insoweit geboten, als sie notwendig ist, um die Vergabestelle davon zu überzeugen, dass sich das kartellrechtswidrige Verhalten künftig nicht wiederholen wird.[690] Zur Prüfung der vergaberechtlichen Zuverlässigkeit und hier konkret eines im Sinne einer Selbstreinigung hinreichenden Beitrags zur Aufklärung des hinter einem Fehlverhalten stehenden Sachverhalts ist es nicht erforderlich, dass die Vergabestelle sämtliche Details zu den konkreten kartellrechtswidrigen Handlungen, die einer Kartellbehörde im Rahmen einer Kooperation präsentiert wurden, kennt. Dies geht über die Erfordernisse einer Selbstreinigung weit hinaus. Denn dafür genügt es, wenn der Vergabestelle die Grundzüge der Verfehlung und die handelnden Personen offen gelegt werden, damit diese beurteilen kann, ob die ergriffenen personellen und strukturellen Maßnahmen als ausreichend anzusehen sind, um das Unternehmen als zuverlässig einstufen zu können. Die Herausreichung solcher Dokumente vor

---

686 *Dreher/Hoffmann* in NZBau 2012, S. 265 (274).
687 *Burgi* in NZBau 2014, S. 595 (599); *Dabringhausen/Fedder* in VergabeR 2013, S. 20 (30).
688 *Dabringhausen/Fedder* in VergabeR 2013, S. 20 (30).
689 *Dreher/Hoffmann* in NZBau 2012, S. 265 (274).
690 *Dreher/Hoffmann* in NZBau 2012, S. 265 (273).

dem Hintergrund einer Aufklärung in Bezug auf einen möglichen Schaden scheidet ebenfalls aus (siehe soeben unter 7.).

Darüber hinaus handelt es sich bei Unterlagen im Rahmen einer Kooperation mit einer Kartellbehörde um hochsensible Dokumente, die vertraulich zu behandeln und nur eingeschränkt Dritten zugänglich zu machen sind. Selbst bei einem Akteneinsichtsgesuch durch potentiell durch ein Kartell Geschädigte ist eine Abwägung mit dem Aufdeckungs- und Verfolgungsinteresse der Kartellbehörden erforderlich und daher eine Einsicht in die Bonusanträge wegen der sonst gefährdeten Wirksamkeit der Kronzeugenregelung nicht zu gewähren.[691] Um diesen Schutz von Kronzeugenunterlagen nicht zu konterkarieren, kann im Rahmen einer vergaberechtlichen Selbstreinigung nicht mehr verlangt werden.[692] Auch nach der neuen EU-Richtlinie zum Kartellschadensersatz ist die Einsicht in Akten der Kartellrechtsbehörden nur unter bestimmten Voraussetzungen und in Kronzeugenanträge überhaupt nicht möglich.[693]

Die Unterlagen zu internen Untersuchungen, die durch externe Anwälte geführt wurden, unterliegen der Vertraulichkeit und sind nicht beschlagnahmefähig.[694] Da nicht einmal über einen strafprozessualen Beschlagnahmebeschluss eine Herausgabe solcher Unterlagen erreicht werden kann, kommt es nicht in Betracht, dass eine Vergabestelle für die Prüfung einer erfolgreichen Selbstreinigung ihre Vorlage verlangen kann. Derartige Dokumentationen können der Vergabestelle allenfalls freiwillig überlassen werden, was dann wiederum positiv bewertet werden kann.[695]

II. Personelle Maßnahmen

Da es für die Frage der Zuverlässigkeit eines Unternehmens auf die Zuverlässigkeit der persönlich Handelnden ankommt (siehe ausführlich Kapitel 2 B.IV.1.), ist es

---

691 OLG Düsseldorf, Beschluss vom 22. August 2012, Az. V-4 Kart 5 + 6/11 (OWi), Tz. 62f.; AG Bonn, Beschluss vom 18. Januar 2012, Az. 51 Gs 53/09, Tz. 27f.; dabei ist nach einem Urteil des EuGH vom 6. Juni 2013, Rs. C-536/11, *Donau Chemie*, Tz. 46ff. eine konkrete Abwägung für jedes einzelne Dokument erforderlich.
692 *Dreher/Hoffmann* in NZBau 2012, S. 265 (273).
693 Art. 6 der Legislativen Entschließung des Europäischen Parlaments vom 17. April 2014 zu dem Vorschlag für eine Richtlinie des Europäischen Parlaments und des Rates über bestimmte Vorschriften für Schadensersatzklagen nach einzelstaatlichem Recht wegen Zuwiderhandlungen gegen wettbewerbsrechtliche Bestimmungen der Mitgliedstaaten und der Europäischen Union (COM(2013)0404) (Ordentliches Gesetzgebungsverfahren: erste Lesung), abrufbar unter http://bit.ly/1wKtGnw.
694 Siehe dazu *Schuster* in NZKart 2013, S. 191ff.
695 Vgl. OLG Düsseldorf, Beschluss vom 9. April 2003, Az. Verg 43/02, Tz. 38; Beschluss vom 9. April 2003, Az. Verg 66/02, Tz. 91; *Leinemann*, Vergaberecht, Rn. 393.

dementsprechend besonders wichtig, zur Wiederherstellung der vergaberechtlichen Zuverlässigkeit im Bereich des Personals konsequente Änderungen vorzunehmen.[696]

1. Die betroffenen Personen

Spiegelbildlich zu dem für die Frage einer Zurechnung von Fehlverhalten maßgeblichen Personenkreis (siehe Kapitel 2 B.IV.1.) müssen Maßnahmen gegenüber den jeweiligen verantwortlich für das Unternehmen handelnden Personen, denen das betreffende Fehlverhalten vorzuwerfen ist, erfolgen,[697] mithin insbesondere gegenüber den gesetzlichen Vertretern des Unternehmens. Allerdings ist die Position wie auch für die Frage der Zurechnung nicht allein entscheidend. Sofern die betreffende Person verantwortlich für das Unternehmen handeln konnte, sind auch gegenüber einem leitenden Angestellten entsprechende Konsequenzen zu ziehen.[698] Gegenüber untergeordneten Mitarbeitern müssen ebenfalls Konsequenzen gezogen werden, um den Erfordernissen der Aufsichts- und Organisationspflichten gerecht zu werden (vgl. zur Zurechnung von Fehlverhalten untergeordneter Mitarbeiter Kapitel 2 B.IV.1.b)).

2. Die erforderlichen Konsequenzen

Die Gerichte und Vergabekammern formulieren, dass sich das Unternehmen »*unverzüglich und vollständig*« von den betreffenden Personen »*trennen*« und ihnen »*jeden Einfluss auf die Geschäftsführung [...] verwehren*« muss.[699] Was darunter konkret zu verstehen ist, richtet sich nach dem jeweiligen Einzelfall. Im Folgenden werden die Anforderungen im Allgemeinen (unter a)) sowie für kleinere und familiengeführte Unternehmen und Gesellschafter im Speziellen (dazu b) und c)) dargestellt. Außerdem können begleitende Maßnahmen getroffen werden (siehe d)). Es stellt sich abschließend die Frage, inwiefern Entscheidungen über die Anstellung von Führungspersonal durch die Erfordernisse der vergaberechtlichen Selbstreinigung berührt werden (dazu e)).

a) Grundsätzliche Anforderungen

Maßgeblich für eine hinreichende personelle Selbstreinigung ist, dass den betreffenden Personen jegliche Möglichkeit der Einflussnahme auf die Geschäfte des Unternehmens entzogen wird (dazu (1)). Die Maßnahme im Einzelfall ist der konkreten Handlung (dazu (2)) und der Position des Handelnden (dazu (3)) anzupassen. Besteht

---

696 VK Düsseldorf, Beschluss vom 29. Juni 2005, Az. VK – 10/2005-L, S. 13; *Dreher/Hoffmann* in NZBau 2014, S. 67 (72); *dies.* in NZBau 2012, S. 265 (268).
697 VK Düsseldorf, Beschluss vom 17. Dezember 2002, Az. VK – 31/2002-L, S. 23.
698 OLG München, Beschluss vom 22. November 2012, Az. Verg 22/12, Tz. 52.
699 Zitiert nach OLG Düsseldorf, Beschluss vom 28. Juli 2005, Az. VII-Verg 42/05, Tz. 27; siehe auch VK Bund, Beschluss vom 30. Mai 2006, Az. VK 2 – 29/06, S. 19.

bislang nur ein bloßer Verdacht eines Fehlverhaltens, muss das Unternehmen noch nicht tätig werden (dazu (4)).

(1) Der Entzug der Möglichkeiten zur Einflussnahme

Auch wenn eine »Trennung« von den betreffenden Personen gefordert wird, ist es keine Mindestvoraussetzung einer erfolgreichen Selbstreinigung, dass betroffene Mitarbeiter gekündigt werden oder betroffene Gesellschafter ausscheiden. Vielmehr kommt es maßgeblich darauf an, ob ausreichende Vorkehrungen dafür getroffen wurden, dass diese Personen keinen tatsächlichen Einfluss mehr auf das operative Geschäft nehmen und somit im Rahmen ihrer geschäftlichen Tätigkeit für das Unternehmen keine schweren Verfehlungen mehr begehen können.[700] Da für die Zurechnung einer Verfehlung zu einem Unternehmen auch die faktische Führung der Geschäfte durch die betreffende Person genügt (siehe oben Kapitel 2 B.IV.1.a)), muss jegliche faktische Einflussnahme – unabhängig von ihrer Ausgestaltung – durch eine belastete Person verhindert werden und eine Änderung der Entscheidungsstrukturen vorgenommen werden.[701]

Welche Einflussmöglichkeiten im Unternehmen existieren und welche Anpassungen dementsprechend erforderlich sind, richtet sich nach der konkreten Konstellation des Einzelfalls. Anhaltspunkte dafür, welche Maßnahmen nicht als ausreichend betrachtet werden können, weil sie eine Einflussmöglichkeit bei den betreffenden Personen belassen, bieten Beispiele in der Rechtsprechung und in der Entscheidungspraxis der Vergabekammern:

- Wenn ein ehemaliger Geschäftsführer sich zwar aus dem operativen Geschäft zurückzieht, aber Alleingesellschafter bleibt, oder ein betroffener Mitarbeiter weiterhin über Prokura verfügt, kann ein Einfluss dieser Personen auf die Geschäftstätigkeit des Unternehmens nicht ausgeschlossen werden.[702]
- Es können keinesfalls mit einem ehemaligen Gesellschafter-Geschäftsführer Treuhandverträge über dessen Geschäftsanteile geschlossen werden, deren Gestaltung es ihm tatsächlich und rechtlich weiterhin ermöglicht, Einfluss auf die Geschäftsführung zu nehmen, so dass letztlich nur nach außen ein Gesellschafterwechsel erfolgt, während die internen Verhältnisse beibehalten werden.[703]
- Eine Konstellation, in der die Gesellschaft dergestalt umstrukturiert wurde, dass der ehemalige Geschäftsführer nunmehr Geschäftsführer einer »Besitzgesellschaft« ist, von der die operativ tätige »Betreibergesellschaft« sämtliche Betriebsgüter pachtet und in der die »Betreibergesellschaft« Entscheidungen über ihren wirtschaftlichen Charakter und über die Beschaffung von betrieblich

---

700 OLG Brandenburg, Beschluss vom 14. Dezember 2007, Az. Verg W 21/07, Tz. 75.
701 *Leinemann*, Vergaberecht, Rn. 393; *Breßler/Kuhnke/Schulz/Stein* in NZG 2009, S. 721 (726).
702 OLG München, Beschluss vom 22. November 2012, Az. Verg 22/12, Tz. 53.
703 OLG Düsseldorf, Beschluss vom 28. Juli 2005, Az. VII-Verg 42/05, Tz. 27; näher dazu unter b).

zu nutzenden Wirtschaftsgütern nur in Absprache mit der »Besitzgesellschaft« treffen kann, deutet auf ein Abhängigkeitsverhältnis der beiden Gesellschaften und auf eine weiterhin bestehende Möglichkeit des ehemaligen Geschäftsführers zur Einflussnahme auf die Geschäfte der bietenden »Betreibergesellschaft« hin.[704]
- Wenn der betreffende Mitarbeiter das aktuelle Angebot an die Vergabestelle unterschrieben hat, dokumentiert das, dass er an der Erstellung des Angebots mitgewirkt hat.[705]
- Wird unter Beibehaltung der bisherigen Einflussmöglichkeiten der Personen, die eine Verfehlung begangen haben, bloß formal eine neue Gesellschaft gegründet, in die die Unternehmensbereiche der früheren Gesellschaft zudem eingebracht werden, stellt dies keineswegs eine ausreichende Distanzierung von den Verfehlungen und den handelnden Personen dar.[706] Eine Umfirmierung oder ein Formwechsel allein ohne eine Veränderung der internen Strukturen spricht vielmehr für eine Verschleierungstaktik im Hinblick auf die bekannt gewordenen Verfehlungen als für eine Bereitschaft zur Selbstreinigung.[707]
- Gibt das Unternehmen an, der betreffende Mitarbeiter sei inzwischen für ein anderes Unternehmen tätig, und stellt sich im Laufe des Verfahrens heraus, dass es sich dabei um eine Schwestergesellschaft des Unternehmens handelt, spricht das nicht nur gegen eine ausreichende Distanzierung, sondern führt auf Grund der Vorspiegelung nicht erfolgter Selbstreinigungsmaßnahmen erst recht nicht zu einer Wiederherstellung des Vertrauens, und zwar unabhängig davon, ob eine Trennung von diesem Mitarbeiter überhaupt erforderlich gewesen wäre.[708]

(2) Angemessenheit in Bezug auf den Handlungsbeitrag

Bei der Wahl der konkreten Personalmaßnahme ist das Verhältnismäßigkeitsprinzip zu beachten und diejenige Maßnahme zu ergreifen, die der jeweiligen Verfehlung angemessen ist.[709] Wenn das konkrete Fehlverhalten eher untergeordneter Natur war, die Person beispielsweise nur Kenntnis von dem Fehlverhalten hatte oder lediglich Hilfstätigkeiten erbrachte, können daher weniger einschneidende Maßnahmen ausreichen.[710] Wichtig dabei ist, dass die Maßnahmen im Einzelfall nicht wie eine bloß demonstrative Ermahnung erscheinen und im Verhältnis zum jeweiligen Fehlverhalten nicht zu milde sind.[711] Zu möglichen milderen Maßnahmen gehören

---

704 VK Düsseldorf, Beschluss vom 13. März 2006, Az. VK – 8/2006-L, S. 19.
705 VK Sachsen, Beschluss vom 28. Januar 2004, Az. 1/SVK/158-03, S. 9.
706 OLG Düsseldorf, Beschluss vom 18. Juli 2001, Az. Verg 16/01, S. 15.
707 VK Bund, Beschluss vom 30. Mai 2006, Az. VK 2 – 29/06, S. 19f.
708 KG Berlin, Urteil vom 17. Januar 2011, Az. 2 U 4/06 Kart, NZBau 2012, S. 56 (64).
709 *Dreher/Hoffmann* in NZBau 2014, S. 67 (72).
710 Stein/Friton/Huttenlauch in WuW 2012, S. 38 (49); *Breßler/Kuhnke/Schulz/Stein* in NZG 2009, S. 721 (726); *Prieß/Stein* in NZBau 2008, S. 230 (231); *Prieß* in CCZ 2008, S. 67 (68); *Prieß/Pünder/Stein* in Pünder/Prieß/Arrowsmith, Self-Cleaning, S. 78.
711 *Prieß/Pünder/Stein* in Pünder/Prieß/Arrowsmith, Self-Cleaning, S. 78f.

eine ordentliche Kündigung an Stelle einer außerordentlichen, der Abschluss einer Aufhebungsvereinbarung oder einer Vereinbarung zum Frühruhestand, eine Versetzung, eine Herabstufung oder eine Abmahnung.[712] Besteht etwa nur ein gewisser Verdacht der Mitwisserschaft, ist eine Aufhebungsvereinbarung hinreichend.[713]

Wenn der betreffenden Person lediglich ein Aufsichts- oder Organisationsverschulden vorzuwerfen ist und sie selbst nicht an der Verfehlung beteiligt war oder von ihr gewusst hat, reicht ihr gegenüber eine weniger einschneidende Maßnahme aus und es genügt die Entfernung der betreffenden untergeordneten Mitarbeiter.[714] Allerdings kann in einem solchen Fall eine aufsichtspflichtige Person nicht einerseits die Verantwortung von sich weisen und andererseits gegenüber den handelnden leitenden Mitarbeitern lediglich eine Abmahnung aussprechen.[715] Umgekehrt ist dann, wenn die Verfehlung von Leitungspersonen begangen wurde, gegen die ihnen unterstehenden Mitarbeiter auch eine mildere Maßnahme angemessen, selbst wenn sie direkt an der Verfehlung beteiligt waren, sofern ihr Handlungsbeitrag als lediglich untergeordnet anzusehen ist und auf Weisung der Leitungsperson erfolgte.[716] Denn wenn letztlich die Person mit Leitungsfunktion die treibende Kraft war, genügt es zur Vorbeugung einer Wiederholung des Fehlverhaltens, wenn diese Person aus ihrer Position entfernt wird.[717] Waren leitende und untergeordnete Mitarbeiter gleichermaßen beteiligt, sind entsprechend auf beiden Ebenen Maßnahmen erforderlich.[718]

(3) Angemessenheit in Bezug auf die Position der betreffenden Person

Die Maßnahme muss auch im Verhältnis zu der Position der jeweiligen Person stehen. Gerade bei Kartellrechtsverstößen werden üblicherweise Personen mit Führungspositionen beteiligt oder zumindest informiert gewesen sein, da untergeordnete Mitarbeiter schon nicht über die notwendigen Entscheidungsbefugnisse verfügen, um Absprachen eigenständig ins Leben zu rufen und umzusetzen. Da eine Verfehlung, die von einer verantwortlich für das Unternehmen handelnden Person begangen wurde, im Gegensatz zu Verfehlungen untergeordneter Mitarbeiter dem Unternehmen ohne Exkulpationsmöglichkeit zugerechnet wird (siehe oben Kapitel 2 B.IV.1.a)), ist dementsprechend eine erfolgreiche Selbstreinigung in einem solchen Fall nur möglich, wenn diese Person mindestens versetzt und sichergestellt

---

712 *Dreher/Hoffmann* in NZBau 2014, S. 67 (72); *Stein/Friton/Huttenlauch* in WuW 2012, S. 38 (49); *Prieß/Pünder/Stein* in Pünder/Prieß/Arrowsmith, Self-Cleaning, S. 78.
713 OLG Düsseldorf, Beschluss vom 9. April 2003, Az. Verg 43/02, Tz. 38; Beschluss vom 9. April 2003, Az. Verg 66/02, Tz. 91; *Dreher* in FS Franke, S. 31 (35).
714 *Dreher/Hoffmann* in NZBau 2014, S. 67 (73); *Dreher* in FS Franke, S. 31 (35); *Kreßner, Auftragssperre*, S. 156.
715 OLG München, Beschluss vom 22. November 2012, Az. Verg 22/12, Tz. 54.
716 *Dreher/Hoffmann* in NZBau 2014, S. 67 (73).
717 *Dreher/Hoffmann* in NZBau 2014, S. 67 (73).
718 LG Köln, Urteil vom 31. Juli 1990, Az. 31 O (Kart.) 291/90, S. 11.

wird, dass künftig keinerlei Einflussmöglichkeiten auf die Geschäfte für diese Person bestehen.[719] Mildere Maßnahmen reichen in einem solchen Fall nicht aus.[720] Ist ein Mitglied der Geschäftsführung betroffen, ist diese Person als Geschäftsführer oder Vorstandsmitglied abzuberufen und ihr Anstellungsvertrag ist zu kündigen.[721] Ohne eine Entfernung der Organmitglieder, die einen Kartellrechtsverstoß begangen haben, ist der im Rahmen der Kartellrechts-Compliance erforderliche »tone from the top« (siehe dazu III.1.a)) nicht sichergestellt.[722]

(4) Kein Handlungsgebot bei bloßen Verdachtsmomenten

Ein Unternehmen muss nicht sofort und unmittelbar bei dem Vorliegen von Verdachtsmomenten gegen einzelne Personen reagieren, sondern kann zunächst die Aufklärung des Sachverhalts, insbesondere auch durch staatsanwaltschaftliche Ermittlungen und die Einsichtnahme in die betreffenden Akten, abwarten.[723] Wenn sich im Nachhinein herausstellt, dass sich die im Rahmen eines Ermittlungsverfahrens erhobenen Vorwürfe nicht bestätigen, so können die entsprechenden arbeitsrechtlichen Maßnahmen angegriffen werden. Es kann daher nicht Voraussetzung einer erfolgreichen Selbstreinigung sein, Mitarbeiter allein auf Grundlage einer Beschuldigung zu entlassen.[724]

Eine Konfliktsituation entsteht für das Unternehmen dann, wenn die Vorwürfe noch nicht rechtsverbindlich geklärt, aber dennoch derart erhärtet sind, dass die Vergabestelle eine nachweisliche, schwere Verfehlung bejahen kann und daher personelle Maßnahmen zur Wiederherstellung der Zuverlässigkeit erforderlich sind. Eine Lösungsmöglichkeit besteht darin, die Maßnahmen in einem solchen Fall so zu gestalten, dass sie rückgängig gemacht werden können, wenn sich die Vorwürfe als unwahr herausstellen. Etwa kann die Übertragung von Gesellschaftsanteilen so gestaltet werden, dass sie nur dann dauerhaft wirksam ist, wenn sich entsprechende Vorwürfe als wahr erweisen.[725] Allerdings nimmt das Unternehmen dadurch im Ergebnis eine für sich negative Klärung der Vorwürfe vorweg und wird schon davor von den Konsequenzen getroffen. Die Tatsache, dass die Maßnahmen revidierbar gestaltet werden können, ändert nichts daran, dass sie für

---

719 OLG München, Beschluss vom 22. November 2012, Az. Verg 22/12, Tz. 53; OLG Düsseldorf, Beschluss vom 28. Juli 2005, Az. VII-Verg 42/05, Tz. 27; VK Düsseldorf, Beschluss vom 13. März 2006, Az. VK – 8/2006-L, S. 19; *Dreher/Hoffmann* in NZBau 2014, S. 67 (73).
720 *Dreher/Hoffmann* in NZBau 2014, S. 67 (73).
721 *Prieß/Pünder/Stein* in Pünder/Prieß/Arrowsmith, Self-Cleaning, S. 79.
722 *Mutschler-Siebert/Dorschfeldt* in BB 2015, S. 642 (647).
723 OLG Düsseldorf, Beschluss vom 9. April 2003, Az. VII-Verg 66/02, Tz. 99; Beschluss vom 9. April 2003, Az. Verg 43/02, Tz. 46.
724 OLG Frankfurt, Beschluss vom 20. Juli 2004, Az. 11 Verg 6/04, Tz. 63; Anmerkung dazu von *Haug* in VergabeR 2004, S. 648 (659).
725 So *Dreher/Hoffmann* in NZBau 2014, S. 150 (153); möglich laut OLG Frankfurt, Beschluss vom 20. Juli 2007, Az. 11 Verg 6/04, Tz. 62; siehe auch unter c).

das Unternehmen unmittelbare Auswirkungen haben. Das Unternehmen muss im Einzelfall abwägen, ob diese Auswirkungen nachteiliger sind oder die Gefahr, dass man in einer konkreten Ausschreibung und eventuell voraussichtlich in weiteren künftigen nicht berücksichtigt werden wird.

b) Besonderheiten bei mittelständischen und Familienunternehmen

Insbesondere bei Familienunternehmen kann die erforderliche Auswechslung des Führungspersonals und/oder der Gesellschafter erhebliche Probleme bereiten, »*wenn nicht gar unzumutbar sein*«.[726] Besonders in kleinen und mittelständischen Unternehmen kann eine einzelne Person unverzichtbar erscheinen und ein schneller Ersatz problematisch, während in größeren Unternehmen die Arbeit vorübergehend durch andere Mitarbeiter, die ohnehin mit ähnlichen Arbeiten betraut sind, aufgefangen werden kann. Konsequenz des Unterlassens der Trennung von betroffenen Personen wäre die längerfristige Einstufung des Unternehmens als unzuverlässig.[727] Führungspersönlichkeiten in mittelständischen Unternehmen können allerdings einen derart maßgeblichen Einfluss haben, dass ihre Auswechslung den Bestand des Unternehmens gefährden kann.[728] Eine solche Folge einer vergaberechtlichen Selbstreinigung ist nicht erwünscht, so dass weniger einschneidende Maßnahmen im Einzelfall ausreichend sind. In Betracht kommt insbesondere eine Übertragung der Gesellschaftsanteile des Gesellschafters, der die Verfehlung begangen hat, auf einen Treuhänder (siehe dazu näher unter c)).[729] Im Hinblick auf Geschäftsführer ist eine Lösung des Problems über ein striktes internes Kontrollsystem zur Einschränkung der Einflussmöglichkeiten denkbar.

c) Im Hinblick auf Gesellschafter im Speziellen

Auch wenn Gesellschafter sich ein Fehlverhalten zu Schulden kommen ließen, ist allein entscheidend, dass sie künftig keinen Einfluss mehr auf das operative Geschäft des Unternehmens ausüben können.[730] Dafür ist nicht zwingend erforderlich, dass sie ihre Gesellschafterstellung aufgeben. Eine weiter bestehende Beteiligung an dem Unternehmen ist dann unproblematisch, wenn es sich um eine Minderheitsbeteiligung (ohne besondere eingeräumte Mitbestimmungsrechte[731]) handelt, die einem Mehrheitsgesellschafter gegenüber steht.[732] Eine Stellung auch als Mehrheitsgesellschafter kann weiter bestehen bleiben, wenn die betreffende Person unwiderruflich auf die Ausübung ihrer Gesellschafterrechte verzichtet und glaubwürdig versichert, in Angelegenheiten, die ihre Stellung als Gesellschafter betreffen, nicht mehr als

---

726 So OLG München, Beschluss vom 22. November 2012, Az. Verg 22/12, Tz. 53.
727 Vgl. *Kreßner*, Auftragssperre, S. 156.
728 *Freund/Kallmayer/Kraft*, Korruption und Kartelle bei Auftragsvergaben, S. 160.
729 *Freund/Kallmayer/Kraft*, Korruption und Kartelle bei Auftragsvergaben, S. 160.
730 *Dreher* in FS Franke, S. 31 (36).
731 *Dreher/Hoffmann* in NZBau 2014, S. 67 (74).
732 VK Bund, Beschluss vom 30. Mai 2006, Az. VK 2 – 29/06, S. 19.

solcher aufzutreten und keinen Einfluss mehr auf Entscheidungen strategischer oder operativer Gremien nehmen wird.[733]

Eine Übertragung der Gesellschaftsanteile des Gesellschafters, der die Verfehlung begangen hat, auf einen Treuhänder ist als ausreichend anzusehen, wenn eine Einflussnahme des Gesellschafters auf die Geschäftspolitik des Unternehmens rechtlich ausgeschlossen ist, und zwar selbst dann, wenn der Treuhandvertrag zeitlich befristet ist, solange die Befristung erst nach der Laufzeit des zu vergebenden Auftrags endet.[734] Eine Befristung kann nicht schädlich sein, da eine Verfehlung grundsätzlich nur für einen gewissen Zeitraum eine Beurteilung als unzuverlässig nach sich zieht.[735] Überzeugend ist eine Distanzierung von den betreffenden Gesellschaftern aber nur, wenn es sich um einen neutralen Treuhänder und nicht um Personen aus dem engsten Familienkreis handelt.[736] Allerdings darf der Treuhandvertrag auch mit einer neutralen Person nicht so gestaltet sein, dass letztlich tatsächliche Einflussmöglichkeiten bei dem Gesellschafter verbleiben, etwa durch die Einräumung des Rechts, die Gesellschaftsanteile jederzeit zurückzufordern sowie durch die Tatsache, dass die Treuhänder den Gewinn an den Gesellschafter auskehren müssen und von diesem entlohnt werden.[737] Verpflichtet sich der Treugeber, sämtliche dem Treuhänder entstehenden Verpflichtungen auszugleichen, ist es naheliegend, dass der Gesellschafter unternehmerischen Einfluss nehmen wollen wird, um das Entstehen entsprechender Verpflichtungen zu verhindern.[738]

Wenn bislang lediglich der Verdacht besteht, dass ein Gesellschafter eine Verfehlung begangen hat, genügt es, wenn er »*seine Geschäftsanteile jedenfalls unter der Voraussetzung* »*zurückgegeben*« *hat, dass sich die gegen ihn erhobenen Vorwürfe abschließend als begründet herausstellen*«.[739] Ein endgültiger und unbedingter Verzicht auf die Gesellschaftsanteile ist nicht erforderlich, da nur dann tatsächlich Maßnahmen zur Vorbeugung einer Wiederholung von Fehlverhalten notwendig sind, wenn der betreffende Gesellschafter tatsächlich in dieses Fehlverhalten verwickelt war. Durch eine solche »Rückgabe« unter dieser »Voraussetzung« verzichtet der Gesellschafter jedenfalls bis zur abschließenden Klärung des Sachverhalts auf die Ausübung seiner Gesellschafterrechte, so dass wie erforderlich eine Einflussnahme für den Zeitraum ausgeschlossen ist, in dem die Zuverlässigkeit wegen der Vorwürfe in Frage gestellt ist.[740]

---

733 OLG Brandenburg, Beschluss vom 14. Dezember 2007, Az. Verg W 21/07, Tz. 64; Vorinstanz VK Brandenburg, Beschluss vom 16. Oktober 2007, Az. VK 38/07, S. 12.
734 OLG Düsseldorf, Beschluss vom 18. Juli 2001, Az. Verg 16/01, S. 8 und 15; VK Bund, Beschluss vom 11. Oktober 2002, Az. VK 1 - 75/02, S. 17/18.
735 *Dreher/Hoffmann* in NZBau 2014, S. 67 (74) und bereits oben unter Kapitel 2 VI.
736 VK Düsseldorf, Beschluss vom 29. Juni 2005, Az. VK – 10/2005-L, S. 13.
737 OLG Düsseldorf, Beschluss vom 28. Juli 2005, Az. VII-Verg 42/05, Tz. 27.
738 VK Düsseldorf, Beschluss vom 29. Juni 2005, Az. VK – 10/2005-L, S. 13.
739 OLG Frankfurt, Beschluss vom 20. Juli 2004, Az. 11 Verg 6/04, Tz. 62.
740 *Dreher/Hoffmann* in NZBau 2014, S. 67 (75).

d) Flankierende Maßnahmen

Über die geschilderten Mittel des Entzugs der Einflussmöglichkeiten hinaus können weitere Maßnahmen den Selbstreinigungsprozess unterstützen. Speziell wenn für die Begehung der Verfehlung der Zugriff auf bestimmte Daten entscheidend oder erforderlich war, kommt die Einrichtung von Sperrsoftware als Selbstreinigungsmaßnahme in Betracht.[741] Hat die betroffene Person Zugriff auf diese Daten genommen, ohne dass dies mit ihrer eigentlichen Tätigkeit zu tun hatte, reicht eine solche technische Vorkehrung im Hinblick auf diese Person aus, um künftige Verstöße zu verhindern.[742] Ansonsten ist zudem eine Versetzung erforderlich.[743] Ob solche »Chinese Walls« im Einzelfall geeignete Maßnahmen darstellen, hängt von der Unternehmensgröße ab, da bei kleineren Unternehmen zum einen die Kosten relativ gesehen stärker ins Gewicht fallen und zum anderen auf Grund der geringeren Mitarbeiterzahl solch eine strikte Trennung von Aufgabenbereichen schwieriger umzusetzen ist.[744]

Ob Lohnkürzungen ein adäquates Mittel zur Selbstreinigung darstellen, erscheint fragwürdig. Zwar mag es als unternehmensinterne Sanktionsmaßnahme sinnvoll erscheinen, betroffenen Mitarbeitern zur Verdeutlichung der Missbilligung ihres Handelns das Gehalt zu kürzen. Für die Frage einer hinreichenden Selbstreinigung, für die es alleine darauf ankommt, ob die betreffenden Mitarbeiter weiterhin Einfluss auf die Geschäfte haben, spielt dies jedoch keine Rolle. Wenn eine solche Lohnkürzung in Zusammenhang mit einer entsprechenden Entziehung der Einflussmöglichkeiten erfolgt,[745] stellt dies keinen Mehrwert zu der bereits für sich gesehen ausreichenden Verhinderung der Einflussnahme dar und ist deshalb im Rahmen der Selbstreinigung unbeachtlich.

Neben konkreten, auf einzelne Personen bezogenen Veränderungen kann es sinnvoll sein, über sämtliche bestehenden Prokuren und Handlungsvollmachten neu zu entscheiden und sie nur solchen Mitarbeitern zu erteilen, gegen die keinerlei Verdacht der Beteiligung oder Mitwisserschaft im Hinblick auf das Fehlverhalten in der Vergangenheit besteht.[746]

---

741 *Dreher/Hoffmann* in NZBau 2014, S. 67 (73).
742 *Dreher/Hoffmann* in NZBau 2014, S. 67 (73).
743 *Dreher/Hoffmann* in NZBau 2014, S. 67 (73).
744 *Dreher* in FS Franke, S. 31 (36).
745 *Dreher/Hoffmann* in NZBau 2014, S. 67 (73) sehen Lohnkürzungen als geeignete Selbstreinigungsmaßnahmen an, wenn daneben auch die Ausübung der Einflussnahme unmöglich gemacht wird.
746 OLG Düsseldorf, Beschluss vom 9. April 2003, Az. Verg 43/02, Tz. 39; Beschluss vom 9. April 2003, Az. Verg 66/02, Tz. 92; *Ax/Schneider/Scheffen*, Korruptionsbekämpfung, Rn. 402; *Dreher* in FS Franke, S. 31 (35).

e) Einfluss auf die Anstellungspolitik

Unter dem Stichwort personeller Maßnahmen stellt sich schließlich die Frage, inwiefern sich Einschränkungen für Unternehmen bei der Anstellung von Führungspersonen ergeben. Die Zuverlässigkeit eines Unternehmens beurteilt sich nach der Zuverlässigkeit der verantwortlich handelnden Personen, unabhängig davon, ob deren Unzuverlässigkeit auf einem Fehlverhalten im Rahmen der Tätigkeit für das aktuelle Unternehmen oder einer vorherigen Beschäftigung erfolgte (siehe oben Kapitel 2 B.IV.1.c)). Eine insofern »vorbelastete« Person kann somit dafür sorgen, dass das Unternehmen als unzuverlässig eingestuft wird. Ein Unternehmen, das sich an öffentlichen Ausschreibungen beteiligt, muss daher im Allgemeinen und auch vor dem Hintergrund einer aktuell durchgeführten Selbstreinigung – insbesondere bei der Frage der Ersetzung von Personen, die auf Grund von Verfehlungen von jeglicher Einflussnahme auszuschließen sind – darauf achten, ob für neu einzustellendes Führungspersonal relevantes Fehlverhalten in der Vergangenheit vorliegt. Sonst zieht die Anstellung einer unzuverlässigen Führungsperson die Unzuverlässigkeit des Unternehmens nach sich, vergleichbar mit dem »Einkaufen der Unzuverlässigkeit« im Wege einer Unternehmenstransaktion (siehe dazu Kapitel 2 B.IV.5.). Eine solche Rücksichtnahme auf frühere Verfehlungen kann gerade bei Kartellrechtsverstößen Schwierigkeiten mit sich bringen, da hier häufig eine branchenweite Verstrickung vorliegt und damit eine ganze Riege an erfahrenen Personen für das Bekleiden von Führungspositionen in näherer Zukunft ausscheidet. Deswegen und auch weil eine Straftat ansonsten ein vergaberechtliches Berufsverbot nach sich ziehen würde, muss es für ein Unternehmen möglich sein, durch geeignete Kontrollmaßnahmen sicherzustellen, dass die betreffende Person ihr Fehlverhalten nicht wiederholt, und sie trotzdem einstellen zu können.[747]

3. Grenzen des Arbeitsrechts

Die zu fordernden personellen Maßnahmen stehen unter dem Vorbehalt ihrer arbeitsrechtlichen Zulässigkeit, da im Rahmen der Selbstreinigung, auch vor dem Hintergrund des Verhältnismäßigkeitsprinzips, nichts gefordert werden kann, was arbeitsrechtlich nicht zulässig ist.[748]

Die Beteiligung an einem Kartellrechtsverstoß stellt, jedenfalls wenn sie vorsätzlich erfolgte, eine so gravierende Pflichtverletzung dar, dass eine fristlose Kündigung im Regelfall gerechtfertigt ist.[749] Die Weiterbeschäftigung einer Person, der berufsbezogene Straftaten oder schwere Verfehlungen vorzuwerfen sind, würde

---

747 *Summa* in NZBau 2012, S. 729 (731); siehe zu der vorliegend nicht behandelten Frage der Selbstreinigung natürlicher Personen (ohne Bezug auf Kartellrechtsverstöße im Speziellen) *Wimmer*, Zuverlässigkeit, S. 193ff.
748 *Wimmer*, Zuverlässigkeit, S. 179; *Mutschler-Siebert/Dorschfeldt* in BB 2015, S. 642 (646); *Dreher/Hoffmann* in NZBau 2014, S. 67 (72); *Stein/Friton/Huttenlauch* in WuW 2012, S. 38 (49); *Breßler/Kuhnke/Schulz/Stein* in NZG 2009, S. 721 (726).
749 *Kübler* in Schultze, Compliance-Handbuch Kartellrecht, Teil B, Rn. 234.

die Bewertung des Unternehmens als im vergaberechtlichen Sinne unzuverlässig nach sich ziehen, was für ein Unternehmen, das darauf angewiesen ist, öffentliche Aufträge zu erhalten, unzumutbar ist.[750] Allerdings muss der Arbeitgeber – jedenfalls dann, wenn kein Urteil oder keine Bußgeldentscheidung gegen den Mitarbeiter vorliegt – beweisen, dass der Mitarbeiter die Rechtswidrigkeit seines Handelns erkennen konnte. Dies ist insbesondere anzunehmen, wenn das Unternehmen nachweisen kann, dass regelmäßige Compliance-Schulungen durchgeführt wurden und der Mitarbeiter daran teilgenommen hat.[751]

Liegt noch keine rechtskräftige Entscheidung in Bezug auf das Fehlverhalten des Mitarbeiters vor, sind aber dennoch die Voraussetzungen einer nachweislichen schweren Verfehlung erfüllt (siehe ausführlich Kapitel 2 B.II.2.c)), ist in der Regel eine fristlose Verdachtskündigung zulässig. Für eine außerordentliche Kündigung wegen des Verdachts einer Straftat oder schwerwiegenden Pflichtverletzung ist erforderlich, dass objektive Tatsachen dafür sprechen, dass die Straftat oder Pflichtverletzung mit hoher Wahrscheinlichkeit begangen wurde.[752] Dies entspricht den Erfordernissen einer gesicherten, auf konkreten und aus seriösen Quellen stammenden Anhaltspunkten basierenden Erkenntnis im Hinblick auf das Vorliegen einer schweren Verfehlung (siehe Kapitel 2 B.II.2.c)(2)).

Wenn der Arbeitgeber das dem Arbeitnehmer vorzuwerfende Verhalten geduldet oder initiiert hat, etwa weil eine Weisung oder Aufforderung durch den Vorgesetzten des betreffenden Mitarbeiters vorlag, an Kartelltreffen teilzunehmen, ist eine Kündigung rechtswidrig.[753] In einer solchen Konstellation liegt keine erhebliche Störung des Vertrauensverhältnisses vor, die eine Kündigung rechtfertigen könnte, so dass es einen Verstoß gegen das Verbot widersprüchlichen Verhaltens darstellen würde, dem Mitarbeiter zu kündigen.[754] Eine Kündigung ist jedoch auch im Fall einer Anweisung oder Duldung durch Vorgesetzte nicht treuwidrig, wenn der betreffende Mitarbeiter wegen der Geltung entsprechender Compliance-Regelungen im Unternehmen erkennen konnte, dass sein Vorgesetzter gegen Regeln verstößt.[755]

Sind Führungskräfte betroffen, können deren Anstellungsverträge nach denselben Maßstäben gekündigt werden. Hat ein Vorstandsmitglied selbst einen Kartellrechtsverstoß begangen oder ist ihm eine Aufsichtspflichtverletzung vorzuwerfen, so stellt dies eine Verletzung seiner Pflicht zur Legalität bei der Amtsausführung gem. § 93 Abs. 1 Satz 1 AktG dar.[756] Zumindest eine aktive eigene Beteiligung wird

---

750 *Dzida* in NZA 2012, S. 881 (885); *Ax/Schneider/Scheffen*, Korruptionsbekämpfung, Rn. 402.
751 *Kübler* in Schultze, Compliance-Handbuch Kartellrecht, Teil B, Rn. 234.
752 *Müller-Glöge* in Erfurter Kommentar zum Arbeitsrecht, § 626 BGB, Rn. 177a.
753 *Stein/Friton/Huttenlauch* in WuW 2012, S. 38 (50).
754 *Kübler* in Schultze, Compliance-Handbuch Kartellrecht, Teil B, Rn. 234; *Benecke/Groß* in BB 2015, S. 693 (695); vgl. in dem Korruptionsfall der Siemens AG ArbG München, Urteil vom 2. Oktober 2008, Az. 13 CA 17197/07, NZA-RR 2009, S. 134 (136).
755 *Dzida* in NZA 2012, S. 881 (883).
756 *Fleischer* in BB 2008, S. 1070.

dabei in der Regel eine fristlose Kündigung rechtfertigen.[757] Entsprechendes gilt für die Geschäftsführer einer Gesellschaft.[758]

Sofern ein Betriebsrat im Unternehmen vorhanden ist, sind auch die einschlägigen Vorschriften über eine Anhörung des Betriebsrates (§ 102 BetrVG) zu beachten.

4. Entgegenstehende Interessen in Zusammenhang mit der Aufklärung des Sachverhalts: Für und Wider des Einsatzes eines Amnestieprogramms

Wie wichtig insbesondere die Aufklärung des Sachverhalts für eine erfolgreiche Selbstreinigung ist, wurde bereits erläutert (siehe oben unter I.). Eine Aufdeckung der Hintergründe und Einzelheiten einer Verfehlung wird jedoch häufig nicht möglich sein ohne eine Mitwirkung der Personen, die die Verfehlung begangen haben.[759] Das Unternehmen ist somit auf eine Kooperation mit ihnen angewiesen.

Vor diesem Hintergrund kann eine vollständige Trennung von diesen Personen oder sogar bereits eine entsprechende Ankündigung problematisch sein.[760] Auch wenn die Mitarbeiter zur umfangreichen Erteilung von Auskünften verpflichtet sind, werden sie aus Angst vor innerbetrieblichen oder strafrechtlichen Sanktionen schweigen,[761] was das Unternehmen nicht verhindern kann, wenn es den Mitarbeiter nicht mit hinreichenden Indizien für dessen Kenntnis konfrontieren kann.[762] Um die betreffenden Personen zu einer Mitarbeit zu bewegen, kann daher die Einführung eines Amnestieprogramms hilfreich sein.[763] Elemente eines solchen Programms sind etwa der Verzicht des Unternehmens auf arbeitsrechtliche Konsequenzen für den kooperierenden Mitarbeiters und/oder auf etwaige Schadensersatzansprüche sowie gegebenenfalls auf eine Strafanzeige gegen den Mitarbeiter oder sagt die Übernahme von Verbindlichkeiten, insbesondere von Rechtsanwaltskosten, die in einem strafrechtlichen Verfahren anfallen, oder die vertrauliche Behandlung der Angaben des Mitarbeiters zu.[764] Das Interesse an der Aufarbeitung des relevanten Sachverhalts

---

757 *Fleischer* in BB 2008, S. 1070 (1074).
758 Vgl. *Kübler* in Schultze, Compliance-Handbuch Kartellrecht, Teil B, Rn. 234.
759 *Wimmer*, Zuverlässigkeit, S. 180; *Dreher/Hoffmann* in NZBau 2014, S. 67 (73); *Kahlenberg/Schwinn* in CCZ 2012, S. 81; *Breßler/Kuhnke/Schulz/Stein* in NZG 2009, S. 721.
760 *Mutschler-Siebert/Dorschfeldt* in BB 2015, S. 642 (645); *Dreher/Hoffmann* in NZBau 2014, S. 67 (73).
761 *Wimmer*, Zuverlässigkeit, S. 180; *Potinecke/Block* in Knierim/Rübenstahl/Tsambikakis, Internal Investigations, Kap. 2, Rn. 169.
762 *Breßler/Kuhnke/Schulz/Stein* in NZG 2009, S. 721f.
763 *Wimmer*, Zuverlässigkeit, S. 181; *Dreher/Hoffmann* in NZBau 2014, S. 67 (73); *Kahlenberg/Schwinn* in CCZ 2012, S. 81; *Stein/Friton/Huttenlauch* in WuW 2012, S. 38 (49).
764 *Kahlenberg/Schwinn* in CCZ 2012, S. 81 (83); *Lützeler/Müller-Sartori* in CCZ 2011, S. 19 (25); *Breßler/Kuhnke/Schulz/Stein* in NZG 2009, S. 721 (722); *Göpfert/Merten/Siegrist* in NJW 2008, S. 1703 (1704); *Potinecke/Block* in Knierim/Rübenstahl/Tsambikakis, Internal Investigations, Kap. 2, Rn. 172.

muss dabei abgewogen werden gegen die möglichen negativen Auswirkungen eines solchen Programms auf die Glaubwürdigkeit der »zero-tolerance«-Politik, denn bei den Mitarbeitern könnte der Eindruck entstehen, dass kartellrechtswidriges Verhalten letztlich keine Konsequenzen im Unternehmen nach sich zieht, wenn man anschließend nur kooperiert.[765] Daher sollte die Amnestieregelung nur eingeschränkt gelten, etwa nur dann, wenn ein Mehrwert durch den Mitarbeiter geliefert wurde sowie zeitlich begrenzt oder inhaltlich auf bestimmte Sachverhalte beschränkt werden.[766]

Fraglich ist, ob dadurch dem Erfordernis personeller Konsequenzen im Rahmen einer vergaberechtlichen Selbstreinigung genüge getan wird. Jedenfalls führt eine Generalamnestie, die unterschiedslos allen beteiligten Personen die Verschonung von jeglichen Konsequenzen verspricht, dazu, dass nicht von einer hinreichenden Selbstreinigung auszugehen ist, da dadurch das Erfordernis personeller Maßnahmen letztlich ausgehöhlt würde.[767] Insbesondere der Führungsebene kann keine vollständige Amnestie angeboten werden, da sich das nicht mit ihrer Gestaltungs- und Vorbildfunktion im Unternehmen vereinbaren lässt.[768] Andererseits wäre ohne ein gewisses Entgegenkommen gegenüber den Mitarbeitern in vielen Fällen die Aufklärung des Sachverhalts, die für eine Selbstreinigung ebenfalls erforderlich und für die Ermittlung der einzuleitenden strukturellen und organisatorischen Maßnahmen zur Verhinderung einer künftigen Wiederholung der Zuwiderhandlung unerlässlich ist, nicht möglich.[769] Ob eine Amnestie grundsätzlich in Betracht kommt, ist auch vor diesem Hintergrund einzelfallbezogen zu beurteilen und hängt insbesondere davon ab, wie einschneidend die eigentlich notwendigen Maßnahmen wären.[770] Sie sollte als ultima ratio nur dann eingesetzt werden, wenn die Aufklärung des Sachverhalts ohne sie nicht möglich ist und andere Ermittlungsmaßnahmen nicht erfolgreich waren.[771] Diese Entscheidung sollte gegenüber den Vergabestellen nachvollziehbar begründet

---

765 *Kübler* in Schultze, Compliance-Handbuch Kartellrecht, Teil B, Rn. 196; *Lützeler/Müller-Sartori* in CCZ 2011, S. 19 (25); *Kasten* in Mäger, Europäisches Kartellrecht, 2. Kap., Rn. 124; *Lampert/Matthey* in Hauschka, Corporate Compliance, § 26, Rn. 82.
766 *Breßler/Kuhnke/Schulz/Stein* in NZG 2009, S. 721 (723); *Moosmayer*, Compliance, S. 101.
767 *Dreher/Hoffmann* in NZBau 2014, S. 67 (74); *Stein/Friton/Huttenlauch* in WuW 2012, S. 38 (49); *Breßler/Kuhnke/Schulz/Stein* in NZG 2009, S. 721 (727).
768 *Kahlenberg/Schwinn* in CCZ 2012, S. 81 (82); *Prieß/Pünder/Stein* in Pünder/Prieß/Arrowsmith, Self-Cleaning, S. 81.
769 *Annuß/Pelz* in BB 2010, Special 4, S. 14 (18); *Breßler/Kuhnke/Schulz/Stein* in NZG 2009, S. 721 (727); *Potinecke/Block* in Knierim/Rübenstahl/Tsambikakis, Internal Investigations, Kap. 2, Rn. 170.
770 *Wimmer*, Zuverlässigkeit, S. 184; *Mutschler-Siebert/Dorschfeldt* in BB 2015, S. 642 (645); *Dreher/Hoffmann* in NZBau 2014, S. 67 (74).
771 *Wimmer*, Zuverlässigkeit, S. 184; *Kahlenberg/Schwinn* in CCZ 2012, S. 81 (82); *Breßler/Kuhnke/Schulz/Stein* in NZG 2009, S. 721 (727).

werden können.[772] Letztlich kommt es, wie bereits unter 2.a)(1) ausgeführt, darauf an, die betreffenden Mitarbeiter, selbst wenn sie reuig sind, von jeglichem relevanten Einfluss auszuschließen. Denn allein die Tatsache, dass sie an der Aufklärung des Sachverhalts mitwirken, reicht nicht aus, um davon auszugehen, dass eine Wiederholung des Fehlverhaltens ausgeschlossen ist. Die Amnestie kann daher lediglich zu einer Abschwächung der eigentlich erforderlichen Maßnahmen, wie etwa eine Versetzung statt einer Kündigung, führen, nicht aber einen vollständigen Verzicht auf sämtliche Konsequenzen nach sich ziehen. Für die Führungsebene kommt dann etwa der Abschluss einer Aufhebungsvereinbarung statt einer fristlosen Kündigung in Betracht, wenn die betreffende Person so zu einer Zusammenarbeit bewegt werden kann, da dadurch ebenfalls eine künftige Einflussnahme ausgeschlossen wird.[773] Ist die Kündigung eines Mitarbeiters, der im Rahmen eines – bestehenden oder aus Anlass der Aufklärung einer Verfehlung eingeführten – Amnestieprogramms ein Fehlverhalten offenbart, wegen des durch das Amnestieprogramm gewährten Schutzes unmöglich, so besteht eine Lösungsmöglichkeit dieser Konfliktsituation darin, diesen Mitarbeiter zur Erfüllung der vergaberechtlichen Vorgaben zur Selbstreinigung dauerhaft freizustellen.[774]

Die Ausgestaltung eines Amnestieprogramms unterliegt im Übrigen weiteren rechtlichen Grenzen. Der Verzicht auf eine außerordentliche Kündigung ist grundsätzlich nicht pauschal im Vorfeld von internen Ermittlungen, sondern nur nach Kenntnis des entsprechenden Sachverhalts möglich. Indes kann eine Kündigung trotz Vorliegens einer solchen Amnestieregelung ein widersprüchliches Verhalten des Arbeitgebers darstellen.[775] Der Verzicht auf Schadensersatzansprüche gegen Mitarbeiter im Rahmen eines Amnestieprogramms kann zudem den Tatbestand einer gem. § 266 Abs. 1 StGB strafbaren Untreue durch die Unternehmensleitung erfüllen. Solche Maßnahmen entsprechen nur dann einer ordnungsgemäßen Geschäftsführung im Sinne von § 93 Abs. 1 Satz 1 Aktiengesetz und § 43 Abs. 1 GmbH-Gesetz, wenn sie zur Aufklärung des Sachverhalts erforderlich und damit im Ergebnis für das Unternehmen vorteilhaft sind.[776] Um sich entsprechend abzusichern, sollten die Leitungspersonen dokumentieren, aus welchen Gründen die Auflegung eines Amnestieprogrammes erforderlich erschien.[777] Ein Verzicht auf mögliche Schadensersatzansprüche gegen Vorstandsmitglieder scheidet gem. § 93 Abs. 4 Satz 3 AktG aus, da ein solcher frühestens drei Jahre nach Entstehung des Anspruchs möglich ist. Eine Ausnahme davon ist möglich, wenn gewichtige Gründe des Gesellschaftswohls,

---

772 *Mutschler-Siebert/Dorschfeldt* in BB 2015, S. 642 (645).
773 *Dreher/Hoffmann* in NZBau 2014, S. 67 (74).
774 *Annuß/Pelz* in BB 2010, Special 4, S. 14 (18).
775 *Breßler/Kuhnke/Schulz/Stein* in NZG 2009, S. 721 (724); *Mengel* in Knierim/Rübenstahl/Tsambikakis, Internal Investigations, Kap. 13, Rn. 76.
776 *Wimmer*, Zuverlässigkeit, S. 183; *Kahlenberg/Schwinn* in CCZ 2012, S. 81 (82); *Breßler/Kuhnke/Schulz/Stein* in NZG 2009, S. 721 (723f.); *Moosmayer*, Compliance, S. 100.
777 *Kahlenberg/Schwinn* in CCZ 2012, S. 81 (82).

beispielsweise negative Auswirkungen auf Geschäftstätigkeit und Ansehen der Gesellschaft in der Öffentlichkeit, Behinderung der Vorstandsarbeit und Beeinträchtigung des Betriebsklimas durch die Durchsetzung der Schadensersatzansprüche, dagegen sprechen.[778] Gerade bei Kartellrechtsverstößen kommt dies in Betracht, da häufig Führungspersonen an den relevanten Handlungen beteiligt waren und ohne ihre Mithilfe eine bußgeldausschließende oder -reduzierende Kooperation mit den Kartellbehörden, die dem Unternehmen signifikante Geldsummen sparen kann, nicht möglich wäre.[779]

5. Entgegenstehende Interessen in Zusammenhang mit einer Kooperation mit den Kartellbehörden

Eine Trennung von den maßgeblichen Personen lässt sich häufig nicht mit der Notwendigkeit vereinbaren, sie für die internen und externen Ermittlungen weiterhin zur Verfügung zu haben und zur Zusammenarbeit mit den Kartellbehörden bereit zu halten. Hier ergeben sich Spannungen zu der Kooperation im Rahmen eines anhängigen Kartellverfahrens.

Da eine Reduktion oder sogar ein Erlass der Geldbuße möglich ist (siehe I.6.), ist das Interesse der Unternehmen an der Erbringung einer den kartellbehördlichen Anforderungen entsprechende Kooperationsleistung naturgemäß hoch. In vielen Fällen wird dies nur durch die Zusammenarbeit mit den betreffenden Mitarbeitern möglich sein.[780] Im Rahmen der kartellrechtlichen Bonusregelungen gehört es zu den Kooperationspflichten der Unternehmen, dafür zu sorgen, dass die betreffenden Personen mit der Kartellbehörde zusammenarbeiten und dass die Behörde mit ihnen sprechen und sich selbst ein Bild verschaffen kann:

> »Ein Unternehmen muss alle an der Kartellabsprache beteiligten Beschäftigten (einschließlich ehemaliger Beschäftigter) benennen und darauf hinwirken, dass alle Beschäftigten, von denen Informationen und Beweismittel erlangt werden können, während des Verfahrens ununterbrochen und uneingeschränkt mit dem Bundeskartellamt zusammenarbeiten.«[781]

Einen entsprechenden Einfluss auf solche Personen kann das Unternehmen sehr viel einfacher und effektiver ausüben, wenn diese weiterhin im Unternehmen tätig sind, während eine vollständige Trennung eine unkooperative Haltung hervorrufen kann und zur Folge hat, dass die Personen dem Einflussbereich des Unternehmens entzogen sind und nur unter erschwerten Bedingungen oder überhaupt nicht auf sie zurückgegriffen werden kann.[782] Daraus ergibt sich ein Bedürfnis nach ebensolchen

---

778 BGH, Urteil vom 21. April 1997, Az. II ZR 175/95, NJW 1997, S. 1926 (1928).
779 *Kahlenberg/Schwinn* in CCZ 2012, S. 81 (82).
780 *Kahlenberg/Schwinn* in CCZ 2012, S. 81.
781 Ziff. 10 der Bonusregelung des Bundeskartellamtes; ähnlich Ziff. 12 (a) 3. Spiegelstrich der Kronzeugenregelung der Europäischen Kommission.
782 Vgl. *Stein/Friton/Huttenlauch* in WuW 2012, S. 38 (50).

Abschwächungsmöglichkeiten für die personellen Konsequenzen, wie soeben (siehe 4.) unter dem Gesichtspunkt der entgegenstehenden Interessen in Zusammenhang mit der Sachverhaltsaufklärung im Rahmen der Selbstreinigung dargestellt. Amnestieregelungen werden für eine effektive Kooperation mit den Kartellbehörden wegen der Wichtigkeit der Angaben von Mitarbeitern regelmäßig unverzichtbar sein.[783] Letztlich kann allerdings von der Vergabestelle nicht erwartet werden, dass sie wegen der Erfordernisse einer Kooperation mit den Kartellbehörden geringere Anforderungen an die Selbstreinigung in personeller Hinsicht stellt. Sie muss keine Rücksicht darauf nehmen, ob das Unternehmen eine Reduktion oder einen Erlass seines Bußgeldes erreichen kann, dies liegt vielmehr in dessen Risikosphäre. Einschränkungen sind nur vor dem Hintergrund einer effektiven Sachverhaltsaufklärung im Rahmen der vergaberechtlichen Selbstreinigung hinzunehmen. Häufig werden sich diese Abschwächungen personeller Maßnahmen allerdings mit denen, die im Rahmen einer Zusammenarbeit mit den Kartellbehörden erforderlich sind, überschneiden.

Unabhängig von unternehmensinternen Amnestieregelungen bietet im Übrigen die Kronzeugenregelung des Bundeskartellamtes auch für die betroffenen Mitarbeiter oder Geschäftsführer, denen gem. § 81 Abs. 4 Satz 1 GWB neben den Unternehmen ebenfalls ein Bußgeld droht, einen Anreiz, an der Aufklärung mitzuwirken.[784] Das kann sich wiederum positiv auf deren Bereitschaft zur Sachverhaltsaufklärung und damit auf die vergaberechtliche Selbstreinigung auswirken.

III. Strukturelle und organisatorische Maßnahmen

Ein wichtiger Baustein der Selbstreinigung ist die Vorbeugung weiterer Verstöße durch geeignete Änderungen der Struktur und Organisation des Unternehmens. Dadurch wird der Tatsache genüge getan, dass das Unternehmen offensichtlich strukturelle Mängel aufweist, die eine Verfehlung überhaupt ermöglicht haben.[785]

Fraglich ist, welche innerbetrieblichen Schritte konkret ergriffen werden müssen. Die Landesregelungen, die sich mit einer Selbstreinigung befassen, sprechen recht pauschal von »*geeignete[n] organisatorischen Maßnahmen [zur] Vorsorge gegen die Wiederholung*« der schweren Verfehlung oder des Rechtsverstoßes.[786] Klare und

---

783 *Moosmayer*, Compliance, S. 101.
784 Siehe Ziff. 1 der Bonusregelung des Bundeskartellamtes.
785 Vgl. *Dreher/Hoffmann* in NZBau 2014, S. 150.
786 Ziff. 3.4.3 Abs. 4 Satz 2 Verwaltungsvorschrift Korruptionsverhütung und -bekämpfung Baden-Württemberg; § 8 Abs. 2 Satz 2 Nr. 1 Korruptionsregistergesetz Berlin; § 11 Abs. 5 Vergabegesetz Brandenburg; § 8 Abs. 2 Satz 2 Nr. 1 Korruptionsregistergesetz Bremen; Ziff. 6.2 Nr. 1 Gemeinsamer Runderlass Hessen; § 7 Abs. 4 Korruptionsbekämpfungsgesetz Nordrhein-Westfalen; Ziff. 17.4 Abs. 2 Nr. 1 Verwaltungsvorschrift Korruptionsprävention Rheinland-Pfalz; Ziff. 6.2 Nr. 1 Erlass Saarland; ähnlich § 6 Abs. 3 Nr. 5 Gesetz zur Einrichtung eines Registers zum Schutz fairen Wettbewerbs Hamburg; § 6 Abs. 3 Nr. 5 Gesetz zur Einrichtung

bindende Vorgaben dazu haben die Gerichte und Vergabekammern bislang nicht erarbeitet, vielmehr liegt es in gewissem Maße im Ermessen des betreffenden Unternehmens, welche Schritte einzuleiten sind, und hängt von dem jeweiligen Fehlverhalten ab, das bekämpft werden soll.[787]
In Betracht kommen vor allem folgende Maßnahmen:

1. Die Einführung oder Anpassung eines Compliance-Systems

Zentrales Instrument der Vorbeugung von Rechtsverstößen und Minimierung darauf beruhender Haftungsrisiken im Allgemeinen ist ein im Unternehmen eingerichtetes System aus verschiedenen Maßnahmen und Prozessen zur Sicherstellung regelkonformen Verhaltens durch das Unternehmen und seine Mitarbeiter, das allgemein als Compliance-System bezeichnet wird.[788] Der Begriff »Compliance« meint die Einhaltung gesetzlicher und unternehmensinterner Vorgaben.[789] In den letzten Jahren ist dieses Thema durch Korruptionsskandale bei renommierten Unternehmen verstärkt in das Blickfeld der Öffentlichkeit und von Unternehmen gerückt.[790] Speziell in Bezug auf Kartellrechtsverstöße setzt sich immer mehr ein Bewusstsein für die schwerwiegenden Folgen für ein Unternehmen und die daher erforderliche Verhinderung von Fehlverhalten durch.[791] Ein funktionierendes Compliance-System sollte ohnehin in jedem Unternehmen installiert sein, gerade um Rechtsverstößen präventiv zu begegnen und sie möglichst weitgehend zu vermeiden.[792] Teilweise wird sogar von einer dahingehenden Verpflichtung der Unternehmensleitung ausgegangen.[793]

Im Folgenden werden zunächst unter a) im Überblick die maßgeblichen, bei der Einrichtung und Unterhaltung eines Compliance-Systems zu berücksichtigenden Aspekte dargestellt. Anschließend wird auf die Besonderheiten mit Blick auf die Voraussetzungen einer erfolgreichen Selbstreinigung eingegangen (dazu b)). Zuletzt wird die Frage aufgeworfen, ob die Einführung eines »Wertemanagements« als ausreichende Compliance-Maßnahme angesehen werden kann (siehe c)).

---

eines Registers zum Schutz fairen Wettbewerbs Schleswig-Holstein; lediglich Ziff. 7.1.7 Satz 9 Korruptionsbekämpfungsrichtlinie Bayern führt Beispiele an: Innenrevision, Mitarbeiterverpflichtung, sonstige Maßnahmen im Rahmen eines Ethikmanagements.
787   *Prieß/Pünder/Stein* in Pünder/Prieß/Arrowsmith, Self-Cleaning, S. 79.
788   *Kuhlen* in Kuhlen/Kudlich/Ortiz de Urbina, Compliance und Strafrecht, S. 11; *Hauschka* in Hauschka, Corporate Compliance, § 1, Rn. 24.
789   Vgl. Ziff. 4.1.3 des Deutschen Corporate Governance Kodex in der Fassung vom 13. Mai 2013, abrufbar unter http://bit.ly/UqzgtB.
790   *Hess* in FS Franke, S. 139; *Vogt* in NJOZ 2009, S. 4206.
791   *Dreher* in ZWeR 2004, S. 75 (76f.).
792   *Freund/Kallmayer/Kraft*, Korruption und Kartelle bei Auftragsvergaben, S. 160f.
793   Siehe dazu *Kasten* in Mäger, Europäisches Kartellrecht, 2. Kap., Rn. 9ff.; *Hess* in FS Franke, S. 139 (140).

a) Grundsätzliche Anforderungen an die Kartellrechts-Compliance

Zunächst ist zu betonen, dass ein Compliance-System nur dann glaubwürdig bei den Mitarbeitern durchgesetzt werden kann und tatsächlich der Vermeidung von Kartellrechtsverstößen dient, wenn die Unternehmensführung unmissverständlich dahinter steht.[794] Diese mit dem amerikanischen Begriff »tone from the top« umschriebene Methode ist gerade bei Kartellverstößen wichtig, da sich die handelnden Personen nicht (vorrangig) selbst bereichern, sondern vermeintlich zum Wohle des Unternehmens handeln und daher die Botschaft, dass solche Verhaltensweisen dem Unternehmen schaden und daher nicht geduldet werden (»zero tolerance«), von der Unternehmensleitung kommen muss.[795] Zur Bewältigung der mit Compliance zusammenhängenden Aufgaben können diese an eine speziell geschaffene Abteilung delegiert, die Zuständigkeit bei einer bestehenden Abteilung, etwa der Rechtsabteilung, angesiedelt oder den jeweiligen Fachabteilungen zugeordnet werden.[796] Sofern auf Grund der Unternehmensstruktur ein solcher Personalaufwand nicht in Betracht kommt, ist jedenfalls ein Compliance-Beauftragter zu bestimmen.[797] Ein solcher meistens als Compliance-Officer bezeichneter Verantwortlicher dient außerdem als Ansprechpartner für die Mitarbeiter.[798]

Kartellrechtliche Compliance-Systeme haben drei Grundfunktionen, namentlich die Prävention, die Kontrolle und Aufdeckung von Verstößen sowie die Reaktion auf entdecktes Fehlverhalten.[799] Daraus ergeben sich die für eine effektive Compliance-Struktur erforderlichen Bestandteile.[800]

Um Rechtsverstößen vorzubeugen, sind die Mitarbeiter über die Grenzen des zulässigen Verhaltens sowie die Folgen eines Verstoßes aufzuklären.[801] Dies kann im Wege von regelmäßigen Schulungen, der Ausgabe von Leitfäden und Merkblättern sowie durch konkrete Weisungen erfolgen.[802] Dabei können auch externe Anwälte eingesetzt werden.[803] Durch diese Maßnahmen soll bei den betreffenden

---

794 *Schultze* in Schultze, Compliance-Handbuch Kartellrecht, Teil B, Rn. 3; *Mutschler-Siebert/Dorschfeldt* in BB 2015, S. 642 (648); *Dreher* in ZWeR 2004, S. 75 (94).
795 *Lampert/Matthey* in Hauschka, Corporate Compliance, § 26, Rn. 53; *Kasten* in Mäger, Europäisches Kartellrecht, 2. Kap., Rn. 62f.
796 *Schultze* in Schultze, Compliance-Handbuch Kartellrecht, Teil B, Rn. 17ff; *Moosmayer,* Compliance, S. 34ff; *Bergmoser* in BB 2010, Special 4, S. 2 (5).
797 *Gentsch,* Korruptionsprävention, S. 186; *Kasten* in Mäger, Europäisches Kartellrecht, 2. Kap., Rn. 67.
798 *Bürkle* in Hauschka, Corporate Compliance, § 8, Rn. 26.
799 *Lampert/Matthey* in Hauschka, Corporate Compliance, § 26, Rn. 50; *Moosmayer,* Compliance, S. 2; *Kasten* in Mäger, Europäisches Kartellrecht, 2. Kap., Rn. 4.
800 *Schultze* in Schultze, Compliance-Handbuch Kartellrecht, Teil B, Rn. 2.
801 *Dreher* in ZWeR 2004, S. 75 (96).
802 *Mutschler-Siebert/Dorschfeldt* in BB 2015, S. 642 (648); *Dreher/Hoffmann* in NZBau 2014, S. 150 (152); *Lampert/Matthey* in Hauschka, Corporate Compliance, § 26, Rn. 54.
803 *Bürkle* in Hauschka, Corporate Compliance, § 8, Rn. 26.

Personen vor allem ein Problembewusstsein geweckt und idealerweise im Dialog erarbeitet werden, während es nicht erforderlich ist, die Kenntnis sämtlicher rechtlicher Details sicherzustellen.[804] Erforderlich ist nicht nur eine einmalige, sondern eine fortwährende Information der Mitarbeiter.[805] Auch sind die Inhalte kontinuierlich an Veränderungen der rechtlichen Rahmenbedingungen oder der Unternehmensaktivitäten anzupassen.[806] Um den Mitarbeitern zu verdeutlichen, welche Verhaltensweisen im Einzelnen verboten sind, sollten die zu Grunde liegenden Gesetzestexte in verständlicher Sprache aufbereitet sein.[807] Es bietet sich außerdem an, die wichtigsten Verhaltensregeln sowie die Konsequenzen von Zuwiderhandlungen im Arbeitsvertrag zu regeln.[808] Ist ein Betriebsrat im Unternehmen vorhanden, ist der Abschluss einer Betriebsvereinbarung vorteilhaft, da hierdurch sämtliche Mitarbeiter erfasst werden und eine größere Akzeptanz der Regelungen erreicht werden kann.[809] Eine Mitbestimmung des Betriebsrates ist jedoch nur für diejenigen Teile eines Compliance-Programms erforderlich, die das Ordnungsverhalten und nicht das Arbeitsverhalten betreffen, etwa bei der Einführung von Meldepflichten.[810]

Ein weiteres wichtiges Element einer tragfähigen Compliance-Organisation ist die Überprüfung ihrer Einhaltung.[811] Diese Kontrolle kann sowohl intern als auch extern erfolgen,[812] wobei eine Kombination von beidem vorzugswürdig sein dürfte.[813] Denn einerseits verfügen die internen Beauftragten über detaillierte Kenntnisse der Unternehmensstrukturen und Arbeitsabläufe, und andererseits sorgen die externen Kontrolleure für die nötige Neutralität und weisen häufig die speziellere Fachkompetenz auf.[814] Als Maßnahmen kommen insbesondere stichprobenartige Überprüfungen, regelmäßige vorsorgliche Audits und vorgetäuschte Durchsuchungen, so genannte »Mock Dawn Raids«, in Betracht.[815]

Verstöße gegen die Compliance-Richtlinien eines Unternehmens müssen Folgen für die handelnden Personen haben, da sonst für die Mitarbeiter nicht ersichtlich ist, dass ihre Einhaltung für das Unternehmen wichtig ist, und sie die Vorgaben nicht

---

804 *Lampert/Matthey* in Hauschka, Corporate Compliance, § 26, Rn. 74f.
805 *Lampert* in Hauschka, Corporate Compliance, § 9, Rn. 34; *Dreher* in FS Franke, S. 31 (43).
806 *Kasten* in Mäger, Europäisches Kartellrecht, 2. Kap., Rn. 72.
807 *Vogt* in NJOZ 2009, S. 4206 (4207f.).
808 *Dreher/Hoffmann* in NZBau 2014, S. 150 (152).
809 *Moosmayer*, Compliance, S. 63; *Vogt* in NJOZ 2009, S. 4206 (4209).
810 BAG, Beschluss vom 22. Juli 2008, Az. 1 ABR 40/07, NZA 2008, S. 1248 (1252f.).
811 *Schultze* in Schultze, Compliance-Handbuch Kartellrecht, Teil B, Rn. 85; *Dreher/Hoffmann* in NZBau 2014, S. 150 (152).
812 *Dreher/Hoffmann* in NZBau 2014, S. 150 (152); *Moosmayer*, Compliance, S. 2.
813 *Dreher/Hoffmann* in NZBau 2014, S. 150 (152).
814 Vgl. *Moosmayer*, Compliance, S. 90.
815 *Schultze* in Schultze, Compliance-Handbuch Kartellrecht, Teil B, Rn. 89, 93.

ernst nehmen.[816] Wirkungsvolle Sanktionen sind etwa die Ermahnung, die Abmahnung, die Versetzung oder sogar die Kündigung des betroffenen Mitarbeiters.[817]

b) Spezielle Anforderungen vor dem Hintergrund einer vergaberechtlichen Selbstreinigung

Wenn ein Fehlverhalten im Unternehmen aufgedeckt wurde, sind Compliance-Maßnahmen für eine erfolgreiche vergaberechtliche Selbstreinigung erforderlich. Das Unternehmen sollte sich dabei angesichts der Tatsache, dass es immerhin die Befürchtung zu entkräften hat, dass jemand, der sich falsch verhalten hat, das auch wieder tun wird, nicht am Durchschnitt orientieren, sondern einen hohen Standard anstreben.[818]

Existierte bereits ein Compliance-System im Unternehmen, kommt es für die Anforderungen der vergaberechtlichen Selbstreinigung darauf an, ob die Verfehlung verhältnismäßig schnell entdeckt wurde oder nicht. In ersterem Fall kann davon ausgegangen werden, dass das System im Grundsatz funktioniert und lediglich nachgebessert oder an veränderte Umstände angepasst werden muss, etwa in Form spezieller Schulungen.[819] Falls der Verstoß jedoch lange unentdeckt geblieben ist oder auf andere Weise unabhängig von dem Compliance-System aufgedeckt wurde, ist eine umfassende Überprüfung und Überarbeitung notwendig.[820]

Inhaltlich muss sich das Compliance-Programm daran orientieren, was im Wege der Sachverhaltsaufklärung als problematisches Verhalten festgestellt wurde und in Zukunft verhindert werden soll.[821] Darüber hinausgehende Anstrengungen sind im Hinblick auf eine vergaberechtliche Selbstreinigung nicht erforderlich – insbesondere müssen die Präventivmaßnahmen nicht auf Rechtsgebiete erstreckt werden, in denen bislang keine Verstöße aufgedeckt wurden –, können allerdings zur Glaubwürdigkeit der Bemühungen zur Selbstreinigung beitragen und verringern das Risiko, dass die ergriffenen Maßnahmen als nicht ausreichend für eine Selbstreinigung eingestuft werden.[822]

---

816 *Schultze* in Schultze, Compliance-Handbuch Kartellrecht, Teil B, Rn. 90; *Moosmayer*, Compliance, S. 102; *Dreher* in ZWeR 2004, S. 75 (101).
817 *Potinecke/Block* in Knierim/Rübenstahl/Tsambikakis, Internal Investigations, Kap. 2, Rn. 181; *Moosmayer*, Compliance, S. 102; *Wauschkuhn* in Moosmayer/Hartwig, Interne Untersuchungen, S. 76.
818 *Prieß/Pünder/Stein* in Pünder/Prieß/Arrowsmith, Self-Cleaning, S. 81.
819 *Mutschler-Siebert/Dorschfeldt* in BB 2015, S. 642 (650); *Dreher/Hoffmann* in NZBau 2014, S. 150 (152); *Stein/Friton/Huttenlauch* in WuW 2012, S. 38 (50).
820 *Dreher/Hoffmann* in NZBau 2014, S. 150 (152); *Stein/Friton/Huttenlauch* in WuW 2012, S. 38 (50).
821 *Dreher/Hoffmann* in NZBau 2014, S. 150 (151).
822 *Dreher/Hoffmann* in NZBau 2014, S. 150 (151).

c) Die Einführung eines Wertemanagements

Auch die Einführung eines »Wertemanagements« und der Beitritt zu einem entsprechenden Verein von Unternehmen (z.b. dem EMB-Wertemanagement Bau e.V. oder dem Deutschen Netzwerk Wirtschaftsethik - EBEN Deutschland e.V.) kann in der Gesamtschau der ergriffenen Maßnahmen berücksichtigt werden.[823] Letztlich handelt es sich dabei allerdings um allgemeingültige Grundsätze des fairen Verhaltens, deren Ziel unabhängig von konkreten Verstößen die Prävention von Handlungen ist, die den jeweils zu Grunde liegenden Werten widersprechen.[824] Einerseits gehen solche umfassenden Regelungsgebilde häufig weiter als die konkrete Selbstreinigung es erfordern würde und können daher nicht als notwendige Maßnahme eingefordert werden.[825] Andererseits können sie wegen des fehlenden Bezugs zum konkreten Einzelfall für sich genommen nicht ausreichen als strukturelle und organisatorische Selbstreinigungsmaßnahmen. Werden den Mitarbeitern ohne weitere Erläuterungen und Anpassungen im Hinblick auf das konkrete Unternehmen und die aufgedeckten und zu befürchtenden Verfehlungen etwa lediglich allgemeine, vorgefertigte Leitfäden ausgehändigt, reicht dies nicht aus, denn auf diese Weise besteht keine Gewähr dafür, dass die Mitarbeiter mit Blick auf die bei ihrer jeweiligen Tätigkeit auftretenden Problemstellungen aufgeklärt wurden und dass sie die entsprechenden Weisungen verstehen und umsetzen können. Es lassen sich daraus allerdings Rückschlüsse auf die Ernsthaftigkeit der Bereitschaft des Unternehmens ziehen, sich künftig möglichst vorbildlich und gesetzestreu zu verhalten.

2. Umstrukturierungen

Zur Vorbeugung von Verstößen im Sinne einer Selbstreinigung in besonderer Weise geeignet sind Veränderungen der Entscheidungsstrukturen, die eine Wiederholung des Fehlverhaltens erschweren oder sogar unmöglich machen.[826] Eine sehr effektive strukturelle Änderung ist die strikte Trennung von Unternehmensbereichen, in denen die Verfehlung aufgetreten ist, von solchen, für die keine Zweifel an der Zuverlässigkeit vorliegen.[827] Denn so kann ein künftiger Einfluss der betreffenden Personen auf weitere Unternehmensteile verhindert werden. Besonders einschneidend und mit direkter Außenwirkung erfolgt dies durch die Gründung einer neuen Gesellschaft, die für einen der beiden Bereiche ausschließlich zuständig ist, mit personell unabhängiger Geschäftsleitung.[828] Letztlich kommt es jedoch darauf an, dass die Aufgabenbereiche der handelnden Personen sich nicht überschneiden und klar abgegrenzt sind, was ebenso wirksam durch rein interne Umstrukturierungen

---

823 OLG Brandenburg, Beschluss vom 14. Dezember 2007, Az. Verg W 21/07, Tz. 70f.
824 *Hess* in FS Franke, S. 139 (143, 145).
825 *Dreher/Hoffmann* in NZBau 2014, S. 150 (151).
826 *Dreher/Hoffmann* in NZBau 2014, S. 150.
827 *Hess* in FS Englert, S. 131 (141); *Dreher* in FS Franke, S. 31 (42).
828 OLG Brandenburg, Beschluss vom 14. Dezember 2007, Az. Verg W 21/07, Tz. 65.

sichergestellt werden kann.[829] Eine solche Umstrukturierungsmaßnahme kommt vor allem für größere Unternehmen in Betracht, während es sich in kleineren Einheiten nicht vermeiden lassen wird, dass einzelne Mitarbeiter bereichsübergreifend tätig sind.

Entsprechend einer Trennung von den Personen, denen das Fehlverhalten vorzuwerfen ist, ist eine Veräußerung oder Niederlegung des Geschäftsbereichs, in dem die Verfehlung aufgetreten ist, als Maßnahme zur umfassenden Distanzierung denkbar.

3. Personalbezogene Strukturmaßnahmen

Um die Entstehung oder Aufrechterhaltung von Strukturen zu vermeiden, die ein Fehlverhalten begünstigen, etwa der langjährige enge Kontakt zu Mitarbeitern von Kunden oder Wettbewerbern, kann das Unternehmen die regelmäßige Rotation des Personals vorsehen.[830] Dies hat allerdings den Nachteil, dass nach jedem Wechsel Einarbeitungszeiten erforderlich sind.[831] Daneben ist die Einführung oder Verbesserung von Kontrollmechanismen eine wichtige Maßnahme. Damit vorgesehene Kontrollen nicht umgangen werden können, ist vor allem für wichtige Entscheidungen das Vier-Augen-Prinzip eine wirkungsvolle Gestaltungsoption.[832]

Die Einrichtung einer »*Clearingstelle*«, die die Unternehmensstrategie im Hinblick auf Angebote und Aufträge prüft und hinterfragt,[833] sorgt durch die institutionalisierte Überprüfung dafür, dass auffällige Verhaltensweisen, die auf einer Absprache beruhen könnten, wie etwa die Abgabe nicht erfolgversprechender Angebote oder die Nichtabgabe von Angeboten im Rahmen öffentlicher Ausschreibungen, schnell bemerkt und aufgeklärt werden sowie dass ein eventuelles Fehlverhalten unverzüglich abgestellt wird.

4. Die Einführung eines whistle-blower-Systems

Auch die Behandlung so genannter »whistle-blower«, also Arbeitnehmern, die illegale Praktiken im Unternehmen von sich selbst oder anderen inner- oder außerbetrieblich offenlegen,[834] im Unternehmen kann im Rahmen einer erfolgreichen

---

829 *Dreher/Hoffmann* in NZBau 2014, S. 150.
830 Vgl. *Mutschler-Siebert/Dorschfeldt* in BB 2015, S. 642 (648); *Dreher/Hoffmann* in NZBau 2014, S. 150 (152); entsprechend wird zur Bekämpfung von Korruption verfahren, *Leinemann*, Vergabe öffentlicher Aufträge, Rn. 1972.
831 *Ohrtmann* in NZBau 2007, S. 278 (281).
832 *Braun* in Gabriel/Krohn/Neun, Handbuch des Vergaberechts, § 14, Rn. 113; *Prieß/Pünder/Stein* in Pünder/Prieß/Arrowsmith, Self-Cleaning, S. 80; *Mutschler-Siebert/Dorschfeldt* in BB 2015, S. 642 (648).
833 Vgl. OLG Brandenburg, Beschluss vom 14. Dezember 2007, Az. Verg W 21/07, Tz. 68.
834 *Müller* in NZA 2002, S. 424 (425).

Selbstreinigung eine Rolle spielen. Die Einführung eines Systems monetärer Anreize ist dabei nicht anzuraten, da dies dazu führen könnte, dass nur aus finanziellen Interessen Verstöße gemeldet werden.[835] Vielmehr sollte das Unternehmen dafür sorgen, dass ein whistle-blower nicht stigmatisiert wird und ihm gegebenenfalls psychologische Hilfe oder eine Versetzung anbieten.[836] Ferner sollte bei sämtlichen Mitarbeitern das Bewusstsein gefördert werden, dass es keinen Vertrauensbruch darstellt, Verstöße zu offenbaren.[837] Sanktionen oder Benachteiligungen jedweder Art gegenüber Hinweisgebern sind entsprechend zu unterlassen und zu verhindern.[838] Auf diese Weise wird ein Klima der Transparenz und Offenheit geschaffen und den Mitarbeitern vermittelt, dass die Einhaltung von Regeln ein wichtiges Ziel der Unternehmensleitung ist und jeder Mitarbeiter einen Teil dazu beitragen kann. Keiner sollte Angst davor haben, eigenes oder fremdes Fehlverhalten zu offenbaren. Dies ist ein wichtiger Baustein der Aufdeckung von Verstößen und spricht somit für die Bereitschaft des Unternehmens, Fehlverhalten in Zukunft zu vermeiden, was seine Bemühungen um eine vergaberechtliche Selbstreinigung unterstreicht. Um die Bereitschaft von Mitarbeitern zur Offenheit zu fördern, eignet sich die Einrichtung einer entsprechenden Hotline, die bestenfalls extern, etwa bei einer Rechtsanwaltssozietät, angesiedelt ist, um anonyme Hinweise zu ermöglichen.[839] Es ist dabei allerdings darauf zu achten, nicht umgekehrt eine Kultur des Denunzierens zu begünstigen.[840]

IV. Wiedergutmachung des Schadens

Sowohl in der Literatur als auch in der Entscheidungspraxis der Gerichte und Vergabekammern umstritten ist die Frage, ob und in welcher Form von den Unternehmen als viertes Element einer erfolgreichen Selbstreinigung eine Wiedergutmachung des durch das Fehlverhalten entstandenen Schadens zu fordern ist. Im Gegensatz zu personellen und strukturellen Maßnahmen ist für die Wiedergutmachung des Schadens nicht ohne Weiteres ersichtlich, welchen Einfluss sie auf die künftige Zuverlässigkeit des Unternehmens hat.[841] Die bislang dazu ergangenen Entscheidungen von Gerichten und Vergabekammern beantworten diese Frage unterschiedlich (siehe dazu 1.). An einer expliziten gesetzlichen Regelung dazu fehlt es bislang (siehe 2). Die gegen das Erfordernis einer Schadenswiedergutmachung angeführten Argumente werden

---

835 *Prieß/Pünder/Stein* in Pünder/Prieß/Arrowsmith, Self-Cleaning, S. 80.
836 *Prieß/Pünder/Stein* in Pünder/Prieß/Arrowsmith, Self-Cleaning, S. 80f.
837 *Prieß/Pünder/Stein* in Pünder/Prieß/Arrowsmith, Self-Cleaning, S. 81.
838 *Braun* in Gabriel/Krohn/Neun, Handbuch des Vergaberechts, § 14, Rn. 114; *Burgard* in Moosmayer/Hartwig, Interne Untersuchungen, S. 165f.
839 *Lampert/Matthey* in Hauschka, Corporate Compliance, § 26, Rn. 85; *Hauschka/Greeve* in BB 2007, S. 165 (172f.).
840 *Ax/Schneider/Scheffen*, Korruptionsbekämpfung, Rn. 403.
841 *Kreßner,* Auftragssperre, S. 157f.

unter 3., die dafür vorgebrachten Gründe unter 4. analysiert. Im Anschluss wird die dazu vertretene eigene Auffassung dargestellt (siehe 5.).

1. Bisherige Rechtsprechung und Entscheidungspraxis der Vergabekammern

Zunächst werden im Folgenden die bislang ergangenen, divergierenden Entscheidungen zu der Erforderlichkeit einer Wiedergutmachung des Schadens dargestellt.

In den meisten Entscheidungen zur vergaberechtlichen Selbstreinigung werden, wenn überhaupt so explizit, lediglich die drei Elemente der Sachverhaltsaufklärung sowie personelle und strukturelle Maßnahmen als notwendige Bestandteile genannt.[842] Zum ersten Mal erwähnt wurde das Erfordernis einer Schadenswiedergutmachung in einem Urteil des Landgerichts Berlin vom 22. März 2006[843]. In diesem Verfahren um eine durch die Deutsche Bahn AG verhängte Auftragssperre, die gegen das betreffende Unternehmen auf Grundlage von Anklageschriften gegen den Geschäftsführer und Mitarbeiter unter anderem wegen Betrugs und Bestechung verhängt worden war, stellte das Landgericht Berlin fest, dass eine Selbstreinigung erfordere, dass das betreffende Unternehmen »*einen infolge der Verfehlung entstandenen Schaden wiedergutmacht*«.[844]

Das Kammergericht Berlin revidierte diese Entscheidung im Berufungsverfahren mit Urteil vom 17. Januar 2011[845] und setzte sich ausführlich damit auseinander, ob eine erfolgreiche Selbstreinigung das Begleichen von Schadensersatzforderungen umfasst. Das Gericht stellte ausdrücklich fest:

> »Die Begleichung möglicherweise unberechtigter Forderungen hat indes nichts mit einer »Selbstreinigung« des Unternehmens zu tun, das nach einem solchen Prozess zuverlässiger erscheinen soll als bisher. Warum dies gerade von einem Unternehmen angenommen werden sollte, das sich seine Wiederzulassung durch den Ausgleich eigentlich bestrittener Forderungen erkauft, vermag der Senat nicht nachzuvollziehen. Richtiger erscheint es, die Wiedergutmachung eines Schadens als Element des »Selbstreinigungsprozesses« auf die Fälle zu begrenzen, in denen die auszugleichende Forderung unstreitig ist.«[846]

---

842 OLG Brandenburg, Beschluss vom 14. Dezember 2007, Az. Verg W 21/07, Tz. 63–73; OLG Düsseldorf, Beschluss vom 9. April 2003, Az. VII-Verg 66/02, Tz. 91/92; Beschluss vom 9. April 2003, Az. Verg 43/02, Tz. 38/39, VK Brandenburg, Beschluss vom 16. Oktober 2007, Az. VK 38/07, S. 12.
843 Az. 23 O 118/04.
844 Az. 23 O 118/04, S. 6, unter Verweis auf *Schranner* in Ingenstau/Korbion, Kommentar VOB, 15. Auflage 2004, § 8 VOB/A, Rn. 81.
845 Az. 2 U 4/06 Kart, NZBau 2012, S. 56ff.
846 Az. 2 U 4/06 Kart, NZBau 2012, S. 56 (63).

Die aktuellste Gerichtsentscheidung zu dem Aspekt der Selbstreinigung bestätigt dies: »*Eine Schadenswiedergutmachung ist demgegenüber nicht zu verlangen.*«[847] In diesem Beschluss des Oberlandesgerichts München vom 22. November 2012 ging es um ein Ermittlungsverfahren gegen den Geschäftsführer des betreffenden Unternehmens unter anderem wegen Vorenthaltens und Veruntreuens von Arbeitsentgelt. Eine Gerichtsentscheidung für den Fall einer Selbstreinigung nach einem Kartellverstoß gibt es bislang noch nicht.

In der Entscheidungspraxis der Vergabekammern wurde die Schadenswiedergutmachung bislang ausschließlich durch die Vergabekammer Niedersachsen ausdrücklich als Element der vergaberechtlichen Selbstreinigung verlangt, erstmals in einer Entscheidung vom 24. März 2011 zu einer Ausschreibung für Tragkraftspritzfahrzeuge, bei der das kurz zuvor durch das Bundeskartellamt geahndete Kartell für Feuerwehrlöschfahrzeuge[848] eine Rolle spielte.[849] Neben innerbetrieblichen und personellen Maßnahmen sowie der aktiven Unterstützung der Ermittlungsbehörden wurde darin als ebenso wichtiger Aspekt einer Selbstreinigung »*die Wiedergutmachung des durch die Verfehlung entstandenen Schadens*« genannt.[850] Die Vergabestelle müsse bei der Prüfung einer möglichen Selbstreinigung auch »*Informationen zu Plänen [...] für eine Schadenswiedergutmachung ein[...]holen*«.[851] Aus dieser Formulierung ergibt sich, dass es jedenfalls nicht erforderlich sein soll, dass die Schäden bereits wiedergutgemacht sind, sondern entsprechende Pläne des betreffenden Unternehmens ausreichen. Da die Vergabestelle eine pauschale Erklärung des Unternehmens zur Selbstreinigung genügen ließ, bewertete die Vergabekammer die Entscheidung, das Unternehmen nicht vom Vergabeverfahren auszuschließen, als fehlerhaft.[852] In einer Entscheidung vom 12. Dezember 2011, in der es um einen Ausschluss vom Vergabeverfahren wegen einer Korruptionsaffäre ging, formulierte die Vergabekammer Niedersachsen die Anforderungen an eine Selbstreinigung gleichlautend, wobei es im Einzelnen nicht darauf ankam, da das betreffende Unternehmen sich bereits gegen das Vorliegen einer schweren Verfehlung wendete und zu etwaigen Selbstreinigungsmaßnahmen nichts vortrug.[853] Zuletzt entschied die

---

847 OLG München, Beschluss vom 22. November 2012, Az. Verg 22/12, Tz. 52, unter Verweis auf *Dreher/Hoffmann* in NZBau 2012, S. 265 (269); dem folgend VG Düsseldorf, Urteil vom 24. März 2015, Az. 20 K 6764/13, Tz. 114.
848 Siehe Fallbericht des Bundeskartellamtes vom 18. Februar 2011, abrufbar unter http://bit.ly/VRa28u; Pressemitteilung des Bundeskartellamtes vom 10. Februar 2011, abrufbar unter http://bit.ly/1AYP6vZ.
849 Az. VgK-04/2011.
850 VK Niedersachsen, Beschluss vom 24. März 2011, Az. VgK-04/2011, S. 8, unter Bezugnahme auf *Werner* in Willenbruch/Wieddekind, Kommentar Vergaberecht, 2. Auflage 2011, § 6 VOB/A, Rn. 20.
851 VK Niedersachsen, Beschluss vom 24. März 2011, Az. VgK-04/2011, S. 9.
852 VK Niedersachsen, Beschluss vom 24. März 2011, Az. VgK-04/2011, S. 9.
853 Az. VgK-53/2011, S. 21, unter Bezugnahme auf *Werner* in Willenbruch/Wieddekind, Kommentar Vergaberecht, 2. Auflage 2011, § 6 VOB/A, Rn. 20.

Vergabekammer Niedersachsen in einem Beschluss vom 14. Februar 2012 zu einer Ausschreibung für Löschgruppenfahrzeuge:

> »Ohne Beteiligung an der Schadenswiedergutmachung, sei es zunächst in Gestalt der Mitwirkung an der Schadensaufklärung, ist angesichts der außerordentlich schweren Rechtsverletzungen bei dem in Rede stehenden Feuerwehrbeschaffungskartell eine Wiederherstellung der vergaberechtlichen Zuverlässigkeit nach Überzeugung der Vergabekammer nicht denkbar.«.[854]

Trotz der obergerichtlichen Rechtsprechung, die gegen das Erfordernis einer Schadenswiedergutmachung spricht und die zum Teil in der Literatur als Wende begriffen wurde,[855] ist die Frage, ob für eine erfolgreiche Selbstreinigung eine Reparationsleistung erforderlich ist, noch nicht abschließend geklärt. In dem aktuellsten Verfahren zu diesem Aspekt vor der Vergabekammer Nordbayern, beendet mit einem Beschluss vom 19. Februar 2014, griff ein Wettbewerber den beabsichtigten Zuschlag an ein Unternehmen an, das am Löschfahrzeugkartell beteiligt war.[856] Ob die Zuverlässigkeit wiederhergestellt war, war unter anderem deswegen in Streit, weil keine Wiedergutmachung der Schäden erfolgt war, was das beigeladene Unternehmen, das den Zuschlag erhalten sollte, auch nicht für erforderlich hielt.[857] Die Vergabekammer äußerte sich hierzu jedoch nicht, da der Nachprüfungsantrag bereits wegen einer Fehlerhaftigkeit der Vergabeunterlagen begründet war.[858]

2. Aktuelle Rechtstextlage

Auf Bundesebene gibt es bislang keine Regelungen dazu, wie bzw. durch welche Maßnahmen im Einzelnen ein Unternehmen seine verlorene Zuverlässigkeit wiederherstellen kann. In sämtlichen Regelungen auf Landesebene, die die Frage einer Selbstreinigung betreffen, ist der Ausgleich des durch die Verfehlung entstandenen Schadens als erforderlicher Bestandteil indes erwähnt.[859] In den meisten Fällen

---

854 VK Niedersachsen, Beschluss vom 14. Februar 2012, Az. VgK-05/2012, S. 9.
855 So beruft sich *Weyand*, Praxiskommentar Vergaberecht, in einer Aktualisierung vom 12. Juni 2014 (abrufbar auf http://oeffentliche-auftraege.de) in § 6 VOB/A, Rn. 177/1, § 6 VOL/A, Rn. 225/0 auf das Urteil des OLG München, während in der 4. Auflage, § 6 VOB/A, Rn. 179, § 6 VOL/A, Rn. 227f., § 4 VOF, Rn. 131f. noch unter Bezugnahme auf die Entscheidungen der Vergabekammern Niedersachsen von 2011 eine Beteiligung an der Schadenswiedergutmachung verlangt wurde; *Dreher/Hoffmann* in NZBau 2014, S. 150 (154) sprechen von einer verfestigten Auffassung in der obergerichtlichen Rechtsprechung.
856 VK Nordbayern, Beschluss vom 19. Februar 2014, Az. 21.VK - 3194 - 58/13, S. 5.
857 VK Nordbayern, Beschluss vom 19. Februar 2014, Az. 21.VK - 3194 - 58/13, S. 5, 6, 7, 8.
858 VK Nordbayern, Beschluss vom 19. Februar 2014, Az. 21.VK - 3194 - 58/13, S. 14.
859 Ziff. 3.4.3 Abs. 4 Satz 2 Verwaltungsvorschrift Korruptionsverhütung und -bekämpfung Baden-Württemberg; Ziff. 7.1.7 Satz 9 Nr. 3 Korruptionsbekämpfungsrichtlinie Bayern; § 8 Abs. 2 Satz 2 Nr. 2 Korruptionsregistergesetz Berlin;

wird alternativ zum Ersatz des Schadens eine (rechts-)verbindliche Anerkennung zugelassen,[860] teilweise wird dabei explizit eine Anerkennung der Schadensersatzverpflichtung dem Grunde und der Höhe nach verlangt, verbunden mit der Vereinbarung eines Zahlungsplans[861]. Die vorhandenen Regelwerke sprechen somit für das Erfordernis einer Wiedergutmachung des Schadens.

Aktuell gibt die neue EU-Vergaberichtlinie und die damit verbundene Modernisierung des deutschen Vergaberechts Anlass zur weiteren Diskussion. Art. 57 Abs. 6 Unterabs. 2 EU-Vergaberichtlinie und fast wortgleich § 125 Abs. 1 Satz 1 Nr. 1 Entwurf-Vergaberechtsmodernisierungsgesetz sehen vor, dass für eine erfolgreiche Selbstreinigung die Zahlung oder Verpflichtung zur Zahlung eines Ausgleichs für den verursachten Schaden erforderlich ist. Die Endfassung der maßgeblichen Vorschrift zur Selbstreinigung (Art. 57 Abs. 6 EU-Vergaberichtlinie) in der am 26. Februar 2014 verabschiedeten Fassung der Richtlinie[862] lautet:

»Jeder Wirtschaftsteilnehmer, der sich in einer der in den Absätzen 1 und 4 genannten Situationen befindet, kann Nachweise dafür erbringen, dass die Maßnahmen des Wirtschaftsteilnehmers ausreichen, um trotz des Vorliegens eines einschlägigen Ausschlussgrundes seine Zuverlässigkeit nachzuweisen. Werden solche Nachweise für ausreichend befunden, so wird der betreffende Wirtschaftsteilnehmer nicht von dem Vergabeverfahren ausgeschlossen.

Zu diesem Zweck weist der Wirtschaftsteilnehmer nach, dass er einen **Ausgleich für jeglichen durch eine Straftat oder Fehlverhalten verursachten Schaden gezahlt oder sich zur Zahlung eines Ausgleichs verpflichtet hat**, die Tatsachen und Umstände umfassend durch eine aktive Zusammenarbeit mit den Ermittlungsbehörden geklärt und konkrete technische, organisatorische und personelle Maßnahmen ergriffen hat, die geeignet sind, weitere Straftaten oder Verfehlungen zu vermeiden.

---

§ 11 Abs. 5 Brandenburgisches Vergabegesetz; § 8 Abs. 2 Satz 2 Nr. 2 Bremisches Korruptionsgesetz; § 6 Abs. 3 Nr. 1 Gesetz zur Einrichtung eines Registers zum Schutz fairen Wettbewerbs Hamburg; Ziff. 6.2 Nr. 2 Gemeinsamer Runderlass Hessen; Empfehlung zur Beschaffung von Feuerwehrfahrzeugen Niedersachsen, S. 3; § 7 Abs. 4 Korruptionsbekämpfungsgesetz Nordrhein-Westfalen; Ziff. 17.4 Abs. 2 Nr. 2 Verwaltungsvorschrift Korruptionsprävention Rheinland-Pfalz; Ziff. 6.2 Nr. 2 Erlass Saarland; § 6 Abs. 3 Nr. 1 Gesetz zur Einrichtung eines Registers zum Schutz fairen Wettbewerbs Schleswig-Holstein.

860   Ziff. 3.4.3 Abs. 4 Satz 2 Verwaltungsvorschrift Korruptionsverhütung und -bekämpfung Baden-Württemberg; § 8 Abs. 2 Satz 2 Nr. 2 Korruptionsregistergesetz Berlin; § 8 Abs. 2 Satz 2 Nr. 2 Bremisches Korruptionsgesetz; Ziff. 17.4 Abs. 2 Nr. 2 Verwaltungsvorschrift Korruptionsprävention Rheinland-Pfalz.

861   Ziff. 6.2 Nr. 2 Gemeinsamer Runderlass Hessen; § 7 Abs. 4 Korruptionsbekämpfungsgesetz Nordrhein-Westfalen; Ziff. 6.2 Nr. 2 Erlass Saarland; ähnlich Empfehlung Feuerwehrfahrzeuge Niedersachsen, S. 3: »*Pläne zur Schadenswiedergutmachung im Unternehmen*« sind zu fordern.

862   Fundstelle siehe Fn. 108.

Die von den Wirtschaftsteilnehmern ergriffenen Maßnahmen werden unter Berücksichtigung der Schwere und besondere Umstände der Straftat oder des Fehlverhaltens bewertet. Werden die Maßnahmen als unzureichend befunden, so erhält der Wirtschaftsteilnehmer eine Begründung dieser Entscheidung.

Ein Wirtschaftsteilnehmer, der durch eine rechtskräftigen [sic] gerichtlichen [sic] Entscheidung von der Teilnahme an Verfahren zur Auftrags- oder Konzessionsvergabe ausgeschlossen wurde, ist während des Ausschlusszeitraumes, der in dieser Entscheidung festgelegt wurde, nicht berechtigt, in den Mitgliedstaaten, in denen die Entscheidung wirksam ist, von der in diesem Absatz gewährten Möglichkeit Gebrauch zu machen.«

(Hervorhebung nicht im Original)[863]

Fast wortgleich mit der EU-Vergaberichtlinie erfolgt in § 125 Entwurf-Vergaberechtsmodernisierungsgesetz erstmals eine Kodifizierung der Möglichkeit der Selbstreinigung eines Unternehmens und der erforderlichen Elemente:

»§ 125
Selbstreinigung

(1) Öffentliche Auftraggeber schließen in Unternehmen, bei dem ein Ausschussgrund nach § 123 oder § 124 vorliegt, nicht von der Teilnahme an dem Vergabeverfahren aus, wenn das Unternehmen nachgewiesen hat, dass es

4. **für jeden durch eine Straftat oder ein Fehlverhalten verursachten Schaden einen Ausgleich gezahlt oder sich zur Zahlung eines Ausgleichs verpflichtet hat**,
5. die Tatsachen und Umstände, die mit der Straftat oder dem Fehlverhalten und dem dadurch verursachten Schaden in Zusammenhang stehen, durch eine aktive Zusammenarbeit mit den Ermittlungsbehörden und dem öffentlichen Auftraggeber umfassend geklärt hat, und
6. konkrete technische, organisatorische und personelle Maßnahmen ergriffen hat, die geeignet sind, weitere Straftaten oder weiteres Fehlverhalten zu vermeiden.

§ 123 Abs. 4 Satz 2 bleibt unberührt.

(2) Öffentliche Auftraggeber bewerten die von dem Unternehmen ergriffenen Selbstreinigungsmaßnahmen und berücksichtigen dabei die Schwere und besonderen Umstände der Straftat und des Fehlverhaltens. Erachten die öffentlichen Auftraggeber die Selbstreinigungsmaßnahmen des Unternehmens als unzureichend, so begründen sie diese Entscheidung gegenüber dem Unternehmen.«

(Hervorhebung nicht im Original)

---

863 Siehe außerdem Erwägungsgrund 102 EU-Vergaberichtlinie: »*Bei diesen Maßnahmen kann es sich insbesondere um Personal- und Organisationsmaßnahmen handeln, wie den Abbruch aller Verbindungen zu an dem Fehlverhalten beteiligten Personen oder Organisationen, geeignete Personalreorganisationsmaßnahmen, die Einführung von Berichts- und Kontrollsystemen, die Schaffung einer internen Audit-Struktur zur Überwachung der Compliance oder die Einführung interner Haftungs- und Entschädigungsregelungen.*«

3. Gründe, die gegen das Erfordernis einer Schadenswiedergutmachung sprechen

Im Folgenden wird untersucht, welche Gründe dagegen sprechen, dass die Wiedergutmachung des Schadens ein erforderliches Element der Selbstreinigung sein sollte.

a) Komplexität der Bestimmung des Schadens

Insbesondere bei Kartellrechtsverstößen stellen sich auf der Ebene des Schadensersatzes zahlreiche Probleme, die im Einzelfall nicht ohne vertiefte Prüfung gelöst werden können.[864] Kartelle bewirken keinesfalls zwangsläufig überhaupt einen Schaden durch einen kartellbedingten Preisaufschlag, noch weniger kann dafür eine übliche Größenordnung bestimmt werden.[865] Die Frage, ob überhaupt und in welcher Höhe ein Schaden entstanden ist, ist Gegenstand komplexer wirtschaftswissenschaftlicher Modelle, welche die Differenz zwischen dem Kartellpreis und dem Preis, der sich auf dem Markt ohne die Kartellabsprache entwickelt hätte (»hypothetischer Wettbewerbspreis«), ermitteln sollen.[866] Dabei können sich Fragen der Kausalität der Kartellabsprache für die Höhe des Marktpreises stellen, die im Einzelfall nur schwer zu beantworten sind, etwa wenn (nahezu) sämtliche Marktteilnehmer an dem Kartell beteiligt waren und ein tauglicher Vergleichsmarkt nicht existiert.[867] Die üblich gewordene Praxis, Klauseln in die Verträge aufzunehmen, nach denen im Falle der Aufdeckung eines Kartellverstoßes und anderer Verfehlungen ein Schadensersatz in pauschaler Höhe von den Auftragnehmern zu zahlen ist,[868] ändert an der Problematik der Bestimmung des Schadens im Einzelfall nichts, denn dadurch wird keine abschließende Klärung erreicht. Durch eine Schadenspauschalierungsklausel wird vielmehr lediglich eine bestimmte Schadenshöhe festgelegt und damit die Beweislast für einen geringeren Schaden auf den Auftragnehmer übertragen.[869]

Ein weiterer Diskussionsgegenstand im Bereich des Kartellschadensersatzes ist die Berücksichtigung so genannter Preisschirmeffekte, also von Preiserhöhungen durch Kartellaußenseiter unter dem Einfluss des in Folge der Kartellabsprache erhöhten

---

864 *Dreher/Hoffmann* in NZBau 2012, S. 265 (271f.); *Stein/Friton/Huttenlauch* in WuW 2012, S. 38 (48f.).
865 *Inderst/Thomas*, Schadensersatz, S. 103.
866 *Bornkamm* in Langen/Bunte, Kommentar zum Deutschen Kartellrecht, § 33 GWB, Rn. 117.
867 *Lübbig* in Münchener Kommentar zum GWB, § 33 GWB, Rn. 72.
868 Siehe etwa Ziff. 8.2 »Zusätzliche Vertragsbedingungen«, VHB, Formblatt 215, S. 2; zur grundsätzlichen Zulässigkeit solcher Klauseln LG Mannheim, Urteil vom 4. Mai 2012, Az. 7 O 436/11 (Kart), NJOZ 2012, S. 1636f.
869 *Müller-Graff/Kainer* in WM 2013, S. 2149 (2154).

Preises,[870] sowie von Nachkartellschäden durch einen auch nach dem Ende des Kartells unter dessen Eindruck weiterhin überhöhten Marktpreis[871].

Abgesehen von der bereits komplizierten zahlenmäßigen Bestimmung der Höhe des Schadens existieren weitere vielschichtige Themenfelder bei der Ermittlung eines Schadens bei einem bestimmten Unternehmen. Es stellt sich etwa die Frage, ob sämtliche Ansprüche direkter und indirekter Abnehmer[872] bei der Prüfung der Selbstreinigung einzubeziehen wären. Gegen den direkten Abnehmer könnte der Kartellant wiederum geltend machen, der Abnehmer habe die überhöhten Preise an Kunden weitergegeben und daher keinen Schaden erlitten (»passing on-defence«[873], siehe § 33 Abs. 3 Satz 2 GWB). Ein Mitverschulden des öffentlichen Auftraggebers kann einen Anspruch auf Schadensersatz nach den allgemeinen Regeln gem. § 254 BGB reduzieren oder sogar ausschließen.[874] Der Beginn der Verjährung von Schadensersatzansprüchen hängt gem. § 199 Abs. 1 Nr. 2 BGB auch davon ab, wann der Anspruchsberechtigte Kenntnis von den anspruchsbegründenden Tatsachen erlangt hat oder ohne grobe Fahrlässigkeit hätte erlangen müssen, was unter den jeweiligen Parteien häufig streitig sein wird.[875]

Es verwundert angesichts dieser Fülle an Problemkreisen nicht, dass über die Frage des Kartellschadens jahrelange Gerichtsverfahren geführt werden.[876] In den meisten Fällen wird daher im Zeitpunkt der Prüfung und Infragestellung der Zuverlässigkeit eines Unternehmens im Rahmen eines Vergabeverfahrens, etwa aus Anlass eines Bußgeldbescheides einer Kartellbehörde, nicht notwendigerweise im

---

870 Dafür spricht sich der EuGH in einem Vorabentscheidungsverfahren in Zusammenhang mit Schadensersatzklagen in Österreich gegen Aufzug- und Fahrtreppenhersteller auf Basis eines zwischen diesen bestehenden Kartells aus, siehe Urteil vom 5. Juni 2014, Rs. C-557/12, *KONE AG u.a./ÖBB Infrastruktur AG*, Tz. 29f.
871 Siehe dazu BGH, Urteil vom 28. Juni 2011, Az. KZR 75/10, Tz. 84.
872 Zu dem Anspruch indirekter Abnehmer siehe BGH, Urteil vom 28. Juni 2011, Az. KZR 75/10, Tz. 23ff.
873 »Schadensabwälzungseinwand«, siehe *Bornkamm* in Langen/Bunte, Kommentar zum Deutschen Kartellrecht, § 33 GWB, Rn. 128.
874 Vgl. *Bornkamm* in Langen/Bunte, Kommentar zum Deutschen Kartellrecht, § 33 GWB, Rn. 126; *Emmerich* in Immenga/Mestmäcker, Kommentar GWB, § 33 GWB, Rn. 74.
875 Siehe dazu, dass keine Verpflichtung zur Verfolgung der Presseberichterstattung besteht KG Berlin, Urteil vom 1. Oktober 2009, Az. 2 U 17/03, NJOZ 2010, S. 536 (537f.).
876 Siehe beispielsweise BGH, Urteil vom 28. Juni 2011, Az. KZR 75/10 zu einem 2001 durch die Europäische Kommission geahndeten Kartell für Selbstdurchschreibepapier; OLG Karlsruhe, Urteil vom 31. Juli 2013, Az. 6 U 51/12 (Kart.) zu einem 2004 durch das Bundeskartellamt bebußten Kartell von Herstellern für Feuerwehrfahrzeuge.

Einzelnen ermittelt sein und noch weniger feststehen, ob und in welcher Höhe ein Schaden durch den Rechtsverstoß entstanden ist.[877]

b) »Erkaufen« der Zuverlässigkeit

Das Kammergericht Berlin führte in seinem Urteil aus dem Jahr 2011 aus, dass die Begleichung von Forderungen dann, wenn es sich um streitige, möglicherweise unberechtigte Forderungen handelt, einem »*Erkaufen*« der Wiederzulassung durch das betreffende Unternehmen gleichkäme.[878] In der Tat lässt sich der bloßen Zahlung auf eine Forderung nichts über die künftige Zuverlässigkeit eines Unternehmens entnehmen. Im Gegenteil kann es einer nicht zu begrüßenden Strategie entsprechen, aus rein wirtschaftlichen Gründen mit finanziellen Mitteln für eine Einstufung als wieder zuverlässig zu sorgen.[879] Von den Befürwortern des Elements der Schadenswiedergutmachung wird dem entgegengehalten, dass eine solche negative Bewertung von Ersatzleistungen nicht in jedem Fall gerechtfertigt sei und es sich dabei um die Unterstellung unlauterer Motive handle.[880] Außerdem dürfe die Selbstreinigung nicht »[b]*illig [...] zu haben sein*«.[881]

Richtigerweise kann der Gedanke des Erkaufens nur gelten, wenn es sich um streitige Forderungen handelt. Begleicht ein Unternehmen bereits gerichtlich festgestellte oder im Wege einer Einigung unstreitig gestellte Ansprüche, kann von einem Erkaufen der Zuverlässigkeit keine Rede sein. Das Unternehmen kommt dann lediglich seinen ohnehin bestehenden Verpflichtungen nach. Auch das Kammergericht Berlin sprach nur für den Fall »*eigentlich bestrittener Forderungen*« von einem »*Erkaufen*« der Zuverlässigkeit. Dieses »*Erkaufen*« ist jedoch nicht gänzlich als Kriterium »*unbrauchbar*«, wie *Dabringhausen/Fedder* es formulieren.[882] Denn die Schaffung einer Möglichkeit oder eines Anreizes oder sogar Drucks eines Erkaufens der Zuverlässigkeit muss dadurch verhindert werden, dass das Begleichen bestrittener Forderungen nicht als Element einer erfolgreichen Selbstreinigung gefordert werden kann.

---

877 So führt auch die Begründung des Entwurf-Vergaberechtsmodernisierungsgesetz (dort S. 134) aus, dass der Ausgleich eines Schadens bzw. eine dahingehende Verpflichtung nur dann gefordert werden kann, wenn das Bestehen der Schadensersatzforderung zumindest dem Grunde nach unstreitig berechtigt ist. Denn das Unternehmen solle weiterhin das Recht haben, nicht substantiierte und möglicherweise unbegründete Schadensersatzforderungen im Rahmen eines gerichtlichen Schadensersatzprozesses zu klären. In der Begründung des Gesetzesentwurfs wird dabei explizit auf Schadensersatzforderungen nach Kartellrechtsverstößen Bezug genommen.
878 KG Berlin, Urteil vom 17. Januar 2011, Az. 2 U 4/06 Kart, NZBau 2012, S. 56 (63).
879 *Dreher/Hoffmann* in NZBau 2012, S. 265 (271).
880 *Dabringhausen/Fedder* in VergabeR 2013, S. 20 (22).
881 *Prieß* in NZBau 2012, S. 425 (426).
882 *Dabringhausen/Fedder* in VergabeR 2013, S. 20 (23).

c) Wahrnehmung berechtigter Interessen

Wenn es sich um noch nicht zweifelsfrei feststehende Schadensersatzansprüche handelt, kann nicht erwartet werden, dass das Unternehmen sie begleicht – vielmehr entspricht es der Wahrnehmung berechtigter Interessen, dies nicht zu tun.[883] Daraus können keine negativen Konsequenzen für die Beurteilung der Zuverlässigkeit erwachsen.[884] Ebenso wie die Abwehr von Forderungen sowie die auch gerichtliche Klärung von Streitigkeiten in Zusammenhang mit der bisherigen Vertragsbeziehung bereits keine schwere Verfehlung darstellt,[885] erlaubt die Tatsache, dass ein Unternehmen seine Interessen gegen erhobene Schadensersatzansprüche vertritt, nicht den Schluss, dass an seiner künftigen zuverlässigen Auftragsausführung zu zweifeln ist. Von den Unternehmen im Vergabeverfahren eine Wiedergutmachung in der Weise zu verlangen, dass entsprechende Forderungen der potentiell Geschädigten vorbehaltlos zu begleichen sind, würde angesichts der komplizierten Fragen der Schadensberechnung gerade bei Kartellen (siehe dazu a)) zu weit gehen. Erst recht wenn das entsprechende (kartell-)behördliche Verfahren noch andauert, kann dies zwar für den Nachweis einer schweren Verfehlung ausreichen (siehe oben Kapitel 2 B.II.2.c)(3)). Die Tatsache, dass eine endgültige Feststellung des Fehlverhaltens noch aussteht, muss jedoch auf der Ebene der Selbstreinigung berücksichtigt werden, so dass eine Wiedergutmachung eines auf der angeblichen Rechtsverletzung beruhenden Schadens nicht gefordert werden kann. Gleiches gilt, wenn das betreffende Unternehmen sich gegen eine bereits ergangene behördliche Entscheidung zur Wehr setzt und diese somit noch nicht rechtskräftig ist.

Dagegen wird eingewendet, dass ein Bestreiten von Ansprüchen nicht notwendigerweise auf der Überzeugung fuße, dass keine Ansprüche bestehen, sondern auch für die Unbelehrbarkeit des betroffenen Unternehmens sprechen könne.[886] Ein Unternehmen lasse es häufig aus prozesstaktischen Erwägungen auf ein Gerichtsverfahren ankommen, um die Beweislastregeln auszunutzen, nach denen der Geschädigte die Entstehung und die Höhe des Schadens beweisen muss, und so möglicherweise einer Zahlungsverpflichtung zu entgehen.[887] Es mag zwar sein, dass im Einzelfall solche Gesichtspunkte eine Rolle spielen, derartige Motive können jedoch keinesfalls jedem Unternehmen unterstellt werden, das sich gegen Schadensersatzforderungen zur Wehr setzt. Zivilrechtliche Beweislastregeln entsprechen außerdem dem Prinzip der Waffengleichheit unter den Parteien und dem Grundsatz,

---

883 *Dreher/Hoffmann* in NZBau 2014, S. 150 (153); *dies.* in NZBau 2012, S. 265 (270); *Dreher* in Immenga/Mestmäcker, Kommentar GWB, § 97 GWB, Rn. 214.
884 *Dreher/Hoffmann* in NZBau 2014, S. 150 (153f.); *dies.* in NZBau 2012, S. 265 (270).
885 LG Düsseldorf, Urteil vom 16. März 2005, Az. 12 O 225/04, Tz. 24ff. siehe oben unter Kapitel 2 B.II.2.a).
886 *Dabringhausen/Fedder* in VergabeR 2013, S. 20 (22); vgl. auch *Prieß* in NZBau 2012, S. 425 (426).
887 *Dabringhausen/Fedder* in VergabeR 2013, S. 20 (28f.).

dass jeder die für ihn günstigen Tatsachen beweisen muss.[888] Sich darauf zu berufen und daher von dem Geschädigten vor der Zahlung eines Ausgleichs den Beweis für das Entstehen eines Schadens und seiner Höhe zu verlangen, kann daher kein verwerfliches Motiv sein, sondern entspricht dem üblichen und zulässigen Verhalten in einem Rechtsstreit.

d) Kein Einfluss auf künftige Zuverlässigkeit

Eine Selbstreinigung ist nach einem entsprechenden Fehlverhalten des Unternehmens zur Wiederherstellung der vergaberechtlichen Zuverlässigkeit unabhängig davon erforderlich, ob durch das Fehlverhalten ein Schaden entstanden ist.[889] Nach *Dreher/Hoffmann* lassen sich dementsprechend aus einer erfolgten oder nicht erfolgten Schadenswiedergutmachung auch keine Schlussfolgerungen für die Prognose der künftigen Zuverlässigkeit ziehen.[890] Außerdem stelle die Wiedergutmachung von in der Vergangenheit verursachten Schäden im Gegensatz zu den personellen und strukturellen Maßnahmen kein taugliches Mittel zur Vorsorge erneuter Verfehlungen dar.[891] Dies ist grundsätzlich zutreffend, denn zur Verhinderung ähnlicher Verfehlungen in Zukunft sind personelle und strukturelle Maßnahmen essentiell und stets zu ergreifen, auch wenn kein Schaden verursacht wurde. Eine andere Bewertung ist allerdings erforderlich, wenn unstreitig Schadensersatzansprüche bestehen. Denn wenn ein Unternehmen sich weigert, solche Ansprüche zu befriedigen, lässt sich daraus ableiten, dass die künftige Einhaltung vertraglicher Verpflichtungen in Frage gestellt und das Unternehmen damit als unzuverlässig einzustufen ist.[892]

Zu beachten ist, dass durch die Anforderungen an die Selbstreinigung keine Sanktionierung der Unternehmen bezweckt ist. Daher geht der Einwand von *Hölzl*, dass die »*Pflicht zur Selbstreinigung*« ohne das Erfordernis der Schadenswiedergutmachung »*ein stumpfes Schwert*« sei,[893] fehl. Die Selbstreinigung stellt keine Pflicht, sondern eine Möglichkeit für Unternehmen dar, trotz des Vorliegens eines Ausschlusstatbestandes an öffentlichen Ausschreibungen teilnehmen zu können. Da es nicht darum geht, Unternehmen für ihr Fehlverhalten in der Vergangenheit zu bestrafen, kommt es nicht darauf an, ob die Elemente einer Selbstreinigung für das Unternehmen eine hinreichende Belastung darstellen. Davon hängt die Prognose ihrer künftigen Zuverlässigkeit nicht ab.

---

888 *Foerste* in Musielak, Kommentar ZPO, § 286 ZPO, Rn. 34ff.; *Prütting* in Münchener Kommentar zur ZPO, § 286 ZPO, Rn. 108.
889 *Dreher/Hoffmann* in NZBau 2014, S. 67 (71); *dies.* in NZBau 2012, S. 265 (273) und bereits unter I.7.
890 *Dreher/Hoffmann* in NZBau 2014, S. 150 (153f.).
891 *Dreher/Hoffmann* in NZBau 2012, S. 265 (270).
892 So auch *Dreher/Hoffmann* in NZBau 2014, S. 150 (153); *dies.* in NZBau 2012, S. 265 (270).
893 Anmerkung von *Hölzl* zu OLG München, Beschluss vom 22. November 2012, Az. Verg 22/12, Tz. 57 in VergabeR 2013, S. 504 (508).

e) *Entgegenstehende rechtliche Wertungen aus anderen Bereichen*

In jedem Fall eine Schadenswiedergutmachung zu fordern, würde gegen verschiedene rechtliche Vorgaben verstoßen.

Zunächst würden dadurch die Vorgaben des zivilrechtlichen Schadensersatzregimes in gewisser Weise umgangen.[894] Schadensersatzansprüche und ihre Geltendmachung unterliegen gewissen Voraussetzungen und Regeln, etwa zur Beweislastverteilung, die obsolet wären, wenn ohne die Ermittlung von Ansprüchen im Einzelfall pauschal eine Wiedergutmachung verlangt würde.

Die Wiedergutmachung ungeklärter Schäden kann zudem den Tatbestand der Untreue (§ 266 Abs. 1 StGB) erfüllen. Bei einer Aktiengesellschaft verstoßen die Vorstandsmitglieder gegen ihre Treuepflicht gegenüber der Gesellschaft aus § 93 Abs. 1 AktG durch die Entscheidung, solche noch ungeklärten Forderungen zu befriedigen, und machen sich damit der Untreue gegenüber der Gesellschaft strafbar.[895] Denkbar ist auch eine Untreue zu Lasten der Aktionäre.[896] Entsprechend handeln Geschäftsführer einer GmbH entgegen ihrer Treuepflicht aus § 43 Abs. 1 GmbH-Gesetz, wenn sie Leistungen erbringen, zu denen die Gesellschaft nicht verpflichtet ist, und können so eine Untreue zu Lasten der Gesellschaft begehen.[897]

Ist das betreffende Unternehmen insolvent, würde eine Befriedigung behaupteter Ansprüche von Kartellrechtsgeschädigten eine Bevorzugung einer Gruppe von Gläubigern bedeuten. Insolvenzrechtlich ist eine solche Privilegierung für Schadensersatzgläubiger nicht vorgesehen, ein entsprechendes Absonderungsrecht nach §§ 49ff. Insolvenzordnung besteht nicht. Sie müssen gem. § 226 Abs. 1 Insolvenzordnung gleichrangig mit den übrigen, ebenfalls nicht aussonderungsberechtigten Insolvenzgläubigern im Sinne des § 38 Insolvenzordnung behandelt werden und den Abschluss des Insolvenzverfahrens abwarten, um dann in Höhe einer bestimmten Quote befriedigt zu werden. Während eines Insolvenzverfahrens ist daher eine Schadenswiedergutmachung nicht möglich und ein Unternehmen müsste allein deswegen als unzuverlässig eingestuft werden. Zu berücksichtigen ist dabei, dass bereits die Tatsache, dass über das Vermögen eines Unternehmens ein Insolvenzverfahren eröffnet wurde, einen eigenen fakultativen Ausschlussgrund darstellt (siehe §§ 16 Abs. 1 Nr. 2 lit. a) VOB/A, 16 Abs. 1 Nr. 2 lit. a) VOB/A EG, §§ 6 Abs. 5 lit. a), 16 Abs. 4 i.V.m. 6 Abs. 5 lit. a) VOL/A, §§ 6 Abs. 6 lit. a), 19 Abs. 4 i.V.m. 6 Abs. 6 lit. a) VOL/A EG, § 4 Abs. 9 lit. a) VOF, § 21 Abs. 4 Nr. 1 SektVO). Die Vergabekammer

---

894 *Stein/Friton/Huttenlauch* in WuW 2012, S. 38 (49).
895 Vgl. *Kalss* in Münchener Kommentar zum Aktiengesetz, § 93 AktG, Rn. 379.
896 So *Stein/Friton/Huttenlauch* in WuW 2012, S. 38 (49); für die Einbeziehung der Aktionäre in den Schutzbereich des § 266 StGB *Hüffer* in Hüffer, Kommentar zum Aktiengesetz, § 93 AktG, Rn. 19, dagegen *Spindler* in Münchener Kommentar zum Aktiengesetz, § 93 AktG, Rn. 312.
897 *Haas/Ziemons* in Michalski, Kommentar GmbHG, § 43 GmbHG, Rn. 263d; auch hier ist umstritten, ob eine Untreue zu Lasten der Gesellschafter möglich ist, siehe *Fleischer* in Münchener Kommentar zum GmbHG, § 43 GmbHG, Rn. 338.

Niedersachsen betonte daher in ihrer Entscheidung vom 14. Februar 2012, dass der negative Umstand der Insolvenz die Anforderungen an eine Selbstreinigung keinesfalls mindern könne.[898] Würde man allerdings die insolvenzrechtlich vorgegebenen Grenzen nicht berücksichtigen, würde dies dazu führen, dass, wenn die Vergabestelle ihr Ermessen dahingehend ausübt, aus bestimmten Gründen ein Unternehmen trotz Insolvenzverfahren nicht auszuschließen, diese Entscheidung letztlich hinfällig wäre und nicht respektiert werden würde. Denn die Vergabestelle wäre dazu gezwungen, ein solches Unternehmen als unzuverlässig auszuschließen, weil bereits auf Grund der Vorgaben des Insolvenzverfahrens eine Schadenswiedergutmachung nicht möglich und damit eine Selbstreinigung zur Wiederherstellung der Zuverlässigkeit ausgeschlossen wäre.

f) Machtposition der Vergabestelle

Die konkrete Vergabestelle hat ein gesteigertes Interesse an der Frage der Wiedergutmachung des Schadens, wenn sie selbst durch das Fehlverhalten geschädigt wurde. Dann aber besteht die Besonderheit darin, dass die Vergabestelle durch das Damoklesschwert des Ausschlusses über ein Druckmittel für die Durchsetzung ihrer Schadensersatzansprüche verfügt. Würde man stets die Befriedigung sämtlicher Schadensersatzforderungen verlangen, so wären die Unternehmen bei einer Betroffenheit der konkreten Vergabestelle faktisch zur Zahlung gezwungen, da diese andernfalls die ihr gegenüber offenen Forderungen als Grund für einen Ausschluss vom Vergabeverfahren anführen könnte. Sie könnte Druck auf die Unternehmen ausüben, auf die Wahrnehmung ihrer berechtigten Interessen zu verzichten und das Bestehen von Forderungen nicht zu bestreiten.[899] Damit gäbe man der Vergabestelle eine privilegierte Position im Vergleich zu den übrigen – insbesondere den privaten – Gläubigern und ein zusätzliches Instrumentarium unabhängig von den zivilrechtlich zur Durchsetzung von Ansprüchen vorgesehenen Mitteln zur Hand, ohne dass dafür eine Rechtfertigung oder ein Bedürfnis bestünde. Bei der Vergabe von Aufträgen handelt die öffentliche Hand privatrechtlich und muss sich daher auch so behandeln lassen.

Teleologisch betrachtet dient die Selbstreinigung der Prävention. Es geht um eine Prognose, ob die erforderlichen Konsequenzen aus dem Verstoß gezogen wurden. Die Befriedigung bestreitbarer Forderungen ist in diesem Zusammenhang eine sachfremde Anforderung,[900] da es nicht um die Erleichterung einer schwierigen Schadensregulierung geht. Die Machtposition der Vergabestelle ist zudem in den meisten Fällen dadurch verstärkt, dass die betreffenden Güter hauptsächlich von öffentlichen Auftraggebern nachgefragt werden und die betreffende Vergabestelle daher häufig als eine von wenigen Nachfragern als marktbeherrschendes oder jedenfalls marktstarkes Unternehmen anzusehen sein wird, was den Einsatz des

---

898 Az. VgK-05/2012, S. 9.
899 *Dreher/Hoffmann* in NZBau 2012, S. 265 (270); *Kreßner*, Auftragssperre, S. 158.
900 *Dreher/Hoffmann* in NZBau 2012, S. 265 (269).

Ausschlusses vom konkreten oder mehreren Vergabeverfahren als valides Druckmittel noch erleichtert.[901] Es ist nicht wünschenswert, dass die Vergabestelle diese Position ausnutzen und Zwang auf die Unternehmen ausüben kann, Forderungen, die gegebenenfalls sehr umstritten sind, zu begleichen.[902] *Dreher/Hoffmann* gehen sogar so weit, dass möglicherweise eine (versuchte) Nötigung gem. § 240 StGB durch die Forderung einer Schadenswiedergutmachung im Rahmen der Selbstreinigung in Betracht kommt.[903] Eine Ausnahme ist nur denkbar, wenn es sich um unstreitige Schadensersatzansprüche handelt, denn wenn ein Unternehmen deren Begleichung verweigert, ist es der Vergabestelle nicht zuzumuten, neue Vertragsbeziehungen mit diesem Unternehmen einzugehen.[904]

4. Gründe, die für das Erfordernis einer Schadenswiedergutmachung sprechen

Auch die Argumente der Gegenposition, dass die Wiedergutmachung des Schadens essentiell für eine erfolgreiche Selbstreinigung ist, sind zu analysieren.

a) Zumeist fehlende Begründung dieser Anforderung

Festzuhalten ist zunächst, dass die Vertreter der Auffassung, dass die Wiedergutmachung des Schadens einer von vier essentiellen Bestandteilen einer erfolgreichen Selbstreinigung sei, dafür in den meisten Fällen keinerlei Begründung liefern. Vielmehr zählen sie es schlicht als eines von vier Elementen auf[905] oder berufen sie sich auf das Urteil des Landgerichts Berlin,[906] und zwar zum Teil trotz des zwischenzeitlich ergangenen nachinstanzlichen Urteils des Kammergerichts Berlin[907].

---

901 Vgl. OLG Frankfurt, Urteil vom 3. Dezember 1996, Az. 11 U (Kart) 64/95, WuW/E OLG 5767 (5772).
902 Vgl. *Hertwig*, Öffentliche Auftragsvergabe, Rn. 495; *Kreßner*, Auftragssperre, S. 158.
903 *Dreher/Hoffmann* in NZBau 2012, S. 265 (266).
904 *Kreßner*, Auftragssperre, S. 158.
905 *Gentsch*, Korruptionsprävention, S. 139; *Moosmayer*, Compliance, S. 15; *Werner* in Willenbruch/Wieddekind, Kommentar Vergaberecht, § 6 VOB/A, Rn. 20.
906 *Wimmer*, Zuverlässigkeit, S. 175f.; *Hölzl/Ritzenhoff* in NZBau 2012, S. 28 (30); *Ohrtmann* in NZBau 2007, S. 278 (280); *Passarge* in Martinek/Semler/Habermeier/ Flohr, Handbuch Vertriebsrecht, § 82, Rn. 116; *Prieß/Pünder/Stein* in Pünder/Prieß/ Arrowsmith, S. 95; *Schranner* in Ingenstau/Korbion, Kommentar VOB, 16. Auflage 2007, § 8 VOB/A, Rn. 111; *Hölzl* in Münchener Kommentar zum Beihilfen- und Vergaberecht, § 97 GWB, Rn. 163, § 21 SektVO, Rn. 14.
907 *Hausmann/von Hoff* in Kulartz/Marx/Portz/Prieß, Kommentar VOB/A, § 6 VOB/A, Rn. 146; *Völlink* in Ziekow/Völlink, Kommentar Vergaberecht, § 6 VOB/A EG, Rn. 20; *Voppel/Osenbrück/Bubert*, Kommentar VOF, § 4 VOF, Rn. 110; *Opitz* in Dreher/Motzke, Beck'scher Vergaberechtskommentar, § 97 Abs. 4 GWB, Rn. 64 und Fn. 219 (mit einem Hinweis auf die Beschränkung durch das KG Berlin auf unstreitige Forderungen).

Zum Teil wird (auch) auf die Entscheidung(en) der Vergabekammer Niedersachsen abgestellt.[908] Das Urteil des Landgerichts Berlin selbst liefert ebenfalls keine Begründung für diese Anforderung, sondern beruft sich auf *Schranner*.[909] Demnach gehört zu einer Wiederherstellung des Vertrauens in die Zuverlässigkeit eines Unternehmens, dass dieses »*einen infolge der Verfehlung ggf. entstandenen Schaden wiedergutmacht*«.[910] Auch an dieser Stelle findet sich indes keine Darlegung der Hintergründe dieser Anforderung.

Die Entscheidungen der Vergabekammer Niedersachsen von 2011 erwähnen die Wiedergutmachung eines durch die Verfehlung entstandenen Schadens lediglich als wichtigen Aspekt der Selbstreinigung und beziehen sich dabei auf *Werner*,[911] der formuliert, dass die Selbstreinigung insbesondere durch

» – innerbetriebliche Maßnahmen und Sicherstellung, dass sich entsprechende Verfehlungen nicht wiederholen,
 – die Wiedergutmachung des durch die Verfehlung entstandenen Schadens,
 – die aktive Unterstützung der Ermittlungsbehörden«

erfolgen kann.[912] Die Vergabestelle hätte Informationen zu Plänen für eine Wiedergutmachung der nach Meinung der Vergabekammer zweifellos durch das Feuerwehrlöschfahrzeugkartell in den Haushalten der Kommunen entstandenen Schäden einholen müssen[913] – warum dies erforderlich gewesen wäre, führt die Vergabekammer jedoch nicht aus. Auch *Werner*, auf den sich die Vergabekammer Niedersachsen stützt, liefert derweil keine Begründung dafür, warum die Wiedergutmachung des Schadens für eine erfolgreiche Selbstreinigung erforderlich sein soll, sondern erwähnt diesen Aspekt in seiner Aufzählung der Mittel, mit denen die Wiederherstellung der Zuverlässigkeit »*insbesondere*« erreicht werden kann, ohne

---

908 *Hölzl/Ritzenhoff* in NZBau 2012, S. 28 (31); *Hausmann/von Hoff* in Kulartz/Marx/Portz/Prieß, Kommentar VOB/A, § 6 VOB/A, Rn. 146, § 6 VOB/A EG, Rn. 68; *Wagner-Cardenal* in Dieckmann/Scharf/Wagner-Cardenal, Kommentar VOL/A, § 6 VOL/A EG, Rn. 45 (mit dem Hinweis, die Entscheidungen der VK Niedersachsen bezögen sich auf einen massiven Kartellrechtsverstoß, künftig sei aber auch bei weniger schweren Verstößen von diesen gesteigerten Anforderungen an eine Selbstreinigung auszugehen); *Müller-Wrede* in Müller-Wrede, Kommentar VOL/A, § 6 VOL/A EG, Rn. 38 (mit dem Hinweis, dass diese Anforderung hauptsächlich für Kartellrechtsverstöße in Frage kämen, ansonsten hänge es vom jeweiligen Einzelfall ab, welche Maßnahmen erforderlich seien).
909 LG Berlin, Urteil vom 22. März 2006, Az. 23 O 118/04, S. 6.
910 *Schranner* in Ingenstau/Korbion, Kommentar VOB, 15. Auflage 2004, § 8 VOB/A, Rn. 81.
911 VK Niedersachsen, Beschluss vom 12. Dezember 2011, Az. VgK-53/2011, S. 21; VK Niedersachsen, Beschluss vom 24. März 2011, Az. VgK-04/2011, S. 8.
912 *Werner* in Willenbruch/Wieddekind, Kommentar Vergaberecht, § 6 VOB/A, Rn. 20 (mit demselben Wortlaut in der durch die VK Niedersachsen zitierten 2. Auflage von 2011).
913 VK Niedersachsen, Beschluss vom 24. März 2011, Az. VgK-04/2011, S. 8, 9.

nähere Erläuterung. In ihrem Beschluss vom 14. Februar 2012 bezeichnete die Vergabekammer Niedersachsen eine Selbstreinigung ohne Beteiligung an der Schadenswiedergutmachung »*angesichts der außerordentlich schweren Rechtsverletzungen bei dem in Rede stehenden Feuerwehrbeschaffungskartell*« als undenkbar.[914] Daraus könnte man allenfalls schließen, dass eine Wiedergutmachung nur bei schwerwiegenden Rechtsverstößen erforderlich ist; eine allgemeingültige Begründung für diese Anforderung lässt sich dem jedenfalls nicht entnehmen.

b) Wiedergutmachung als Zeichen der Reue

Letztlich steht hinter der Forderung einer Schadenswiedergutmachung der Gedanke, dass nur von einem Unternehmen, das seine Verantwortlichkeit akzeptiert, Reue zeigt und sämtliche Schritte ergreift, die erforderlich sind, um die durch seine Mitarbeiter verursachten Schäden zu begleichen, zu erwarten ist, dass es solche Verhaltensweisen in Zukunft nicht akzeptieren und für rechtskonformes Verhalten sorgen wird.[915] Die Befürworter dieses Elements der Selbstreinigung vertreten die Auffassung, dass die freiwillige und vollständige Wiedergutmachung des Schadens notwendiger Bestandteil der Bewältigung des Fehlverhaltens ist und ein Unternehmen nur dann als glaubwürdig und seine Angabe, dass solches Fehlverhalten in Zukunft verhindert und nicht wieder vorkommen wird, als glaubhaft gelten kann, wenn es sich zu der Wiedergutmachung des Schadens bekennt.[916] Wenn ein Unternehmen einen durch ein Verhalten seiner Mitarbeiter verursachten Schaden nicht ersetzt, sei dem öffentlichen Auftraggeber die Eingehung von Vertragsbeziehungen mit diesem Unternehmen nicht zuzumuten; es fehle das entsprechende Vertrauen in dessen vertragstreues Verhalten.[917] Das »*Bestreiten, Beschönigen, Relativieren und Verharmlosen vergangenen schweren Fehlverhaltens*« schließe eine Selbstreinigung aus.[918] Umgekehrt sei der »*zügige und freiwillige Ausgleich*« des Schadens geeignet, einen Beitrag zur Wiederherstellung des Vertrauens zu leisten.[919]

Es ist zwar richtig, dass es zu einer glaubwürdigen Rückkehr zur Rechtstreue gehört, sich um eine Beseitigung der negativen Auswirkungen seines rechtswidrigen Handelns zu bemühen. Im Strafrecht wird ein solches Bemühen um eine Schadenswiedergutmachung als Nachtatverhalten bei der Strafzumessung zu Gunsten des

---

914 Az. VgK-05/2012, S. 9.
915 *Braun* in Gabriel/Krohn/Neun, Handbuch des Vergaberechts, § 14, Rn. 109; *Prieß/Pünder/Stein* in Pünder/Prieß/Arrowsmith, Self-Cleaning, S. 77; *Pünder* ebenda, S. 192.
916 *Prieß* in NZBau 2012, S. 425 (426); siehe auch Anmerkung von *Hölzl* zu OLG München, Beschluss vom 22. November 2012, Az. Verg 22/12, Tz. 57 in VergabeR 2013, S. 504 (508).
917 *Dabringhausen/Fedder* in VergabeR 2013, S. 20 (23).
918 *Prieß* in NZBau 2012, S. 425 (426).
919 *Dabringhausen/Fedder* in VergabeR 2013, S. 20 (23); *Reimann/Schliepkorte* in ZfBR 1992, S. 251 (254); mit Bezug auf LG Köln, Urteil vom 31. Juli 1990, Az. 31 O (Kart.) 291/90.

Täters berücksichtigt, siehe § 46 Abs. 2 Satz 2 StGB. Allerdings erfolgen Ausgleichszahlungen nach Kartellrechtsverstößen nicht zwingend auf Grund eines echten Bereuens des Fehlverhaltens und beruht umgekehrt die Verweigerung eines Ausgleichs in vielen Fällen darauf, dass noch nicht geklärt ist, ob und welche negativen Folgen überhaupt verursacht wurden. Es kann nicht die Rede von einem »Bestreiten« oder »Beschönigen« des eigenen Fehlverhaltens sein, wenn ein Unternehmen lediglich mit den ihm zur Verfügung stehenden und zulässigen Mitteln des Zivilrechts Forderungen abwehrt. In diesem Zusammenhang sprach das Kammergericht Berlin von einem »*Erkaufen*« der Zuverlässigkeit (siehe 3.b)).

Mit diesem gegen die Erforderlichkeit der Schadenswiedergutmachung vorgebrachten Argument setzen sich *Dabringhausen/Fedder* ausführlich in einem Aufsatz von 2013 auseinander.[920] Gegen das Urteil wenden sie ein, dass das Gericht den betroffenen Unternehmen unterstelle, sich die Zuverlässigkeit »erkaufen« zu wollen.[921] Sie kritisieren das pauschale Abtun einer Begleichung bestrittener Schadensersatzforderungen als Erkaufen der Zuverlässigkeit als »*obiter dictum mit [...] simple[...] [r] Begründung*«.[922] Gegen die Einstufung als obiter dictum spricht allerdings, dass das Kammergericht Berlin zwar seine letztliche Entscheidung, das betreffende Unternehmen als unzuverlässig einzustufen, auf andere Gründe stützte, der Aspekt der fehlenden Zahlung von Schadensersatzansprüchen jedoch tragende Argumentationsgrundlage des erstinstanzlichen Urteils war,[923] so dass eine Äußerung dazu kein obiter dictum im eigentlichen Sinne einer nicht die Entscheidung tragenden, lediglich bei Gelegenheit des Rechtsstreits getroffenen Aussage[924] darstellte. Nach *Dabringhausen/Fedder* muss eine Ersatzleistung nicht zwangsläufig auf unlauteren Motiven beruhen. Eine Einigung könne sinnvoll sein, wenn auf beiden Seiten Unsicherheit über die Forderungen herrsche und daher Prozessrisiken sowie eine mühselige und mit (finanziellem) Aufwand verbundene Feststellung des Schadens vermieden werden sollen.[925] Nimmt man dies als Motivationsgrundlage an, spricht dies jedoch nicht für eine Einsicht des Kartellanten und seinen Willen zur Wiedergutmachung des Schadens, sondern hauptsächlich dafür, dass er die Sache möglichst schnell »vom Tisch haben« will. *Dabringhausen/Fedder* bringen außerdem als Argument gegen die Ansicht des Kammergerichts Berlin vor, dass man demnach auch die Einwilligung eines Kartellanten in einen gerichtlichen Vergleich nach einem langen, mühevollen Rechtsstreit konsequentermaßen als »Erkaufen« ansehen müsste.[926] Dies kann allerdings lediglich dann zutreffen, wenn diese Einwilligung tatsächlich mit Blick auf zu diesem Zeitpunkt anstehende Vergabeverfahren geschieht. Ansonsten gibt es keinen Grund, ein »Erkaufen« der Zuverlässigkeit anzunehmen, wenn

---

920 *Dabringhausen/Fedder* in VergabeR 2013, S. 20ff.
921 *Dabringhausen/Fedder* in VergabeR 2013, S. 20 (22).
922 *Dabringhausen/Fedder* in VergabeR 2013, S. 20 (22).
923 LG Berlin, Urteil vom 22. März 2006, Az. 23 O 118/04, S. 6.
924 So definiert von *Knödler/Daubner* in BB 1992, S. 1861 (1864).
925 *Dabringhausen/Fedder* in VergabeR 2013, S. 20 (22).
926 So *Dabringhausen/Fedder* in VergabeR 2013, S. 20 (22).

ein Unternehmen sich zunächst auf einen langwierigen Rechtsstreit eingelassen hat und diesen auf Grund eines teilweisen Einsehens der Schadensersatzverpflichtung beendet.

Dass *Dreher/Hoffmann*[927] mit Bezug auf die Entscheidung des Kammergerichts Berlin meinen, dass ein solches Erkaufen gegen die Zuverlässigkeit spreche, während das Bestreiten von Forderungen die Wahrnehmung berechtigter Interessen darstelle, führt laut *Dabringhausen/Fedder* dazu, dass im Ergebnis der kooperative Kartellant unzuverlässiger sein könne als der unkooperative.[928] Ein Bestreiten von Ansprüchen fuße nicht notwendigerweise auf der Überzeugung, dass keine Ansprüche bestehen, sondern könne auch für die Unbelehrbarkeit des betroffenen Unternehmens sprechen.[929] Das Ergebnis, dass der nicht zahlende Kartellant als zuverlässig und der zahlende als unzuverlässig einzustufen ist, wäre jedoch zutreffend, wenn die Motivationslage der Unternehmen – sofern man sie ergründen könnte – ergeben würde, dass der zahlende Kartellant ohne Einsicht die Forderungen begleicht, um wieder als zuverlässig zu gelten, und der nicht zahlende Kartellant nachvollziehbare Gründe dafür hat, einen Schadensersatzanspruch nicht anzuerkennen, sein Fehlverhalten aber im Übrigen eingesehen hat und nicht wiederholen will. Das Ergebnis, dass im Hinblick auf den »kooperativen« Kartellanten mehr für dessen Unzuverlässigkeit spricht als bei dem »unkooperativen«, ist dann nur folgerichtig. Zwar trifft es zu, dass bei einem zahlenden Kartellanten nicht automatisch davon ausgegangen werden kann, dass er nur deswegen zahlt, um dadurch Aufträge erhalten zu können und nicht ausgeschlossen zu werden, ohne tatsächlich einzusehen, dass er einen Schaden verursacht hat und diesen begleichen muss, wie es die Formulierung *»erkaufen«* des Kammergerichts Berlin[930] andeutet. Umgekehrt kann einem Unternehmen, das sich gegen Ansprüche verteidigt, nicht unterstellt werden, dass es dies nur tut, um, Beweislastregeln zu seinen Gunsten »auszunutzen«[931] oder durch unsubstantiiertes Bestreiten von nachvollziehbar begründeten Ansprüchen auf die Wiedergutmachung des Schadens die Vortrags- und Beweislast für das Vorliegen einer erfolgreichen Selbstreinigung auf den Auftraggeber abzuwälzen.[932] *Prieß* möchte aus der Tatsache, ob eine Schadenswiedergutmachung vorliegt, ableiten, *»ob ein ehrliches Bekenntnis vorliegt oder nur taktische Krokodilstränen geweint werden«*.[933] Damit unterstellt er ebenso wie *Dabringhausen/Fedder*, dass ein Unternehmen, das sich gegen Schadensersatzansprüche wehrt, stets unlautere Motive verfolgt und berücksichtigt nicht, dass es auch um die Wahrnehmung berechtigter Interessen im Zivilprozess gehen kann (siehe oben unter 3.c)). *Prieß* versteht das Urteil des Kammergerichts Berlin im Übrigen so, dass nur in »echten« Kartellfällen die Frage

---

927 *Dreher/Hoffmann* in NZBau 2012, S. 265 (270ff.).
928 *Dabringhausen/Fedder* in VergabeR 2013, S. 20 (22).
929 *Dabringhausen/Fedder* in VergabeR 2013, S. 20 (22).
930 KG Berlin, Urteil vom 17. Januar 2011, Az. 2 U 4/06 Kart, NZBau 2012, S. 56 (63).
931 So formulieren es *Dabringhausen/Fedder* in VergabeR 2013, S. 20 (28)f.
932 *Prieß* in NZBau 2012, S. 425 (426).
933 *Prieß* in NZBau 2012, S. 425 (426).

des Schadensersatzes derart komplex ist, dass eine Klärung durch Gerichte und Sachverständige erforderlich ist.[934] Eine solche Einschränkung ist dem Urteil jedoch nicht zu entnehmen. Das Kammergericht Berlin spricht allgemein davon, dass die Begleichung möglicherweise unberechtigter Forderungen nicht zur Selbstreinigung eines Unternehmens gehört.[935]

Allein aus der Tatsache, ob eine Schadenswiedergutmachung durch das Unternehmen erfolgt ist oder nicht, lässt sich somit nicht allgemeingütig ableiten, ob das Unternehmen sein Fehlverhalten bereut.

Das Urteil des LG Köln vom 31. Juli 1990, auf das zur Untermauerung der These, dass eine Schadenswiedergutmachung für eine Reue des Unternehmens spricht, verwiesen wird, nennt den Schadensausgleich entsprechend lediglich als eine mögliche vertrauensbildende Maßnahme:

> »Eine weitere und naheliegende Maßnahme, die zur Widerherstellung des Vertrauens auf der Seite der Antragsgegnerin beitragen müsste, bestünde in einem zügigen und freiwilligen Ausgleich der Schäden, die der Antragsgegnerin durch die Absprachen entstanden sind.«[936]

Bei der Interpretation dieses Urteils auf die Besonderheit des zu entscheidenden Falles hinzuweisen, dass wegen einer vereinbarten Schadenspauschale der Ausgleich zumindest eines gewissen Betrages nach Auffassung des Gerichts keine rechtlichen Probleme aufgeworfen hätte.[937] Dass die Schadenswiedergutmachung zwingende Voraussetzung einer Selbstreinigung ist, lässt sich der Entscheidung jedenfalls nicht entnehmen.

c) Einfluss auf die künftige Zuverlässigkeit

Dabringhausen/Fedder konzentrieren sich in ihrer Kritik gegen die Position von *Dreher/Hoffmann* darauf, dass diese fälschlicherweise davon ausgingen, dass die Schadenswiedergutmachung keinen Bezug zur zukünftigen Zuverlässigkeit aufweise.[938] Von der von *Dabringhausen/Fedder* dagegen vorgebrachten »*Indizwirkung der Schadenswiedergutmachung für die Zukunft*« in dem Sinne, dass der Ausgleich des Schadens zeige, dass das betreffende Unternehmen der Verfehlung und ihren Auswirkungen ablehnend gegenübersteht und so zur Wiederherstellung des Vertrauens der Vergabestelle beiträgt,[939] kann jedoch nur dann gesprochen werden, wenn feststeht, dass das Unternehmen tatsächlich seine Verfehlung einsieht und die Folgen beseitigen will und nicht allein vor dem Hintergrund der erstrebten Einstufung

---

934 *Prieß* in NZBau 2012, S. 425.
935 KG Berlin, Urteil vom 17. Januar 2011, Az. 2 U 4/06, NZBau 2012, S. 56 (63).
936 LG Köln, Urteil vom 31. Juli 1990, Az. 31 O (Kart.) 291/90, S. 11.
937 LG Köln, Urteil vom 31. Juli 1990, Az. 31 O (Kart.) 291/90, S. 11.
938 *Dabringhausen/Fedder* in VergabeR 2013, S. 20 (23); siehe *Dreher/Hoffmann* in NZBau 2012, S. 265 (270).
939 *Dabringhausen/Fedder* in VergabeR 2013, S. 20 (23).

als wieder zuverlässig handelt. Für den Schluss, dass ein Kartellant künftige Verfehlungen vermeiden will, ist nicht erforderlich, dass Schadensersatzforderungen beglichen werden. Ein Unternehmen kann sein Fehlverhalten vollumfänglich einsehen und dennoch davon ausgehen, dass dadurch kein Schaden verursacht wurde. Rückschlüsse auf die künftige Einhaltung vertraglicher Verpflichtungen und damit auf die Zuverlässigkeit des Unternehmens lassen sich nur ziehen, wenn zweifelsfrei bestehende Schadensersatzansprüche nicht beglichen werden.[940]

d) Prävention von Kartellrechtsverstößen

Die mit dem grundsätzlichen Bestehen eines Schadensersatzanspruchs für Geschädigte von Kartellrechtsverstößen nach § 33 Abs. 3 GWB bezweckte Präventions- und Abschreckungswirkung zieht laut *Dabringhausen/Fedder* nach sich, dass eine Schadenswiedergutmachung – unabhängig von der dahinter stehenden Intention des Kartellanten – essentielles Element einer erfolgreichen Selbstreinigung sei.[941] Es ist jedoch keineswegs richtig, dass wenn die Wiedergutmachung des Schadens keine Voraussetzung einer erfolgreichen Selbstreinigung wäre, dies den Eindruck vermitteln würde, dass der Kartellant »*die Beute behalten darf*«.[942] Damit dieser Fehlanreiz gerade nicht entsteht, gibt es einen zivilrechtlichen Schadensersatzanspruch der Geschädigten. Dieser besteht unabhängig von der vergaberechtlichen Zuverlässigkeit und dem Sinn und Zweck ihrer Wiederherstellung.[943] Dass die Schadenswiedergutmachung auch noch parallel zu dem Schadensersatzregime über den Weg des Vergaberechts durchgesetzt werden kann,[944] ist nicht erforderlich, um von der Begehung von Kartellrechtsverstößen abzuschrecken. Hierfür genügt der durch die Bindung der Zivilgerichte an die Feststellung eines Kartellverstoßes durch eine Kartellbehörde nach § 33 Abs. 4 Satz 1 GWB privilegierte Schadensersatzanspruch.

e) Heranziehung der Rechtsprechung zu anderen Rechtsgebieten

Dabringhausen/Fedder stützen sich zur Begründung der Erforderlichkeit einer Schadenswiedergutmachung für die vergaberechtliche Selbstreinigung auf die Rechtsprechung zu § 35 GewO und weiteren Normen.[945] Dabei lassen die Autoren jedoch außer Acht, dass die Übernahme der Wertungen aus diesen Rechtsgebieten für die Bewertung einer vergaberechtlichen Selbstreinigung mangels einer Vergleichbarkeit der zu Grunde liegenden Sachverhaltskonstellationen ausscheidet.

Gem. § 35 Abs. 6 Satz 1 GewO ist die untersagte Ausübung eines Gewerbes wieder zu gestatten, wenn Tatsachen die Annahme rechtfertigen, dass die Unzuverlässigkeit

---

940 *Dreher/Hoffmann* in NZBau 2014, S. 150 (153); *dies.* in NZBau 2012, S. 265 (270) und bereits unter 3.d).
941 *Dabringhausen/Fedder* in VergabeR 2013, S. 20 (23/24).
942 So formulieren es *Dabringhausen/Fedder* in VergabeR 2013, S. 20 (24).
943 So auch *Dreher/Hoffmann* in NZBau 2014, S. 150 (154, Fn. 67).
944 Dafür *Burgi* in NZBau 2014, S. 595 (599).
945 *Dabringhausen/Fedder* in VergabeR 2013, S. 20 (24ff.).

des Gewerbetreibenden nicht mehr gegeben ist. Bereits die Frage, ob die Rechtsprechung zu § 35 GewO grundsätzlich für die Prüfung der vergaberechtlichen Zuverlässigkeit herangezogen werden kann, ist umstritten.[946] Unabhängig davon sind der Rechtsprechung zur Wiedererlangung der gewerberechtlichen Zuverlässigkeit keine Kriterien für die vergaberechtliche Selbstreinigung zu entnehmen. In den zum Gewerberecht ergangenen Entscheidungen beruhten die Überlegungen zur Aufklärung des Fehlverhaltens und der Wiedergutmachung des Schadens oder entsprechender Bemühungen auf deren Berücksichtigung in Strafverfahren. In einem Fall genügte die erst nach Widerruf der Bewährung erfolgte Schadenswiedergutmachung, die Bewährungsauflage war, nicht,[947] in einem anderen Fall waren Aufklärung und Wiedergutmachung angesichts der Schwere der begangenen Straftaten nicht ausreichend für die Einstufung als zuverlässig[948]. Vor einem vergaberechtlichen Hintergrund wäre dagegen der Zeitpunkt einer Schadenswiedergutmachung vollkommen unerheblich (siehe oben unter B.IV) und könnte eine Verfehlung nie so schwerwiegend sein, als dass sie nicht durch entsprechende Maßnahmen ausgeglichen werden könnte (siehe oben unter B.I.). Nicht übertragbar ist daher auch eine Entscheidung, in der in Bezug auf die Zuverlässigkeit eines Arztes, der seine Approbation wiedererlangen wollte, festgestellt wurde, dass die Wiedergutmachung der den Krankenkassen durch Abrechnungsbetrügereien entstandenen Schäden eine Selbstverständlichkeit darstelle (und Bewährungsauflage war) und für sich allein nicht ausreichend für die Wiedergewinnung der Zuverlässigkeit sei.[949]

Auch die durch *Dabringhausen/Fedder* genannten Normen und Entscheidungen aus dem Beamtendisziplinarrecht können nicht herangezogen werden. Gemäß § 13 Abs. 2 Satz 1 Bundesdisziplinargesetz ist ein Beamter aus dem Beamtenverhältnis zu entfernen, wenn er das Vertrauen seines Dienstherrn oder der Allgemeinheit

---

946 Dafür: *Gentsch,* Korruptionsprävention, S. 136; *Werner* in Willenbruch/Wieddekind, Kommentar Vergaberecht, § 2 VOB/A, Rn. 12; *Glahs* in Kapellmann/Messerschmidt, Kommentar VOB/A, § 6 VOB/A, Rn. 103; *Bernhardt* in Ziekow/Völlink, Kommentar Vergaberecht, § 2 VOB/A, Rn. 7; *Schranner* in Ingenstau/Korbion, Kommentar VOB, § 2 VOB/A, Rn. 33; dagegen wegen der europarechtlichen Herkunft der Eignungskriterien und der daher erforderlichen eigenständigen europarechtlichen Auslegung, die außerdem im Gegensatz zum Gewerbeordnungsrecht zu einem gerichtlich nicht voll überprüfbaren Beurteilungsspielraum der Vergabestelle führt *Wimmer,* Zuverlässigkeit, S. 45f., 50f.; *Kreßner,* Auftragssperre, S. 81f.; *Dreher/Hoffmann* in NZBau 2014, S. 150 (154, Fn. 67); *Dreher* in Immenga/Mestmäcker, Kommentar GWB, § 97 GWB, Rn. 171; dagegen wegen der unterschiedlichen Zielsetzungen *Burgi* in NZBau 2014, S. 595 (596).
947 VG München, Urteil vom 21. März 2000, Az. M 16 98.5518.
948 VG Augsburg, Beschluss vom 14. Oktober 2004, Az. M 2544/02.
949 VG Stuttgart, Urteil vom 21. September 2006, Az. 4 K 2576/06; siehe auch VG Regensburg, Urteil vom 18. November 2010, Az. RO 5 K 10.789, Tz. 46: für die Erteilung einer Erlaubnis nach dem bayerischen Glücksspielwesenausführungsgesetz wurde eine Schadenswiedergutmachung, die erfolgte, weil sie Bewährungsauflage war, positiv berücksichtigt.

endgültig verloren hat. In diesem Zusammenhang wirkt es trotz der Schwere des Dienstvergehens entlastend für den Betroffenen, wenn er noch vor der drohenden Entdeckung seines Fehlverhaltens selbiges offenbart und freiwillig den entstandenen Schaden wiedergutmacht.[950] Diese Kriterien sind für »Zugriffsdelikte« entwickelt worden, womit die Unterschlagung und Veruntreuung dienstlich anvertrauten Geldes bezeichnet wird,[951] und erfassen schon deswegen andere Fälle als die im Vergaberecht relevanten Verfehlungen. Im Übrigen ist für die Aufklärung des Sachverhalts vor vergaberechtlichem Hintergrund nicht erforderlich, dass die Verfehlung noch vor Entdeckung offenbart wurde, sondern lediglich eine Zusammenarbeit mit den ermittelnden Behörden im Nachgang (siehe oben unter I.).

Es handelt sich mithin insgesamt um Konstellationen, die sich sehr von vergaberechtlich relevanten Sachverhalten unterscheiden und deren Wertungen daher nicht wechselseitig übertragen werden können. Bei dem personenbezogenen Erfordernis der Zuverlässigkeit im Gewerbe-, Arzt- und Beamtenrecht geht es darum, dass diese Personen ein besonderes, ihrer Stellung oder Tätigkeit entsprechendes Vertrauen der Öffentlichkeit genießen. Die Ausübung ihrer beruflichen Tätigkeit ist nach einer entsprechenden Verfehlung insgesamt in Frage gestellt. Im Vergaberecht stellt die Zuverlässigkeit nur eines von drei bzw. vier (siehe oben unter Kapitel 2 A.) Eignungskriterien dar. Ein Unternehmen ist auch nicht gänzlich an der Ausübung seiner Tätigkeit gehindert nach Bekanntwerden eines Fehlverhaltens, sondern kann lediglich nicht mehr an öffentlichen Ausschreibungen teilnehmen (mag dies auch im Einzelfall im Ergebnis auf dasselbe hinauslaufen, siehe oben unter A.II.2.). Es ist daher gerechtfertigt, dass angesichts der gravierenderen Folgen der persönlichen Unzuverlässigkeit von Gewerbetreibenden, Ärzten und Beamten die Anforderungen an die Wiederherstellung ihrer Zuverlässigkeit in einigen Aspekten höher sind als im Rahmen einer vergaberechtlichen Selbstreinigung von Unternehmen. Dass eine Wiedergutmachung des Schadens in diesen Rechtsgebieten gefordert wird, lässt folglich keine Rückschlüsse darauf zu, ob sie auch für eine Wiederherstellung der vergaberechtlichen Zuverlässigkeit zu fordern ist.

5. Eigene Position

Die Analyse der für und gegen das Erfordernis einer Schadenswiedergutmachung vertretenen Positionen hat gezeigt, dass keine für jeden denkbaren Fall richtig ist. Denn die dafür votierende Meinung versucht, aus der Wiedergutmachung eine wahre Reue abzuleiten, was kein zwingender Schluss ist, während die Gegenmeinung den Umstand, dass ein Unternehmen sich weigert, festgestellte Forderungen zu begleichen, konsequenterweise nicht zutreffend bewerten kann.

---

950 Siehe grundlegend zu § 13 Bundesdisziplinargesetz BVerwG, Urteil vom 20. Oktober 2005, Az. 2 C 12.04, Tz. 29.
951 Siehe etwa BVerwG, Beschluss vom 18. Februar 2013, Az. 2 b 87.13, Tz. 3.

a) Erheblichkeit des Merkmals der Schadenswiedergutmachung
Letztlich soll durch die Wiedergutmachung des Schadens die ernsthafte Bereitschaft des Unternehmens zur Selbstreinigung unterstrichen werden. Es lässt es sich buchstäblich etwas kosten, wieder als zuverlässig zu gelten. Allerdings kann eine Zahlung eigentlich nur dann für ein ernsthaftes Bemühen um die Wiederherstellung der Zuverlässigkeit sprechen, wenn dahinter tatsächlich die Erkenntnis steht, sich ein Fehlverhalten zu Schulden kommen lassen zu haben und die daraus resultierenden Folgen auf Grund echter Reue beseitigen zu wollen. Dass dies die Motivation einer Zahlung oder eines Anerkenntnisses ist, ist jedoch keinesfalls gesichert. Ein Unternehmen kann auch nur deswegen eine geforderte Summe zahlen oder sich auf die Zahlung einer bestimmten Summe einigen, weil dies letztlich aus kaufmännischer Sicht vorteilhafter erscheint als wegen einer streitigen Auseinandersetzung auf künftige Aufträge zu verzichten. Dahinter steht dann keine honorierungswürdige Einsicht. Umgekehrt ist es wie gezeigt nicht zwingend ein Ausdruck sturen Beharrens darauf, keinen Fehler gemacht zu haben, wenn ein Unternehmen nicht zahlt, sondern es kann der Wahrnehmung berechtigter Interessen entsprechen, wenn ein Unternehmen sich gegen erhobene Ansprüche zur Wehr setzt. Gerade im Kartellrecht kann nicht im Vorfeld als sicher angenommen werden, dass überhaupt ein Schaden durch einen Rechtsverstoß entstanden ist, geschweige denn in welcher Höhe.

Ohnehin ist es problematisch, eine tatsächliche Reue als innere Tatsache und subjektives Element bei einer juristischen Person in die Prüfung der Selbstreinigung einzubeziehen. Jedenfalls aber kann das Erfordernis des Elements der Wiedergutmachung des Schadens das Vorliegen einer solchen Motivationslage nicht garantieren. *Dabringhausen/Fedder* gehen zu Recht davon aus, dass es sich bei den Motiven, die hinter der Wiedergutmachung oder dem Bestreiten von Schadensersatzforderungen stehen, um rein subjektive Elemente handelt, die von den Vergabestellen nur schwerlich überprüft werden können.[952] Daher ist zu überlegen, ob das Element der Wiedergutmachung für die Frage des Erfolgs einer Selbstreinigung jemals eine Rolle spielen sollte oder ob es nicht gänzlich unbeachtet bleiben sollte. Andererseits können auch die anderen Elemente der Selbstreinigung aus den falschen Motiven durch das Unternehmen vollzogen werden. So lassen sich etwa Unternehmen teilweise nur auf Settlement-Entscheidungen ein, um langwierige Gerichtsverfahren zu vermeiden, ohne hinter dem in der Settlement-Entscheidung festgestellten Ergebnis zu stehen und ohne tatsächlich von einem eigenen Fehlverhalten auszugehen, so dass von einer Sachverhaltsaufklärung durch die Zusammenarbeit mit den Kartellbehörden auf Basis des Eingestehens von Fehlverhalten nicht gesprochen werden kann. Allerdings kommt es bei der Sachverhaltsaufklärung sowie bei den personellen und strukturellen Maßnahmen nicht wirklich auf die Motivlage an, denn wenn sie konsequent durchgeführt werden, sind künftige Verstöße in jedem Fall verhindert, unabhängig davon, ob das Unternehmen einsichtig ist und das vergangene Fehlverhalten

---

952 *Dabringhausen/Fedder* in VergabeR 2013, S. 20 (22).

missbilligt. Sind die betreffenden Personen nicht mehr in verantwortlicher Position tätig, die Mitarbeiter darüber informiert, wie sie sich rechtskonform verhalten, und entsprechende Kontrollsysteme eingerichtet, ist es wahrscheinlich, dass ähnliche Verfehlungen in Zukunft in dem Unternehmen nicht mehr begangen werden. Dagegen kann eine Wiedergutmachung des Schadens eigentlich überhaupt nur deswegen eine Rolle spielen, weil man die Einsicht des Kartellanten und seinen Willen zur Wiedergutmachung hineinliest. Allenfalls in der Konstellation, dass ein Unternehmen die Zahlung rechtskräftig festgestellter Schadensersatzansprüche grundlos verweigert, lassen sich daraus negative Schlüsse auf die Bereitschaft zur Rückkehr zur Rechtstreue ziehen. Positive Schlüsse können dagegen in seriöser Weise nicht mit Sicherheit gezogen werden. Die Zahlung auf Schadensersatzforderungen kann auch lediglich bedeuten, dass das Unternehmen die Sache »vom Tisch haben« will.

Festzuhalten ist, dass das Element der Schadenswiedergutmachung weder grundsätzlich erforderlich, noch grundsätzlich nicht erforderlich ist.

b) Differenzierung nach streitigen und unstreitigen Ansprüchen

Ein sicherer Rückschluss auf die Glaubwürdigkeit der Selbstreinigungsmaßnahmen, besser gesagt auf ihre Unglaubwürdigkeit, ist allein in dem Fall möglich, dass ein Unternehmen sich weigert, gerichtlich festgestellte oder durch einen Vergleich mit den Anspruchstellern unstreitig gestellte Forderungen zu begleichen. Dann aber kann auch nur bei unstreitigen Forderungen eine tatsächliche Wiedergutmachung im Sinne einer Zahlung verlangt werden. Unter dem Gesichtspunkt der Schadenswiedergutmachung ist daher danach zu differenzieren, ob es sich um unstreitige oder streitige Schadensersatzforderungen handelt. In diese Richtung geht bereits das Urteil des Kammergerichts Berlin: »*Richtiger erscheint es, die Wiedergutmachung eines Schadens als Element des »Selbstreinigungsprozesses« **auf die Fälle zu begrenzen, in denen die auszugleichende Forderung unstreitig ist.***« (Hervorhebung nicht im Original).[953] Auch die Quelle, auf der das grundlegende Urteil des Landgerichts Berlin fußt, spricht von einer Wiedergutmachung des »*infolge der Verfehlung ggf. entstandenen Schaden[s]*« (Hervorhebung nicht im Original).[954] Nur in einem solchen Fall ist es gerechtfertigt, eine Selbstreinigung wegen fehlender Wiedergutmachung des Schadens abzulehnen. Im Übrigen ist die genauere Klärung etwaiger Ansprüche abzuwarten und bis dahin keine Wiedergutmachung zu fordern.

Berücksichtigt man diese Differenzierung, liegen die Meinungen im Ergebnis nicht so weit auseinander, wie es den Anschein hat. Argumente gegen das Erfordernis einer Schadenswiedergutmachung verfangen nur bei streitigen Forderungen, umgekehrt ist nicht ersichtlich, warum es verhältnismäßig wäre, die Wiedergutmachung streitiger

---

953 KG Berlin, Urteil vom 17. Januar 2011, Az. 2 U 4/06 Kart, NZBau 2012, S. 56 (63); darauf Bezug nehmend ebenfalls für eine Differenzierung *Hess* in FS Englert, S. 131 (139).

954 *Schranner* in Ingenstau/Korbion, Kommentar VOB, 15. Auflage 2004, § 8 VOB/A, Rn. 81.

Forderungen zu verlangen. Auch die Befürworter einer Schadenswiedergutmachung formulieren teilweise, dass das Unternehmen nur dann einen verursachten Schaden ausgleichen muss, wenn im Rahmen der Sachverhaltsausklärung zumindest erste belastbare Feststellungen dazu möglich waren, dass ein solcher Schaden durch die Zuwiderhandlung verursacht wurde[955] oder sehen eine Ausnahme vor, wenn die Höhe des entstandenen Schadens streitig ist.[956] Diejenigen Autoren, die gegen das Erfordernis einer Schadenswiedergutmachung votieren, sehen es durchaus als einen die Unzuverlässigkeit eines Unternehmens indizierenden Umstand an, wenn zweifelsfrei bestehende Schadensersatzansprüche nicht befriedigt werden und machen in einem solchen Fall eine Ausnahme davon, dass die Schadenswiedergutmachung nicht erforderlich sein soll.[957]

Die Unterscheidung der Konstellationen beruht auch auf dem Verhältnismäßigkeitsprinzip und dem Gleichbehandlungsgebot. Denn es ist nicht verhältnismäßig, über die geschilderten Anforderungen hinausgehend eine Begleichung streitiger Forderungen zu verlangen, damit ein Unternehmen wieder einen öffentlichen Auftrag erhalten kann. Das wäre eine überschießende Anforderung, die diametral zum zivilrechtlichen Anspruchssystem verlaufen würde. Unternehmen würden gedrängt werden, auf Abwehrrechte zu verzichten, die ihnen Zivil- und Zivilprozessrecht zubilligen. Das Gleichbehandlungsgebot ist tangiert, weil übereinstimmende Anforderungen in Fällen streitiger und unstreitiger Forderungen den unterschiedlichen Sachlagen nicht gerecht werden und zu einer Gleichbehandlung von Ungleichem führen würden.

Ein Vergleich mit der Strafzumessungsnorm des § 46 Abs. 2 Satz 2 StGB zeigt, dass das Fehlen eines Bemühens um eine Schadenswiedergutmachung als Nachtatverhalten auch nur dann zum Vorwurf gemacht und strafschärfend berücksichtigt werden kann, wenn der Angeklagte seine Tat gestanden hat, denn wenn er die Tat bestreitet, kann ihm eine unterlassene Wiedergutmachung nicht angelastet werden, da man sonst verlangen würde, dass der Täter seine Verteidigungsposition in Frage stellt.[958] Zwar bestreitet ein Unternehmen, das im Übrigen eine Selbstreinigung anstrebt, die Verfehlung an sich nicht, sonst wäre bereits das Element der Sachverhaltsaufklärung nicht erfüllt. Jedoch bestreitet es Ob und Umfang der Folgen und muss diesbezüglich seine Verteidigungsposition behalten dürfen.

---

955 *Stein/Friton/Huttenlauch* in WuW 2012, S. 38 (48); *Stein/Friton* in VergabeR 2010, S. 151 (158); *Prieß* in NZBau 2008, S. 230; *ders.* in CCZ 2008, S. 67.
956 *Wimmer*, Zuverlässigkeit, S. 176f.; *Stein/Friton/Huttenlauch* in WuW 2012, S. 38 (48).
957 *Dreher/Hoffmann* in NZBau 2014, S. 150 (153); *dies.* in NZBau 2012, S. 265 (270); *Dreher* in Immenga/Mestmäcker, Kommentar GWB, § 97 GWB, Rn. 214; auch *Kreßner*, Auftragssperre, S. 158 will nur bei unstreitigen Schadensersatzansprüchen eine Wiedergutmachung verlangen.
958 *Miebach* in Münchener Kommentar zum StGB, § 46 StGB, Rn. 134.

(1) Die Unterscheidung von streitigen und unstreitigen Forderungen

Die Frage, wann eine Forderung »unstreitig« ist, stellt sich auch in anderen rechtlichen Zusammenhängen. Eine allgemeingültige Definition existiert indes nicht. Um zu bestimmen, wann eine unstreitige Forderung vorliegt, lässt sich insbesondere auf die Auslegung von Vorschriften zum Aufrechnungsverbot in Allgemeinen Geschäftsbedingungen zurückgreifen. Gem. § 309 Nr. 3 BGB ist eine Klausel in Allgemeinen Geschäftsbedingungen unwirksam, die dem Vertragspartner verbietet, »*mit einer unbestrittenen oder rechtskräftig festgestellten Forderung aufzurechnen*«. Eine unbestrittene Forderung in diesem Sinne liegt vor, wenn beide Seiten sich über das Bestehen des Anspruchs dem Grunde und der Höhe nach einig sind.[959] Rechtskräftig festgestellt bedeutet, dass die Forderung in formelle und materielle Rechtskraft erwachsen ist.[960] Unstreitige Schadensersatzforderungen liegen somit vor, wenn es sich um gerichtlich geklärte oder durch Vergleich für unstreitig erklärte Ansprüche handelt oder der Schädiger seine Verpflichtung in sonstiger Weise anerkannt hat. Teilweise werden Ansprüche auch dann als unstreitig angesehen, wenn zwischen dem Unternehmen und den Geschädigten eine Schadenspauschale vereinbart war.[961] Dem ist allerdings nicht zuzustimmen. Zum einen kann bereits die Wirksamkeit der Schadenspauschalierungsklausel zweifelhaft sein.[962] Zum anderen steht dem betroffenen Unternehmen grundsätzlich die Möglichkeit offen, nachzuweisen, dass ein Schaden nur in geringerer Höhe als der in der Klausel vorgesehene Prozentsatz der Auftragssummer entstanden ist.[963] Es kann nicht von den Unternehmen gefordert werden, zunächst als Wiedergutmachung die volle Summe entsprechend der Schadenspauschale zu zahlen und anschließend den überschießenden Teil wieder zurückzufordern.

Noch weiter gehen *Dreher/Hoffmann*, wenn sie es statt eines rechtskräftigen Urteils als für eine Unstreitigkeit maßgeblich erachten, dass für das Unternehmen selbst das Bestehen des Schadensersatzanspruchs zweifelsfrei feststeht, weil es den Schaden dem Grunde und der Höhe nach unschwer feststellen kann und abzusehen ist, dass die Geschädigten in einem Zivilprozess ihrer Beweislast nachkommen könnten.[964] Diese Kriterien sind jedoch nicht praktikabel, da im Streitfall nur schwer feststellbar wäre, ob die Zweifelsfreiheit der Forderungen für das Unternehmen erkennbar war. Insbesondere wenn es sich um Forderungen Dritter und nicht der Vergabestelle, die die Zuverlässigkeit des Unternehmens bewertet, selbst handelt,

---

959 *Wurmnest* in Münchener Kommentar zum BGB, § 309 Nr. 3 BGB, Rn. 7.
960 *Wurmnest* in Münchener Kommentar zum BGB, § 309 Nr. 3 BGB, Rn. 8.
961 *Kreßner*, Auftragssperre, S. 158; mit Bezug auf LG Köln, Urteil vom 31. Juli 1990, Az. 31 O (Kart.) 291/90, S. 11, in dem das Gericht allerdings nur feststellt, dass wegen der Vereinbarung einer Schadenspauschale ein Ausgleich des Schadens »*keine rechttechnischen Probleme aufwerfen würde*«.
962 *Dreher/Hoffmann* in NZBau 2012, S. 265 (270, Fn. 64).
963 *Müller-Graff/Kainer* in WM 2013, S. 2149 (2154).
964 *Dreher/Hoffmann* in NZBau 2012, S. 265 (270f.).

muss es klare und objektive Kriterien dafür geben, wann ein Schadensersatzanspruch unstreitig besteht. Wenn die Vergabestelle nicht selbst betroffen ist, hat sie keine Erkenntnisse darüber, ob unstreitige Forderungen von Geschädigten bestehen, die das Unternehmen zur Wiederherstellung seiner Zuverlässigkeit befriedigen müsste. Da es für das Unternehmen einen Vorteil darstellt, nur bei unstreitigen Forderungen zu einem Ausgleich verpflichtet zu sein, muss es im Gegenzug der Vergabestelle Auskunft darüber erteilen, ob unstreitige Forderungen gegen das Unternehmen vorliegen. Dies könnte beispielsweise im Wege einer Eigenerklärung erfolgen, in der das Unternehmen angeben muss, ob es sämtliche unstreitig bestehenden Schadensersatzforderungen, die auf der schweren Verfehlung beruhen, beglichen hat, ohne hierbei jedoch detaillierte Angaben machen zu müssen. Die Preisgabe solcher Informationen könnte nicht zuletzt in Konflikt mit Verschwiegenheitsverpflichtungen stehen, die das Unternehmen möglicherweise in Vergleichsvereinbarungen mit Geschädigten eingegangen ist. Stellt sich im Nachhinein heraus, dass das Unternehmen falsche Angaben zum Vorliegen unstreitiger Forderungen gemacht hat, muss bzw. kann es wie im Allgemeinen bei unrichtigen Eigenerklärungen allein deswegen vom Vergabeverfahren ausgeschlossen werden.[965]

(2) Die Anforderungen bei unstreitigen Forderungen

Wie gezeigt kann eine tatsächliche Wiedergutmachung nur dann gefordert werden, wenn geklärt ist, dass und in welcher Höhe ein Schaden entstanden ist. Fraglich ist, in welcher Form diese Wiedergutmachung erfolgen kann. Eine bereits erfolgte Zahlung auf die Forderungen der Geschädigten ist nicht zwingend vorzuweisen. Bereits laut den Verfechtern der Schadenswiedergutmachung als grundsätzlich essentielles Element der Selbstreinigung genügt es, wenn das Unternehmen die Verpflichtung zur Leistung von Schadensersatz dem Grunde und der Höhe nach anerkennt und eine entsprechende Verpflichtung übernimmt.[966] Auch aus der Formulierung der Vergabekammer Niedersachsen, die Vergabestelle müsse bei der Prüfung einer möglichen Selbstreinigung auch »*Informationen zu Plänen [...] für eine Schadenswiedergutmachung ein[...]holen*«,[967] ergibt sich, dass es jedenfalls nicht erforderlich

---

965 Zwingender Ausschlussgrund bei vorsätzlich falschen Erklärungen § 16 Abs. 1 Nr. 1 lit. g) VOB/A, § 16 Abs. 1 Nr. 1 lit. g) VOB/A EG, § 16 Abs. 1 Nr. 1 lit. g) VOB/A-VS; ohne das Erfordernis eines Vorsatzes § 6 Abs. 5 lit. e) VOL/A; fakultativen Ausschlussgrund bei vorsätzlich falschen Erklärungen § 6 Abs. 6 lit. e) VOL/A EG, ohne das Erfordernis eines Vorsatzes § 21 Abs. 4 Nr. 4 SektVO, § 24 Abs. 1 Nr. 7 VSVgV.
966 *Stein/Friton/Huttenlauch* in WuW 2012, S. 38 (48); *Hölzl/Ritzenhoff* in NZBau 2012, S. 28 (30); *Hölzl* in Münchener Kommentar zum Beihilfen- und Vergaberecht, § 97 GWB, Rn. 163; *Stein/Friton* in VergabeR 2010, S. 151 (158); *Prieß* in NZBau 2009, S. 587 (588); *Prieß/Stein* in NZBau 2008, S. 230; *Prieß* in CCZ 2008, S. 67; *Prieß/Pünder/Stein* in Pünder/Prieß/Arrowsmith, Self-Cleaning, S. 77; *Opitz* in Dreher/Motzke, Beck'scher Vergaberechtskommentar, § 97 Abs. 4 GWB, Rn. 64.
967 VK Niedersachsen, Beschluss vom 24. März 2011, Az. VgK-04/2011, S. 9.

sein soll, dass die Schäden bereits wiedergutgemacht sind, sondern entsprechende Pläne des betreffenden Unternehmens ausreichen. Die bestehenden Vorschriften zur Selbstreinigung lassen ebenfalls die Anerkennung einer Schadensersatzpflicht genügen (siehe auch bereits unter 2.).[968] Im Falle einer Insolvenz des Unternehmens ist allerdings ein Anerkenntnis von Ansprüchen ebenso wenig möglich wie eine bevorzugte Befriedigung (vgl. bereits 3.e)).[969]

Gegen die Differenzierung der Anforderungen an eine Selbstreinigung nach dem Vorliegen streitiger oder unstreitiger Schadensersatzansprüche könnte eingewendet werden, dass sie im Ergebnis dazu führt, dass einem Unternehmen, das sich mit den möglicherweise Geschädigten einigt, letztlich mehr abverlangt wird als demjenigen, welches die Forderungen nicht unstreitig stellt. Die in den meisten Fällen als positiv zu bewertende Einigungsbereitschaft führt daher zu einer Mehrbelastung bei den betreffenden Unternehmen. Diese Folge ist jedoch hinzunehmen und muss das Unternehmen in seine Erwägungen, ob es sich auf einen Vergleich einlässt, einbeziehen. Von einem Unternehmen, das sich gegen die Schadensersatzforderungen zur Wehr setzt, kann aus den genannten Gründen keine Wiedergutmachung verlangt werden. Dies wird nicht dadurch überlagert, dass ein Unternehmen, das sich einigt, strengeren Anforderungen unterliegt. Es handelt sich um wesentlich unterschiedliche Situationen; eine Gleichbehandlung von Unternehmen, die die Forderungen anerkannt haben, und solchen, die sich dagegen zur Wehr setzen, ist hier weder geboten noch zulässig. Außerdem wird sich das Unternehmen in den meisten Fällen mit den Betroffenen darauf einigen können, nicht sofort (oder nicht sofort in voller Höhe) Zahlungen leisten zu müssen, so dass eine unmittelbare erhebliche Belastung ausbleibt. Wie soeben ausgeführt genügt für die Zwecke der Selbstreinigung eine Anerkennung der Zahlungspflicht.

(3) Die Anforderungen bei streitigen Forderungen

Sind Bestehen und/oder Höhe von Schadensersatzansprüchen noch ungewiss, kann eine Wiedergutmachung der noch unbekannten Schäden nicht verlangt werden. Man könnte sich daher auf den Standpunkt stellen, dass es im Falle streitiger Forderungen bei drei erforderlichen Elementen der Selbstreinigung bliebe. Dieses Ergebnis wäre jedoch unbefriedigend, da ein Unternehmen, auch wenn es das Bestehen von

---

968   Ziff. 3.4.3 Abs. 4 Satz 2 Verwaltungsvorschrift Korruptionsverhütung und -bekämpfung Baden-Württemberg; § 8 Abs. 2 Satz 2 Nr. 2 Korruptionsregistergesetz Berlin; § 8 Abs. 2 Satz 2 Nr. 2 Bremisches Korruptionsgesetz; Ziff. 6.2 Nr. 2 Gemeinsamer Runderlass Hessen; § 7 Abs. 4 Korruptionsbekämpfungsgesetz Nordrhein-Westfalen; Ziff. 17.4 Abs. 2 Nr. 2 Verwaltungsvorschrift Korruptionsprävention Rheinland-Pfalz; Ziff. 6.2 Nr. 2 Erlass Saarland; ähnlich Empfehlung Feuerwehrfahrzeuge Niedersachsen, S. 3: »*Pläne zur Schadenswiedergutmachung im Unternehmen*« sind zu fordern.
969   Vgl. *Ganter* in Münchener Kommentar zur InsO, Vorbemerkungen vor §§ 49 bis 52, Rn. 14.

Ansprüchen bestreitet, Möglichkeiten hat, sich zu einer nachdrücklichen Selbstreinigung zu bekennen. Dies kann insbesondere dadurch erfolgen, dass das Unternehmen sich grundsätzlich zur Begleichung etwaiger Schadensersatzansprüche nach genauerer Klärung bereit erklärt.[970] Ist lediglich die Höhe der Schadensersatzansprüche ungeklärt, kommt ein Anerkenntnis der Ansprüche dem Grunde nach in Betracht.[971]

In der Praxis begegnet man dem Problem der Komplexität der Fragen des Schadensersatzes außerdem häufig mit dem Abschluss von Verjährungsverzichtsvereinbarungen,[972] etwa um den Zeitraum zwischen der Einleitung von Ermittlungsmaßnahmen bis zum Abschluss eines Kartellverfahrens überbrücken zu können, ohne sich vorzeitig über einen Schadensausgleich einigen zu müssen. Die Bereitschaft, solche Vereinbarungen freiwillig zu unterzeichnen, zeigt, dass das betreffende Unternehmen grundsätzlich dazu bereit ist, etwaigen entstandenen Schaden nach genauerer Aufklärung zu ersetzen bzw. zumindest gleichermaßen an einer außergerichtlichen Lösung des Rechtsstreits interessiert ist. Dies ist unter dem Gesichtspunkt der Wiedergutmachung des Schadens positiv anzurechnen und kann je nach Fallkonstellation auch als ausreichend anzusehen sein, um die Anforderungen an eine erfolgreiche Selbstreinigung zu erfüllen.

Als honorierungswürdig ist es auch anzusehen, wenn das betreffende Unternehmen mit den potentiell Geschädigten Gespräche über eine mögliche Kompensation führt oder sich dazu bereit erklärt.

6. Zwischenergebnis

Eine Wiedergutmachung des Schadens kann nur bei unstreitigen Schadensersatzansprüchen gefordert werden. Liegen noch ungeklärte Forderungen vor, kann lediglich

---

970 Ähnlich formuliert es das Merkblatt der Berliner Feuerwehr »Vergaberechtliche Zuverlässigkeit eines Teilnehmers im Vergabeverfahren« vom 14. Mai 2014, abrufbar unter http://bit.ly/1rGvaNt für Kartellrechtsverstöße auf S. 2: »*Die Wiedergutmachung eventuell entstandenen Schadens, mindestens aber die Erklärung, dass nachweislich entstandener Schaden wiedergutgemacht wird*«. Auch die Begründung des Entwurf-Vergaberechtsmodernisierungsgesetzes (dort S. 134) geht davon aus, dass wenn lediglich die Höhe des Schadens streitig oder ungeklärt ist, ein Anerkenntnis der Verpflichtung zur Zahlung von Schadensersatz dem Grunde nach genügt. Insbesondere Schadensersatzforderungen nach Kartellrechtsverstößen sei es wegen der in vielen Fällen problematischen Bestimmung des Gesamtschadens und der verschiedenen Gläubiger ausreichend, wenn das Unternehmen sich generell dazu bereit erkläre, einen entstandenen Schaden zu ersetzen oder in Bezug auf konkrete Forderungen die Verpflichtung zur Zahlung von Schadensersatz dem Grunde nach anerkenne.
971 *Mutschler-Siebert/Dorschfeldt* in BB 2015, S. 642 (646).
972 Siehe zum Schienenkartell Artikel »Auch die SWEG sieht sich geschädigt« in Badische Zeitung vom 2. März 2013, abrufbar unter http://bit.ly/1qlBu9o; Artikel »SWB-Schaden ist noch unklar« in Generalanzeiger vom 8. Januar 2013, abrufbar unter http://bit.ly/1q9zQZN; zum Feuerwehrfahrzeugkartell siehe G.

die Versicherung einer Bereitschaft zur Zahlung von Schadensersatz nach entsprechender Prüfung verlangt werden.

V. Einzelfallprüfung

Zu den einzelnen Bestandteilen der Selbstreinigung wurde bereits ausgeführt, dass abhängig von der konkreten Konstellation jeweils unterschiedliche Anforderungen zu stellen sind. Die Beurteilung des Erfolgs der Selbstreinigung hat darüber hinaus insgesamt im Wege einer Gesamtschau zu erfolgen, die sämtliche Umstände des Einzelfalls würdigt.[973] So verbleibt ein für die sachgerechte Behandlung jedes Einzelfalls notwendiger Beurteilungsspielraum der Vergabestellen. Maßgeblich ist letztlich nicht, ob sämtliche Maßnahmen durchgeführt wurden, sondern dass der *»reinigende[...] Effekt«* tatsächlich eingetreten ist.[974] Wenn etwa die Aufklärung des Sachverhalts schon komplett erfolgt ist oder bereits ein im Wesentlichen funktionierendes Compliance-System vorhanden ist, ist es zur Wiederherstellung der Zuverlässigkeit nicht erforderlich, in diesen Bereichen besondere Anstrengungen zu unternehmen.[975]

Die Anforderungen an die Selbstreinigung sind insbesondere der Schwere der Verfehlung anzupassen.[976] Handelt es sich bei dem in Rede stehenden Fehlverhalten um bloße Nachlässigkeiten, können aus Gründen der Verhältnismäßigkeit nicht dieselben Voraussetzungen an eine erfolgreiche Selbstreinigung gestellt werden wie bei Straftaten oder Kartellordnungswidrigkeiten, vielmehr kann es in solchen Fällen als ausreichend angesehen werden, wenn das Unternehmen sich von den betreffenden Mitarbeitern trennt.[977] In jedem Fall muss es sich um nachhaltige Maßnahmen handeln, die geeignet sind, eine künftige Zuverlässigkeit des Unternehmens dauerhaft zu gewährleisten.[978]

Maßgeblich ist außerdem die Frage, wie lange das Fehlverhalten zurückliegt. Je länger die letzte Verfehlung des Unternehmens her ist, desto geringere Anforderungen

---

973 OLG Düsseldorf, Beschluss vom 9. April 2003, Az. VII-Verg 66/02, Tz. 94; OLG Düsseldorf, Beschluss vom 9. April 2003, Az. Verg 43/02, Tz. 41; VK Brandenburg, Beschluss vom 16. Oktober 2007, Az. VK 38/07, S. 12; *Dreher/Hoffmann* in NZBau 2014, S. 67 (72); *dies.* in NZBau 2012, S. 265 (268); *Stein/Friton/Huttenlauch* in WuW 2012, S. 38 (48); *Dreher* in FS Franke, S. 31 (33).
974 *Ax/Schneider/Scheffen,* Korruptionsbekämpfung, Rn. 399.
975 *Prieß/Pünder/Stein* in Pünder/Prieß/Arrowsmith, Self-Cleaning, S. 83f.
976 *Wimmer,* Zuverlässigkeit, S. 199; *Prieß/Pünder/Stein* in Pünder/Prieß/Arrowsmith, Self-Cleaning, S. 82ff.
977 OLG Frankfurt, Urteil vom 3. Dezember 1996, Az. 11 U (Kart) 64/95, WuW/E OLG 5767 (5778).
978 OLG Brandenburg, Beschluss vom 14. Dezember 2007, Az. Verg W 21/07, Tz. 61; Vorinstanz VK Brandenburg, Beschluss vom 16. Oktober 2007, Az. VK 38/07, S. 12; *Opitz* in Dreher/Motzke, Beck'scher Vergaberechtskommentar, § 97 Abs. 4 GWB, Rn. 64.

sind an die Selbstreinigung zu stellenden.[979] Die Frage des erforderlichen Zeitraums des Wohlverhaltens hängt mit dem unter Kapitel 2 B.VI. erläuterten Beurteilungszeitraum der Vergabestelle zusammen. Auch hier ist eine allgemeine Aussage kaum möglich, sondern muss eine Bewertung des Einzelfalls erfolgen. Wie bereits unter dem Gesichtspunkt einer Mindestdauer einer Auftragssperre (siehe oben B.II.3.) dargestellt, ist eine grundsätzlich anzusetzende Periode, die nicht unterschritten werden darf, abzulehnen. Andernfalls wird den betroffenen Unternehmen kein ausreichender Anreiz für eine schnelle Bewältigung der internen Fehler gesetzt und eine angemessene Berücksichtigung der Merkmale des Einzelfalls kann nicht erfolgen. Zwar wird es in der Regel für ein Unternehmen nicht möglich sein, durch entsprechende Maßnahmen vergaberechtliche Konsequenzen unmittelbar nach der Verfehlung zu verhindern.[980] Der erforderliche Zeitablauf ist jedoch stets nach den konkreten Umständen zu beurteilen. So kann etwa nach der Übernahme eines Geschäftsbereichs die ein Jahr vor dem Vergabeverfahren erfolgte personelle und organisatorische Trennung von den bisherigen Geschäftsführern oder Mitarbeitern, die vor der Übernahme eine Verfehlung begangen haben, genügen.[981]

Auch das bisherige Verhalten ist einzubeziehen, denn an einen langjährigen, im Übrigen stets zuverlässigen Vertragspartner werden geringere Anforderungen im Hinblick auf die Wiederherstellung der Zuverlässigkeit zu stellen sein.[982] Im Einzelfall können jedoch auch wegen der Natur der nachgefragten Leistung besonders strenge Maßstäbe angelegt werden.[983]

Miteinfließen in die Bewertung kann es, wenn das Verhalten des Unternehmens trotz bereits eingeleiteter Selbstreinigungsmaßnahmen weiterhin Anlass zu Beanstandungen gibt, etwa weil auf Anschuldigungen von Mitarbeitern von Konkurrenzunternehmen hin nicht mit einem klaren Bekenntnis zu ordnungsgemäßem Verhalten reagiert wird.[984]

D. Die Anforderungen an den Nachweis entsprechender Maßnahmen

Die Nachweispflicht für die Wiedererlangung der Zuverlässigkeit liegt bei dem betreffenden Unternehmen.[985] Es muss die zur Selbstreinigung durchgeführten Schritte glaubwürdig darstellen.[986]

---

979 *Prieß/Pünder/Stein* in Pünder/Prieß/Arrowsmith, Self-Cleaning, S. 84f.
980 VK Bund, Beschluss vom 11. Oktober 2002, Az. VK 1 - 75/02, S. 17.
981 VK Bund, Beschluss vom 11. Oktober 2002, Az. VK 1 - 75/02, S. 17/18.
982 *Prieß/Pünder/Stein* in Pünder/Prieß/Arrowsmith, Self-Cleaning, S. 85.
983 *Prieß/Pünder/Stein* in Pünder/Prieß/Arrowsmith, Self-Cleaning, S. 85f.
984 KG Berlin, Urteil vom 17. Januar 2011, Az. 2 U 4/06 Kart, NZBau 2012, S. 56 (64).
985 VK Düsseldorf, Beschluss vom 17. Dezember 2002, Az. VK – 31/2002-L, S. 21; *Dreher/Hoffmann* in NZBau 2014, S. 150 (154); *Dreher* in FS Franke, S. 31 (44).
986 *Dreher* in FS Franke, S. 31 (35); OLG Brandenburg, Beschluss vom 14. Dezember 2007, Az. Verg W 21/07, Tz. 62;

I. Grundsätzliche Anforderungen

Der dazu erfolgende Vortrag des Unternehmens darf sich nicht auf die bloße Behauptung beschränken, dass Selbstreinigungsmaßnahmen ergriffen wurden, sondern muss diese im Einzelnen darlegen.[987] Die Vergabestelle darf sich nicht damit »*zufrieden geben*«, wenn ein Unternehmen in seiner Bietererklärung knapp in einem Satz angibt, »*Maßnahmen getroffen [zu haben], um auch in Zukunft wettbewerbskonformes Verhalten sicherzustellen*«.[988] Vielmehr sind konkrete und substantiierte Informationen über getroffene Maßnahmen nötig, um solche bei der Prüfung einer etwaigen Wiederherstellung der Zuverlässigkeit berücksichtigen zu können.[989] Es reicht auch nicht aus, darauf zu verweisen, dass man Aufträge anderer Vergabestellen beanstandungsfrei ausführe, da sich daraus zum einen nicht ableiten lässt, ob die betreffenden Stellen die Verfehlungen kannten und in ihre Entscheidung über die Auftragsvergabe einbezogen haben, und zum anderen ist eine Vergabestelle nicht an die Einschätzung einer anderen Vergabestelle gebunden, sondern nimmt die Prüfung der Zuverlässigkeit eigenständig vor.[990]

Der Nachweis kann grundsätzlich durch die Überlassung von Unterlagen oder durch die Einwilligung in die Einholung von Auskünften durch die Vergabekammer unterstützt werden.[991] Grenzen dafür sind unter anderem im Geheimnisschutz zu sehen.[992]

Insbesondere bei der Vergabe von Aufträgen in Bereichen, in denen nachweislich ein Kartell bestand, erscheint es zweckmäßig für die Vergabestelle, bereits im Rahmen der Angebotsunterlagen von den Bietern Erklärungen im Hinblick auf ihre Zuverlässigkeit bzw. auf die Wiederherstellung derselben zu verlangen, um eine umfassende Prüfung vornehmen zu können, ohne Belege nachfordern zu müssen (siehe zu solchen Eigenerklärungen bereits Kapitel 2 B.II.2.c)(4)(cc)).

II. Der Nachweis der Sachverhaltsaufklärung

Wie bereits ausgeführt stellt es nur für das betreffende Unternehmen einen wesentlichen Aspekt dar, wie es zu dem Fehlverhalten kam und wer gehandelt hat (siehe oben C.I.). Auch die Vergabestelle kann nur dann wirklich beurteilen, ob die getätigten Maßnahmen erfolgreich waren, wenn sie Kenntnis darüber hat, welches und wessen Fehlverhalten damit künftig verhindert werden soll.[993] Ein ausreichendes Bemühen um die vollständige Aufklärung des Sachverhalts kann insbesondere

---

987 *Dreher/Hoffmann* in NZBau 2014, S. 150 (154).
988 VK Niedersachsen, Beschluss vom 24. März 2011, Az. VgK-04/2011, S. 9.
989 OLG Düsseldorf, Beschluss vom 9. Juni 2010, Az. VII-Verg 14/10, Tz. 53; VK Niedersachsen, Beschluss vom 24. März 2011, Az. VgK-04/2011, S. 9.
990 OLG München, Beschluss vom 21. April 2006, Az. Verg 8/06, S. 13f.
991 OLG Brandenburg, Beschluss vom 14. Dezember 2007, Az. Verg W 21/07, Tz. 74.
992 *Dreher/Hoffmann* in NZBau 2014, S. 150 (154); *Dreher* in FS Franke, S. 31 (45).
993 *Dreher/Hoffmann* in NZBau 2014, S. 150 (154).

durch die freiwillige Übermittlung von internen und externen Ermittlungsunterlagen nachgewiesen werden.

Hat das Unternehmen mit einer Kartellbehörde zusammengearbeitet und fand diese Kooperation Berücksichtigung bei der Bemessung des Bußgeldes, kann dies durch Ausschnitte des Bußgeldbescheides oder die Vorlage einer entsprechenden Pressemitteilung der Kartellbehörde belegt werden. Die Überlassung von Kronzeugenanträgen und ähnlich geschützten Unterlagen ist zum Beleg der Kooperation nicht notwendig und kann auch nicht gefordert werden (siehe unter C.I.8.), das Unternehmen kann sich allenfalls freiwillig dazu entschließen, um seine Aufklärungsbemühungen zu verdeutlichen.

III. Der Nachweis personeller Maßnahmen

Die Durchführung personeller Maßnahmen lassen sich zum Teil durch Handelsregisterauszüge nachweisen,[994] da die Abberufung von Geschäftsführern oder Vorstandsmitgliedern und die Änderung ihrer Vertretungsbefugnisse sowie der Widerruf von Prokuren gem. §§ 39 Abs. 1 GmbH-Gesetz, 81 Abs. 1 AktG, 53 Abs. 2 Handelsgesetzbuch eintragungspflichtig sind. Daneben könnten Aufhebungsvereinbarungen und Kündigungsschreiben, gegebenenfalls bereinigt um vertrauliche Informationen wie etwa die Höhe einer Abfindung, vorgelegt werden.

War die Person, deren schwere Verfehlung dem Unternehmen zuzurechnen ist, nicht nur Geschäftsführer, sondern auch Gesellschafter und soll Letzteres auch bleiben, genügt es nicht, einen Handelsregisterauszug vorzulegen, aus dem sich ergibt, dass die betreffende Person nicht mehr Geschäftsführer ist. Vielmehr sind weitere Unterlagen vorzulegen, die den Ausschluss jeglicher Einflussnahme beweisen wie etwa ein entsprechender Vertrag mit der Gesellschaft oder gegebenenfalls ein Treuhandvertrag.[995] Werden solche Unterlagen nicht vorgelegt, kann die Vergabestelle dies als Indiz dafür werten, dass weiterhin Einflussmöglichkeiten bestehen und die Selbstreinigung damit nicht vollzogen ist.[996]

IV. Der Nachweis struktureller und organisatorischer Maßnahmen

Für die Durchführung von Compliance- und strukturellen Maßnahmen lässt sich der Nachweis häufig durch offizielle Belege wie Zertifizierungen oder Handelsregistereinträge führen.

---

994 *Dreher/Hoffmann* in NZBau 2014, S. 150 (154).
995 VK Düsseldorf, Beschluss vom 13. März 2006, Az. VK – 8/2006-L, S. 19.
996 VK Düsseldorf, Beschluss vom 13. März 2006, Az. VK – 8/2006-L, S. 19.

1. Compliance-Maßnahmen

Das Unternehmen muss nachweisen, dass es ein Programm mit einzuhaltenden Vorgaben aufgestellt hat, dessen Inhalt erläutern sowie die entsprechende Umsetzung und Kontrolle darlegen.[997] Im Hinblick auf Schulungen sind deren Inhalt, der Teilnehmerkreis und ihre Dauer darzustellen.[998] Dies kann durch die Vorlage unterzeichneter Teilnehmerlisten und Bestätigungen über die erfolgte Belehrung[999] sowie Schulungsagenden und -unterlagen erfolgen. Die entsprechende Dokumentation kann zwar durch das Unternehmen selbst erfolgen, eine externe Erstellung und Verwaltung entsprechender Unterlagen trägt allerdings zur Erhöhung ihrer Glaubwürdigkeit bei.[1000] So können etwa Rechtsanwälte, die mit der Ausarbeitung und Durchführung der Schulungen beauftragt wurden, die Dokumentation übernehmen.

Das Vorhandensein eines einem gewissen Standard entsprechenden Compliance-Systems kann auch durch Zertifikate unabhängiger Stellen, etwa der Zertifizierung Bau GmbH, der TÜV Rheinland AG oder der Handelskammer Hamburg, nachgewiesen werden.[1001] Die Deutsche Bahn AG bietet ihren Lieferanten in Zusammenarbeit mit einem externen Unternehmen ein »Compliance Basis-Seminar« an, um sich über die Themen Kartellrecht und Korruptionsprävention zu informieren.[1002] Das Seminar wird damit beworben, dass das Zertifikat über die Teilnahme im Beschaffungsprozess der Deutschen Bahn AG als anerkannter Nachweis zum Thema Compliance gilt.[1003] Allerdings kann, wie bereits für die Einführung eines Wertemanagements ausgeführt (siehe oben unter C.III.1.c)), eine solche Zertifizierung nicht als Nachweis verlangt werden, wenn es sich dabei um weitergehende Verpflichtungen als wegen des konkret zu verhindernden Fehlverhalten erforderlich handelt. Eine freiwillige Zertifizierung unterstreicht jedoch die Bemühungen um eine Selbstreinigung.[1004] Da allgemeine Maßnahmen, seien sie auch noch so umfassend und aufwändig, nicht ausreichen können, wenn ein Bezug der Maßnahmen zu den konkreten Verfehlungen fehlt (siehe bereits oben unter C.III.1.c)), genügt umgekehrt die Einhaltung abstrakter Vorgaben allein nicht zum Nachweis ausreichender Compliance-Maßnahmen. Vielmehr ist diese oftmals Bedingung für den Erhalt eines Auftrags der Vergabestelle, unabhängig davon, ob eine Verfehlung in der Vergangenheit vorlag, und muss daher in jedem

---

997 *Dreher/Hoffmann* in NZBau 2014, S. 150 (154).
998 *Dreher/Hoffmann* in NZBau 2014, S. 150 (154).
999 Vgl. § 8 Abs. 2 Nr. 2 Durchführungsverordnung Vergabegesetz Brandenburg.
1000 *Dreher/Hoffmann* in NZBau 2014, S. 150 (154).
1001 *Wagener* in Schultze, Compliance-Handbuch Kartellrecht, Teil B, Rn. 106ff.; *Dreher/Hoffmann* in NZBau 2014, S. 150 (154); siehe http://bit.ly/XWOtoS, http://bit.ly/1pnx8ka, http://bit.ly/1C7MaP2.
1002 Siehe Lieferantenanschreiben Seminare der Deutschen Bahn AG im März 2014, abrufbar unter http://bit.ly/VTTrkf.
1003 Siehe Flyer Compliance Basis-Seminar, abrufbar unter http://bit.ly/1sLkZTP.
1004 *Dreher/Hoffmann* in NZBau 2014, S. 150 (154).

Fall durch interessierte oder bietende Unternehmen nachgewiesen werden.[1005] Mit anderen Worten muss ein Unternehmen, das an Ausschreibungen teilnimmt, ohnehin über ein solches Compliance-System verfügen. Wenn es darum geht, eine konkret aufgetretene Verfehlung, die die Zuverlässigkeit des Unternehmens in Frage stellt, für die Zukunft zu verhindern, sind weitere, passgenau auf den Einzelfall abgestimmte Maßnahmen erforderlich.

Für eine erfolgreiche Selbstreinigung spricht es, wenn im Unternehmen auf Grund der Schulung und Sensibilisierung der Mitarbeiter eine erneute Verfehlung im Vorfeld verhindert werden konnte.[1006] Wenn das Unternehmen der Vergabestelle einen solchen Sachverhalt mitteilt, ist darin ein Beleg dafür zu sehen, dass die Selbstreinigung ernsthaft und konsequent betrieben wurde und wird.[1007]

2. Umstrukturierungen

Wurden im Zuge der Selbstreinigung nach außen sichtbare Umstrukturierungen durch die Neugründung einer Gesellschaft vorgenommen, lässt sich dies durch einen Auszug des Handelsregisters belegen.[1008] Darüber hinaus kann es erforderlich sein, die tatsächliche organisatorische Trennung von Unternehmensbereichen anderweitig nachzuweisen, etwa wenn die neue gegründete und die bisherige Gesellschaft dieselbe Anschrift haben.[1009]

Werden Maßnahmen wie die Einführung einer Revisions- oder Compliance-Abteilung oder eines Vier-Augen-Prinzips geltend gemacht, sind zu deren Nachweis interne Unterlagen zu Konzept und bisheriger Umsetzung der Maßnahmen vorzulegen.[1010]

V. Der Nachweis der (Bereitschaft zur) Schadenswiedergutmachung

Die Anforderungen an den Nachweis im Hinblick auf eine Wiedergutmachung des Schadens richten sich danach, ob es sich um unstreitige oder streitige Forderungen handelt. In ersterem Fall kann der Nachweis durch einen Beleg von Zahlungen oder durch die Vorlage eines Dokuments oder die Abgabe einer Eigenerklärung

---

1005 Siehe etwa die »Bietereigenerklärung« der Deutschen Bahn AG, S. 2, abrufbar unter http://bit.ly/1vrvVe0, die die Kenntnisnahme und Verpflichtung zur Einhaltung allgemeiner, umfassender Verhaltenskodizes verlangt, beispielsweise des »DB Verhaltenskodex für Geschäftspartner«, abrufbar unter http://bit.ly/VTTyMx, der die Einhaltung von Standards zu zahlreichen Bereichen wie etwa Kinderarbeit und Umweltschutz verlangt.
1006 *Dreher/Hoffmann* in NZBau 2014, S. 67 (71).
1007 *Dreher/Hoffmann* in NZBau 2014, S. 67 (71).
1008 *Dreher/Hoffmann* in NZBau 2014, S. 150 (154, Fn. 79).
1009 *Dreher/Hoffmann* in NZBau 2014, S. 150 (154, Fn. 79).
1010 VK Düsseldorf, Beschluss vom 17. Dezember 2002, Az. VK – 31/2002-L, S. 24.

zur Anerkenntnis der Schadensersatzansprüche erfolgen. Die Vergabestelle kann verlangen, dass das Unternehmen Pläne dazu vorlegt, wie es gedenkt, den Schaden wiedergutzumachen.[1011] Handelt es sich um noch ungeklärte Forderungen, genügt die Vorlage von Dokumenten, die eine Bereitschaft zur Zahlung von Schadensersatz belegen für den Fall, dass eine Prüfung des Sachverhalts ergeben sollte, dass ein Schaden durch die Verfehlung verursacht wurde, oder einer Verjährungsverzichtserklärung sowie die Abgabe entsprechender Eigenerklärungen.

E. Die Berücksichtigung von Selbstreinigungsmaßnahmen im Konzernverbund sowie bei Bietergemeinschaften und Nachunternehmern

Wie unter Kapitel 2 B.IV.2. dargestellt sind Verfehlungen von Mutter-, Tochter- und Schwestergesellschaften wechselseitig zurechenbar, wenn die Muttergesellschaft über einen beherrschenden Einfluss in den Tochtergesellschaften verfügt. Spiegelbildlich wirkt sich auch die Wiederherstellung der Zuverlässigkeit auf andere Konzerngesellschaften aus. Wenn die Verstöße der Muttergesellschaft einer Tochtergesellschaft zugerechnet werden, so sind für die Frage des Vorliegens einer Selbstreinigung ebenfalls die Maßnahmen der Muttergesellschaft maßgeblich und die Vergabestelle hat gegebenenfalls die entsprechenden Voraussetzungen für das Mutterunternehmen zu prüfen.[1012] Mangels einer Möglichkeit der Einflussnahme ist die Tochtergesellschaft für die Frage ihrer Rehabilitation vollständig abhängig von ihrer Muttergesellschaft und kann den Prozess nicht selbst vorantreiben.[1013] Wenn die Muttergesellschaft faktisch Einflussmöglichkeiten auf die Geschäfte der Tochtergesellschaft hat und diese nach einem Fehlverhalten der Tochtergesellschaft nicht dafür nutzt, Maßnahmen zur Verhinderung künftiger Verstöße zu etablieren, so ist davon auszugehen, dass die Muttergesellschaft das Fehlverhalten billigt.[1014] Sie ist daher ebenso wie die Tochtergesellschaft selbst gefragt, solche Maßnahmen zu ergreifen, so weit ihre Einflussmöglichkeiten reichen. Ansonsten besteht die Gefahr, dass sämtliche Konzernunternehmen, die unter ihrem Einfluss stehen, wegen der Unzuverlässigkeit eines anderen Konzernunternehmens von einem Vergabeverfahren ausgeschlossen werden.[1015] Je nach Organisationsstruktur ist entweder die Muttergesellschaft oder die Tochtergesellschaft in der Pflicht. Sind die erforderlichen Maßnahmen erfolgt, kann eine erfolgreiche Selbstreinigung ebenso wie die Verstöße wechselseitig zugerechnet werden.

1011 VK Niedersachsen, Beschluss vom 24. März 2011, Az. VgK-04/2011, S. 9; siehe auch Empfehlung Feuerwehrfahrzeuge Niedersachsen, S. 3.
1012 VK Niedersachsen, Beschluss vom 24. März 2011, Az. VgK-04/2011, S. 9.
1013 *Hölzl/Ritzenhoff* in NZBau 2012, S. 28 (30).
1014 *Dreher/Hoffmann* in NZBau 2014, S. 67 (69).
1015 *Dreher/Hoffmann* in NZBau 2014, S. 67 (69); siehe auch oben unter Kapitel 2 B.IV.2.

Da bei Bietergemeinschaften und Nachunternehmern die Zuverlässigkeit für jedes an dem Angebot beteiligte Unternehmen vorliegen muss (siehe unter Kapitel 2 B.IV.4.), ist auch die Durchführung von Selbstreinigungsmaßnahmen für dasjenige Unternehmen, dem ein Fehlverhalten in der Vergangenheit vorzuwerfen ist, zu prüfen.

F. Die Rechtsschutzmöglichkeiten gegen Entscheidungen über die Selbstreinigung

Gegen Entscheidungen, die die Zuverlässigkeit und ihre Wiederherstellung betreffen, sind die allgemeinen Rechtsschutzmöglichkeiten (siehe oben, Kapitel 1 D.) gegeben. Das bedeutet, dass ein Unternehmen, das seine eigene Einstufung als unzuverlässig wegen einer mangelnden oder unzureichenden Berücksichtigung von Selbstreinigungsmaßnahmen rügen möchte, als übliches Rechtsmittel gegen einen als unzulässig empfundenen Ausschluss ein Nachprüfungsverfahren einleiten kann.[1016]

Ebenso können die Mitbewerber eines Unternehmens, für das die Vergabestelle die Wiederherstellung der auf Grund eines Fehlverhaltens eingebüßten Zuverlässigkeit bejahte und dem sie beabsichtigt, den Zuschlag zu erteilen, ein Interesse daran haben, sich gegen die Einstufung des Konkurrenten als wieder zuverlässig und gegen den Zuschlag an dieses Unternehmen zu wehren. Denkbar ist auch eine Konstellation, in der mehrere Unternehmen wegen eines Kartellverstoßes ausgeschlossen werden könnten und ein Unternehmen nicht damit einverstanden ist, dass die eigenen Bemühungen um eine Selbstreinigung im Gegensatz zu denen des Konkurrenzunternehmens als unzureichend bewertet werden. Den betreffenden Unternehmen stehen in den ebenso wie in anderen Fällen, in denen ein Verstoß der Vergabestelle gegen vergaberechtliche Grundsätze gerügt wird, die üblichen Rechtsschutzmöglichkeiten (siehe oben, Kapitel 1 D.) zur Verfügung. Sie können daher unter Berufung auf einen Verstoß gegen § 97 Abs. 7 GWB i.V.m. § 97 Abs. 1, Abs. 4 Satz 1 GWB ein Nachprüfungsverfahren anstrengen, wenn der Zuschlag an ein aus ihrer Sicht unzuverlässiges Unternehmen bevorsteht, denn jeder Teilnehmer des Vergabeverfahrens hat einen Anspruch darauf, dass die Vergabestelle den Auftrag an ein gesetzestreues und zuverlässiges Unternehmen vergibt (siehe § 97 Abs. 4 S. 1 GWB).[1017] Der Grundsatz der Gleichbehandlung nach § 97 Abs. 2 GWB ist berührt, wenn die Prüfung der Zuverlässigkeit nicht für alle Unternehmen nach denselben Maßstäben erfolgt.[1018]

Hintergrund der für die Thematik der Selbstreinigung wichtigen Entscheidung der Vergabekammer Niedersachsen vom 24. März 2011[1019] war ein solches Vorgehen

---

1016 VK Niedersachsen, Beschluss vom 14. Februar 2012, Az. VgK-05/2012, S. 6.
1017 VK Niedersachsen, Beschluss vom 24. März 2011, Az. VgK-04/2011, S. 5.
1018 VK Düsseldorf, Beschluss vom 17. Dezember 2002, Az. VK – 31/2002-L, S. 21.
1019 Az. VK-04/2011.

eines Konkurrenzunternehmens. Das in einer Ausschreibung für die Lieferung von Feuerwehrfahrzeugen nach der Angebotswertung zweitplatzierte Unternehmen wandte sich gegen den geplanten Zuschlag an ein Unternehmen, gegen das kurz zuvor ein Bußgeld wegen einer kartellrechtswidrigen Absprache erlassen worden war. Die Antragstellerin hatte insofern Erfolg, als die Vergabekammer der Vergabestelle aufgab, über die Frage der Selbstreinigung erneut zu entscheiden, da sie sich nicht auf die bisherigen knappen Ausführungen des erstplatzierten Unternehmens hätte verlassen dürfen.[1020] Die Teilnehmer eines Vergabeverfahrens haben Anspruch auf eine ermessensfehlerfreie Entscheidung über einen möglichen Ausschluss eines Bieters wegen einer schweren Verfehlung und auf eine »*sorgfältige Ermittlung der Grundlagen der Ermessensentscheidung*«.[1021] Auch einige weitere maßgebliche Entscheidungen zur Frage der Selbstreinigung von Unternehmen ergingen im Rahmen oder im Nachgang eines durch einen Konkurrenten im Vergabeverfahren angestrengten Nachprüfungsverfahrens.[1022]

Wenn das Angebot des den Nachprüfungsantrag stellenden Unternehmens selbst auszuschließen gewesen wäre, kann deswegen nicht schon die Antragsbefugnis nach § 107 Abs. 2 GWB verneint werden, siehe oben, Kapitel 1 D. Dies ist auch in Fällen, in denen das auszuschließende Unternehmen sich gegen den nicht erfolgten Ausschluss anderer Unternehmen wendet, der Fall. Denn vor dem Hintergrund des Gleichbehandlungsgrundsatzes ist eine Selbstbindung der Vergabestelle dahingehend anzunehmen, dass sie bei einer Entscheidung zum Ausschluss eines Unternehmens wegen eines bestimmten Mangels von einem Vergabeverfahren auszuschließen auch die Angebote weiterer Unternehmen, die unter demselben oder einem gleichwertigen Mangel leiden, ausschließen muss.[1023] Der drohende Schaden für das antragstellende Unternehmen im Sinne des § 107 Abs. 2 Satz 2 GWB liegt darin, dass im Falle eines erforderlichen Ausschlusses sämtlicher Teilnehmer bzw. ihrer Angebote das Vergabeverfahren aufzuheben wäre und eine Neuausschreibung erfolgen könnte, sofern der Bedarf der Vergabestelle weiterhin bestünde, und das Unternehmen somit eine Chance hätte, an dieser neuen Ausschreibung teilzunehmen und sie für sich zu entscheiden.[1024]

1020 VK Niedersachsen, Beschluss vom 24. März 2011, Az. VgK-04/2011, S. 9f.
1021 VK Niedersachsen, Beschluss vom 24. März 2011, Az. VgK-04/2011, S. 6.
1022 KG Berlin, Urteil vom 13. März 2008, 2 Verg 18/07; OLG Brandenburg, Beschluss vom 14. Dezember 2007, Az. Verg W 21/07; OLG Düsseldorf, Beschluss vom 9. April 2003, Az. VII-Verg 66/02; OLG Düsseldorf, Beschluss vom 9. April 2003, Az. Verg 43/02; OLG Düsseldorf, Beschluss vom 18. Juli 2001, Az. Verg 16/01; VK Nordbayern, Beschluss vom 24. Januar 2008, Az. 21.VK - 3194 - 52/07; VK Düsseldorf, Beschluss vom 17. Dezember 2002, Az. VK – 31/2002-L; VK Bund, Beschluss vom 11. Oktober 2002, Az. VK 1 - 75/02.
1023 BGH, Beschluss vom 26. September 2006, X ZB 14/06, Tz. 27; OLG Düsseldorf, Beschluss vom 27. April 2005, Az. VII-Verg 23/05, Tz. 22.
1024 BGH, Beschluss vom 26. September 2006, X ZB 14/06, Tz. 30; OLG Düsseldorf, Beschluss vom 27. April 2005, Az. VII-Verg 23/05, Tz. 22.

Ein Nachprüfungsantrag ist allerdings unbegründet, wenn das antragstellende Unternehmen zu Recht ausgeschlossen wurde.[1025] Etwas anderes gilt jedoch auch auf der Ebene der Begründetheit dann, wenn sämtliche Angebote wegen desselben oder eines gleichwertigen Mangels auszuschließen gewesen wären:

»Auch ein Bieter, dessen Angebot zu Recht ausgeschlossen wird, dessen Angebot zu Recht ausgeschlossen werden kann oder dessen Angebot ausgeschlossen werden muss, kann deshalb in seinen Rechten nach § 97 Abs. 7 GWB verletzt sein, wenn ein anderes Angebot unter Missachtung von Bestimmungen über das Vergabeverfahren nicht ausgeschlossen wird und den Zuschlag erhalten soll oder wenn sich der beabsichtigte Zuschlag aus einem anderen Grund verbietet.«[1026]

Wenn mehrere oder sämtliche Unternehmen wegen eines Kartellrechtsverstoßes ausgeschlossen werden mussten oder konnten, kann somit ein ausgeschlossenes Unternehmen im Wege eines Nachprüfungsverfahrens dagegen vorgehen, dass ein anderes Unternehmen nicht ebenfalls ausgeschlossen wurde. Es handelt sich dabei nicht um die Geltendmachung einer »Gleichheit im Unrecht«, solange nicht gefordert wird, dass auch das eigene Angebot vergaberechtswidrig nicht ausgeschlossen werden soll.[1027] Entsprechend kann ein Unternehmen auch vorbringen, dass die Vergabestelle zu Unrecht eine Selbstreinigung eines anderen Bieters angenommen hat, obwohl es selbst rechtmäßig ausgeschlossen wurde.

G. Beispiel aus der Praxis für die Anforderungen an eine erfolgreiche Selbstreinigung: Das Feuerwehrfahrzeugkartell

Der prominenteste und bereits im Wesentlichen abgeschlossene Fall zu einer Selbstreinigung von Unternehmen nach einem Submissionskartell betrifft die Beschaffung von Feuerwehrfahrzeugen durch Städte, Kreise und Gemeinden in Deutschland. Vier Hersteller von Feuerwehrlöschfahrzeugen hatten in einem Zeitraum von 2001 bis zu den Durchsuchungen durch das Bundeskartellamt im Jahr 2009 den deutschen Markt untereinander aufgeteilt und mussten hierfür ein Bußgeld in Höhe von

---

1025 OLG Düsseldorf, Beschluss vom 27. Juli 2006, Az. VII-Verg 23/06, Tz. 55; *Otting* in Bechtold, Kommentar GWB, 6. Auflage 2010, § 107 GWB, Rn. 8.
1026 BGH, Beschluss vom 26. September 2006, X ZB 14/06, Tz. 52; unbegründet ist allerdings der Nachprüfungsantrag eines auszuschließenden Unternehmens, mit dem eine Überprüfung der Aufhebung eines Vergabeverfahrens erreicht werden soll, denn in einem solchen Fall kann das begehrte Ziel, die Rückgängigmachung der Aufhebung der Ausschreibung, nicht zu einer Chance auf den Zuschlag für das betreffende Unternehmen führen, siehe BGH, Beschluss vom 18. Februar 2003, Az. X ZB 43/02, S. 19f.
1027 BGH, Beschluss vom 26. September 2006, X ZB 14/06, Tz. 53.

insgesamt 50,5 Mio. EUR zahlen.[1028] Eines der beteiligten Unternehmen offenbarte im Zuge dieses Verfahrens die Absprache mit einem weiteren Hersteller über eine Aufteilung des Marktes für Feuerwehrfahrzeuge mit Drehleitern von 1998 bis 2007, wofür letzterem ein Bußgeld von 17,5 Mio. EUR auferlegt wurde.[1029] In der Folge berücksichtigten die Kommunen diese Kartellrechtsverstöße bei der Beschaffung von Feuerwehrfahrzeugen. Dabei waren gegebenenfalls auch Maßnahmen zur Selbstreinigung einzubeziehen.[1030] Zu dieser Frage erarbeitete die Bundesvereinigung der kommunalen Spitzenverbände als Hilfestellung für die Prüfung von Angeboten eine »Checkliste« zur Abfrage der für eine erfolgreiche Selbstreinigung erforderlichen Aspekte.[1031] Demnach ist ein Vortrag der Bieter erforderlich zu Alt- und Neubesetzung (einschließlich der Kompetenzen) der Geschäftsführungs- und Vertriebsleiterebene sowie zu weiteren an den kartellrechtsrelevanten Verhaltensweisen beteiligten Mitarbeitern und zu verschiedenen strukturellen und organisatorischen Maßnahmen. Außerdem sind die Zusicherung der Bereitschaft zur Begleichung eventueller Schäden und zur Mitwirkung an der Aufklärung eines solchen Schadens sowie der Verzicht auf die Einrede der Verjährung gegen etwaige Schadensersatzansprüche vorgesehen. Auf dieser Basis wurden einige Hersteller in der Folgezeit bei Ausschreibungen für Feuerwehrfahrzeuge nicht berücksichtigt.

Ein Teil der betroffenen Hersteller wendete sich gegen erfolgte Ausschlüsse oder gegen ihrer Ansicht nach zu Unrecht beabsichtigte Zuschläge an Konkurrenzunternehmen. In den dazu ergangenen Entscheidungen der Vergabekammern wurden die Anforderungen an eine Selbstreinigung thematisiert und konkretisiert.[1032] Sie leisteten damit einen wesentlichen Beitrag zu der Diskussion über die erforderlichen Bausteine einer erfolgreichen Selbstreinigung.

Zur Regulierung des Schadens einigten sich die kommunalen Spitzenverbände und die Kartellanten dahingehend, zunächst auf Kosten der Unternehmen ein

---

1028 Siehe Fallbericht des Bundeskartellamtes vom 18. Februar 2011, abrufbar unter http://bit.ly/VRa28u; Pressemitteilung des Bundeskartellamtes vom 10. Februar 2011, abrufbar unter http://bit.ly/1AYP6vZ; Pressemitteilung des Bundeskartellamtes vom 7. März 2012, abrufbar unter http://bit.ly/1sL6tvh.
1029 Siehe Fallbericht des Bundeskartellamtes vom 29. Juli 2011, abrufbar unter http://bit.ly/1qMzcNQ; Pressemitteilung des Bundeskartellamtes vom 27. Juli 2011, abrufbar unter http://bit.ly/1tIeGmD.
1030 Vgl. die in diesem Zusammenhang erstellte Empfehlung Feuerwehrfahrzeuge Niedersachsen, S. 2f.
1031 Siehe die »Bietererklärung zur Zusicherung der Zuverlässigkeit bzw. zur Wiederherstellung der Zuverlässigkeit (Selbstreinigung) - Checkliste«, in Anlage 2 zum Rundschreiben des Niedersächsischen Städte- und Gemeindebundes Nr. 103/2011 vom 17. Juni 2011, abrufbar unter http://bit.ly/1lz0jjt.
1032 Siehe VK Niedersachsen, Beschluss vom 14. Februar 2012, Az. VgK-05/2012; VK Niedersachsen, Beschluss vom 24. März 2011, Az. VgK-04/2011; außerdem nach Rücknahme des Nachprüfungsantrags ohne eine Entscheidung in der Sache VK Mecklenburg-Vorpommern, Beschluss vom 16. Dezember 2011, Az. 2 VK 06/11.

neutrales Gutachten in Auftrag zu geben zu der Frage, ob und in welcher Höhe den Kommunen ein Schaden durch die Kartellrechtsverstöße entstanden ist.[1033] Eine Gemeinde in Baden-Württemberg beispielsweise klagte außerdem erfolgreich die Zahlung einer vertraglich vereinbarten Schadenspauschale ein.[1034] Inzwischen wurde auf Basis des Schadensgutachtens ein Fonds gebildet, in den die kartellbeteiligten Hersteller (mit Ausnahme eines inzwischen insolventen Unternehmens) ihre Kompensationsbeiträge eingezahlt haben und aus dem ein Großteil der betroffenen Kommunen mittlerweile in Höhe einer für die verschiedenen Fahrzeugtypen festgelegten Summe entschädigt wurde.[1035]

Die Hersteller verzichteten außerdem für die Dauer der Verhandlungen auf die Einrede der Verjährung gegen Schadensersatzansprüche der Kommunen und erklärten sich dazu bereit, ihre Maßnahmen zur Selbstreinigung durch eine unabhängige Stelle zertifizieren zu lassen.[1036] In der Folge übernahm dies die Zertifizierung Bau GmbH, auf deren Homepage die entsprechenden aktuellen Bescheinigungen abgerufen werden können.[1037]

Dieses Beispiel zeigt, dass es für die Bewertung einer Selbstreinigung als erfolgreich nicht darauf ankommt, dass ein Unternehmen freiwillig und ohne Einschränkung Schadensersatzforderungen begleicht. Vielmehr kann im Einzelfall durch andere Maßnahmen die vorhandene Bereitschaft zu einer Kompensation für den Fall, dass tatsächlich Schäden eingetreten sind, nachgewiesen werden, namentlich durch die Finanzierung eines Schadensgutachtens und den Verzicht auf die Einrede der Verjährung gegen Schadensersatzansprüche von Geschädigten. Auch zur schwierigen Frage der Nachweisbarkeit erfolgter Selbstreinigungsmaßnahmen zeigt die Abwicklung des Feuerwehrfahrzeugkartells mit der Einschaltung einer neutralen Zertifizierungsstelle einen zumindest für größere Kartellfälle, in denen sich die Aufstellung allgemeiner Kriterien anbietet, gangbaren Weg auf.

1033 Siehe die »Erklärung zum Feuerwehrbeschaffungskartell«, Anlage 1 zum Rundschreiben des Niedersächsischen Städte- und Gemeindebundes Nr. 103/2011 vom 17. Juni 2011, abrufbar unter http://bit.ly/1lz0jjt.
1034 OLG Karlsruhe, Urteil vom 31. Juli 2013, Az. 6 U 51/12 (Kart.).
1035 Siehe »Feuerwehrkartell: Eckpunkte des DStGB-Abschlussberichts« des Deutschen Städte- und Gemeindebundes vom 3. Juni 2014, abrufbar unter http://bit.ly/1tfQcCm.
1036 Siehe die »Erklärung zum Feuerwehrbeschaffungskartell«, Anlage 1 zum Rundschreiben des Niedersächsischen Städte- und Gemeindebundes Nr. 103/2011 vom 17. Juni 2011, abrufbar unter http://bit.ly/1lz0jjt.
1037 Unter http://bit.ly/1ljbhco.

H. Zusammenfassender Überblick zu den Voraussetzungen einer Selbstreinigung

Wie ausführlich dargestellt wurde ist bei der Frage, welche Elemente für eine erfolgreiche Selbstreinigung zu fordern sind und wie diese im Einzelnen auszugestalten sind, stets der Sinn und Zweck der Selbstreinigungsmöglichkeit der maßgebliche Bezugspunkt. Sämtliche Fragestellungen sind vor dem Hintergrund zu beantworten, dass ein Unternehmen im Wege einer Selbstreinigung seine vergaberechtliche Zuverlässigkeit dadurch wiederherstellt, dass ihm trotz Verfehlung in der Vergangenheit eine positive Zukunftsprognose auszustellen ist und erneute Verstöße nicht zu erwarten sind. Dabei sind auch die vergaberechtlichen Grundsätze und die Zielrichtung des Vergaberechts, einen möglichst breiten, fairen Wettbewerb zu ermöglichen, einzubeziehen. Mit dieser Blickrichtung sind die auftauchenden Problemstellungen zu lösen. Folgerichtig sind eine Aufklärung des Sachverhalts ebenso wie die Ergreifung angemessener personeller und struktureller Maßnahmen in jedem Fall essentialia der Selbstreinigung. Eine Schadenswiedergutmachung dagegen kann nur dann zur Selbstreinigung beitragen und dementsprechend erforderlich sein, wenn unstreitig Ansprüche von Geschädigten vorliegen. Auch wie die Bausteine einer Selbstreinigung mit Leben zu füllen sind ist danach zu beurteilen, welche Maßnahmen tatsächlich dazu dienen, künftig Verstöße im Unternehmen zu vermeiden. Daher können die Aufklärungs- und Compliance-Maßnahmen auf das entdeckte und künftig zu vermeidende Fehlverhalten beschränkt werden.

Zusammenfassung und Thesen

1. Die Tatsache, dass ein Unternehmen einen Kartellrechtsverstoß begangen hat, kann die Unzuverlässigkeit des Unternehmens im vergaberechtlichen Sinne bedeuten und zum zwingenden oder fakultativen Ausschluss vom Vergabeverfahren führen. Bei dem Vorliegen eines fakultativen Ausschlussgrundes steht es im Ermessen der Vergabestelle, ob sie das Unternehmen tatsächlich ausschließt. Steht die Unzuverlässigkeit positiv fest und ist nicht nur in Frage gestellt, reduziert sich das Ermessen auf Null. Der öffentliche Auftraggeber kann wegen einer solchen Verfehlung außerdem eine Auftragssperre verhängen, die das Unternehmen für eine gewisse Dauer von öffentlichen Ausschreibungen ausschließt. Auch eine koordinierte Auftragssperre, die für mehrere Vergabestellen oder landesweit gilt, ist zulässig.
2. Die Vergabestelle muss bei der Prüfung derartiger Maßnahmen berücksichtigen, ob das betreffende Unternehmen nach seinem Fehlverhalten Selbstreinigungsmaßnahmen zur Wiederherstellung seiner Zuverlässigkeit ergriffen hat. Dies beruht auf den Grundprinzipien des Vergaberechts. Der Ausschluss eines Unternehmens vom Vergabeverfahren entspricht nicht dem Verhältnismäßigkeitsprinzip, wenn hinreichende Maßnahmen den Schluss erlauben, dass das Unternehmen trotz eines Fehlverhaltens in der Vergangenheit künftig wieder als zuverlässig gelten kann. Unternehmen, die solche Maßnahmen ergriffen haben, sind wegen des Gleichbehandlungsgrundsatzes ebenso zu behandeln wie Unternehmen, denen kein Fehlverhalten vorzuwerfen ist, und unterschiedlich im Vergleich zu solchen Unternehmen, die trotz Verfehlung keinerlei solche Maßnahmen ergriffen haben.
3. Liegen die Voraussetzungen eines zwingenden Ausschlusses vor, kann eine erfolgreiche Selbstreinigung eine Ausnahme vom Ausschluss ermöglichen. Steht ein fakultativer Ausschluss wegen einer schweren Verfehlung im Raum, ist die Zuverlässigkeit des Unternehmens nicht mehr als in Frage gestellt anzusehen, wenn hinreichende Maßnahmen zur Selbstreinigung durchgeführt wurden. Eine Auftragssperre kann nicht verhängt werden, wenn die Zuverlässigkeit bereits wiederhergestellt ist und ist im Übrigen nach der Durchführung von Selbstreinigungsmaßnahmen wieder aufzuheben. Eine zwingend vorgeschriebene Mindestsperrdauer kommt nicht in Betracht, da für das Unternehmen sonst kein Anreiz bestünde, sich zügig um eine Selbstreinigung zu bemühen.
4. Für die Frage der Zurechnung von Fehlverhalten im Konzern ist es entscheidend, ob die Muttergesellschaft die Möglichkeit hat, Einfluss auf die Geschäfte der Tochtergesellschaft zu nehmen. Ist dies der Fall, wirkt sich eine Verfehlung der Mutter-, der Tochter- oder einer Schwestergesellschaft auch auf das jeweils hinsichtlich seiner Zuverlässigkeit zu beurteilende Unternehmen aus. Das Fehlverhalten von Niederlassungen ist unter diesem Gesichtspunkt stets

zuzurechnen. Eine Zurechnung kann verhindert werden, wenn sich das Mutterunternehmen dadurch exkulpieren kann, dass ein konzernweites, im Übrigen funktionierendes Compliance-System existiert. Maßnahmen zur Selbstreinigung sind ebenfalls wechselseitig zurechenbar und müssen gegebenenfalls (auch) durch die Muttergesellschaft erfolgen, obwohl lediglich der Tochtergesellschaft ein Fehlverhalten vorzuwerfen ist.

5. Letztmöglicher Zeitpunkt für die Berücksichtigung von Änderungen in Bezug auf die Eignung des Unternehmens ist die letzte mündliche Verhandlung im Nachprüfungsverfahren. Entsprechend sind auch Selbstreinigungsmaßnahmen, die im Laufe des Vergabe- oder Nachprüfungsverfahrens durchgeführt oder abgeschlossen wurden, in die Eignungsprüfung einzubeziehen.

6. Für eine erfolgreiche Selbstreinigung sind eine aktive Beteiligung an der Aufklärung des Sachverhalts, personelle und organisatorische Maßnahmen sowie die Wiedergutmachung eines durch die Verfehlung entstandenen Schadens bzw. eine entsprechende Bereitschaft zur Wiedergutmachung erforderlich.

7. Die bisherigen Entscheidungen der Gerichte und Vergabekammern und ihre Unterschiede in der Bewertung, etwa des maßgeblichen Zeitraums, den die Behörde in ihre Prüfung miteinbezieht, zeigen, dass allgemeingültige Aussagen zu Details der Selbstreinigung kaum möglich sind. Die grundsätzlichen Anforderungen stehen allerdings fest. Davon ausgehend muss die Vergabestelle den konkreten Sachverhalt und sämtliche Umstände würdigen. Dabei müssen ihr die vergaberechtlichen Grundsätze als Leitmotive dienen.

8. Im Rahmen der Aufklärung des Sachverhalts ist kein Geständnis erforderlich. Es genügt, wenn das Unternehmen sich mit den Vorwürfen auseinandersetzt. Dies gilt erst recht, wenn das Unternehmen im Grunde nicht davon ausgeht, dass eine Verfehlung vorliegt, und dennoch vorsorglich Selbstreinigungsmaßnahmen ergreift.

9. Die Aufklärung muss sich nicht auf einen möglicherweise entstandenen Schaden beziehen. Sie ist danach auszurichten, dass die Vergabestelle beurteilen kann, ob die durchgeführten personellen und organisatorischen Maßnahmen als ausreichend zu bewerten sind. Diese sind unabhängig von der Verursachung eines Schadens umzusetzen.

10. Kronzeugenanträge und damit zusammenhängende Dokumente müssen der Vergabestelle nicht vorgelegt werden. Dies würde der Effektivität der Kronzeugenprogramme zuwiderlaufen.

11. Dass ein Unternehmen mit den Kartellbehörden zusammenarbeitet und deswegen ein Interesse daran hat, die an der Verfehlung beteiligten Personen im Unternehmen zu halten, kann keine Herabsetzung der Anforderungen an die Selbstreinigung in personeller Hinsicht bewirken. Allerdings werden sich die erforderlichen Abschwächungen der Maßnahmen in der Regel mit denjenigen überschneiden, die bereits im Rahmen der Sachverhaltsaufklärung als Element der Selbstreinigung hinzunehmen sind.

12. Eine Lohnkürzung kommt als (für sich genommen ausreichende) personelle Maßnahme im Sinne der Selbstreinigung nicht in Betracht, da damit keine Änderung der Einflussmöglichkeiten der betreffenden Person verknüpft ist.
13. Die Einführung eines allgemeinen Wertemanagements kann nicht als strukturelle Maßnahme gefordert werden, da dies über die erforderlichen, der konkreten Verfehlung entsprechenden organisatorischen Maßnahmen hinausgeht. Andererseits genügt ein solches Wertemanagement nicht für eine erfolgreiche Selbstreinigung, denn die Compliance-Maßnahmen müssen passgenau auf den Einzelfall erfolgen.
14. Ob und in welcher Form die Wiedergutmachung des Schadens für eine erfolgreiche Selbstreinigung erforderlich ist, ist danach zu differenzieren, ob es sich um streitige oder unstreitige Schadensersatzforderungen handelt. Das Vergaberecht soll nicht dazu führen, dass Unternehmen darauf verzichten, ihre berechtigten Interessen wahrzunehmen und über das Bestehen und die Höhe von Schadensersatzansprüchen zu streiten. Werden noch ungeklärte Forderungen nicht beglichen, können daraus keine Rückschlüsse auf die künftige Zuverlässigkeit des Unternehmens gezogen werden.
15. Bei rechtskräftig festgestellten oder anerkannten Schadensersatzansprüchen ist deren Begleichung oder eine entsprechende Verpflichtungserklärung für eine erfolgreiche Selbstreinigung erforderlich. Bei noch im Einzelnen streitigen Ansprüchen muss das Unternehmen lediglich erklären, zur Wiedergutmachung verursachter Schäden nach deren Klärung bereit zu sein.
16. Wünschenswert wäre, dass die Klarstellung, dass eine Schadenswiedergutmachung in Form einer Zahlung oder einer entsprechenden Verpflichtung dazu nur dann gefordert werden kann, wenn die Schadensersatzforderung zumindest dem Grunde nach unstreitig besteht, nicht nur in der Gesetzesbegründung erfolgt, sondern in den Gesetzestext aufgenommen wird. § 125 Abs. 1 Satz 1 Nr. 1 GWB n.F. sollte dementsprechend lauten:

> »für jeden durch eine Straftat oder ein Fehlverhalten **unstreitig** verursachten Schaden einen Ausgleich gezahlt hat oder sich **im Falle eines noch nicht geklärten Schadens** zur Zahlung eines Ausgleichs **für jeden gegebenenfalls durch das Fehlverhalten verursachten Schaden nach Aufklärung** verpflichtet hat,«

Anlage 1: Übersicht der zitierten Landesvorschriften

Bundesland	Vollständiger Titel der Vorschrift	Fundstelle	Abgekürzter Titel der Vorschrift
Baden-Württemberg	Tariftreue- und Mindestlohngesetz für öffentliche Aufträge in Baden-Württemberg (Landestariftreue- und Mindestlohngesetz – LTMG) vom 16. April 2013	Gesetzesblatt Nr. 4/2013 vom 19. April 2013, S. 50ff.	Landestariftreue- und Mindestlohngesetz Baden-Württemberg
	Verwaltungsvorschrift der Landesregierung und der Ministerien zur Verhütung unrechtmäßiger und unlauterer Einwirkungen auf das Verwaltungshandeln und zur Verfolgung damit zusammenhängender Straftaten und Dienstvergehen (VwV Korruptionsverhütung und -bekämpfung) vom 15. Januar 2013	Gemeinsames Amtsblatt des Landes Baden-Württemberg Nr. 2/2013 vom 27. Februar 2013, S. 55ff.	Verwaltungsvorschrift Korruptionsverhütung und -bekämpfung Baden-Württemberg
Bayern	Richtlinie zur Verhütung und Bekämpfung von Korruption in der öffentlichen Verwaltung (Korruptionsbekämpfungsrichtlinie – KorruR) der Bayerischen Staatsregierung vom 13. April 2004	Allgemeines Ministerialblatt Nr. 4/2004, S. 87ff. (zuletzt geändert mit Bekanntmachung vom 14. September 2010, Allgemeines Ministerialblatt Nr. 10/2010, S. 243)	Korruptionsbekämpfungsrichtlinie Bayern

Bundesland	Vollständiger Titel der Vorschrift	Fundstelle	Abgekürzter Titel der Vorschrift
Berlin	Gesetz zur Einrichtung und Führung eines Registers über korruptionsauffällige Unternehmen in Berlin (Korruptionsregistergesetz - KRG) vom 19. April 2006	Gesetzes- und Verordnungsblatt Nr. 16/2006 vom 3. Mai 2006, S. 358ff. (zuletzt geändert durch Erstes Gesetz zur Änderung des Korruptionsregistergesetzes vom 1. Dezember 2010, Gesetzes- und Verordnungsblatt Nr. 30/2010 vom 10. Dezember 2010, S. 935)	Korruptionsregistergesetz Berlin
	Berliner Ausschreibungs- und Vergabegesetz (BerlAVG) vom 8. Juli 2010	Gesetzes- und Verordnungsblatt für Berlin, Nr. 17/2010 vom 22. Juli 2010, S. 399ff. (zuletzt geändert durch Erstes Gesetz zur Änderung des Berliner Ausschreibungs- und Vergabegesetzes vom 5. Juni 2012, Gesetzes- und Verordnungsblatt Nr. 14/2012 vom 16. Juni 2012, S. 159)	Ausschreibungs- und Vergabegesetz Berlin

Bundesland	Vollständiger Titel der Vorschrift	Fundstelle	Abgekürzter Titel der Vorschrift
Brandenburg	Brandenburgisches Gesetz über Mindestanforderungen für die Vergabe von öffentlichen Aufträgen (Brandenburgisches Vergabegesetz – BbgVergG) vom 21. September 2011	Gesetz- und Verordnungsblatt für das Land Brandenburg Teil I – Gesetze Nr. 19/2011 vom 21. September 2011 (zuletzt geändert durch Erstes Gesetz zur Änderung des Brandenburgischen Vergabegesetzes vom 11. Februar 2014, Gesetz- und Verordnungsblatt für das Land Brandenburg Teil I – Gesetze Nr. 6/2011 vom 12. Februar 2012	Vergabegesetz Brandenburg
	Verordnung über Angebotsprüfungen, Kontrollen, Auftragssperren und erleichterte Nachweise nach dem Brandenburgischen Vergabegesetz (Brandenburgische Vergabegesetz-Durchführungsverordnung – BbgVergGDV) vom 16. Oktober 2012	Gesetz- und Verordnungsblatt für das Land Brandenburg Teil II – Verordnungen Nr. 85/2012 vom 19. Oktober 2012	Durchführungsverordnung Vergabegesetz Brandenburg

Bundesland	Vollständiger Titel der Vorschrift	Fundstelle	Abgekürzter Titel der Vorschrift
Bremen	Bremisches Gesetz zur Errichtung und Führung eines Korruptionsregisters (Bremisches Korruptionsregistergesetz - BremKorG) vom 17. Mai 2011	Gesetzblatt der Freien Hansestadt Bremen Nr. 27/2011 vom 3. Juni 2011, S. 365ff. (zuletzt geändert durch Bremisches Gesetz zur Errichtung und Führung eines Korruptionsregisters vom 25. November 2014, Gesetzesblatt der Freien Hansestadt Bremen Nr. 121/2014 vom 28. November 2014, S. 558f.)	Korruptionsregistergesetz Bremen
	Bremisches Gesetz zur Sicherung von Tariftreue, Sozialstandards und Wettbewerb bei öffentlicher Auftragsvergabe (Tariftreue- und Vergabegesetz) vom 24. November 2009	Gesetzblatt der Freien Hansestadt Bremen Nr. 61/2009 vom 1. Dezember 2009, S. 476ff. (zuletzt geändert durch Gesetz zur Änderung des Bremischen Gesetzes zur Sicherung von Tariftreue, Sozialstandards und Wettbewerb bei öffentlicher Auftragsvergabe (Tariftreue- und Vergabegesetz) vom 27. Januar 2015, Gesetzblatt der Freien Hansestadt Bremen Nr. 12/2015 vom 29. Januar 2015, S. 26)	Tariftreue- und Vergabegesetz Bremen

Bundesland	Vollständiger Titel der Vorschrift	Fundstelle	Abgekürzter Titel der Vorschrift
Hamburg	Gesetz zur Einrichtung eines Registers zum Schutz fairen Wettbewerbs (GRfW) vom 17. September 2013	Hamburgisches Gesetz- und Verordnungsblatt Nr. 40/2013 vom 1. Oktober 2013, S. 417ff	Gesetz zur Einrichtung eines Registers zum Schutz fairen Wettbewerbs Hamburg
	Hamburgisches Vergabegesetz (HmbVgG) vom 13. Februar 2006	Hamburgisches Gesetz- und Verordnungsblatt Nr. 6/2006 vom 21. Februar 2006, S. 57ff. (zuletzt geändert durch Gesetz über den Mindestlohn in der Freien und Hansestadt Hamburg und zur Änderung des Hamburgischen Vergabegesetzes vom 30. April 2013, Hamburgisches Gesetz- und Verordnungsblatt Nr. 16/2013 vom 10. Mai 2013, S. 188ff.)	Vergabegesetz Hamburg
Hessen	Hessisches Vergabe- und Tariftreuegesetz (HVTG) vom 19. Dezember 2014	Gesetz- und Verordnungsblatt für das Land Hessen Nr. 25/2014 vom 19. Dezember 2014, S. 354ff.	Vergabe- und Tariftreuegesetz Hessen
	Gemeinsamer Runderlass der Landesregierung zum Ausschluss von Bewerbern und Bietern wegen schwerer Verfehlungen, die ihre Zuverlässigkeit infrage stellen vom 13. Dezember 2010	Staatsanzeiger für das Land Hessen Nr. 52/2010 vom 27. Dezember 2010, S. 2831ff.	Gemeinsamer Runderlass Hessen

Bundesland	Vollständiger Titel der Vorschrift	Fundstelle	Abgekürzter Titel der Vorschrift
Mecklenburg-Vorpommern	Gesetz über die Vergabe öffentlicher Aufträge in Mecklenburg-Vorpommern (Vergabegesetz Mecklenburg-Vorpommern - VgG M-V) vom 7. Juli 2011	Gesetz- und Verordnungsblatt für Mecklenburg-Vorpommern Nr. 12/2011 vom 15. Juli 2011, S. 411ff. (zuletzt geändert durch Erstes Gesetz zur Änderung des Vergabegesetzes Mecklenburg-Vorpommern vom 25. Juni 2012, Gesetz- und Verordnungsblatt für Mecklenburg-Vorpommern Nr. 10/2012 vom 29. Juni 2012, S. 238)	Vergabegesetz Mecklenburg-Vorpommern
Niedersachsen	Niedersächsisches Gesetz zur Sicherung von Tariftreue und Wettbewerb bei der Vergabe öffentlicher Aufträge (Niedersächsisches Tariftreue- und Vergabegesetz- NTVergG) vom 31. Oktober 2013	Niedersächsisches Gesetz- und Verordnungsblatt Nr. 20/2013 vom 7. November 2013, S. 259ff.	Tariftreue- und Vergabegesetz Niedersachsen
	Feuerwehrgerätebeschaffungskartell – Empfehlungen für kommunale Einkäufer von Feuerwehrfahrzeugen zur Überprüfung der Zuverlässigkeit von Bietern vom 2. Mai 2011	abrufbar auf www.mv.niedersachsen.de	Empfehlung Feuerwehrfahrzeuge Niedersachsen

Bundesland	Vollständiger Titel der Vorschrift	Fundstelle	Abgekürzter Titel der Vorschrift
Nordrhein-Westfalen	Gesetz zur Verbesserung der Korruptionsbekämpfung und zur Errichtung und Führung eines Vergaberegisters in Nordrhein-Westfalen (Korruptionsbekämpfungsgesetz - KorruptionsbG) vom 16. Dezember 2004	Gesetz- und Verordnungsblatt NRW Nr. 1/2005 vom 4. Januar 2005, S. 1ff. (zuletzt geändert durch Gesetz zur Änderung des Korruptionsbekämpfungsgesetzes und weiterer Gesetze vom 19. Dezember 2013, Gesetz- und Verordnungsblatt NRW Nr. 45/2013 vom 30. Dezember 2013, S. 847ff.)	Korruptionsbekämpfungsgesetz Nordrhein-Westfalen
	Gesetz über die Sicherung von Tariftreue und Sozialstandards sowie fairen Wettbewerb bei der Vergabe öffentlicher Aufträge (Tariftreue- und Vergabegesetz Nordrhein-Westfalen - TVgG - NRW) vom 10. Januar 2012	Gesetz- und Verordnungsblatt Nr. 2/2012 vom 26. Januar 2012, S. 15ff.	Tariftreue- und Vergabegesetz Nordrhein-Westfalen
	Runderlass des Ministeriums für Inneres und Kommunales von Nordrhein-Westfalen, zugleich im Namen der Ministerpräsidentin und aller Landesministerien zur Verhütung und Bekämpfung von Korruption in der öffentlichen Verwaltung vom 20. August 2014	Ministerialblatt NRW Nr. 25/2014 vom 5. September 2014, S. 485ff.	Runderlass Nordrhein-Westfalen

215

Bundesland	Vollständiger Titel der Vorschrift	Fundstelle	Abgekürzter Titel der Vorschrift
Rheinland-Pfalz	Landesgesetz zur Gewährleistung von Tariftreue und Mindestentgelt bei öffentlichen Auftragsvergaben (Landestariftreuegesetz - LTTG -) vom 1. Dezember 2010	Gesetz- und Verordnungsblatt für das Land Rheinland-Pfalz Nr. 20/2010 vom 13. Dezember 2010, S. 426ff. (zuletzt geändert durch Landesgesetz zur Änderung des Landestariftreuegesetzes vom 22. November 2013, Gesetz- und Verordnungsblatt für das Land Rheinland-Pfalz Nr. 18/2013 vom 29. November 2013, S. 469)	Landestariftreuegesetz Rheinland-Pfalz
	Korruptionsprävention in der öffentlichen Verwaltung, Verwaltungsvorschrift der Landesregierung vom 7. November 2000	Ministerialblatt Nr. 3/2001 vom 9. Februar 2001, S. 86ff. (zuletzt geändert durch Verwaltungsvorschrift vom 30. April 2012, Ministerialblatt Nr. 9/2012 vom 29. Juni 2012, S. 306ff.)	Verwaltungsvorschrift Korruptionsprävention Rheinland-Pfalz

Bundesland	Vollständiger Titel der Vorschrift	Fundstelle	Abgekürzter Titel der Vorschrift
Saarland	Gesetz über die Sicherung von Sozialstandards, Tariftreue und Mindestlöhnen bei der Vergabe öffentlicher Aufträge im Saarland (Saarländisches Tariftreuegesetz – STTG) vom 6. Februar 2013	Amtsblatt des Saarlandes Nr. 7/2013 vom 21. März 2013, S. 84ff.	Tariftreuegesetz Saarland
	Erlass der Landesregierung zum Vollzug der Verdingungsordnung für Bauleistungen Teil A und der Verdingungsordnung für Leistungen – ausgenommen Bauleistungen – Teil A; hier: Ausschluss von Bewerbern und Bietern wegen schwerer Verfehlungen, die ihre Zuverlässigkeit in Frage stellen vom 16. Juli 1996	Gemeinsames Ministerialblatt des Saarlandes vom 21. Februar 1997, S. 26ff.	Erlass Saarland
Sachsen	Gesetz über die Vergabe öffentlicher Aufträge im Freistaat Sachsen (Sächsisches Vergabegesetz – SächsVergabeG) vom 14. Februar 2013	Sächsisches Gesetz- und Verordnungsblatt Nr. 2/2013 vom 13. März 2013, S. 109ff.	Vergabegesetz Sachsen

Bundesland	Vollständiger Titel der Vorschrift	Fundstelle	Abgekürzter Titel der Vorschrift
Sachsen-Anhalt	Gesetz über die Vergabe öffentlicher Aufträge in Sachsen-Anhalt (Landesvergabegesetz – LVG LSA) vom 19. November 2012	Gesetz- und Verordnungsblatt für das Land Sachsen-Anhalt Nr. 23/2012 vom 30. November 2012, S. 536ff. (zuletzt geändert durch Gesetz zur Änderung des Landesvergabegesetzes vom 30. Juli 2013, Gesetz- und Verordnungsblatt für das Land Sachsen-Anhalt Nr. 22/2013 vom 8. August 2013, S. 402)	Landesvergabegesetz Sachsen-Anhalt
Schleswig-Holstein	Gesetz zur Einrichtung eines Registers zum Schutz fairen Wettbewerbs – GRfW vom 13. November 2013	Gesetz- und Verordnungsblatt für Schleswig-Holstein Nr. 15/2013 vom 28. November 2013, S. 405ff.	Gesetz zur Einrichtung eines Registers zum Schutz fairen Wettbewerbs Schleswig-Holstein
	Gesetz über die Sicherung von Tariftreue und Sozialstandards sowie fairen Wettbewerb bei der Vergabe öffentlicher Aufträge (Tariftreue- und Vergabegesetz Schleswig-Holstein - TTG) vom 31. Mai 2013	Gesetz- und Verordnungsblatt für Schleswig-Holstein Nr. 8/2013 vom 13. Juni 2013, S. 239ff. (zuletzt geändert durch Landesverordnung zur Anpassung von Rechtsvorschriften an geänderte Zuständigkeiten der obersten Landesbehörden und geänderte Ressortbezeichnungen vom 16. März 2015, Gesetz- und Verordnungsblatt für Schleswig-Holstein Nr. 4/2015 vom 30. April 2015, S. 96ff.)	Tariftreue- und Vergabegesetz Schleswig-Holstein

Bundesland	Vollständiger Titel der Vorschrift	Fundstelle	Abgekürzter Titel der Vorschrift
Thüringen	Thüringer Gesetz über die Vergabe öffentlicher Aufträge (Thüringer Vergabegesetz - ThürVgG -) vom 18. April 2011	Gesetz- und Verordnungsblatt für den Freistaat Thüringen Nr. 4/2011 vom 28. April 2011, S. 69ff. (zuletzt geändert durch Gesetz zur Änderung der Thüringer Kommunalordnung und anderer Gesetze vom 23. Juli 2013, Gesetz- und Verordnungsblatt für den Freistaat Thüringen Nr. 7/2013 vom 30. Juli 2013, S. 194ff.)	Vergabegesetz Thüringen

Anlage 2: Übersicht der maßgeblichen Entscheidungen der Gerichte und Vergabekammern

Gericht / Vergabekammer, Entscheidungsart, Datum	Aktenzeichen	Fundstelle
OLG Frankfurt, Urteil vom 3. Dezember 1996	11 U (Kart) 64/95	WuW/E OLG 5767ff.
OLG Düsseldorf, Beschluss vom 18. Juli 2001	Verg 16/01	abrufbar auf http://beck-online.beck.de/ und auf http://oeffentliche-auftraege.de
VK Arnsberg, Beschluss vom 22. Oktober 2001	VK 1-13/2001	abrufbar auf www.bezreg-arnsberg.nrw.de
VK Bund, Beschluss vom 11. Oktober 2002	VK 1 - 75/02	abrufbar auf http://www.bundeskartellamt.de
VK Düsseldorf, Beschluss vom 17. Dezember 2002 (Vorinstanz zu OLG Düsseldorf, Beschluss vom 9. April 2003)	VK – 31/2002-L	abrufbar auf http://www.bundesanzeiger-verlag.de/vergabe/vergabedatenbank-veris.html
OLG Düsseldorf, Beschluss vom 9. April 2003	Verg 43/02	abrufbar auf http://www.justiz.nrw.de/Bibliothek/nrwe2/index.php; NZBau 2003, S. 278ff.
OLG Düsseldorf, Beschluss vom 9. April 2003	VII-Verg 66/02	abrufbar auf http://www.justiz.nrw.de/Bibliothek/nrwe2/index.php
VK Sachsen, Beschluss vom 28. Januar 2004	1/SVK/158-03	abrufbar auf http://beck-online.beck.de/ und auf http://oeffentliche-auftraege.de
VK Hessen, Beschluss vom 9. Februar 2004 (Vorinstanz zu OLG Frankfurt, Beschluss vom 20. Juli 2004)	69 d VK – 79 und 80/2003	abrufbar auf http://oeffentliche-auftraege.de

Gericht / Vergabekammer, Entscheidungsart, Datum	Aktenzeichen	Fundstelle
OLG Frankfurt, Beschluss vom 20. Juli 2004	11 Verg 6/04	abrufbar auf http://www.lareda.hessenrecht.hessen.de/jportal/portal/page/bslaredaprod.psml; ZfBR 2004, S. 822ff.
VK Düsseldorf, Beschluss vom 29. Juni 2005 (Vorinstanz zu OLG Düsseldorf, Beschluss vom 28. Juli 2005)	Az. VK – 10/2005-L	abrufbar auf http://www.brd.nrw.de/wirtschaft/vergabekammer/index.jsp
OLG Düsseldorf, Beschluss vom 28. Juli 2005	VII-Verg 42/05	abrufbar auf http://www.justiz.nrw.de/Biblio thek/nrwe2/index.php
VK Düsseldorf, Beschluss vom 13. März 2006	VK – 8/2006-L	abrufbar auf http://www.brd.nrw.de/wirtschaft/vergabekammer/index.jsp
VK Nordbayern, Beschluss vom 14. März 2006 (Vorinstanz zu OLG München, Beschluss vom 21. April 2006)	21.VK - 3194 - 07/06	abrufbar auf https://www.regierung.mittelfranken.bayern.de/aufg_abt/abt2/abt3Sg2102.htm
LG Berlin, Urteil vom 22. März 2006 (Vorinstanz zu KG Berlin, Beschluss vom 13. März 2008)	23 O 118/04	abrufbar auf http://oeffentliche-auftraege.de; NZBau 2006, S. 397ff.
OLG München, Beschluss vom 21. April 2006	Verg 8/06	abrufbar auf http://oeffentliche-auftraege.de; ZfBR 2006, S. 507ff.
VK Bund, Beschluss vom 30. Mai 2006	VK 2 – 29/06	abrufbar auf http://www.bundeskartellamt.de
VK Nordbayern, Beschluss vom 22. Januar 2007	21.VK - 3194 - 44/06	abrufbar auf https://www.regierung.mittelfranken.bayern.de/aufg_abt/abt2/abt3Sg2102.htm
VK Saarland, Beschluss vom 20. August 2007	1 VK 01/2007	abrufbar auf http://oeffentliche-auftraege.de
VK Brandenburg, Beschluss vom 16. Oktober 2007 (Vorinstanz zu OLG Brandenburg, Beschluss vom 14. Dezember 2007)	VK 38/07	abrufbar auf http://oeffentliche-auftraege.de

Gericht / Vergabekammer, Entscheidungsart, Datum	Aktenzeichen	Fundstelle
OLG Brandenburg, Beschluss vom 14. Dezember 2007	Verg W 21/07	abrufbar auf http://www.gerichtsentscheidungen. berlin-brandenburg.de/jportal/portal/t/2vnn/bs/10/ page/sammlung.psml/action/controls.sammlung. ChangeNavigation?nid=root; NZBau 2008, S. 277ff.
VK Nordbayern, Beschluss vom 24. Januar 2008	21.VK - 3194 - 52/07	abrufbar auf https://www.regierung.mittelfranken. bayern.de/aufg_abt/abt2/abt3Sg2102.htm
KG Berlin, Beschluss vom 13. März 2008	2 Verg 18/07	abrufbar auf http://www.gerichtsentscheidungen. berlin-brandenburg.de/jportal/portal/t/2vnn/bs/10/ page/sammlung.psml/action/controls.sammlung. ChangeNavigation?nid=root; NZBau 2008, S. 466ff.
OLG Düsseldorf, Beschluss vom 9. Juni 2010	VII-Verg 14/10	abrufbar auf http://www.justiz.nrw.de/Biblio thek/ nrwe2/index.php
KG Berlin, Urteil vom 17. Januar 2011	2 U 4/06 Kart	NZBau 2012, S. 56ff.
VK Niedersachsen, Beschluss vom 24. März 2011	VgK-04/2011	abrufbar auf http://oeffentliche-auftraege.de; NZBau 2011, S. 574ff
VK Niedersachsen, Beschluss vom 12. Dezember 2011	VgK-53/2011	abrufbar auf http://beck-online.beck.de/ und auf http://oeffentliche-auftraege.de
VK Niedersachsen, Beschluss vom 14. Februar 2012	VgK-05/2012	abrufbar auf http://beck-online.beck.de/ und auf http://oeffentliche-auftraege.de
OLG München, Beschluss vom 22. November 2012	Verg 22/12	abrufbar auf http://www.gesetze-bayern.de/ jportal/ portal/page/bsbayprod.psml?st=ent; NZBau 2013, S. 261ff.
VK Nordbayern, Beschluss vom 19. Februar 2014	21.VK - 3194 - 58/13	abrufbar auf https://www.regierung.mittelfranken. bayern.de/aufg_abt/abt2/abt3Sg2102.htm

Literaturverzeichnis

Annuß, Georg / Pelz, Christian: »Amnestieprogramm – Fluch oder Segen?« in Betriebs-Berater 2010, Special 4, Seite 14 bis 21, zitiert: *Annuß/Pelz* in BB 2010, Special 4, S. 14 (S.)

Ax, Thomas / Schneider, Matthias / Scheffen, Jacob: Rechtshandbuch Korruptionsbekämpfung. Prävention – Compliance – Vergabeverfahren – Sanktionen – Selbstreinigung, 2. Auflage, Berlin 2010, zitiert: *Ax/Schneider/Scheffen,* Korruptionsbekämpfung, Rn.

Bechtold, Rainer: Kartellgesetz. Gesetz gegen Wettbewerbsbeschränkungen, Kommentar, 7. Auflage, München 2013, zitiert: *Bearbeiter* in Bechtold, Kommentar GWB, Vorschrift, Rn.

Benecke, Martina / Groß, Nadja: »Druck von Dritten nach Compliance-Verstößen. Die außerordentliche Kündigung als Maßnahme personeller Selbstreinigung« in Betriebs-Berater 2015, Seite 693 bis 698, zitiert: *Benecke/Groß* in BB 2015, S. 693 (S.)

Bergmoser, Ulrich: »Integration von Compliance-Management-Systemen« in Betriebs-Berater 2010, Special 4, Seite 2 bis 6, zitiert: *Bergmoser* in BB 2010, Special 4, S. 2 (S.)

Bissels, Alexander / Lützeler, Martin: »Compliance-Verstöße im Ernstfall: Der Weg zu einer verhaltensbedingten Kündigung« in Betriebs-Berater 2012, Seite 189 bis 193, zitiert: *Bissels/Lützeler* in BB 2012, S. 189 (S.)

Böhm, Wolf-Tassilo: »Strafrechtliche Verwertbarkeit der Auskünfte von Arbeitnehmern bei unternehmensinternen Untersuchungen – Ein Beitrag zur aktuellen Compliance-Debatte –« in Wertpapier-Mitteilungen 2009, Seite 1923 bis 1929, zitiert: *Böhm* in WM 2009, S. 1923 (S.)

Breßler, Steffen / Kuhnke, Michael / Schulz, Stephan / Stein, Roland: »Inhalte und Grenzen von Amnestien bei Internal Investigations« in Neue Zeitschrift für Gesellschaftsrecht 2009, Seite 721 bis 727, zitiert: *Breßler/Kuhnke/Schulz/Stein* in NZG 2009, S: 721 (S.)

Bunte, Hermann-Josef: Kartellrecht. Kommentar. Band 1 Deutsches Kartellrecht, 12. Auflage, Köln 2014, zitiert: *Bearbeiter* in Langen/Bunte, Kommentar zum Deutschen Kartellrecht, Vorschrift, Rn.

–: Kartellrecht. Kommentar. Band 2 Europäisches Kartellrecht, 12. Auflage, Köln 2014, zitiert: *Bearbeiter* in Langen/Bunte, Kommentar zum Europäischen Kartellrecht, Vorschrift, Rn.

Burgi, Martin: »Ausschluss und Vergabesperre als Rechtsfolgen von Unzuverlässigkeit« in Neue Zeitschrift für Baurecht und Vergaberecht 2014, Seite 595 bis 601, zitiert: *Burgi* in NZBau 2014, S. 595 (S.)

–: »Die Bedeutung der allgemeinen Vergaberechtsgrundsätze Wettbewerb, Transparenz und Gleichbehandlung« in Neue Zeitschrift für Baurecht und Vergaberecht 2008, Seite 29 bis 34, zitiert: *Burgi* in NZBau 2008, S. 29 (S.)

Byok, Jan / Jaeger, Wolfgang: Kommentar zum Vergaberecht. Erläuterungen zu den vergaberechtlichen Vorschriften des GWB und der VgV, 3. Auflage, Frankfurt am Main 2011, zitiert: *Bearbeiter* in Byok/Jaeger, Kommentar Vergaberecht, Vorschrift, Rn.

Dabringhausen, Gerhard / Fedder, Katja: »Die Pflicht zur Herausgabe der Beute fördert die Rechtstreue. Eine Erwiderung auf Dreher/Hoffmann (Sachverhaltsaufklärung und Schadenswiedergutmachung bei der vergaberechtlichen Selbstreinigung, NZBau 2012, 265ff.)« in Vergaberecht 2013, S. 20 bis 34, zitiert: *Dabringhausen/ Fedder* in VergabeR 2013, S. 20 (S.)

Dau, Klaus: Wehrdisziplinarordnung. Kommentar, 6. Auflage, München 2013, zitiert: *Dau,* Kommentar WDO, Vorschrift, Rn.

Dieckmann, Martin / Scharf, Jan Peter / Wagner-Cardenal, Kersten: Vergabe- und Vertragsordnung für Leistungen (VOL) – Teil A. Kommentar, 1. Auflage, München 2013, zitiert: *Bearbeiter* in Dieckmann/Scharf/Wagner-Cardenal, Kommentar VOL/A, Vorschrift, Rn.

Diller, Martin: »Der Arbeitnehmer als Informant, Handlanger und Zeuge im Prozess des Arbeitgebers gegen Dritte« in Der Betrieb 2004, Seite 313 bis 319, zitiert: *Diller* in DB 2004, S. 313 (S.)

Dreher, Meinrad: »Die »Selbstreinigung« zur Rückgewinnung der kartellvergaberechtlichen Zuverlässigkeit« in »Baurecht als Herausforderung – Festschrift für Horst Franke zum 60. Geburtstag«, Köln 2009, Seite 31 bis 45, zitiert: *Dreher* in FS Franke, S. 31 (S.)

–: »Kartellrechtscompliance. Voraussetzungen und Rechtsfolgen unternehmens- oder verbandsinterner Maßnahmen zur Einhaltung des Kartellrechts« in Zeitschrift für Wettbewerbsrecht 2004, Seite 75 bis 106, zitiert: *Dreher* in ZWeR 2004, S. 75 (S.)

Dreher, Meinrad / Hoffmann, Jens: »Die erfolgreiche Selbstreinigung zur Wiedererlangung der kartellvergaberechtlichen Zuverlässigkeit und die vergaberechtliche Compliance – Teil 1« in Neue Zeitschrift für Baurecht und Vergaberecht 2014, Seite 67 bis 75, zitiert: *Dreher/Hoffmann* in NZBau 2014, S. 67 (S.)

–: »Die erfolgreiche Selbstreinigung zur Wiedererlangung der kartellvergaberechtlichen Zuverlässigkeit und die vergaberechtliche Compliance – Teil 2« in Neue Zeitschrift für Baurecht und Vergaberecht 2014, Seite 150 bis 155, zitiert: *Dreher/ Hoffmann* in NZBau 2014, S. 150 (S.)

–: »Sachverhaltsaufklärung und Schadenswiedergutmachung bei der vergaberechtlichen Selbstreinigung« in Neue Zeitschrift für Baurecht und Vergaberecht 2012, Seite 265 bis 275, zitiert *Dreher/Hoffmann* in NZBau 2012, S. 265 (S.)

Dreher, Meinrad / Motzke, Gerd: Beck'scher Vergaberechtskommentar, GWB 4. Teil, VgV, SektVO, VOB Teil A, 2. Auflage, 2013, zitiert: *Bearbeiter* in Dreher/Motzke, Beck'scher Vergaberechtskommentar, Vorschrift, Rn.

Dzida, Boris: »Außerordentliche Kündigung wegen Bestechung« in Neue Zeitschrift für Arbeitsrecht 2012, Seite 881 bis 885, zitiert: *Dzida* in NZA 2012, S. 881 (S.)

Emmerich, Volker / Habersack, Mathias: Aktien- und GmbH-Konzernrecht. Kommentar, 7. Auflage, München 2013, zitiert: *Bearbeiter* in Emmerich/Habersack, Kommentar Konzernrecht, Vorschrift, Rn.

Erfurter Kommentar zum Arbeitsrecht, 15. Auflage, München 2015, zitiert: *Bearbeiter* in Erfurter Kommentar zum Arbeitsrecht, Vorschrift, Rn.

Feuerich, Wilhelm E. / Weyland, Dag: Bundesrechtsanwaltsordnung. Berufsordnung, Fachanwaltsordnung, Partnerschaftsgesellschaftsgesetz, Recht für Anwälte aus dem Gebiet der Europäischen Union, Patentanwaltsordnung. Kommentar, 8. Auflage, München 2012, zitiert: *Bearbeiter* in Feuerich/Weyland, Kommentar BRAO, Vorschrift, Rn.

Fleischer, Holger: »Kartellrechtsverstöße und Vorstandsrecht« in Betriebs-Berater 2008, Seite 1070 bis 1076, zitiert: *Fleischer* in BB 2008, S. 1070 (S.)

Franke, Horst / Kemper, Ralf / Zanner, Christian / Grünhagen, Matthias: VOB-Kommentar. Bauvergaberecht, Bauvertragsrecht, Bauprozessrecht, 5. Auflage, Köln 2013, Zitiert: *Bearbeiter* in Franke/Kemper/Zanner/Grünhagen, VOB-Kommentar, Vorschrift, Rn.

Frenz, Walter: Handbuch Europarecht. Band 3. Beihilfe- und Vergaberecht, Berlin, Heidelberg 2007, zitiert: *Frenz,* Beihilfe- und Vergaberecht, Rn.

Freund, Matthias / Kallmayer, Axel/ Kraft, Oliver: Korruption und Kartelle bei Auftragsvergaben. Prävention – Sanktionen – Verteidigung, München 2008, zitiert: *Freund/Kallmayer/Kraft,* Korruption und Kartelle bei Auftragsvergaben, S.

Gabriel, Marc / Krohn, Wolfram / Neun, Andreas: Handbuch des Vergaberechts. Gesamtdarstellung und Kommentierung zu Vergaben nach GWB, VgV, SektVO, VSVgV, VOL/A, VOBA, VOF, SGB V, VO(EG) 1370, AEUV, München 2014, zitiert: *Bearbeiter* in Gabriel/Krohn/Neun, Handbuch des Vergaberechts, §, Rn.

Gentsch, Jessica: »Staatliche Beschaffung und Korruptionsprävention. Mit einem Vorschlag für eine europäische Regelung zur Berücksichtigung von Compliance-Maßnahmen auf Bieterseite«, Baden-Baden 2012, zitiert: *Gentsch,* Korruptionsprävention, S.

Göhler, Erich: Gesetz über Ordnungswidrigkeiten, 16. Auflage, München 2012, zitiert: *Bearbeiter* in Göhler, Kommentar zum OWiG, Vorschrift, Rn.

Gola, Peter / Klug, Christoph / Körffer, Barbara / Schomerus, Rudolf: BDSG Bundesdatenschutzgesetz. Kommentar, 12. Auflage, München 2015 und 11. Auflage, München 2012, zitiert: *Bearbeiter* in Gola/Schomerus, Kommentar BDSG, Vorschrift, Rn.

Göpfert, Burkhard / Merten, Frank / Siegrist, Carolin: »Mitarbeiter als »Wissensträger« – Ein Beitrag zur aktuellen Compliance-Diskussion« in Neue Juristische Wochenschrift 2008, Seite 1703 bis 1709, zitiert: *Göpfert/Merten/Siegrist* in NJW 2008, S. 1703 (S.)

Hauschka, Christoph E.: »Corporate Compliance«. Handbuch der Haftungsvermeidung im Unternehmen, 2. Auflage, München 2010, zitiert: *Bearbeiter* in Hauschka, Corporate Compliance, Abschnitt, Rn.

Hauschka, Christoph E. / Greeve, Gina: »Compliance in der Korruptionsprävention – was müssen, was sollen, was können Unternehmen tun?« in Betriebs-Berater 2007, Seite 165 bis 173, zitiert: *Hauschka/Greeve* in BB 2007, S. 165 (S.)

Heiermann, Wolfgang / Riedl, Richard / Rusam, Martin: Handkommentar zur VOB. VOB Teile A und B, SektVO, VSVgV, Rechtsschutz im Vergabeverfahren, 13. Auflage, Wiesbaden 2013, zitiert: *Bearbeiter* in Heiermann/Riedl/Rusam, Kommentar VOB, Vorschrift, Rn.

Hertwig, Stefan: Praxis der öffentlichen Auftragsvergabe. Systematik, Verfahren, Rechtsschutz, 5. Auflage, München 2014, zitiert: *Hertwig*, Öffentliche Auftragsvergabe, Rn.

Hess, Gerhard: »Schwere Verfehlung eines Bauauftragsbewerbers – Wiedererlangung und nachhaltige Sicherstellung der vergaberechtlichen Zuverlässigkeit im Lichte aktueller Rechtsprechung« in »Geheimnisse des Baugrunds – Festschrift für Klaus Englert zum 65. Geburtstag«, München 2014, Seite 131 bis 145, zitiert: *Hess* in FS Englert, S. 131 (S.)

–: »Das EMB-Wertemanagement Bau – Prototyp eines wertegetriebenen Compliance Management Systems« in »Baurecht als Herausforderung, Festschrift für Horst Franke zum 60. Geburtstag«, Köln 2009, Seite 139 bis 151, zitiert: *Hess* in FS Franke, S. 139 (S.)

Heuvels, Klaus / Höß, Stefan / Kuß, Matthias / Wagner, Volkmar: Vergaberecht. Gesamtkommentar zum Recht der öffentlichen Auftragsvergabe (GWB – 4. Teil –, VgV, VOB/A, VOL/A, VOF, SektVO), Stuttgart 2013, zitiert: *Bearbeiter* in Heuvels/Höß/Kuß/Wagner, Gesamtkommentar Vergaberecht, Vorschrift, Rn.

Heuvels, Klaus: »Rechtsschutz unterhalb der Schwellenwerte« in Neue Zeitschrift für Baurecht und Vergaberecht 2005, Seite 570 bis 572, zitiert: *Heuvels* in NZBau 2005, S. 570 (S.)

Höfler, Heiko: »Transparenz bei der Vergabe öffentlicher Aufträge« in Neue Zeitschrift für Baurecht und Vergaberecht 2010, Seite 73 bis 78, zitiert: *Höfler* in NZBau 2010, S. 73 (S.)

Hölzl, Josef / Ritzenhoff, Lukas: »Compliance leicht gemacht! Zu den Voraussetzungen des Verlustes, den Konsequenzen daraus und der Wiedererlangung der Zuverlässigkeit im Vergaberecht« in Neue Zeitschrift für Baurecht und Vergaberecht 2012, Seite 28 bis 31, zitiert: *Hölzl/Ritzenhoff* in NZBau 2012, S. 28 (S.)

Hüffer, Uwe: Aktiengesetz, 10. Auflage, München 2012, zitiert: *Hüffer,* Kommentar zum Aktiengesetz, Vorschrift, Rn.

Immenga, Ulrich / Mestmäcker, Ernst-Joachim: Wettbewerbsrecht Band 2. GWB. Kommentar zum Deutschen Kartellrecht, 5. Auflage, München 2014, zitiert: *Bearbeiter* in Immenga/Mestmäcker, Kommentar GWB, Vorschrift, Rn.

Inderst, Roman / Thomas, Stefan: Schadensersatz bei Kartellverstößen, 1. Auflage, Düsseldorf 2015, zitiert: *Inderst/Thomas,* Schadensersatz, S.

Ingenstau, Heinz / Korbion, Hermann: VOB. Teile A und B. Kommentar, 18. Auflage, Köln 2013, zitiert: *Bearbeiter* in Ingenstau/Korbion, Kommentar VOB, Vorschrift, Rn.

Just, Christoph / Sailer, Daniel: »Neues Vergaberecht 2009 – Praxisrelevante Änderungen im Überblick« in Landes- und Kommunalverwaltung 2009, Seite 529 bis 536, zitiert: *Just/Sailer* in LKV 2009, S. 529 (S.)

Kahlenberg, Harald / Schwinn, Hannes: »Amnestieprogramme bei Compliance-Untersuchungen im Unternehmen« in Corporate Compliance Zeitschrift 2012, Seite 81 bis 86, zitiert: *Kahlenberg/Schwinn* in CCZ 2012, S. 81 (S.)

Kapellmann, Klaus Dieter / Messerschmidt, Burkhard: VOB, Teile A und B, Vergabe- und Vertragsordnung für Bauleistungen mit Vergabeverordnung (VgV), 5. Auflage, München 2015, zitiert: *Bearbeiter* in Kapellmann/Messerschmidt, Kommentar VOB/A, Vorschrift, Rn.

Karlsruher Kommentar zum Gesetz über Ordnungswidrigkeiten, 4. Auflage, München 2014, zitiert: *Bearbeiter* in Karlsruher Kommentar zum OWiG, Vorschrift, Rn.

Knauff, Matthias: »Das System des Vergaberechts zwischen Verfassungs-, Wirtschafts- und Haushaltsrechte« in Vergaberecht 2008, Seite 312 bis 322, zitiert: *Knauff* in VergabeR 2008, S. 312 (S.)

Knauff, Matthias / Badenhausen, Elisabeth: »Die neue Richtlinie über die Konzessionsvergabe« in Neue Zeitschrift für Baurecht und Vergaberecht 2014, Seite 395 bis 402, zitiert: *Knauff/Badenhausen* in NZBau 2014, S. 395 (S.)

Knierim, Thomas C. / Rübenstahl, Markus / Tsambikakis, Michael: »Internal Investigations. Ermittlungen im Unternehmen«, Heidelberg, München, Landsberg, Frechen, Hamburg 2013, zitiert: *Bearbeiter* in Knierim/Rübenstahl/Tsambikakis, Internal Investigations, Kap., Rn.

Knödler, Christoph / Daubner, Robert: »Angekündigte Rechtssprechungsänderungen« in Betriebs-Berater 1992, Seite 1861 bis 1865, zitiert: *Knödler/Daubner* in BB 1992, S. 1861 (S.)

Kreßner, Lars: »Die Auftragssperre im Vergaberecht«, Köln 2006, zitiert: *Kreßner,* Auftragssperre, S.

Kuhla, Wolfgang / Hüttenbrink, Jost: Der Verwaltungsprozess, 3. Auflage, München 2002, zitiert: *Bearbeiter* in Kuhla/Hüttenbrink, Verwaltungsprozess, Abschnitt, Rn.

Kuhlen, Lothar / Kudlich, Hans / Ortiz de Urbina, Íñigo: Compliance und Strafrecht, Heidelberg, München, Landsberg, Frechen, Hamburg 2013, zitiert: *Bearbeiter* in Kuhlen/Kudlich/Ortiz de Urbina, Compliance und Strafrecht, S.

Kulartz, Hans-Peter / Kus, Alexander / Portz, Norbert: Kommentar zum GWB-Vergaberecht, 3. Auflage, Köln 2014, zitiert: *Bearbeiter* in Kulartz/Kus/Portz, Kommentar GWB-Vergaberecht, Vorschrift, Rn.

Kulartz, Hans-Peter / Marx, Fridhelm / Portz, Norbert / Prieß, Hans-Joachim: Kommentar zur VOB/A, 2. Auflage, Köln 2014, zitiert: *Bearbeiter* in Kulartz/Marx/Portz/Prieß, Kommentar VOB/A, Vorschrift, Rn.

Kus, Alexander: »Inhalt und Reichweite des Begriffs der Gesetzestreue in § 97 Abs. 4 GWB 2009« in Vergaberecht 2010, Seite 321 bis 328, zitiert: *Kus* in VergabeR 2010, S. 321 (S.)

Lackner, Karl / Kühl, Kristian: Strafgesetzbuch. Kommentar, 28. Auflage, München 2014, zitiert: *Bearbeiter* in Lackner/Kühl, Kommentar StGB, Vorschrift, Rn.

Lantermann, Christian: »Einrichtung eines Korruptionsregisters auf Bundesebene« in Zeitschrift für Rechtspolitik 2013, S. 107 bis 110, zitiert: *Lantermann* in ZRP 2013, S. 107 (S.)

Leinemann, Ralf / Kirch, Thomas: VSVgV Vergabeverordnung Verteidigung und Sicherheit mit Gesetz gegen Wettbewerbsbeschränkungen – 4. Teil – Auszug – und VOB/A–VS, München 2013, zitiert: *Bearbeiter* in Leinemann/Kirch, Kommentar VSVgV, Vorschrift, Rn.

Leinemann, Ralf: Das neue Vergaberecht, 2. Auflage, Köln 2010, zitiert: *Leinemann,* Vergaberecht, Rn.

Leinemann, Ralf: Die Vergabe öffentlicher Aufträge: VOB/A, VOL/A, VOF, RPW, SektVO, VgV, GWB; Erläuterung aller Vergabeordnungen, Nachprüfung von Vergabeverfahren, Vergabestrafrecht, Korruptionsprävention, 5. Auflage, Köln 2011, zitiert: *Leinemann,* Vergabe öffentlicher Aufträge, Rn.

Loewenheim, Ulrich / Meessen, Karl Matthias / Riesenkampff, Alexander: Kartellrecht. Europäisches und Deutsches Recht, 2. Auflage, München 2009, zitiert: *Bearbeiter* in Loewenheim/Meessen/Riesenkampff, Kommentar Kartellrecht, Vorschrift, Rn.

Lützeler, Martin / Müller-Sartori, Patrick: »Die Befragung des Arbeitnehmers – Auskunftspflicht oder Zeugnisverweigerungsrecht?« in Corporate Compliance Zeitschrift 2011, Seite 19 bis 25, zitiert: *Lützeler/Müller-Sartori* in CCZ 2011, S. 19 (S.)

Mäger, Thorsten: Europäisches Kartellrecht, 2. Auflage, Baden-Baden 2011, zitiert: *Bearbeiter* in Mäger, Europäisches Kartellrecht, Kap., Rn.

Martinek, Michael / Semler, Franz-Jörg / Habermeier, Stefan / Flohr, Eckhard: Handbuch des Vertriebsrechts, 3. Auflage, München 2010, zitiert: *Bearbeiter* in Martinek/Semler/Habermeier/Flohr, Handbuch Vertriebsrecht, Abschnitt, Rn.

Maunz, Theodor / Dürig, Günter: Grundgesetz. Kommentar, Band VI: Art. 86–106b, Stand: 73. Ergänzungslieferung Dezember 2014, München, zitiert: *Bearbeiter* in Maunz/Dürig, Kommentar GG, Stand, Vorschrift, Rn.

Mengel, Anja / Ullrich, Thilo: »Arbeitsrechtliche Aspekte unternehmensinterner Investigations« in Neue Zeitschrift für Arbeitsrecht 2006, Seite 240 bis 246, zitiert: *Mengel/Ullrich* in NZA 2006, S. 240 (S.)

Mengel, Anja: »Kontrolle der E-Mail- und Internetkommunikation am Arbeitsplatz« in Betriebs-Berater 2004, Seite 2014 bis 2020, zitiert: *Mengel* in BB 2004, S. 2014 (S.)

Mestmäcker, Ernst-Joachim / Bremer, Eckhard: »Die koordinierte Sperre im deutschen und europäischen Recht der öffentlichen Aufträge« in Betriebs-Berater 1995, Beilage Nr. 19, S. 1 bis 32, zitiert: *Mestmäcker/Bremer* in BB 1995, Beilage Nr. 19, S. 1 (S.)

Michalski, Lutz: Kommentar zum Gesetz betreffend die Gesellschaften mit beschränkter Haftung (GmbH-Gesetz), 2. Auflage, München 2010, zitiert: *Bearbeiter* in Michalski, Kommentar GmbHG, Vorschrift, Rn.

Moosmayer, Klaus: Compliance. Praxisleitfaden für Unternehmen, 2. Auflage, München 2012, zitiert: *Moosmayer*, Compliance, S.

Moosmayer, Klaus / Hartwig, Niels: Interne Untersuchungen. Praxisleitfaden für Unternehmen, München 2012, zitiert: *Bearbeiter* in Moosmayer/Hartwig, Interne Untersuchungen, S.

Müller, Michael: »Whistleblowing – ein Kündigungsgrund?« in Neue Zeitschrift für Arbeitsrecht 2002, Seite 424 bis 437, zitiert: *Müller* in NZA 2002, S. 424 (S.)

Müller-Graff, Peter-Christian / Kainer, Friedemann: »Die Pauschalierung von Schadensersatzansprüchen bei Kartellabsprachen in Vergabeverträgen« in Zeitschrift für Wirtschafts- und Bankenrecht 2013, Seite 2149 bis 2155, zitiert: *Müller-Graff/Kainer* in WM 2013, S. 2149 (S.)

Müller-Wrede, Malte: GWB-Vergaberecht. Kommentar, 2. Auflage, Köln 2014, zitiert: *Bearbeiter* in Müller-Wrede, Kommentar GWB-Vergaberecht, Vorschrift, Rn.

–: Vergabe- und Vertragsordnung für Leistungen – VOL/A. Kommentar, 4. Auflage, Köln 2014, zitiert: *Bearbeiter* in Müller-Wrede, Kommentar VOL/A, Vorschrift, Rn.

–: Kommentar zur VOF, 3. Auflage, Köln 2008, zitiert: *Bearbeiter* in Müller-Wrede, Kommentar VOF, Vorschrift, Rn.

Münchener Kommentar zum Europäischen und Deutschen Wettbewerbsrecht (Kartellrecht). Band 3: Beihilfen- und Vergaberecht, 1. Auflage, München 2011, zitiert: *Bearbeiter* in Münchener Kommentar zum Beihilfen- und Vergaberecht, Vorschrift, Rn.

Münchener Kommentar zum Europäischen und Deutschen Wettbewerbsrecht (Kartellrecht). Band 2: Gesetz gegen Wettbewerbsbeschränkungen (GWB), §§ 1–96, 130, 131, 2. Auflage, München 2015, zitiert: *Bearbeiter* in Münchener Kommentar zum GWB, Vorschrift, Rn.

Münchener Kommentar zum Bürgerlichen Gesetzbuch. Band 2: Schuldrecht, Allgemeiner Teil, §§ 241–432, 6. Auflage, München 2012, zitiert: *Bearbeiter* in Münchener Kommentar zum BGB, Vorschrift, Rn.

Münchener Kommentar zur Zivilprozessordnung. Band 1: §§ 1–354, 4. Auflage, München 2013, zitiert: *Bearbeiter* in Münchener Kommentar zur ZPO, Vorschrift, Rn.

Münchener Kommentar zum Aktiengesetz. Band 2: §§ 76–117, MitbestG, DrittelbG, 4. Auflage, München 2014, zitiert: *Bearbeiter* in Münchener Kommentar zum Aktiengesetz, Vorschrift, Rn.

Münchener Kommentar zum Gesetz betreffend die Gesellschaften mit beschränkter Haftung – GmbHG. Band 2: §§ 35–52, 1. Auflage München 2012, zitiert: *Bearbeiter* in Münchener Kommentar zum GmbHG, Vorschrift, Rn.

Münchener Kommentar zum Strafgesetzbuch. Band 2: §§ 38–79b StGB, 2. Auflage, München 2012, zitiert: *Bearbeiter* in Münchener Kommentar zum StGB, Vorschrift, Rn.

Münchener Kommentar zur Insolvenzordnung. Band 1: §§ 1–79, Insolvenzrechtliche Vergütungsverordnung (InsVV), 3. Auflage, München 2013, zitiert: *Bearbeiter* in Münchener Kommentar zur InsO, Vorschrift, Rn.

Musielak, Hans-Joachim / Voit, Wolfgang: Zivilprozessordnung mit Gerichtsverfassungsgesetz. Kommentar, 12. Auflage, München 2015, zitiert: *Bearbeiter* in Musielak/Voit, Kommentar ZPO, Vorschrift, Rn.

Mutschler-Siebert, Annette / Dorschfeldt, Dorian: »Vergaberechtliche Selbstreinigung und kartellrechtliche Compliance – zwei Seiten einer Medaille« in Betriebs-Berater 2015, Seite 642 bis 650, zitiert: *Mutschler-Siebert/Dorschfeldt* in BB 2015, S. 642 (S.)

Neun, Andreas / Otting, Olaf: »Die EU-Vergaberechtsreform 2014« in Europäische Zeitschrift für Wirtschaftsrecht 2014, Seite 446 bis 453, zitiert: *Neun/Otting* in EuZW 2014, S. 446 (S.)

Niebuhr, Frank / Kulartz, Hans-Peter / Kus, Alexander / Portz, Norbert: Kommentar zum Vergaberecht. 4. Teil des GWB; Vergabeverfahren, Nachprüfungsverfahren und Schadensersatz, Neuwied, Kriftel 2000, zitiert: *Bearbeiter* in Niebuhr/Kulartz/Kus/Portz, Kommentar zum Vergaberecht, Vorschrift, Rn.

Noch, Rainer: Vergaberecht kompakt, 6. Auflage, Köln 2015, zitiert: *Noch*, Vergaberecht, Kapitel, Rn.

Ohrtmann, Nicola: »Korruption im Vergaberecht. Konsequenzen und Prävention – Teil 2: Konsequenzen und Selbstreinigung« in Neue Zeitschrift für Baurecht und Vergaberecht 2007, S. 278 bis 281, zitiert: *Ohrtmann* in NZBau 2007, S. 278 (S.)

Ohrtmann, Nicola: »Korruption im Vergaberecht. Konsequenzen und Prävention« in Neue Zeitschrift für Baurecht und Vergaberecht 2007, Seite 201 bis 205, zitiert: *Ohrtmann* in NZBau 2007, S. 201 (S.)

Ost, Konrad: »Aufsichtspflichten im Konzern und die 8. GWB-Novelle« in Neue Zeitschrift für Kartellrecht 2013, Seite 25 bis 28, zitiert: *Ost* in NZKart 2013, S. 25 (S.)

Pietzcker, Jost: »Vergaberechtliche Sanktionen und Grundrechte« in Neue Zeitschrift für Baurecht und Vergaberecht 2003, Seite 242 bis 249, zitiert: *Pietzcker* in NZ-Bau 2003, S. 242 (S.)

*Prieß, Hans-*Joachim: »The rules on exclusion and self-cleaning under the 2014 Public Procurement Directive« in Public procurement Law Review 2014, Seite 112 bis 123, zitiert: *Prieß* in P.P.L.R. 2014, S. 112 (S.)

–: »Warum die Schadenswiedergutmachung Teil der vergaberechtlichen Selbstreinigung ist und bleiben muss« in Neue Zeitschrift für Baurecht und Vergaberecht 2012, S. 425 bis 426, zitiert: *Prieß* in NZBau 2012, S. 425 (S.)

–: »Exclusio corruptoris? – Die gemeinschaftsrechtlichen Grenzen des Ausschlusses vom Vergabeverfahren wegen Korruptionsdelikten« in Neue Zeitschrift für Baurecht und Vergaberecht 2009, Seite 587 bis 592, zitiert: *Prieß* in NZBau 2009, S. 587 (S.)

–: »Selbstreinigung: Vergaberechtliche »Medizin« als Compliance-Maßnahme« in Corporate Compliance Zeitschrift 2008, S. 67 bis 69, zitiert: *Prieß* in CCZ 2008, S. 67 (S.)

Prieß, Hans-Joachim / Stein, Roland M.: »Die neue EU-Konzessionsvergaberichtlinie« in Vergaberecht 2014, Seite 499 bis 512, zitiert: *Prieß/Stein* in VergabeR 2014, S. 499 (S.)

–: »Nicht nur sauber, sondern rein: Die Wiederherstellung der Zuverlässigkeit durch Selbstreinigung« in Neue Zeitschrift für Baurecht und Vergaberecht 2008, S. 230 bis 232, zitiert: *Prieß* in NZBau 2008, S. 320 (S.)

Pünder, Hermann / Prieß, Hans-Joachim / Arrowsmith, Sue: »Self-Cleaning in Public Procurement Law«, Köln 2009, zitiert: *Bearbeiter* in Pünder/Prieß/Arrowsmith, Self-Cleaning, S.

Pünder, Hermann / Schellenberg, Martin: Vergaberecht. GWB, VgV, SektVO, VOL/A, VOB/A, VOF, Haushaltsrecht, Öffentliches Preisrecht; Handkommentar, 2. Auflage, Baden-Baden 2015, zitiert: *Bearbeiter* in Pünder/Schellenberg, Handkommentar Vergaberecht, Vorschrift, Rn.

Quardt, Gabriele: »Die Auftragssperre im Vergaberecht« in Betriebs-Berater 1997, S. 477 bis 480, zitiert: *Quardt* in BB 1997, S. 477 (S.)

Reidt, Olaf / Stickler, Thomas / Glahs, Heike: Vergaberecht. Kommentar, 3. Auflage, Köln 2011, zitiert: *Bearbeiter* in Reidt/Stickler/Glahs, Kommentar Vergaberecht, Vorschrift, Rn.

Reimann, Götz / Schliepkorte, Jörg: »Die Zulässigkeit der Auftragssperre durch öffentliche Auftraggeber wegen Kartellabsprachen bei der Vergabe von Bauleistungen« in Zeitschrift für deutsches und internationales Baurecht 1992, Seite 251 bis 255, zitiert: *Reimann/Schliepkorte* in ZfBR 1992, S: 251 (S.)

Rückert, Joachim: »Abbau und Aufbau der Rechtswissenschaft nach 1945« in Neue Juristische Wochenschrift 1995, Seite 1252 bis, zitiert: *Rückert* in NJW 1995, S. 1252 (S.)

Rudkowski, Lena: »Die Aufklärung von Compliance-Verstößen durch »Interviews«« in Neue Zeitschrift für Arbeitsrecht 2011, Seite 612 bis 615, zitiert: *Rudkowski* in NZA 2011, S. 612 (S.)

Schneider, Hans-Peter: »Spielregeln für den investigativen Parlamentarismus - Das neue Untersuchungsausschuss-Gesetz des Bundestages« in Neue Juristische Wochenschrift 2001, Seite 2604 bis 2608, zitiert: *Schneider* in NJW 2001, S. 2604 (S.)

Schulte, Josef Lothar / Just, Christoph: Kartellrecht. GWB, Kartellvergaberecht, EU-Kartellrecht. Kommentar, Köln 2012, zitiert: *Bearbeiter* in Schulte/Just, Kommentar Kartellrecht, Vorschrift, Rn.

Schultze, Jörg-Martin: Compliance-Handbuch Kartellrecht, Frankfurt am Main 2014, zitiert: *Bearbeiter* in Schultze, Compliance-Handbuch Kartellrecht, Teil, Rn.

Schuster, Frank Peter: »Zur Beschlagnahme von Unterlagen aus unternehmensinternen Ermittlungen im Kartellbußgeldverfahren« in Neue Zeitschrift für Kartellrecht 2013, Seite 191 bis 195, zitiert: *Schuster* in NZKart 2013, S. 191 (S.)

Spendel, Günter: »Rechtsbeugung und BGH – eine Kritik« in Neue Juristische Wochenschrift 1996, Seite 809 bis 812, zitiert: *Spendel* in NJW 1996, S. 809 (S.)

Stein, Roland M. / Friton, Pascal / Huttenlauch, Anna: »Kartellrechtsverstöße als Ausschlussgründe im Vergabeverfahren« in Wirtschaft und Wettbewerb 2012, Seite 38 bis 51, zitiert: *Stein/Friton/Huttenlauch* in WuW 2012, S. 38 (S.)

Stein, Roland M. / Friton, Pascal: »Im Westen nichts Neues? – Brüssel reformiert Vergaberecht« in Betriebs-Berater 2011, Seite 771 bis 777, zitiert: *Stein/Friton* in BB 2011, S. 771 (S.)

–: »Internationale Korruption, zwingender Ausschluss und Selbstreinigung« in Vergaberecht 2010, S. 151 bis 162, zitiert: *Stein/Friton* in VergabeR 2010, S. 151 (S.)

Sterner, Frank: »Rechtsschutz gegen Auftragssperren« in Neue Zeitschrift für Baurecht und Vergaberecht 2001, S. 423 bis 427, zitiert: *Sterner* in NZBau 2001, S. 423 (S.)

Streinz, Rudolf: EUV/AEUV. Vertrag über die Europäische Union und Vertrag über die Arbeitsweise der Europäischen Union, 2. Auflage, München 2012, zitiert: *Bearbeiter* in Streinz, Kommentar EUV/AEUV, Vorschrift, Rn.

Summa, Hermann: »Die Entscheidung über die Auftragsvergabe – Ein Ausblick auf das künftige Unionsrecht« in Neue Zeitschrift für Baurecht und Vergaberecht 2012, Seite 729 bis 737, zitiert: *Summa* in NZBau 2012, S. 729 (S.)

Timmerbeil, Sven / Mansdörfer, Marco: »Die Behandlung kartellrechtlicher Bußgeldrisiken im Rahmen von M&A-Transaktionen« in Betriebs-Berater 2011, Seite 323 bis 328, zitiert: *Timmerbeil/Mansdörfer* in BB 2011, S. 323 (S.)

Uhlenbruck, Wilhelm: »Gefährdet die Eigenverwaltung insolvenzgefährdeter Unternehmen die richterliche Unabhängigkeit?« in Neue Juristische Wochenschrift 2002, Seite 3219 bis 3221, zitiert: *Uhlenbruck* in NJW 2002, S. 3219 (S.)

Urban, Richard / Wittkowski, Bernd: Bundesdisziplinargesetz. Kommentar, München 2011, zitiert: *Bearbeiter* in Urban/Wittkowski, Kommentar BDO, Vorschrift, Rn.

Vogt, Volker: »Compliance und Investigations – Zehn Fragen aus Sicht der arbeitsrechtlichen Praxis« in Neue Juristische Online-Zeitschrift 2009, Seite 4206 bis 4220, zitiert: *Vogt* in NJOZ 2009, S. 4206 (S.)

von Busekist, Konstantin / Timmerbeil, Sven: »Die Compliance Due Diligence in M&A-Prozessen« in Corporate Compliance Zeitschrift 2013, Seite 225 bis 233, zitiert: *von Busekist/Timmerbeil* in CCZ 2013, S. 225 (S.)

Voppel, Reinhard / Osenbrück, Wolfgang / Bubert, Christoph: VOF, Vergabeordnung für freiberufliche Leistungen. Kommentar, 3. Auflage, München 2012, zitiert: *Voppel/Osenbrück/Bubert,* Kommentar VOF, Vorschrift, Rn.

Wellhöner, Astrid / Byers, Philipp: »Datenschutz im Betrieb – Alltägliche Herausforderung für den Arbeitgeber?!« in Betriebs-Berater 2009, Seite 2310 bis 2316, zitiert: *Wellhöner/Byers* in BB 2009, S. 2310 (S.)

Weyand, Rudolf: Vergaberecht. Praxiskommentar zu GWB, VgV, VOB/A, VOL/A, VOF, SektVO mit sozialrechtlichen Vorschriften, 4. Auflage, München 2013, zitiert: *Weyand,* Praxiskommentar Vergaberecht, Vorschrift, Rn.

Wiedemann, Gerhard: Handbuch des Kartellrechts, 2. Auflage, München 2008, zitiert: *Bearbeiter* in Wiedemann, Handbuch des Kartellrechts, §, Rn.

Willenbruch, Klaus / Wieddekind, Kristina: Kompaktkommentar Vergaberecht, 3. Auflage, Köln 2014, zitiert: *Bearbeiter* in Willenbruch/Wieddekind, Kommentar Vergaberecht, Vorschrift, Rn.

Wimmer, Jan Philipp: »Zuverlässigkeit im Vergaberecht. Verfahrensausschluss, Registereintrag und Selbstreinigung«, Baden-Baden 2012, zitiert: *Wimmer,* Zuverlässigkeit, S.

Ziekow, Jan / Völlink, Uwe-Carsten: Vergaberecht. Gesetz gegen Wettbewerbsbeschränkungen - 4. Teil, Vergabeverordnung, Sektorenverordnung, Vergabe- und Vertragsverordnung für Bauleistungen, Vergabe- und Vertragsverordnung für Leistungen, Verordnung über öffentliche Personenverkehrsdienste; Kommentar, 2. Auflage, München 2013, zitiert: *Bearbeiter* in Ziekow/Völlink, Kommentar Vergaberecht, Vorschrift, Rn.

Zimmer, Mark / Heymann, Robert C. J.: »Beteiligungsrechte des Betriebsrats bei unternehmensinternen Ermittlungen« in Betriebs-Berater 2010, Seite 1853 bis 1856, zitiert: *Zimmer/Heymann* in BB 2010, S. 1853 (S.)

Die zitierten Internetquellen wurden zuletzt am 30. August 2015 aufgerufen. Zur besseren Les- und einfacheren Auffindbarkeit werden die Links in Kurzform angegeben.

Druck:
Customized Business Services GmbH
im Auftrag der KNV-Gruppe
Ferdinand-Jühlke-Str. 7
99095 Erfurt